Leonard Ennen

**Der Dom zu Köln**

von seinem Beginne bis zu seiner Vollendung

Leonard Ennen

**Der Dom zu Köln**
*von seinem Beginne bis zu seiner Vollendung*

ISBN/EAN: 9783743347076

Hergestellt in Europa, USA, Kanada, Australien, Japan

Cover: Foto ©ninafisch / pixelio.de

Manufactured and distributed by brebook publishing software (www.brebook.com)

Leonard Ennen

**Der Dom zu Köln**

Die kölner Domthürme.
West-Ansicht.

Der

# Dom zu Köln

von

seinem Beginne bis zu seiner Vollendung.

## Festschrift

gewidmet den

Freunden und Gönnern aus Anlaß der Vollendung

vom

Vorstande des Central-Dombauvereins

verfaßt von

Dr. Leonard Ennen,

Stadt-Archivar.

Köln, 1880.
Buchdruckerei von M. DuMont-Schauberg.

# Inhalt.

|  | Seite |
|---|---|
| **Erstes Capitel:** Der alte Dom. I.—V. .................... | 1—20 |
| **Zweites Capitel:** Der neue Dom. | |
|     Erster Abschnitt: Von der Grundsteinlegung bis zur Einweihung des Chors. I.—V. ........................ | 21—50 |
|     Zweiter Abschnitt: Von der Einweihung des Chors bis zum Beginn der Renaissance-Zeit. I.—IV. ........ | 51—80 |
|     Dritter Abschnitt: Baumeister; Erkaltung des Eifers; vollständige Einstellung des Baues. I.—III. ........ | 81—101 |
| **Drittes Capitel:** Der Dom vom Beginn der Restauration bis zum Anfang des Ausbaues. I.—II. ........................ | 103—123 |
| **Viertes Capitel:** Der Dombauverein und der Fortbau des Domes. I.—IX. | 125—252 |
| **Fünftes Capitel:** Wohlthäter und Förderer des Dombaues; Material und aufgewandte Kosten; Schlußwort. I.—III. ........ | 253—268 |
| **Sechstes Capitel:** Literatur des Domes ........................ | 269—294 |
| **Anhang:** I. Reden und Anderes. Nr. 1—12 .................... | 297—330 |
|     II. Gedichte. Nr. 1—19 ........................ | 331—361 |

# Erstes Capitel.

### Der alte Dom.

I. — V.

in Theil des sogenannten Dom=
hügels, auf welchem jetzt das
schönste Gotteshaus der ganzen
Welt in seiner Vollendung prangt,
war fast volle zwei Jahrtausende
hindurch dem religiösen Cultus
geweiht. So lange in Köln noch
römisches Leben pulsirte, römische
Gesetze galten und römischer Cul=
tus gepflegt wurde, hatte, wenn
nicht alle Anzeichen täuschen, auf
dem östlichen Theile des jetzt vom Dom eingenommenen Terrains ein römischer
Tempel seine Stelle. Ob auf dem westlichen Theile, wie wohl nicht mit Unrecht
vielfach angenommen wird, das Wassercastell und das Sammelbassin der Eifel=
Wasserleitung gestanden hat, kann nicht mit Sicherheit festgestellt werden. Für
die Annahme, daß auf dem Domhügel sich in römischer Zeit das kölner Capitol
befunden habe, sind bis jetzt nur leere Vermuthungen und haltlose Scheingründe
vorgebracht worden, welche nicht im Stande sind, der südöstlichen Ecke der alten
Römerstadt ihren traditionellen Anspruch auf das Capitol streitig zu machen.[1])

Die Gründung der bischöflichen Kirche zu Köln fällt in eine Zeit, in
welcher das heidnische Römerthum am Niederrhein noch nicht gebrochen und der
heidnische Cultus noch nicht durch das Christenthum verdrängt war. Die alten
heidnischen Tempel standen noch, und der christliche Glaube hatte noch nicht eine
solche Macht erlangt, daß er im Stande gewesen wäre, sämmtliche römische
Tempel zu zerstören und an ihrer Stelle christliche Kirchen zu errichten.

Schon vor dem welthistorischen Wendepunkte in der Geschichte der christ=
lichen Kirche, welcher durch Konstantin's Uebertritt zum Glauben des Gekreu=

---

1) Vergl. Bonner Jahrbücher, Bd. 39, S. 80 ff. (Dünzer, Das Capitol, die
Marienkirche und der alte Dom zu Köln); Bd. 42, S. 194 ff. (Dünzer, Erwide=
rung auf Raschdorff-Ennen's Berichtigung); Bd. 43, S. 107 ff. (Dünzer, Der Dom=
hof u. d. r. Forum in Köln); Bd. 53, S. 199 ff. (Dünzer, Die an der Ost= und
Nordseite des Domes zu Köln entdeckten Reste römischer und mittelalterlicher
Bauten); Bd. 57, S. 162 ff. (Dünzer, Die Chroniken der niederrheinischen Städte);
Bd. 63, S. 149 ff. (Dünzer, Die Chroniken der niederrheinischen Städte); Annalen
des Historischen Vereins für den Niederrhein, Heft 16, S. 289 ff. (Ennen, Das
Capitol, die Marienkirche und der alte Dom zu Köln); die Chroniken der deutschen
Städte, Bd. 12, S. X ff. und Bd. 14, S. CCXLIX ff. (Einleitung von Hegel).

zigten gekennzeichnet wird, hatte die römische Stadt Köln ihre wohl organisirte christliche Gemeinde. Einheimische wie fremde Gläubige hatten hier das Bekenntniß ihres Glaubens mit ihrem Blute besiegelt. An den Gräbern der Martyrer waren Capellen zur Ehre und zur Bewahrung der heiligen Leiber errichtet worden. An der Spitze der kölner Gemeinde, welche sich der besondern Zuneigung der Kaiserin-Mutter Helena erfreute, stand zur Zeit der Bekehrung Konstantin's der Bischof Maternus. Dieser war einer jener Männer des kaiserlichen Vertrauens, welche Konstantin zur Schlichtung der Donatistischen Streitigkeiten nach Rom berufen hatte. Dieselbe Donatistische Frage beschäftigte auch das 314 nach Arles berufene Concil, dessen Protocolle Maternus mit unterzeichnete: Maternus de civitate Agrippinensium.[1])

Wenn auch durch Konstantin der Druck, der bis dahin auf dem christlichen Bekenntniß gelastet hatte, beseitigt und den christlichen Gemeinden freie Uebung ihrer Religion zugesichert worden war, so blieb doch in der ersten Hälfte des 4. Jahrhunderts die kölner Gemeinde noch wenig zahlreich, und ihre Bischofskirche wird weder groß noch prächtig gewesen sein. Es kann nicht festgestellt werden, ob die bischöfliche Kirche des Maternus nördlich vor der Stadt an der Stelle der spätern Matthiascapelle auf der Marzellenstraße (antiquum summum, alde doym) oder innerhalb der alten Römerstadt gestanden hat. Diese Capelle, die wir in Schreinskarten zuerst im Jahre 1300 finden, lag nördlich neben dem Hause zum Schwanen, Marzellenstraße 12, und wurde 1497 umgebaut. Einer der ersten Vicare der Domkirche war Rector dieser Capelle. Im Anfang dieses Jahrhunderts wurde sie mit dem Nebenhause, welches zur Wohnung des Rectors diente, als Domänengut verkauft und in eine Privatwohnung, Marzellenstraße 14, umgebaut. Die Annahme, daß die Bischofskirche in der Nordostecke der Colonia Agrippinensis an der Stelle eines römischen Tempels errichtet worden, wird deßhalb verworfen werden müssen, weil zur Zeit des Maternus das Christenthum noch nicht wagen durfte, die Zerstörung eines dem heidnischen Cultus geweihten Gebäudes zu versuchen.

Eine alte Ueberlieferung sagt, daß die erste Kathedrale auf der Stelle der jetzigen Cäcilienkirche gestanden habe. Die älteste handschriftliche Quelle, welche dieser Tradition Erwähnung thut, muß wenigstens in das 13. Jahrhundert datirt werden. Es ist dies ein jetzt im Stadtarchiv aufbewahrter Pergamentcodex aus dem 15. Jahrhundert,[2]) der sich in seinen einzelnen bezüglich der Angaben über die alte Domkirche zu berücksichtigenden Theilen als eine Copie

---

[1]) Friedrich, Kirchengeschichte, I, 270. — Eusebii histor. eccles. 10 c. 5. — Mansi, II, 476.
[2]) Mscr. A. X.

einer viel ältern Pergamenthandschrift ausweist. Wir lesen in diesem Coder: „Anschultata et collationata est presens historia per me Jacobum Wilkun notarium publicum et approbatum ex suo originali in uno antiquo libro scripto et asseribus ligato et concordat cum eodem de verbo ad verbum, quod protestor hac manu propria."

Wenn man gegen Ende des 15. Jahrhunderts die Handschrift, aus welcher der Notar Wilkun transsumirte, ein altes Buch, antiquus liber, nennen konnte, sind wir wohl zu der Annahme berechtigt, daß dieser Coder wenigstens dem 13. Jahrhundert zuzuweisen sei. Nach Ausweis einer alten Inschrift, welche früher auf dem Thurme der Cäcilienkirche eingegraben war, wurde das Dach der ursprünglichen Kathedrale durch Feuer zerstört. Nach diesem Brande soll der Erzcaplan Karl des Großen, der Bischof Hildebold, sich entschlossen haben, die Bischofskirche aus dem westlichen Theile der Römerstadt nach der Nordostecke zu verlegen und hier dem h. Petrus einen neuen Dom zu errichten, der im Gegensatz zur ursprünglichen Bischofskirche (monasterium sanctae Caeciliae vetus) Neumünster (monasterium novum) genannt worden sein soll. Daß ein bis jetzt noch nicht aufgeklärter Zusammenhang zwischen der Kathedrale und der Cäcilienkirche bestanden hat, kann nicht bezweifelt werden. Bis zum Zusammensturz der alten kirchlichen Verhältnisse begab sich der Erzbischof, begleitet vom städtischen Clerus, in der Christnacht in feierlicher Procession in die Stiftskirche der h. Cäcilie. Die älteste Nachricht über diese Procession findet sich in einer Schenkungsurkunde des Erzbischofs Bruno zu Gunsten des Cäcilienklosters vom Jahre 962. „Actum publice," heißt es am Schlusse dieser Urkunde, „in ecclesia predicta (sancte Caecilie) in sollempni nocte natali domini, quod est VIII. Kl. Januarii, cum ibi agitur generalis statio solita." [1])

Man wird nicht umhin können, dieser Ueberlieferung die Glaubwürdigkeit abzusprechen, wenn man in Rücksicht nimmt, daß schon in Merowingischer Zeit auf der Ostseite des Domhügels ein christliches Gotteshaus an der Stelle eines zerstörten heidnischen Tempels des Mercur gestanden hat. Es wird dieses ohne Zweifel die dem heiligen Petrus geweihte Bischofskirche gewesen sein, welche nach der Angabe des Dichters Venantius Fortunatus im sechsten Jahrhundert der Bischof Charentinus „mit kostbarem Schmuck ernente" und mit zwei Säulenstellungen über einander versah. [2])

[1]) Lacomblet, Urkundenbuch, Bd. I, Nr. 105.
[2])    Aurea templa novas pretioso fulta decore,
Servas, unde dei fulget honore domus.
Maioris numeri quo templa capacia constent,
Alter in excelso pendulus ordo datur.
(Ven. Fort. carm. l. 3, 17. — Friedrich, Kirchengeschichte, II. S. 367.)

## II.

Die Merowingische Bischofskirche, welche, wie eben angedeutet, auf dem jetzigen Domhügel wird gesucht werden müssen, scheint niedergelegt worden zu sein, als der erste Metropolit der kölnischen Kirchenprovinz, Erzbischof Hildebold, sich entschloß, eine Domkirche zu errichten, wie solche der kirchlichen und politischen Bedeutung des kölner Erzbischofsstuhles würdig schien. Zwar kann aus gleichzeitigen Urkunden und Chroniken der Beweis nicht erbracht werden, daß von Hildebold der Bau einer neuen Domkirche begonnen wurde. Aber anderweitige Anzeichen und spätere, auf alten Traditionen beruhende Nachrichten nöthigen uns, an der hergebrachten Ansicht festzuhalten, daß Hildebold der Erbauer einer neuen, dem h. Petrus und der h. Maria geweihten Kathedralkirche gewesen ist. Der schon mehrfach berührte Pergamentcodex von St. Cäcilien sagt in dieser Beziehung: „Das Neumünster des h. Petrus, dessen Bau als Hauptkirche von Erzbischof Hildebold begonnen worden, wurde von Willibert eingeweihet; es wird die früher der h. Maria, nun aber der h. Cäcilia geweihte Kirche das alte Münster genannt, während die Metropolitankirche des h. Petrus den Namen Neumünster führt." [1]) In der alten Legende des h. Reinold lesen wir: „Zur Zeit des Erzbischofs Agilolphus (Hildebold), welcher, wie die Geschichte erzählt, die Kirche des h. Petrus innerhalb der Stadt Köln zu bauen begann, trug es sich zu, daß er sich nach Köln begab, um beim Bau der Kirche behülflich zu sein." [2])

Die handschriftliche Chronik Agrippina aus dem 15. Jahrhundert, die aus weit älteren Quellen geschöpft hat, sagt: „Dieser Hildeboldus was, der sent

---

[1]) „Quoddam aliud monasterium novum sancti Petri in Colonia, prius tamen videlicet a domino Hildebaldo tunc temporis episcopo Coloniensi in parte inceptum pro principali ecclesia per Willibertum fundatur et consecratur, quo fit, quod multis annis ecclesia olim beatae Mariae virginis nunc sanctae Caeciliae monasterium vetus et ecclesia sancti Petri nunc metropolitana ecclesia monasterium novum appellatur."

[2]) In der alten Legende des h. Reinold lesen wir: „Tempore Agilolphi (Hildeboldi) archiepiscopi Coloniensis, ut dicit historia, qui cepit edificare ecclesiam sancti Petri intra Coloniam et ubique divulgabatur magistrorum quicumque vellet promereri pecunias, accideret et reciperet se Coloniam ad edificandam ecclesiam prefatam etc." In der rhythmischen Bearbeitung der Legende des h. Reinold lesen wir:

        Presul urbis Agrippinae,
        Coelo regnans sine fine,
        Agilolphus quando rexit,
        Novum templum tunc erexit
        Vir nimis virginalis.

Peter den doem zu Coelne yrst fundierde und machen liesse." In der Koel=
hoff'schen Chronik lesen wir: „Hie is zo wissen, dat sent Cecilienkirch vur was
die principailkirche in Collen. Darnae als dat bischdom von Collen van kaiser
Karl begavet wart mit etlichen anderen bischdomen, so hait bischof Hildebolt umb
bequemheit der platzen und ouch umb noit wegen die henstkirch sins bischdoms
willen groisser machen ind begonde zo machen ein anderen doim, und den dede
volmachen sin naekomelinge und wart gewiet van her Hillebrecht bischof zo Coellen
in sent Peters eru umbtrint anno domini 870."¹) Auch die annales Nove-
sienses schreiben dem Hildebold die Erbauung des Domes zu. „Hildebold begann
den Bau des Münsters des h. Petrus, da wo jetzt der hohe Dom steht."²)

Im Jahre 973 erklärte Kaiser Otto II., daß von dem „ehemaligen Könige
Ludwig" der kölner Peterskirche verschiedene Schenkungen zugewendet worden.³)

Es kann nicht festgestellt werden, ob unter dem hier genannten Ludovicus
quondam rex Ludwig der Fromme oder Ludwig der Deutsche zu verstehen ist. Der
letztgenannte verweilte in den Jahren 842 und 850 längere Zeit in Köln, um
wichtige Staatsangelegenheiten zu erledigen oder der Jagd obzuliegen.⁴) Wenn
die dem h. Petrus gemachte Schenkung von Ludwig dem Frommen herrührt, hatte
sie ohne Zweifel die Bestimmung, den Bischof Hildebold bei seinem großen Werke
des Dombaues zu unterstützen. Von anderen Schenkungen, welche dem Hildebold
während der Zeit des Dombaues überwiesen wurden, ist noch namentlich das zu
Königslöwen bei Brüssel gelegene Allodium hervorzuheben, welches die edle Frau
Engela in Brabant der Peterskirche zu Köln überwies.⁵)

1) Koelhoff'sche Chronik, Bl. 188.
2) Praefuit hic optimus episcopus (Hildeboldus) utilissime et summa cum
laude. Divi Petri monasterium Coloniae, ubi modo est summum templum, primo
construxit, apud divum Gereonem sepultus. Verfasser dieser annales ist Werner
Titianus, aus Titz bei Jülich, Prior des Augustiner-Klosters Marbach im Elsaß.
Die Annalen wurden in der von Martene und Durand besorgten collectio amplissima
veterum scriptorum et monumentorum, tom. IV, pag. 526 ff. abgedruckt.
3) Proinde noverit cunctorum sancte dei ecclesie fidelium presentium scilicet
et futurorum industria, quod Gero sancte Coloniensis ecclesie venerandus
archiepiscopus nostram deprecatus est serenitatem, ut quasdam res a Ludovico
quondam rege sancto Petro Colonie collatas et a patre nostro dive memorie
Ottone imperatore augusto sibi suisque predecessoribus roboratas secundum
prioris precepti testimonium libentissimo animo annuentes confirmamus etc.
(Copiarium des Domstiftes, Imperatores, I.)
4) Dümmler, Geschichte des ostfränkischen Reiches, I, 173, 390.
5) Tradidit Engela nobilis femina in Brabantia sancto Petro in Colonia
allodium Lewa dictum in longitudine habens septem miliaria et unum in
latitudine, cum ecclesia matre que habet novem filias et terra salaricia et
omni utilitate qua ipsa antedictum possedit allodium in tempore Hildeboldi
Coloniensis archiepiscopi. (Lacomblet, Archiv, Bd. 2, S. 293.)

Einem Gedichte Alcuin's¹) gemäß ertheilte Kaiser Karl der Große dem Erzbischof Hildebold den Auftrag, den Petrus- und den Medardus-Altar in der bischöflichen Kirche mit edeln Metallen zu schmücken. Die hier gemeinte Kirche kann nur die alte gewesen sein, die noch so lange in Gebrauch bleiben sollte, bis die neue fertig sein würde. Der Dichter konnte nur den alten Dom im Auge haben, weil bis zu seinem Tode, 804, die neue Kathedrale noch nicht in Angriff genommen worden; das geschah erst zwischen 804 und 818.

Es ist sehr gut denkbar, daß man eine für den Abbruch bestimmte Kirche mit Ornamenten schmückte, die leicht in den neuen Bau mit herübergenommen werden konnten. Wenn die alte bischöfliche Kirche auf dem jetzigen Domterritorium, und zwar zwischen dem hohen Chor und der alten Kirche St. Maria ad gradus gestanden hat, so konnte der Bau des westlich davon zur Ausführung kommenden neuen Hildebold'schen Domes stetig gefördert werden, während der Gottesdienst ungestört in der daneben liegenden alten bischöflichen Kirche Statt fand. Bei einer unbefangenen Würdigung aller historischen Zeugnisse können wir nur an der alten Tradition festhalten, daß Hildebold den Bau einer neuen Domkirche begonnen, die Weiterführung und Vollendung aber seinen Nachfolgern überlassen hat. Hildebold selbst erlebte die Vollendung seines Domes nicht: seine Nachfolger Hadebold, Gunthar und Willibert erbten die Aufgabe, den unvollendeten Bau weiter zu führen. Hildebold würde sicher sein Grab nicht in der Stiftskirche von St. Gereon gewählt haben, wenn seine eigene Domkirche bei seinem Ableben schon fertig gestellt und eingeweiht gewesen wäre; er konnte sich aber auch nicht entschließen, seine verweslichen Reste in einer Kirche beisetzen zu lassen, die für den Abbruch bestimmt war und nur noch kurze Zeit zu stehen hatte.

Hildebold hatte seine Wohnung südlich neben seiner Kathedrale auf der alten curia regia, welche er nach der Ueberlieferung von Kaiser Karl dem Großen zum Geschenk erhalten hatte. Dieser Königshof umfaßte das ganze jetzige Domhofsterritorium mit der ganzen Grundfläche, auf welcher später die verschiedenen Gebäulichkeiten dieses Stadttheiles errichtet wurden. Es hat die Bezeichnung „Hof", „curia", ihren Grund in der Anschauung, daß sie weniger von curia in der Bedeutung Gericht, Gerichtshof, als in der von Herrenhof herzuleiten ist. Es ergibt sich dies namentlich aus der Thatsache, daß der Siegburger Mönch, der 1105 seine vita Annonis schrieb, den fraglichen Bezirk promiscue bald curia, bald curtis regia nennt, welche letztere Bezeichnung niemals für Gerichtshof, sondern nur für Herrenhof gebraucht wird. Er gibt hierdurch sprechendes Zeugniß für die lebendige Ueberlieferung, daß an der in Rede stehenden Stelle in

---

1) Bouquet, V, 411.

Merowingischer und Karolingischer Zeit ein Königshof gestanden habe, von welchem der ganze Bezirk den Namen erhalten.

## III.

Unter Hildebold's Nachfolgern wurde der Fortbau rüstig gefördert. Gunthar, der in schmachvoller Weise bei der Ehescheidungs-Angelegenheit des Kaisers Lothar für die Buhlerin Waldrada Partei ergriffen und deßwegen von dem Papste Nikolaus seines Bisthums entsetzt wurde, ließ die innere Wanddecoration fertigstellen. Zwischen dem Jahre 850, in welchem Gunthar den erzbischöflichen Thron bestieg, und 864, in welchem er des Bisthums verlustig erklärt wurde, kam diese prächtige Ausschmückung zur Ausführung. Nach Maßgabe einiger vom Iren Sedulius[1]) aufgezeichneten Inschriften war das Innere von diesem Erzbischof mit Mosaikbildern oder Wandgemälden geschmückt worden. Es waren dies Bildwerke, von deren Existenz man bis in unsere Tage nichts wußte, die aber der Dichter Sedulius beschreibt, indem er die unter den Decorationen angebrachten Inschriften aufbewahrt hat. Diese Inschriften, in einem prächtigen Manuscript der brüsseler Bibliothek enthalten, wurden in dem Organ des Christlichen Kunstvereins der Erzdiöcese Freiburg zum ersten Male von Professor Dr. Bock in Freiburg veröffentlicht.[2]) Für das Westchor hatte man den in seiner Herrlichkeit thronenden Christus, um welchen zur Abhaltung des Weltgerichtes die Apostel versammelt sind, gewählt. Die Figur des Heilandes nahm die Mitte der ganzen Darstellung ein. Zunächst umstanden den Heiland die vier evangelischen Symbole Löwe, Mensch, Stier und Adler. Auf beiden Seiten des Mittelbildes waren sodann je drei Engelfiguren gruppirt, welche von den Inschriften als Cherubim bezeichnet werden. Zwei hielten Bücher in den Händen und die Inschrift bezeugt, daß die Schriften des alten und neuen Bundes dadurch angedeutet waren. Zwei andere trugen Schalen „voll Weihrauch, welche sind die Gebete der Heiligen". Das dritte Engelpaar schwang Rauchgefäße, um die Darbringung des symbolischen Wohlgeruches an den Herrn zu verkünden.[3])

Wenn wir im Jahre 857 von einer ganz vollendeten, mit Glocken versehenen, dem kirchlichen Dienste gewidmeten Kirche hören, so werden wir annehmen

---

1) Vergl. Wattenbach, Deutschlands Geschichtsquellen, Bd. 1, S. 185, 198.
2) Belletristische Beiblätter zu den Kölnischen Blättern, 1868, Nr. 53. — Christliche Kunstblätter der Erzdiöcese Freiburg. Nr. 77 und 78, Mai 1868.
3) Die berührte Inschrift lautet:
    I. Iste cherub Christi nova signat mystica legis;
    Munditiae phialam hic gestat flore refertam;
    Thuribuloque precum sacros hic spirat odores.

müssen, es beziehe sich diese Nachricht auf die alte Kirche; ebenso werden wir an den alten Dom zu denken haben, wenn Nachrichten der Jahre 864 und 867 von dem clerus sancti Petri und von canonici in eodem sancta matre ecclesia sprechen.

Die neue, von Hildebold begonnene Domkirche wurde erst von Willibert vollendet und im Jahre 873 bei Gelegenheit einer Provincial=Synode in Gegenwart der Erzbischöfe von Trier und Mainz und anderer Suffragane eingeweiht.

Bezüglich der Angaben, daß die fertiggestellte Kathedrale im Jahre 870 und 873 eingeweiht worden, wird man eine irrige Datirung annehmen und daran festhalten dürfen, daß die Einweihung bei Gelegenheit der am 27. September 873 unter Leitung der Erzbischöfe Willibert, Liutbert und Bertolf zusammengetretenen Provincial=Synode Statt gefunden hat.[1]) Es kann hierbei nicht an eine Wiedereinweihung der durch den von einem excommunicirten Bischof gehaltenen Gottesdienst entweihten Kirche gedacht werden.

Schon sieben Jahre nach der Einweihung wurde die Domkirche durch die grausigste Verwüstung heimgesucht. Seit der Mitte des Sommers 880 hatte das Stromgebiet der Schelde und des Rheins unter den unablässigen Raubzügen der Normannen die schwersten Drangsale zu leiden. Franzosen wie Deutsche kämpften mit gleichem Unglück gegen die wilden nordischen Räuber. Die verwegenen Schaaren zogen sich zeitweilig nur zurück, um bald in verdoppelter Zahl wiederzukehren und in neuem Wüthen und Morden sich selbst zu übertreffen. Im Herbst 881 überfluteten sie in zahlreichen Haufen das lotharingische Gebiet. Die Städte Mastricht, Lüttich und Tongern sammt den übrigen Ortschaften und Klöstern des benachbarten Haspengaues wurden überfallen, geplündert und verbrannt. Aufgemuntert durch die reiche Beute an diesen bisher noch unberührten Stätten schweiften die wilden Schaaren alsobald tiefer nach Ripuarien und erreichten ohne Widerstand die Ufer des Rheins. Köln selbst, die Metropole des Landes,

2. Cingitis Altithronum leo, bos, homo rexque volucrum;
Geon, tuque Phison, Euphrates, Tigris et amnis.
3. Eminet, ecce, Cherub, antiquae gloria legis!
Angelus ac patrum phiala fert vota piorum;
Thuris opes redolent per hunc et aromata cordis.
4. Hic sex discipulos trames describit honores,
Dulcis odor Christi per quos respirat in orbe.
5. Campus hic aureolus, argenti qui vomit undas,
Sex alios Domini fidos designat amicos.
6. Guntharius praesul, Christi venerandus amore,
Has fieri species speculandaque schemata iussit.

1) Annales Fuldenses (Pertz, ser. I. 370, 383.) — Ennen und Eckertz, Quellen, I, 454. — Dümmler, II, 806.

vermochte keinen Widerstand zu leisten, und alle seine Kirchen mit ihren Reliquien, die Klöster sowie die meisten Häuser der Stadt wurden eingeäschert.¹) Ein ähnliches Los traf die Nachbarstadt Bonn, die Städtchen Jülpich, Jülich, Neuß; überall wütheten in gleichem Maße Raub, Brand und Mord, um statt der menschlichen Wohnungen rauchende Trümmer zurückzulassen. Vom Rhein wälzten sich die sengenden und mordenden Haufen nach der Hauptstadt des Reiches. Sie steckten die Kaiserpfalz Aachen in Flammen, zerstörten die Bäder und stellten in die Marienkirche, deren Reliquien und Kostbarkeiten von einigen Mönchen aus Stablo gerettet wurden, einen Theil ihrer Pferde. Von Aachen ging die Woge der Zerstörung zunächst über das nur zwei Meilen entfernte Kloster an der Inde, Cornelimünster, welches Ludwig der Fromme einst seinem Freunde Benedict von Aniane in der Mitte eines Forstes erbaut und für ihn reich ausgestattet hatte. Gleiches Verderben ereilte die beiden von Einem Abte regierten, eng verbrüderten Ardennenklöster Malmedy und Stavelot. Quer durch die unwirthbare Eifel streiften die Plünderer hierauf nach Prüm, das, von Pipin und Bertrada gegründet, unter allen Klöstern dem regierenden Hause vielleicht am nächsten stand. Aus der Eifel ging der Verheerungszug im Frühjahr 882 nach der Mosel; hier wurde am Gründonnerstag Trier, die ehrwürdigste unter den deutschen Metropolen, überwältigt und unter den Einwohnern, so viele nicht rechtzeitig die Flucht ergriffen, ein fürchterliches Gemetzel angerichtet.

Ueber ein Jahr trieben die Barbaren am Rhein und an der Mosel das grausige Spiel wilder Verheerung und schrecklicher Verwüstung. Laut eines Klageschreibens des Erzbischofs Hermann an den Papst Stephan VI., sowie nach Aussage einzelner Annalisten waren sämmtliche Kirchen und Häuser der Stadt Köln durch Feuer verwüstet. Im Jahre 883 berichtet der Mönch von Fulda, daß sämmtliche Kirchen und Klöster noch in Schutt gelegen. Es ist die wörtliche Deutung dieser Angaben mit der historischen Thatsache, daß Willibert nicht eine ganz neue Domkirche errichtet hat, nicht zu vereinen. Darum wird man annehmen müssen, daß die dem Papst zugegangenen Berichte etwas übertrieben waren, daß die normannische Verwüstung nicht sämmtliche Kirchen der Stadt Köln dem Erdboden gleich gemacht hat. Es wird demnach, wie schon oben angegeben, in der von Willibert geweihten Domkirche nur ein Werk erblickt werden können, welches aus den Resten der Hildebold'schen Außenbauten durch eine glückliche Reparatur für seinen ursprünglichen Zweck wieder hergerichtet worden ist. Willibert wurde 889 in dem von ihm geweihten Dome beerdigt.

---

1) Annales Vedastini, bei Pertz, I, 520. — Regino Prum. — Annales Fuldenses.

## IV.

In Köln konnte man gegen Ende des 9. Jahrhunderts daran denken, die noch immer in Trümmern liegenden Kirchen und Klöster wieder herzustellen. Erzbischof Hermann I. der Fromme, der Anfangs 890 dem am 11. September verstorbenen Willibert gefolgt war, ließ sich die Herstellung der kirchlichen Bauten und die Wiederbelebung des kirchlichen Lebens angelegen sein. Auf sein Ansuchen übersandte der Papst Stephan ihm Reliquien der h. Jungfrau und anderer Heiligen, um der Andacht des Volkes neue Anregung zu geben. Nach den Worten des Annalisten von Fulda wie des Papstes Stephan lagen um diese Zeit noch sämmtliche Kirchen der Stadt Köln in Trümmern.[1]) Der Bericht des Chronisten und das Schreiben des Papstes werden aber nicht ganz wörtlich genommen werden können, sonst hätte der im Jahre 889 verstorbene Erzbischof Willibert nicht in der Metropolitankirche beerdigt werden können. Für diesen Dom, „der aller Schätze und Heiligthümer entblößt sei", erbat sich Willibert's Nachfolger Hermann I. (890 bis 925) vom Papste neue Reliquien. Man wird annehmen dürfen, daß der von Hermann I. restaurirte und mit neuen Heiligthümern versehene Dom im Haupt- und Grundbau dieselbe Kirche gewesen sei, welche Hildebold, abweichend von der Bauweise seines Hofes, an welchem er seine Schule durchgemacht, nach dem Typus der alten Basiliken begonnen und Willibert in Stil und Geschmack der Kirchen von St. Gallen und Fulda erweitert und verschönert hatte. Gegen 1052 sagte der lütticher Domcanonicus Anselmus, als er die Fortsetzung der von Heriger unvollendet gebliebenen gesta episcoporum Leodiensium schrieb, daß die von Willibert eingeweihte Kirche annoch da stehe.[2]) Es kann dieser Angabe aber nur in so weit Glauben beigemessen werden, als der Dom, welcher im 13. Jahrhundert noch da stand und 1248 theilweise abbrannte, noch Theile der von Willibert eingeweihten Domkirche aufzuweisen hatte. Wenn wir die ganze Anlage des alten Domes, die wir aus Andeutungen und Angaben eines unten zur Sprache kommenden Kalendariums zu reconstruiren im Stande sind, in Rücksicht nimmt, wird man zu der Annahme genöthigt, daß sich nur ein Rest der Willibert'schen Kathedrale in das 13. Jahrhundert hinübergerettet hat. Die Anlage des ganzen Bauwerkes sowohl wie die Formen der Details deuten darauf hin, daß die Bauzeit nicht in die Karolingische, sondern in die Periode der Ottonen zu datiren ist. Die wenigen Capitäle, Basen und Säulenstümpfe, welche als Reste der alten Domkirche

---

1) Pertz, Monum. Germ. I, 398. — Ennen und Eckertz, I, 456.
2) Anselmi gesta episc. Leod. bei Pertz, script. VII, 200.

sich theilweise im kölnischen Museum befinden, theilweise in das Cunibertswerft eingesenkt und jetzt nicht mehr sichtbar sind, können nicht als Karolingische Baureste angesehen werden. Man wird darum, wenn auch keinen vollständigen Neubau, dann doch eine durchgreifende Reparatur mit Zufügung bedeutender neuer Bautheile im 10. Jahrhundert annehmen müssen. Der Hildebold'sche oder Willibert'sche Bau war jedenfalls wenigstens theilweise verschwunden, als der Grundstein zur Stiftskirche St. Maria ad gradus gelegt wurde. Der Erzbischof Hermann I. der Fromme wurde im Jahre 925 im Dome beerdigt. Auch Erzbischof Gero, Markgraf von der Lausitz, wählte 976 sein Grab in der Domkirche. Nach der Einweihung des jetzigen Chores wurde es translocirt und befindet sich jetzt in der Kreuzcapelle des Domes. Auch Evergerus, der 999 starb, wurde im Dome begraben. Dessen zweiter Nachfolger Pilgrim setzte dem Königspaare Konrad und Gisela 1027 im kölner Dome die Krone auf. Ebendaselbst fand der 1056 verstorbene Erzbischof Hermann II. seine Ruhestätte; in gleicher Weise Sigewin (1089) und die Gräfin Irmgard von Zütphen, welche der Domkirche das Haupt des h. Sylvester zum Geschenk gemacht hatte. Nach außen hin hatte die kölner Domkirche solchen Ruf, daß der Erzbischof Aldebrand von Bremen sich entschloß, die im Jahre 1042 abgebrannte Domkirche zu Bremen nach dem Muster der kölnischen wieder aufzubauen.¹) Aldebrand's Nachfolger, Adalbert, verließ diesen Plan aber wieder, doch wurde die vom kölner Dom entlehnte Anlage zweier Chöre und zweier Krypten beibehalten. Das im Jahre 1052 vom Papste Leo IX. dem Erzbischof Hermann ertheilte Privilegium²) spricht von dem Altar des h. Petrus und dem mainsaltare der h. Jungfrau, dem Altar im Chor der h. Maria. „Für alle Folge", heißt es daselbst, „erlauben wir auch, daß an dem einen, der jungfräulichen Mutter geweihten Hauptaltare deiner Kirche und ebenso an dem dem Apostelfürsten Petrus geweihten anderen sieben Hauptpriester den Dienst thun."³)

Lambert von Hersfeld nennt in seinem Berichte über die Streitigkeiten zwischen dem Erzbischof Anno und der Stadt Köln einen engen Gang, welcher aus der Kirche nach dem gemeinschaftlichen Schlafsaale der Domherren führte, und wiederum einen ähnlichen Gang aus dem genannten Dormitorium nach dem an der Stadtmauer liegenden Hause eines Domherrn. Für das Dormitorium waren besondere Einkünfte bestimmt, so namentlich der Zoll von Kohlen, Holz und Getreide am Pfaffenthor, wofür die Reinigung der nöthigen Wäsche besorgt wurde.

---

1) Pertz, Monum. Germ. IX, 334.
2) Lacomblet, Urkundenbuch, I, S. 119.
3) Ut mains altare ecclesiae tuae matris virginis honori dedicatum et aliud ibidem apostolorum principi b. Petro addictum reverenter ministrando procurent septem idonei Cardinales presbyteri.

Im Jahre 1080 wurde die von Anno erbaute, östlich vom Dome liegende Stiftskirche St. Maria ad gradus durch Brand zerstört; dem Dome selbst drohte die größte Gefahr; nur durch ein augenscheinliches Wunder wurden die Flammen, welche schon an der östlichen Seite ihr Zerstörungswerk begonnen hatten, gelöscht. „Schon fing an demselben Tage", heißt es in der betreffenden Urkunde des Erzbischofs Sigewin, „auch der Petersdom an der Ostseite Feuer, so daß, als bereits ein Theil der Kirche von den Flammen verzehrt war, die Brüder und die Bürger in Verzweiflung geriethen und in der Furcht vor weiterer Ausdehnung des Brandes die Schätze und Zierrathen schon aus der Kirche wegschafften."[1]) Möglich ist es, daß nach diesem Brande die Holzdecke des alten Baues durch das Gewölbe ersetzt worden, wovon uns das Kalendarium der Domcustodie Nachricht gibt.[2]) Möglich ist es aber auch, daß dieses Gewölbe erst nach dem neuen Brandunglück eingesetzt ward, von welchem zum Jahre 1149 berichtet wird. Im Mai des Jahres 1149, heißt es in den kölner Chroniken, legte eine Feuersbrunst mehr als die Hälfte der ganzen Stadt in Asche. Am meisten litten bei dieser Katastrophe die Straßen in der Nähe des Domes, der Abtei St. Martin und des Stiftes St. Aposteln. Fast sämmtliche Kirchen wurden ein Opfer der Flammen. Von der Zeit dieses Brandes datirt in Köln eine neue Bauperiode, und fast sämmtliche jetzt noch erhaltenen Reste des mittelalterlichen Kölns reichen nur bis zu der Zeit dieses Brandunglücks. Wie auf ein Zauberwort entstand eine neue, prächtige Stadt, die in Bezug auf herrliche Kirchen und gewaltige Prachtbauten im Mittelalter vergeblich ihres Gleichen sucht. Nur eine Stadt, welche sich zu solchem Reichthum und solcher Bedeutung emporgeschwungen, wie Köln, vermochte es, sich so rasch aus Schutt und Ruin zu solch blendendem Glanze zu erheben. Es ist wahrscheinlich, daß bei diesem Brandunglück auch der Dom bedeutend gelitten. Die Westthürme scheinen bei dieser Gelegenheit schadhaft geworden zu sein, denn nicht lange nach dem Brande finden wir den Erzbischof Reinald von Dassel damit beschäftigt, den Dom durch zwei neue Thürme zu schmücken, deren einer um Weihnachten 1170 fertig wurde.[3])

[1]) Incipiebat enim eodem die et domus s. Petri ardere in parte orientali, ita ut aliqua eiusdem monasterii parte combusta iam fratres et cives urbis in desperationem venissent, et pro nimio quod imminebat incendio ornamenta iam abstulissent de templo. (Ennen und Eckertz, I, 487.)

[2]) Custos maior habebit tria clude sepi et impleantur 26 crusibula et suspenduntur 5 ante maiestatem super chorum s. Petri in modum crucis, et 5 ante maiestatem super chorum s. Marie in modum crucis, et ex uno latere monasterii suspenduntur 12 semper inter duas columpnas sub testudine unum crusibulum, et ex alio latere similiter 12 suspenduntur et non erunt plura in universo quam viginti sex crusibula. (Ennen und Eckertz, II, 586.)

[3]) In einer Schreinskarte der parrochia s. Martini lesen wir: „eo anno, quo

In der Koelhoff'schen Chronik heißt es von Reinald: „He machte zwen torne, zu iglicher siden ein, an dem doime, der zo der zil was." Es lag ihm daran, der Domkirche auch äußerlich ein dem dahin überbrachten kostbaren und hochverehrten Schatze der hh. drei Könige entsprechendes Ansehen zu verleihen. Es ist unzweifelhaft, daß diese Thürme von gewaltigen Dimensionen gewesen sind, sonst würde der Schreinschreiber es nicht der Mühe werth erachtet haben, die Fertigstellung eines derselben als ein besonders denkwürdiges Factum zu verzeichnen. Erzbischof Reinald ließ für die Leiber der hh. drei Könige ein kostbares Mausoleum mitten in der Domkirche errichten. Er selbst wurde im Dome begraben, und die kölner Bürgerschaft ließ ihm ein prachtvolles Grabmal aufstellen; in Stein ausgehauen lag der Erzbischof auf dem Sarkophag.[1]) Nach Reinald wurde noch Bruno IV., der seiner Würde entsetzte Adolf, Philipp von Heinsberg und Engelbert der Heilige im Dome begraben.

Wie spärlich auch die Nachrichten sind, welche Chronisten, Urkunden und Kalendarien über die alte Domkirche enthalten, so reichen sie doch hin, um schließen zu lassen, daß dieses Bauwerk eine frühromanische Säulen-Basilika gewesen, die mehr oder weniger bei der Errichtung der Kirchen von St. Georg, St. Marien, St. Aposteln, St. Gereon, St. Cunibert zum Muster genommen worden. Den meisten Aufschluß über die äußere Form, die innere Einrichtung, die Lage und die Umgebung der alten Domkirche gewinnen wir aus dem Kalendarium der Dom-Custodie in der fürstlich Oettingen-Wallerstein'schen Fideicommiß-Bibliothek zu Maihingen.[2]) In diesem Kalendar werden auf's genaueste die Verpflichtungen specificirt, welche der Dom-Custos in Bezug auf Kirche und Stift im allgemeinen wie bei einzelnen gottesdienstlichen Handlungen an den einzelnen Festen hier und dort in der Kirche zu erfüllen hatte. Bei dieser Specificirung werden Andeutungen und Bemerkungen gelegentlich eingeflochten, die uns zur Reconstruirung der alten Domkirche die besten Dienste leisten. Der Custos, für welchen dieses Kalendarium bestimmt war, war der custos maior, dessen Officium gemäß einer Urkunde vom 24. November 1246 mit der Thesaurie vereinigt war: „Wir ordnen an, daß die Custodie des St. Peters-Altars in der Domkirche für immer mit der

---

campanile s. Marie factum est." — Die Würzburger Handschrift sagt am Schluß der Biographie Reinald's: „Ipse etiam Reinaldus palatium Coloniae magnis sumptibus construxit, duas turres in templo b. Petri erexit, 10 marcas ad agendum epiphanie festum instituit totidemque in coena dom. ad solatium pauperum addidit, octavam assumptionis b. Marie celebrari indixit, pro his et aliis ab eo laudabiliter peractis optamus, ut eterna pace in domino quiescat.

1) Pertz, Monum. Germ. IV, 30.
2) Wurde dem Verfasser durch die Gefälligkeit des Herrn Barons von Löffelholz zur Benutzung überschickt; abgedruckt bei Ennen und Eckertz, Quellen II, 561 bis 603.

Thesaurarie also vereinigt sei, daß der jedesmalige Thesaurar die Custodie keiner andern Person zu übertragen befugt ist oder von der Thesaurie trennen darf."¹) Nach einer andern Stelle derselben Urkunde haftete die Verpflichtung der Fenster=Reparatur eigentlich an der Thesaurarie. Aus den Einkünften der Dom=Thesaurarie, heißt es daselbst, „mußten die Lichter in der Domkirche beschafft, die Kerzen am Maria=Reinigungsfeste vertheilt, den Canonichen an Septuagesima der Dienst geleistet, den Sacristanen, Glöcknern, Goldschmieden die denselben zu=stehenden Stcignisse gespendet, der Wächter des h. Petrus=Altars bezahlt, die Fenster, mögen dieselben gemalt oder weiß sein, reparirt werden".²) Weil nun die Custodie und Thesaurarie vereinigt waren, so wurde die betreffende Verpflichtung sowohl in das Kalendarium der Custodie wie in das der Thesaurarie eingetragen. Es gehörten also das Kalendarium des Fürsten Oettingen=Wallerstein und das von Winheim und Anderen angeführte Kalendarium zu einer und derselben Pfründe. Daher ist es auch erklärlich, warum in beiden die Aufzählung der Dom=fenster enthalten ist, wohingegen keins der anderen bekannten Domkalendarien der Fenster und der Verpflichtung zur Reparatur der Fenster Erwähnung thut.

Auch die von Winheim, Crombach, Gelenius, Boisserée, Schnaase, Perß u. s. w. angezogene sogenannte „Beschreibung des alten Domes" verdankt nur der Aufzählung der Verpflichtungen des Dom=Custos ihre Entstehung. Als man sich nämlich nach dem Dombrande im Jahre 1248 entschloß, die größtentheils zerstörte Kirche zu gottesdienstlichem Gebrauch wieder herzustellen,³) hielt der Custos darauf, daß ihm keine größeren Lasten aufgebürdet würden, als er von jeher statutengemäß zu tragen hatte. Von Alters her, sagt nämlich das Kalendarium, hatte der Custos die Pflicht, für die Instandhaltung rücksichtlich der Reparatur der Domfenster Sorge zu tragen: er mußte das dazu erforderliche Glas, Blei und Zinn liefern.⁴) Diese Verpflichtung wurde gleich nach dem Brande neuerdings eingeschärft und,

1) Statuimus et ordinamus, quod custodia altaris sancti Petri in maiori ecclesia predicte thesaurarie perpetuo sit annexa, ita ut quicumque thesaurarius fuerit pro tempore ipsam custodiam nulli persone possit vel debeat conferre, vel ab eadem thesauraria alienare. (Günther, Cod. dipl. II, pag. 214.)

2) „Cum de proventibus thesaurarie maioris ecclesie in Colonia procurentur luminaria in eadem ecclesia, candele in purificatione distribuantur, canonicis maioris ecclesie in septuagesima servitium fiat, prebende amministrentur custodibus, campanariis, aurifabris, altare beati Petri custodiatur, fenestre reficiantur, sive picte sive albe, prout erant antea, et alie quam plures et graves expense fiant, qui proventus in magna parte in sacrificio altaris beati Petri in censibus cerocensualium, curmedis, et aliis iuribus recipi consueverunt."

3) ..... ecclesiam ipsam, in qua trium beatorum magorum corpora requiescunt, reparare cupiunt opere sumptuoso.

4) Ad fenestras emendandas custos dabit vitrum, plumbum et stagnum.

damit der Custos genau wisse, wie viele Fenster er in Stand zu setzen habe, wurden sämmtliche Fenster der alten Domkirche speciell verzeichnet. Im Ganzen waren es dreiundachtzig. Wo weißes Glas gewesen, durfte er wieder weißes anbringen, wo aber gemaltes sich befunden hatte, mußte auch wieder gemaltes eingesetzt werden. Gelenius, Winheim und Boisserée nahmen an, in dieser Aufzeichnung des Kalendars sei eine Beschreibung des alten Domes zu erkennen, die man zur Kenntniß der kommenden Jahrhunderte aufgenommen habe, bevor der Steinhaufen der niedergelegten Domkirche weggeschafft worden wäre. Doch keineswegs liegt der fraglichen Aufzeichnung dieses wissenschaftliche Motiv zu Grunde; sie beruht lediglich auf einem praktischen, geschäftlichen und juristischen Boden; sie wollte nur den Pflichtkreis begränzen, in welchem sich der Custos oder Thesaurar bei der Reparatur der alten Kirche bewegen mußte.

## V.

Das ganze Territorium, welches von der Litsch, der Südseite der Trank= gasse, dann südlich an der Ostspitze des Domchors vorbei nach den Dombauhütten und von hier wieder westlich nach der Litsch begränzt wird, wurde zur Zeit Hilde= bold's von der Domkirche, dem Porticus, dem Stiftsgebäude, der Pfarrcapelle, dem Dormitorium, der Gewandkammer (pisale), Speisesaal (refectorium), Capitelsaal, Schule, Bibliothek, Wirthschaftsgebäuden und dem erzbischöflichen Palast einge= nommen. Letzterer lag an der Südostseite dieses Complexes, die Domkirche ziemlich nach Osten, die für die Stiftsherren und Scholaren bestimmten Gebäude an der nördlichen und westlichen Seite des Domes. Später, wahrscheinlich nach der durch Gunthar und Willibert concedirten Vermögenstheilung zwischen dem Erzbischof und dem Domstifte, wurden an der Nord= und Südseite des Domes Canonicalwohnungen errichtet.

Die Domkirche begann mit ihrem Ostchor ungefähr da, wo früher die Zwischenmauer zwischen dem Chor und Schiff stand, und erstreckte sich nach Westen etwa bis zum Schluß des jetzigen Mittelschiffes. Es ist nicht festzustellen, ob die Kirche ursprünglich gewölbt war oder erst später das im maihinger Kalendar angegebene Gewölbe[1]) erhalten hat. Wir haben Grund zu vermuthen, daß dieses Gewölbe erst nach dem Brande von 1149 eingezogen worden. Die Langkirche war durch zwei Säulenreihen, deren jede 13 Säulen zählte, in drei Schiffe getheilt. Die noch erhaltenen Capitäle dieser Säulen sind kubisch, die Basen rund. Nach

---

1) ..... ex uno latere monasterii suspenduntur duodecim semper inter duas columnas, sub testudine unum crucibulum.

Osten wie nach Westen hatte das Schiff seinen Abschluß durch ein Chor; jedes Chor war vom Mittelschiff durch einen Lettner (Ambo) getrennt. Nach Osten lag das Chor des h. Petrus, darunter die Krypta desselben Apostels, nach Westen das Chor der h. Maria mit der entsprechenden Krypta. Letzteres wurde vielfach zur Vornahme feierlicher Rechtshandlungen und zur Aufnahme wichtiger Urkunden benutzt. So wurde 1159 in choro sanctae Mariae eine Urkunde ausgestellt.¹) In jeder Seitenmauer des Langschiffes befand sich eine Fensterreihe von zwölf Fenstern. Das südliche Seitenschiff hatte ebenfalls zwölf Fenster. Das Glas der Fenster war theils gemalt, theils weiß. Das Dach war mit Blei gedeckt. Die Hälfte der Langmauer des nördlichen Seitenschiffes war von dem Bau der Sacristei und der goldenen Kammer eingenommen, so daß unten nur Raum für sechs Fenster nach Norden blieb; oben waren zwölf Fenster wie auf der gegenüberliegenden Seite. Sacristei und goldene Kammer hatten zwei Fenster nach außen hin und eins in die Kirche. Die von Reinald angebauten zwei Thürme waren, wie bei der in den Jahren 828 bis 835 erbauten Abteikirche von St. Gallen, neben der östlichen Chorrundung angebracht. Die Absiden, welche hier neben dem Thurme zu einer Art Kreuzschiff ausluden, waren etwas größer als die neben dem westlichen Thurme liegenden Absiden vor dem Marienchor. Die Thürme, welche neben der östlichen Seitenabside lagen, waren etwas stärker als die westlichen. Der nordwestlich gelegene Thurm scheint der eigentliche Glockenthurm gewesen zu sein. Auch als diese von Reinald erbauten Thürme im Jahre 1248 abgebrannt waren, behielt der unter demselben gelegene Kirchenraum die Bezeichnung „Thurm, in turri" bei. Bei der Reparatur dachte man nicht an den Wiederaufbau dieser Thürme, weil die Restauration wegen des beabsichtigten Neubaues sich lediglich auf das Nothwendigste beschränkte.

Das Chor des h. Petrus war das Hauptchor und diente für den gewöhnlichen Gottesdienst das ganze Jahr hindurch; zwölf Mal im Jahre mußte der Gottesdienst im Marienchor gefeiert werden. Wenn die Zahl der Kerzen für die gewöhnliche Beleuchtung der Chöre maßgebend ist zur Beurtheilung der Größe derselben, so war das Petrichor das größere: für dasselbe waren 36 Kerzen vorgeschrieben, während im Marienchor nur 24 angezündet wurden. In der Rundung des Petrichors befanden sich unten drei große, darüber fünf runde und noch höher zwei nicht näher bestimmte Fenster; ebenso befanden sich im Marienchor unten drei große, darüber um den Altar der h. Jungfrau fünf und in der Höhe zwei Fenster. In der nordöstlichen Abside befanden sich unten fünf Fenster, darüber eins, in der südöstlichen unten drei und eins darüber, in den Absiden

---

1) Annalen des Historischen Vereins, Heft 31, S. 71.

neben dem westlichen Chor befanden sich unten je drei Fenster und eins darüber. Im Innern der Kirche befanden sich sieben Altäre: im Petrichor der Altar des h. Petrus, in der nordöstlichen Abside der Altar des h. Severinus, in der südöstlichen der Altar der hh. Cosmas und Damian, in der nordwestlichen der des h. Martinus und in der südwestlichen der des h. Stephanus. Auf den Ausgangsecken des Petrichors standen noch zwei Altäre, der des h. Kreuzes nördlich, der Trankgasse zu, der des h. Michael südlich, stadtwärts; vor jenem befand sich das Grabmal des Erzbischofs Philipp von Heinsberg, vor diesem das des h. Engelbert.

Das Grabmal der hh. drei Könige befand sich mitten in der Kirche, vor demselben der Altar dieser Heiligen; darüber hing ein Kronleuchter mit 100 Kerzen. Ein gleicher Kronleuchter hing im Chor des h. Petrus vor dem Hochaltar; ein dritter Kronleuchter mit 24 Kerzen hing vor dem Altar des h. Stephanus. Im Eingange des Petrichors stand ein großer Candelaber; ein ähnlicher mit sieben Armen befand sich vor dem Marien-Altar. Im Marienchor standen Reliquienkasten der h. Jungfrau. An hohen Feiertagen wurde ein Theil der in der goldenen Kammer aufbewahrten Reliquien auf dem Hochaltar im Petrichor aufgestellt. Die Orgel wird genannt, es findet sich aber keine Andeutung, wo dieselbe gestanden hat. In der Rundung eines jeden Chors oberhalb der großen Fenster, zwischen den schon angegebenen zwei kleineren Fenstern, befand sich eine sogenannte maiestas: im Petrichor war es wahrscheinlich das auf der Wand gemalte Bildniß Gottes des Vaters und im Marienchor das des Heilandes, beide in himmlischem Strahlenglanze. In der Christnacht wurden vor jeder maiestas fünf in der Form eines Kreuzes hangende Lampen angezündet. In den Seitenschiffen hingen unter dem Gewölbe 24 Lampen in zwei Reihen, zwischen je zwei Säulen eine; im Hauptschiff standen 26 Lichter in zwei Reihen, auf jeder Säule eins; im Oberlichte der Thür zur Sacristei zwei.

Der Haupt-Eingang zum Dome befand sich in der Mitte der Südseite. Vor dem Eingange in der Richtung nach dem Hospital zum h. Geist befand sich eine geräumige Vorhalle (porticus), welche drei Flügel gehabt zu haben scheint und somit ein Kreuzgang war. In dem Flügel dem Eingange zum Dom am nächsten stand der Altar des h. Nikolaus; in den andern Flügeln hatten einzelne Krämer ihre Verkaufsstellen.[1]) Jeder Stand bezahlte an den Dom-Custos jährlich ein Pfund Pfeffer. Vom Porticus westlich sowohl wie östlich nach dem blauen Steine waren ähnliche Buden, Gaddemen, gebaut; stadtwärts standen deren zehn, und rheinwärts, zwischen der Vorhalle und der St. Johannis-Capelle, acht. An

---

1) Locus in porticu, ubi merces venduntur.

der Nordseite hatte der Dom in der Nähe des Severinus-Altars einen Ausgang nach der Stiftskirche St. Maria ad gradus. Es scheint dies der enge Gang gewesen zu sein, durch welchen Anno sich aus dem Dom in das Haus eines Domherrn und von hier durch die Römermauer ins Freie flüchtete. Reste dieses Ganges waren es, die Gelenius für Ueberbleibsel des alten Römercastells ansah. In der Nähe dieses Ganges wird der alte Thurm (antiqua turris), in welchem die Bibliothek aufbewahrt zu werden pflegte, zu suchen sein. Es scheint, daß unter diesem Thurme weniger ein alter Thurm der Römermauer zu verstehen ist, als ein von Hildebold für seine Bibliothek, abgesondert von der Kirche, errichteter Bau. Westlich an diesen Gang stießen die Sacristei und die goldene Kammer. In dem mainzinger Kalendarium wird die goldene Kammer als „nova camera" aufgeführt, — ein Beweis, daß schon vor dem Jahre 1200 die alte camera aurea niedergelegt und die neue erbaut war. Wirklich finden wir auch die aurea camera bereits im Jahre 1212.¹) Auf einer Wand der neuen Sacristei war das Maß für das Holz eingegraben, welches aus Unkel an den Dom abgeliefert werden mußte.²) In Zusammenhang mit der Sacristei wird der Kreuzgang gestanden haben, der sich von hier westlich in der Richtung nach St. Andreas erstreckte. Der an die Domkirche anstoßende Theil dieses Kreuzganges war zur Pfarrkirche für die (weltlichen) Mitbewohner des Dombezirks hergerichtet und wurde von dem in der Mitte des Kreuzganges liegenden grünen Platze (pasculum) Kirche „im Pesch" genannt.

¹) ....super altare in auri camera, ubi missa celebrabitur de sancto spiritu presentibus canonicis maioris ecclesie etc. (Copiarium des Domstiftes, Nr. 69, im kölner Stadtarchiv.)

²) Die bezügliche Inschrift lautet: Mensura ligature quinquaginta lignorum de Unkele.

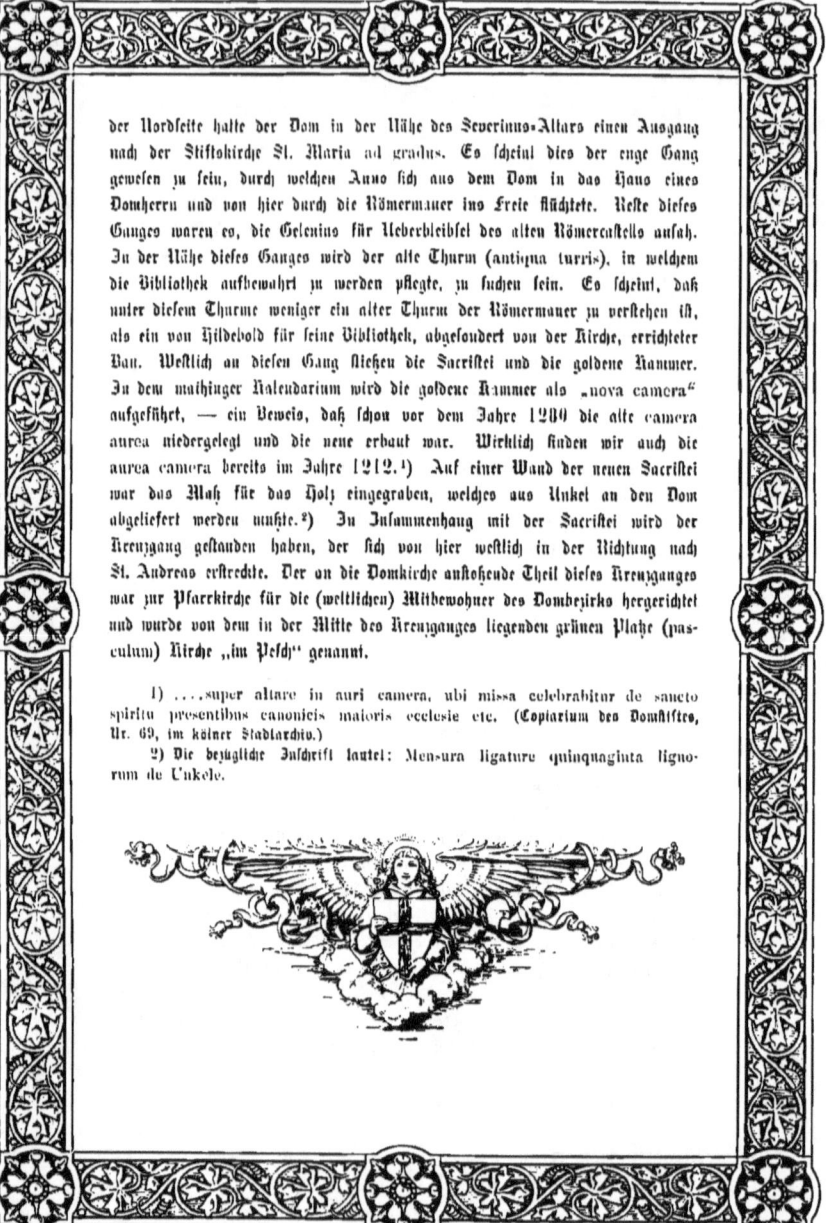

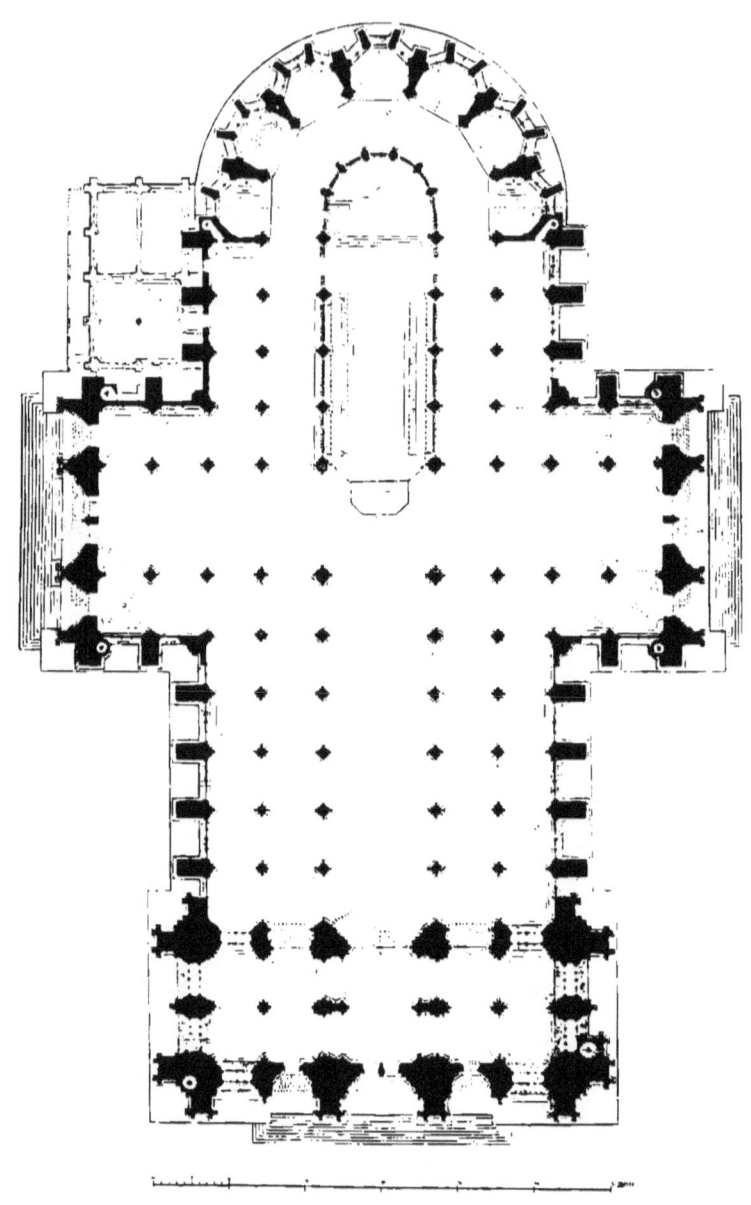

Der Grundriß des kölner Domes.

# Zweites Capitel.

## Der neue Dom.

### Erster Abschnitt.

Von der Grundsteinlegung bis zur Einweihung des Chors.

I. — V.

obald in Köln die einzelnen, mit reichen Gütern ausgestatteten Stifter Kirchen erbauten, welche die Kathedrale an Größe und Pracht, an ruhiger Majestät und äußerer Schönheit eher übertrafen als ihr nachstanden, schienen die einfachen Formen der alten Bischofskirche nicht mehr genügen zu können. Je rascher und glanzvoller der romanische Stil in Köln sich entwickelte und je zahlreicher sich die herrlichen Stiftskirchen mit ihrer reizenden Construction und ihren massigen Verhältnissen erhoben, desto fühlbarer mußte das Bedürfniß nach einer Metropolitankirche werden, welche auch im Aeußern das richtige Verhältniß des Domes zu den übrigen Stiftskirchen kundgab. Dem frommen, prachtliebenden Erzbischof Engelbert lag Alles daran, den Gottesdienst in einer Weise auszustatten, wie es der Würde der Sache angemessen war, dem Höchsten ein Haus zu errichten, wie solches die Stellung des kölner Bischofs, der Rang der kölner Provinz, der Reichthum der kölnischen Kirche verlangte, und den hh. drei Königen eine Ruhestätte zu bauen, wie solche dem Rufe und dem Ansehen dieses kostbaren Schatzes entsprach. Engelbert war es auch, der zuerst den Plan anregte, den Dom des h. Petrus niederzulegen und an seiner Stelle einen neuen zu bauen; er gewann das Capitel für diesen Gedanken, und zur Ausführung versprach er nicht allein fünfhundert Mark zum Beginne, sondern jährlich bis zur Vollendung eine gleiche Summe. Wir verdanken diese Nachricht dem Biographen Engelbert's, dem Novizenmeister Cäsarius von Heisterbach, dessen schöne Homilien uns einen klaren Einblick in das Cultur- und sociale Leben des 13. Jahrhunderts mit seinen vielen Schatten- und Lichtseiten gestatten. Cäsarius schrieb die genannte Biographie, ehe durch das Brandunglück des Jahres 1248 die alte Kirche fast gänzlich zerstört wurde, also zu einer Zeit, in welcher der Berichterstatter keine Ahnung haben konnte von einem Neubau, der erst durch die Feuersbrunst des Jahres 1248 nöthig geworden sein soll.

Diesseits der Alpen gab es keine Reliquien, die in so hohem Ansehen standen und ihre frommen Verehrer so massenhaft angezogen hätten, wie die

Leiber der hh. drei Könige. Engelbert durfte sich überzeugt halten, daß der größte Theil der ganzen Christenheit freudig seinen Beitrag darbringen werde, wenn über dem Grabe der morgenländischen Weisen ein Tempel aufgeführt würde, der auf dem ganzen Erdenrund vergebens seines Gleichen suche. Doch ehe er Hand an dieses große, gewaltige Werk legen konnte, verschied er unter den Streichen ruchloser Mörder. Unschätzbare Edelsteine, die ihm fremde Könige zum Geschenk geschickt, hatte er für einen kostbaren Kelch bestimmt, den er dem Altar des Apostelfürsten Petrus zu weihen gedachte; auch an der Ausführung dieses Vorhabens wurde er durch seinen gewaltsamen Tod verhindert; er sollte vorher, wie sein Biograph Cäsarius sagt, den bittern Kelch des Leidens leeren.

Engelbert's Nachfolger, Heinrich von Molenark, griff den Plan seines Vorgängers nicht wieder auf. Nach seinem Tode scheint das Capitel die Dombaufrage in die Hand genommen zu haben. Der Erzbischof Konrad begrüßte mit Freuden den Plan des Capitels, und ihm war es beschieden, den Grundstein zu einem Prachtbau zu legen, der unter den zahlreichen großen und herrlichen Monumenten der gothischen Baukunst in erste Reihe trat und der kölner Kathedrale auch äußerlich die Stelle anwies, die ihr unter den kölnischen wie deutschen Kirchen gebührte. Wenn die Domkirche die prachtvollen Tempel von St. Gereon, St. Aposteln, St. Martin, St. Marien überstrahlen sollte, mußte sie als ein Werk dastehen, welches alle Kirchen an Glanz übertraf. Die älteste Nachricht über die Absicht des Capitels, eine neue Domkirche zu bauen, findet sich in einem in das Kalendarium der Dom-Custodie eingetragenen Capitelsbeschluß vom 25. März 1247,[1]) also dreizehn Monate vor dem Dombrande. Es betraf dieser Beschluß die am Petri-Altare eingehenden frommen Gaben. Die Opfer, welche im Dome außerhalb des Meßopfers auf den Altar des h. Petrus gelegt wurden, flossen nach altem Herkommen in die Casse des Domschatzmeisters (thesaurarius); sie dienten mit dazu, um diesen in seiner pflichtmäßigen Sorge für die Beleuchtung des Domes, für die an einzelnen Festen erforderlichen Kerzen, für die Instandhaltung der Glocken und anderer Utensilien und für die Reparatur der Fenster zu unterstützen. Im Jahre 1246 erhielt der Thesaurar in seinem Einkommen dadurch eine bedeutende Aufbesserung, daß die custodia altaris s. Petri mit seinem Amte vereinigt und ihm ein großer Theil des unkeler Pfarrzehnten

---

1) Nach einem Instrument des Notars Gisebert vom Jahre 1298 nahm nach kölnischem Gebrauch das Jahr seinen Anfang nach der Weihe der Osterkerze am Charsamstag: scripta est supra indictio et annus domini ex consuetudine patriae, quia annus domini non incipit currere in nativitate domini, sed in vigilia paschae, cereo consecrato (Ennen und Eckertz, Quellen, Bd. 3, S. 487); crastino palmarum anni 1247 gehört also nach unserer Rechnung in das Jahr 1247.

zugewiesen wurde. Es geschah dies in einer Zeit, in welcher der Plan eines Neubaues der Domkirche in ernstliche Erwägung genommen wurde. Die Einkünfte vacanter Dompräbenden, sowie der Erlag nicht erhobener Präsenz- und Strafgelder waren schon längst zur Gründung eines Baufonds angesammelt worden. Das Capitel glaubte nun auch den Thesaurar zu einem seinem Einkommen entsprechenden Beitrag für den ins Auge gefaßten Neubau verpflichten zu dürfen. Sobald sich das Capitel durch gemeinsamen Beschluß[1]) entschieden hatte, die Domkirche von neuem zu bauen, traf es mit dem Thesaurar Philippus ein Abkommen, wonach dieser sämmtliche Opfer, welche auf den Altar des h. Petrus gelegt würden, sechs Jahre lang zur Baucasse abführen solle;[2]) nur 30 Mark durfte er für sich behalten. In gleicher Weise wurde der Custos angehalten, die Opfer, welche in der goldenen Kammer bei den daselbst ruhenden Reliquien niedergelegt wurden, nach Abzug von drei Mark an die Rendantur der Baucasse[3]) abzuliefern. Diese Uebereinkunft wurde in das Kalendarium des Custos maior, der zugleich Thesaurar war, eingetragen. Es geht aus diesem Actenstücke unwiderleglich hervor, daß im Jahre 1247 der Gedanke an die Herstellung einer neuen, würdigeren Domkirche bei der zuständigen Stelle zur Geltung und Anerkennung und zu bindendem Beschluß gekommen war. Der in bestimmten Ausdrücken sprechende gemeinsame Capitelsbeschluß faßt keineswegs einen bloß theilweisen Neubau oder eine gründliche Reparatur der alten Metropole ins Auge, sondern spricht in klaren Worten einfach von einem Neubau der Domkirche. Eine andere Bereicherung der Dombaucasse bestand in einem Capital von 100 Mark Denare, welche der Domscholasticus Magister Franko zum Dombau im Monat Februar des Jahres 1248 schenkte.[4]) Wie Engelbert der Heilige wird auch Erzbischof Konrad sich zu reichen Beiträgen für den beabsichtigten Neubau bereit erklärt haben. Den bei weitem größten Theil der Baukosten erwartete man aber von Opfern, Vermächtnissen und Collecten. Die Opferwilligkeit der Christgläubigen konnte am erfolgreichsten zu Guben geweckt und lebendig erhalten werden, wenn der Papst sich der Sache annahm und die ganze Christenheit für das neue Bauwerk zu begeistern sich bemühte. Ablässe waren das beste Mittel,

[1]) In dem Kalendarium der Dom-Custodie, in der fürstlich Oettingen-Wallerstein'schen Bibliothek zu Maihingen steht: Cum de communi consilio diffinitum esset, ut maior ecclesia de novo construeretur (Ennen und Eckertz, II, S. 257).

[2]) Quod oblationes, que super altare beati Petri extra missam annuatim offerri solent, ad opus nove fabrice maioris ecclesie ad sex annos assignaret. (Ennen und Eckertz, II, 257.)

[3]) Quod provisores seu rectores nove fabrice Coloniensis darent et assignarent.

[4]) Dom-Copiarium Nr. 13 (Ennen und Eckertz, Quellen, Bd. II, S. 258).

um den Zustrom frommer Einwohner und Pilger in ein Gotteshaus zu leiten. Die Opfer, wodurch die Andächtigen ihren Dank für die geistige Gabe bekunden und zur Hebung des göttlichen Dienstes ihr Scherflein beitragen wollten, stiegen in demselben Verhältnisse, in welchem die Spenden aus dem Schatze der kirchlichen Gnade flossen. Die Ablaßbriefe, durch welche Papst Innocenz IV. am 6. April und 31. Juli 1247 allen denjenigen, welche am Tage der Kirchweihe den kölner Dom mit reumüthigem Herzen besuchen würden, Nachlaß der zeitlichen Sündenstrafen verhieß, werden ihren guten Einfluß auf die Bereicherung der Baucasse nicht verfehlt haben.

So gut wie das Capitel sich zur Beschaffung der Mittel die Gründung und Füllung einer Baucasse angelegen sein ließ, so wird es auch nicht weniger auf einen Plan für die Ausführung des neuen Werkes Bedacht genommen haben. Die Schritte, welche das Capitel zum Neubau des Domes und zur Beschaffung der nöthigen Baumittel that, werden nur mit Rücksicht auf einen vollständig ausgearbeiteten und zur Genehmigung vorgelegten Bauplan für das ganze projectirte Werk geschehen sein. Man wird nicht annehmen können, daß die Bauherren, die sich zur Errichtung einer ganz neuen Domkirche entschlossen hatten, vorläufig nur die Anfertigung eines Planes für das hohe Chor allein sollten in Auftrag gegeben haben. Darum muß gegen die Ausführungen Schnaase's die Ansicht aufrecht gehalten werden, daß eine Zeichnung für den ganzen kölner Dom schon im Laufe des Jahres 1247 entworfen worden. Der Plan des ganzen Werkes ist die Schöpfung Eines künstlerischen Gedankens. Durch das Ganze wie die Details geht eine einheitliche Idee, welcher auch die kleinsten Theile des Werkes dienstbar sind. Alles, auch das Geringste, fügt sich nothwendig und organisch in das Gesammtwerk ein.

## II.

Der Stil, in welchem dieser Wunderbau geplant und ausgeführt wurde, hat seinen Ursprung auf französischem Boden, in der Isle de France, deren Bewohner Nachkommen germanischer Einwanderer waren. Der nunmehr in der Kunst-Literatur allgemein anerkannte Satz, daß der kölner Dom, abgesehen von dem Thurmsystem, eine bewußte Nachbildung der im Jahre 1248 eingewölbten Kathedrale von Amiens sei, wurde zuerst von Dr. August Reichensperger ausgesprochen und begründet.[1]

Ein Bau von einer solchen einheitlichen Harmonie und von einer so reinen

---

[1] Domblatt, Nr. 16 und 17.

Entwicklung aller seiner Theile bis in die kleinsten Einzelheiten, von einer solchen organischen Zusammengehörigkeit aller Gliederungen wie der kölner Dom kann nur die Schöpfung einer genialen Intuition eines Meisters sein, dessen außerordentliche Begabung es verstand, ein alle bekannten Bauten der ganzen Welt weit hinter sich lassendes Riesenwerk zu ersinnen, vor seinem geistigen Blicke in den minutiösesten Details sowohl wie in seinen großen Bautheilen von Grund aus bis zu den höchsten Wipfeln zu einer Kunstschöpfung allerersten Ranges zu gestalten.

Nur wenn der Meister sich über die Gesammtwirkung des Chors, der Chorcapellen, des Langhauses und der Querschiffe in seinem Geiste klar geworden, konnte ein Bauwerk zu Stande kommen, welches eine so überraschende Harmonie zwischen diesen einzelnen Bautheilen zeigt, wie der kölner Dom. Zudem schließen constructive Gründe die Annahme, daß Chor, Langkirche und Seitenschiffe unabhängig von einander geplant und zur Ausführung gebracht worden, vollständig aus. Ohne die Streben an den Seitenschiffen hätte dem Chor der sichere, stützende Widerhalt und damit jede Bürgschaft für Solidität und Standfähigkeit gefehlt. Dazu kommt noch, daß die Details in den Bauformen den Beweis liefern, daß Chor und Schiffe in der Conception, Anlage und ersten Ausführung aus demselben Kopfe entsprungen sind.[1]) Zwar ist es richtig, daß der Plan zu Langhaus und Querschiff, wie unser Jahrhundert ihn in vollendeter Form vorfand, nicht im Geiste der Baukunst des 13. Jahrhunderts entworfen ist, sondern vielfach von den beim Chorbau zur Ausführung gebrachten Grundsätzen der französischen Schule abweicht. Der Grund für diese Thatsache kann nur darin gesucht werden, daß die Ausführung des ursprünglichen Planes nur stückweise vorging, und der Plan zu Lang- und Seitenschiff, bevor dieselben in Angriff genommen wurden, nach den im 14. und 15. Jahrhundert zur Geltung gekommenen Bauprincipien umgeändert wurde. Es kann aber nicht daran gezweifelt werden, daß gleichzeitig mit dem Chor auch die östliche Umfassungsmauer der beiden Kreuzschiffe sowie die acht östlich gelegenen Pfeiler dieser Querkirche in Angriff genommen wurden, könnte doch sonst in Urkunden aus dem Anfang des 14. Jahrhunderts von verschiedenen Altären, welche vor einzelnen dieser Pfeiler

---

[1]) Vergl. Schnaase, Geschichte der bildenden Kunst, Bd. 5, 510. — Weingärtner, Zur Baugeschichte des kölner Dombaues, in Mittheilungen der Wiener Central-Commission, Band 5, 84 ff. — Springer, Zur Baugeschichte des kölner Domes, Jahrbuch des Bonner Vereins von Freunden des Alterthums, Heft 22, 103. — Harleß, Archiv, Bd. 1, Heft 1, 9 ff. — Schnaase, in Mittheilungen der Central-Commission, Bd. 6, 137 ff. — Mertens und Lohde, Der kölner Dombau und der erste Dombaumeister, in Zeitschrift für Bauwesen, Bd. 12, 163 ff., 339 ff.

gelegen waren, keine Rede sein. Die Fundamente zu diesen Mauern waren bereits 1251 gelegt: in diesem Jahr erklärte das Domcapitel, daß es zum Zwecke des Kirchenbaues die zwischen dem Porticus des alten Domes und der Kirche St. Johann gelegenen acht kleinen Häuser habe niederlegen und zerstören müssen.¹)

Die Umarbeitung der ursprünglichen Thurmpläne in den Baustil, welchen das jetzt in der Johannis-Capelle hängende große Pergament zeigt, wird erst in der zweiten Hälfte des 14. Jahrhunderts, vielleicht von dem genialen Meister Michael von Gemünden, vorgenommen worden sein. Wie der erste Meister sich die Thurmfaçade gedacht hatte, entzieht sich unserer Kenntniß. Als der geniale Schöpfer des großartigen Wunderwerkes gothischer Baukunst, Chor, Langhaus, Querschiffe und eines uns unbekannt gebliebenen Thurmsystems, wird der Dombaumeister Gerhard von Rile angesehen werden müssen.

Es wird nicht daran gezweifelt werden können, daß Gerhard der große Meister gewesen ist, in dessen Kopf der Plan zu dem Wunderbau des kölner Domes entstanden. Daß Albertus Magnus der Urheber des Planes gewesen, wird wohl Niemand, der auch nur eine Ahnung von der Summe umfassender technischer Detailkenntnisse hat, welche der Meister eines Werkes, wie der kölner Dom, besessen haben muß, im Ernste behaupten wollen. Wie hoch auch die Genialität des Geistes sowie die Universalität des Wissens in Albertus Magnus gewesen ist, so fehlt es doch an jedem Nachweis, daß er die technischen und künstlerischen Kenntnisse besessen habe, welche dem Schöpfer des kölner Domplanes in ganz besonderem Maße geläufig sein mußten. Um so weniger kann man sich für die Annahme, daß der Plan zum Dome dem Albertus zu verdanken sei, erklären, wenn man bedenkt, daß dieser große Dominicaner gerade in der Zeit, in welcher der fragliche Plan entworfen wurde, sich nicht in Köln befand, sondern in Paris theologische Vorlesungen hielt. Meister Gerhard hatte ohne

1) Sciri volumus, quod bone memorie Heribertus de Linepe quondam canonicus Coloniensis inter porticum ecclesie nostre et capellam sancti Johannis octo domuncula suis denariis edificavit, quas pro sua, Conradi patris et Clementie matris sue memoria nostre contulit ecclesie, homines vero in eisdem habitantes annuum censum, scilicet septem marcarum duobus solidis minus, ecclesie nostre singulis annis de eisdem domunculis persolverant, de quibus quatuor candele, quelibet de libra, ad altare sancti Petri sive sancte Marie ad matutinas et ad vesperas, quando novem lectiones leguntur, et ad missam a custode regum ponuntur...... Cum igitur propter opus et edificium ecclesie nostre domuncule per nos sint deposite et destructe, in recompensationem dicti census et prefate memorie statuimus et ordinamus, quod magistri operis singulis annis de proventibus edificii predictam summam census et pecunie predicte nostre ecclesie persolvent, quousque duxerint bona comparanda, de quibus predicti census plenarie annuatim possint haberi. 1251. (Copiarium des Domstiftes, Nr. 181.)

Zweifel schon Beweise seiner hohen Befähigung gegeben, als ihm 1247 vom Erzbischof Konrad und dem Domcapitel der Auftrag wurde, den Entwurf zum Neubau einer prachtvollen Domkirche auszuarbeiten. Die Schritte, welche zur Beschaffung der nöthigen Baumittel von Seiten des Capitels gethan wurden, werden nur in Rücksicht auf einen vollständig ausgearbeiteten Bauplan für das ganze projectirte Werk geschehen sein.

Eine unwillkommene Nöthigung zur raschen Inangriffnahme des Neubaues war der Brand des alten Domes im Jahre 1248. Nur langsam schritt der Bau des zuerst in Angriff genommenen Chors fort. Collectengelder, Opfer, Zinsen, Vermächtnisse, die Einkünfte suspendirter Beneficien, verfessene Präsenzgelder boten den Provisoren der Baucasse die Mittel, die ungeheuren Kosten des großartigen Baues zu bestreiten. Von großer Bedeutung für den glücklichen Fortgang des gewaltigen Unternehmens war die eindringliche Sprache, mit welcher Papst Innocenz IV. 1248 sich der Dombausache annahm. Im Laufe der ersten neun Jahre gedieh der Bau soweit, daß das Domcapitel sich bewogen sehen konnte, dem Baumeister Gerhard für sein tüchtiges Schaffen sich erkenntlich zu erweisen.

Im Jahre 1257 überließ es demselben wegen der Verdienste, die er sich um den Bau der Kirche erworben, von den Bauplätzen, welche es auf seinem bei der Capelle des h. Marzellus gelegenen Weingarten abgesteckt hatte, den größten, auf welchem Gerhard auf eigene Kosten bereits ein ansehnliches steinernes Haus aufgeführt hatte, unter der Bedingung, daß er oder seine Frau Guda oder seine Erben einen jährlichen Zins von zwölf Schillingen entrichteten.[1]) Dieses Haus fiel nach Gerhard's Tode an seine vier Kinder, welche sämmtlich dem geistlichen Stande angehörten. Diese verfügten 1302 über die ihnen zustehenden Antheile des ihnen nach dem Tode ihrer Eltern zugefallenen Hauses zu Gunsten kirchlicher Institute. Ob Meister Gerhard auch der Baumeister der Abteikirche zu Altenberg, in welcher bei aller Einfachheit ein treues Abbild des kölner Domes anerkannt werden muß, gewesen ist, ist bis jetzt noch nicht erwiesen. Sicher ist aber, daß er, der im Gladbacher Nekrologium magister Gerardus lapicida de summo genannt wird, beim Bau des Chors dieser Stiftskirche thätig gewesen ist.[2])

Meister Gerhard führte den Namen von Rile, weil sein Vater Gotschalk von

---

1) Copiarium des Domstiftes, Nr. 92. — Lacomblet, Urkundenbuch, Bd. II, Nr. 446. — Ennen und Eckertz, Quellen, Bd. II, Nr. 372.

2) Dr. G. Eckertz: Der erste Dombaumeister Gerard von Riehl und die Münsterkirche zu M.-Gladbach, in den Annalen des historischen Vereins für den Niederrhein, Heft Nr. 11 u. 12 (Doppelheft), S. 231. Eckertz wird das Gladbacher Nekrologium, in welchem die mitgetheilte Notiz enthalten ist, in nächster Zukunft veröffentlichen; bisher waren nur Auszüge aus demselben bekannt.

der unterhalb St. Cunibert gelegenen Herrlichkeit Rile nach Köln eingewandert war. Hier hatte er in der Nähe der Marzellus-Capelle den Hof Rettwig erworben. Von diesem Hofe führte er sowohl wie sein Sohn Gerhard neben dem Namen von Rile auch den von Rettwig. Gerhard baute, ehe er zum Dombaumeister berufen wurde, ein in der Johannisstraße dem Gebührhause von Niederich gegenüber gelegenes Haus; im Schreine heißt daselbe „domus, quam edificavit magister Gerhardus de Rile". Gerhard war in dem Jahre, in welchem er den Dombau begann, mit einer gewissen Gertrud verlobt; das Verlöbniß wurde aber aufgehoben und der Bräutigam erhielt die Brautgeschenke zurück (1248). Bald nachher heirathete er die Guda, eine Schwester des Kellermeisters des Domdechanten.

## III.

Bevor der Grundstein zum Neubau gelegt wurde, wird man sich aus Rücksicht auf den Stiftsgottesdienst entschlossen haben, zuerst das Chor hinter der alten Domkirche fertig zu stellen, dann erst den alten Bau niederzulegen und den Ausbau des Langhauses und Querschiffes in Angriff zu nehmen. Wir haben nicht die geringste Andeutung, daß es im ursprünglichen Plane gelegen habe, das Schiff des alten Domes durch den Anbau des gewaltigen neuen gothischen Chors zu erweitern. Auch da, wo man bei dem Bau eines neuen Chors an das alte romanische Langschiff stehen geblieben ist, wie in Beauvais, hat man sicher ursprünglich den Plan gehabt, auch an Stelle des alten Langhauses ein neues gothisches Kirchenschiff mit Kreuzarmen zu bauen. Bezüglich der Frage, ob man in Köln von vornherein einen vollständigen Neubau oder nur eine Erweiterung der alten Kirche durch ein neues Chor im Auge gehabt habe, kann die auf die Einweihung des Chores bezügliche Inschrift[1]) nicht entscheidend sein: sie spricht bloß von einer Erweiterung des Domes und scheint schließen zu lassen, daß man nur beabsichtigt habe, das Chor fertig zu stellen und dann an die alte Kirche anzuschließen. Der Verfasser der fraglichen Inschrift hat aber nur den Gedanken seiner Zeit ausgesprochen, keineswegs den des Jahres 1248; es liegt in der

1)     Anno millesimo bis C. quater X dabis octo,
        Dum colit assumptam Clerus populusque Mariam,
        Praesul Conradus ab Hochsteden generosus,
        Ampliat hoc templum lapidem locat ipseque primum.
        Anno millesimo ter C. vigenaque junge,
        Tunc novus ille chorus coepit jubilare sonorus.
(Crombach, annales metr. eccl. Colon. — Koelhoff'sche Chronik, Bl. 198.)

Inschrift nur der Sinn, daß man zur Zeit der Anfertigung derselben, sei es im Jahre 1320 oder später, den Chorbau als eine thatsächliche Erweiterung des alten Domes ansah, keineswegs aber, daß man im Jahre 1248 weiter nichts als eine solche Erweiterung beabsichtigt habe. Während des Chorbaues mochte der Gedanke kommen, die Weiterführung des Werkes auf sich beruhen zu lassen und den Anschluß des neuen Chors an das alte Schiff, ebenso wie in Beauvais, zu bewerkstelligen. Wenn dieser Plan festgehalten und ausgeführt wurde, war durch den Chorbau der alte Dom bloß „erweitert" worden. Es kam aber anders; man griff den alten Gedanken wieder auf, entschloß sich zur Ausführung des alten Planes, änderte denselben nach neueren Grundsätzen und legte die Funda= mente zu dem neuen Lang= und Querschiff. Mit dieser Ansicht steht eine Nachricht in Widerspruch, welche eine handschriftliche Geschichte der kölner Erzbischöfe bringt. Nach dieser Erzählung hatten Bischof und Capitel beschlossen, den alten Dom gänzlich niederzureißen und einen prachtvollen Neubau an die Stelle zu setzen. Die Werkleute, welche mit dem Abbruch der östlichen Mauer beauftragt waren, wollten den Einsturz derselben dadurch herbeiführen, daß sie den Boden aushöhlten, die Fundamente untergruben, die Höhlen mit Holz füllten und die Mauern mit Holzpfosten stützten, dann diese Pfosten verbrannten und so den Einsturz des Gemäuers herbeiführten. Die Unvorsichtigkeit der Arbeiter und ein ungünstiger Wind verursachten ein weiteres Umsichgreifen der Flammen, als man erwartet hatte. Hierdurch brannte das alte Gebäude bis auf die Mauer ab; die zwei in der Kirche hängenden goldenen Kronleuchter wurden gänzlich zerstört; der Schrein der h. drei Könige aber war beim Beginn der Arbeit, damit er nicht durch den Einsturz der Mauer beschädigt werde, von seiner Stelle in der Mitte der Kirche an den Ausgang derselben gebracht und hierdurch vor jeder Verletzung bewahrt worden. Diese Nachricht findet sich in drei Handschriften, von denen eine dem 16. Jahrhundert angehört, die beiden andern aber dem 17. zugewiesen werden müssen. Die erste dieser Handschriften befindet sich in der Königlichen Universitätsbibliothek zu Würzburg und war früher Eigenthum des „collegii societatis Jesu Molshemii"; an dieses Collegium war sie „ex liberalitate serenissimi Cardinalis et episcopi Argentinensis Caroli ducis Lotharingiae" gekommen.[1]) Karl von Lothringen war Bischof von Straßburg von 1592 bis 1607. Die beiden andern Handschriften befinden sich im kölner Stadtarchiv; eine davon ist dem zweiten Bande der „historia archidioecesis Coloniensis" von Wilmius beigebunden und war im Jahre 1648 im Besitz des Peter Burmann zu

---

1) Durch die Freundlichkeit der würzburger Bibliothek-Verwaltung ist dem Verfasser diese Handschrift zum Vergleich mit der im Stadtarchiv ruhenden zugeschickt worden.

Bonn; die zweite befindet sich in einem aus dem Nachlaß des Caplans Forst herrührenden Bande kölner Collectaneen. Die eine dieser beiden Handschriften bekundet sich als eine treue, ängstliche Copie der andern. Der würzburger Codex ist eine Abschrift der „chronica archiepiscoporum sanctae civitatis Coloniensis" von Konrad Isernhoifft von Ratingen. Den wenigen Worten, die in der Handschrift über den Erzbischof Sigewin gesagt werden, ist zugefügt: „Ego Conradus Isernhoifft scriptor huius inveni Segewinum fuisse successorem Hermanni divitis infrascripti, ex alia chronica." Der von Hartzheim angegebene Anfang und Schluß der zu seiner Zeit im kölner Jesuitencollegium befindlichen Isernhoifft'schen Chronik stimmt genau mit dem Anfang und Schluß der würzburger Handschrift. Geschrieben ist sie unzweifelhaft zwischen 1490 und 1516, weil in der Biographie des Erzbischofs Siegfried von Westerburg der König Ladislaus von Ungarn und Böhmen als rex modernus angegeben wird. Dieser Passus gehört nicht zu den spätern Zusätzen, sondern zu der ersten Redaction der Chronik. Die kölner Handschrift stimmt nur in der Wiedergabe der eigentlichen alten chronica praesulum und einigen andern Theilen wörtlich mit der würzburger überein; sie kennzeichnet sich dadurch als eine selbständige Compilation, welche neben den Hauptquellen der Isernhoifft'schen Arbeit auch noch andere Chroniken benutzt hat. Wenn nicht Alles täuscht, ist die Chronik des Canonicus von St. Severin, Hermann de Wesalia, der gegen 1430 schrieb, in sie aufgenommen worden.

Es kam den Chronikenschreibern nicht auf die Form in der Darstellung noch auf die Gruppirung und künstlerische Verarbeitung des ihnen vorliegenden annalistischen Materials, sondern auf die in der Zeitfolge richtige Aneinanderreihung der ihrem Zwecke dienlichen Nachrichten an, die sie aus andern Annalen und Chroniken zusammentrugen. Die Arbeit des Chronisten war mehr eine bloße Compilation als eine selbständige Bearbeitung. Es gab eine Reihe von kölnischen Chroniken; J. Hartzheim kannte deren zehn,[1]) welche einander in Bezug auf Form wie Inhalt fast vollständig deckten, und dennoch unabhängig von einander zu Stande gekommen waren. Sie hatten dieselben Quellen zur Grundlage, und sie unterschieden sich nur durch eine größere oder geringere Menge von Einschiebseln und spätern Zusätzen. Die Compilatoren dachten nicht daran, sich als Historiker einen Namen zu machen oder Anerkennung zu verschaffen, sie betrachteten sich lediglich als das, was sie eigentlich waren: als die bloßen Abschreiber der vor ihnen liegenden verschiedenen Chroniken. Darum nennt Isernhoifft sich auch nicht den autor, sondern nur den scriptor seiner Compilation, wie wir aus den Worten,

---

[1]) Hartzheim, Bibl. Colon., pag. 60.

die er dem aus der chronica praesulum über den Erzbischof Sigewin entnommenen Satze hinzufügt, ersehen. Auch an verschiedenen andern Stellen gibt er an, daß er seine Nachrichten andern alten Chroniken entnommen habe; so setzt er bei Gunthar hinzu: ex alia antiqua chronica; bei Evergerus: ex alia chronica antiqua; bei Friedrich von Saarwerden fügt er eine ganze Zeile ex alia chronica extracta hinzu.

Den Hauptbestandtheil der kölner Handschrift sowohl wie der würzburger bildet die bekannte chronica praesulum. Beim Erzbischof Konrad von Hochstaden hat der Compilator zuerst den Text der chronica praesulum aufgenommen; daran knüpft er eine lange Reihe chronicalischer Nachrichten aus den Jahren 1248 bis 1261. Der Fortsetzer der Böhmer'schen fontes, Dr. Alfons Huber in Innsbruck, erkennt in diesem Passus eine Fortsetzung der annales maximi Colonienses, und er hat aus denselben im vierten Bande der fontes ein höchst beachtenswerthes historiographisches Fragment abdrucken lassen. In diesem Fragment findet sich der oben angeführte, schon im Jahre 1846 von Böhmer veröffentlichte[1]) Bericht über den Dombrand von 1248.

Den genannten Herausgebern des in Rede stehenden annalistischen Fragments ist es nicht gelungen, den Beweis zu erbringen, daß dieses Einschiebsel wirklich vom Pantaleoniter-Mönch, welcher die andern Sätze der annales niedergeschrieben und den von ihm erzählten Ereignissen nahe gestanden hat, verfaßt worden. Sowohl die würzburger wie die kölner Handschrift hat eine lange Reihe von eingeschobenen kürzern und längern Passus, aber von keinem ist nachzuweisen, ob er von einem gleichzeitigen Chronisten oder einem spätern Verfasser herrührt. Wenn auch mit Huber und Cardauno angenommen werden muß, daß die annalistischen Sätze zu den Jahren 1248 bis 1261 von einem Pantaleoniter herrühren, welcher in der zweiten Hälfte des 13. Jahrhunderts lebte, so ist damit doch noch nicht gesagt, daß auch die über den Dombrand berichtenden Sätze diesem Chronisten angehören; sie können so gut wie eine Reihe anderer Zusätze ein Einschiebsel späterer Zeit sein.

Huber und nach dessen Vorgange der Herausgeber der annales s. Pantaleonis in den Monumentis stellen die Behauptung auf, die fragliche Aufzeichnung rühre von einem Mönche her, welcher zur Zeit des Erzbischofs Konrad oder kurz nach derselben in der Abtei St. Pantaleon gelebt habe.[2]) So lange man nicht im Stande ist, das Vorkommen des Berichtes in einer Handschrift des

---

1) Mscr. A. II, 109.
2) In der Abtei St. Pantaleon war der Chronist Gotfried wohl bekannt, aber von einem Fortsetzer der Gotfried'schen Annalen wußte man nichts. In den Annales von Wülfrath heißt es: (Sub Henrico IV. abbate vixit) fr. Godefridus monachus,

13. Jahrhunderts nachzuweisen, ist an der Ansicht festzuhalten, daß diese Erzählung ein Einschiebsel späterer Zeit ist. Die Koelhoff'sche Chronik sowohl wie die Chronik Agrippina würde des Vorganges Erwähnung gethan haben, wenn sich die in Rede stehende Stelle in einer der Handschriften des 13. Jahrhunderts, aus welchen sie geschöpft haben, gefunden hätte. Gerade die Umständlichkeit, mit welcher der Berichterstatter die Einzelheiten bei dem ganzen Vorgange erzählt, erweckt die gerechtesten Zweifel an der Gleichzeitigkeit des Berichtes. Die ganze Erzählung scheint für weiter nichts als einen gesuchten, dazu noch unwahrscheinlichen Versuch, den Brand der Kathedrale zu erklären, genommen werden zu müssen.

Es ist unzweifelhaft, daß der alte Dom durch ein Brandunglück am Quirinus-Abend 1248, 29. April, sehr beschädigt worden.¹) Es sagt Papst Innocenz IV. in seiner Bulle vom 21. Mai 1248, „daß die Domkirche durch Brand zerstört worden". König Heinrich III. von England empfiehlt die Collecte für den kölner Dombau mit dem Bemerken, daß in Köln die Kirche, in welcher die Leiber der hh. drei Könige ruhen, durch einen traurigen, unvorhergesehenen Unfall in Flammen aufgegangen sei. In dem Kalendarium der Domcustodie, welches nicht lange nach der Grundsteinlegung zum neuen Dom geschrieben wurde, ist von einer alten Gewohnheit die Rede, welche vor dem Brande des Münsters bestanden habe. Die kölner Annalen von St. Gereon berichten zum Jahre 1248, daß am Tage des h. Quirinus der hohe Dom abgebrannt sei. Wörtlich heißt es hier: „Combustus est summus Coloniensis." Nach der Deutung Lacomblet's und des Herausgebers der Monumenta Germaniae historica soll der Annalist bei seiner Angabe nur das Chor im Auge gehabt haben, und wäre bei „summus" zu ergänzen „chorus". Es ist dies aber eine Deutung, welche

rerum Germanicarum scriptor celebris, cuius annales extant; obiit, ut opinio est, quando scribere desiit circa annum domini 1237.

1) Sane famosa et honorabilis Coloniensis ecclesia de novo, sicut accepimus, casu mirabili per incendium est consumpta. (Aus der Bulle des Papstes Innocenz IV. vom 21. Mai 1248. Quellen, II, S. 277 aus dem Copiarium des Domstiftes, Nr. 14.) — In Alemannia praeter alia damna, quae vorago ignis consumptivi suscitavit, cathedralis ecclesia beati Petri in Colonia (quae est omnium ecclesiarum, quae sunt in Alemannia, quasi mater ad matrona) usque ad muros incendio est consumpta. (Matth. Paris, Historia maior, pag. 753.) — Cum ecclesia Coloniensis, in qua corpora trium regum beatorum requiescunt, per incendium inopinali ac miserabili casu sit consumpta. (Schreiben Königs Heinrich von 1257, in Rymer foedera, I, pag. II, pag. 32.) — Prout consuetum fuerat ab antiquo ante incendium monasterii praedicti. (Ennen und Eckertz, Quellen, Bd. II, 282.) — Anno domini 1248 octavo die Quirini combustus est summus Colonie. (Annales s. Gereonis bei Pertz, ser. XVI, pag. 734.)

sowohl der kirchlichen Terminologie als den thatsächlichen Verhältnissen widerspricht. Vor der Fertigstellung des jetzigen Domchores wird sich nirgend ein Beispiel finden, wodurch erhärtet werden könnte, daß summus für summus chorus gebraucht worden sei. Wenn summum stets gleichbedeutend ist mit Domkirche, maior ecclesia, so berechtigt noch nichts zur Annahme, daß summus das Chor bezeichne. Diese Deutung würde eher zulässig sein, wenn von einer Zeit die Rede wäre, in welcher das jetzige hohe Chor schon neben der alten Domkirche bestanden habe; dann würde der summus chorus in Gegensatz gebracht werden können zu den beiden Chören des alten Domes; doch die Annalen sind geschrieben im Jahre 1248, in einer Zeit, in welcher man an einen solchen Gegensatz noch nicht denken konnte. In jenem Jahre befanden sich in der Domkirche zwei Chöre, die niemals anders unterschieden worden, als „chorus sancti Petri" und „chorus sanctae Mariae". So oft im Kalendarium der Domcustodie das „in summo" vorkommt, bezeichnet es nie: „im hohen Chor", sondern nur „im Dom"; summum ist stets die Domkirche; wenn einmal ein Substantivum zugesetzt wird, so ist es altare oder missa; summum altare und summa missa kommt öfters vor, niemals aber summus chorus. Die Urkunden kennen weder ein summus chorus noch ein summus ohne weitere Bezeichnung. Ich kann anders nicht, als annehmen, daß der Annalist von St. Gereon in seiner Aufzeichnung einen Sprachfehler gemacht hat, er hat „combustus est summus" geschrieben, wo er „combustum est summum" hätte schreiben sollen. Auch Petrarca, der auf einer Reise durch Frankreich und Flandern Köln besuchte, versteht unter summum nicht das Chor, sondern das ganze bewundernswerthe Gotteshaus: „Ich sah in dieser Stadt", schreibt er an den Cardinal Joh. Colonna, „ein wunderherrliches, obwohl noch unvollendetes Gotteshaus, welches nicht mit Unrecht summum genannt wird."

Was nun die Ausdehnung des Dombrandes (incendium monasterii), von dem auch das Kalendarium der Custodie spricht, anbelangt, so war derselbe keineswegs so bedeutend, daß die Kirche dadurch völlig vernichtet oder unbrauchbar geworden wäre. Wenn die einzelnen Berichte von einem „Abbrennen" der Domkirche sprechen, so kann darunter nur ein Brandunglück zu verstehen sein, welches zeitweilig die Fortsetzung des Gottesdienstes hinderte, jedoch keinen vollständigen Neubau bedingte. Wenn es richtig ist, daß bei diesem Brande die beiden goldenen Kronleuchter geschmolzen sind, so wird der Brand das Dach und das Gewölbe des Schiffes zerstört haben. Rasch und energisch wurde aber die Reparatur in Angriff genommen. Wenn nicht schon früher, war die Kirche im Jahre 1251 wieder dem Gottesdienste geöffnet, und im Mai dieses Jahres wurde eine Rechtshandlung im Dome, in maiori ecclesia Coloniensi, in Gegenwart einer Menge von Zeugen aus dem geistlichen und weltlichen Stande vorgenommen.¹) Auf diese Reparatur bezieht sich die so vielfach angeführte und so vielfach angefochtene Urkunde des Papstes Innocenz IV., durch welche jeder Beitrag zu den Wiederherstellungskosten dieses kostspieligen Werkes mit einem Ablasse belohnt wird. An der Echtheit dieser Urkunde, welche zwar nicht im Original erhalten ist, sich aber in dem aus dem Ende des 13. Jahrhunderts stammenden Dom-Copiarium findet, kann nicht gezweifelt werden. Der Papst spricht in dieser Bulle nur von der Kirche, in welcher die Leiber der hh. drei Könige annoch „ruhen",²) nicht „geruht haben"; er spricht also von einer Kirche, die damals noch bestand und nach dem Plane des Erzbischofs und des Domcapitels gründlich und mit Aufwendung vieler Kosten reparirt werden sollte.

Die in dem Mathinger Kalendarium der Domcustodie enthaltene sogenannte „Beschreibung des alten Domes" hängt mit dieser Reparatur eng zusammen. „Von Alters her," heißt es hier, „hatte der Custos die Pflicht, für die Instandhaltung, rücksichtlich Wiederherstellung der Domfenster Sorge zu tragen; er mußte das dazu erforderliche Glas, Blei und Zinn liefern."³) Aus leicht begreiflichen Gründen war der Thesaurar oder Custos wenig begeistert für das großartige Unternehmen eines Neubaues. Nur ungern hatte er sich dazu verstanden, zu diesem Zwecke auf sein Anrecht an die beim Peters-Altar einkommenden Opfer zu verzichten. Als nach dem Brande die theilweise zerstörte Domkirche so weit hergestellt werden sollte, daß der Gottesdienst wieder darin gehalten werden könne, glaubte der Thesaurar darauf bestehen zu müssen, daß ihm keine über das Maß seiner statutengemäßen Verpflichtung gehende Lasten aufgebürdet würden.

## IV.

Der Grundstein zum neuen Dom wurde vom Erzbischof Konrad 1248 am 14. August unter pomphafter Feierlichkeit gelegt.⁴) Es geschah dies zu der Zeit, als der vom kölner Erzbischof auf den deutschen Königsthron erhobene König Wilhelm von Holland mit einem starken Heere vor der Stadt Aachen lag,

---

1) Lacomblet, Archiv, II, 127.
2) Ecclesiam ipsam, in quia trium beatorum magorum corpora requiescunt, reparare opere sumptuoso.
3) Ad fenestras emendendas custos dabit vitrum, plumbum et stagnum. (Ennen und Eckertz, Quellen, Bd. II, 278.)
4) Porro circa finem vitae fundamenta novae structurae ecclesiae sancti Petri in Colonia idem Conradus nobilissime inchoavit, primum quidem supposuit propriis lapidem fundamento. (Chronica praesulum.) — Anno 1248 in die assumptionis inchoatum est novum opus maioris ecclesiae Coloniensis a domino Conrado

um mit bewaffneter Hand den Eingang in diese dem Hohenstauffischen Hause anhangende Krönungsstadt zu erzwingen. Unter Anleitung der im Wasserbau sehr erfahrenen Friesen, deren sich eine große Anzahl im königlichen Heere befand, wurde ein hoher Wall um die ganze Stadt aufgeführt, um den innerhalb des Stadtberinges entspringenden Quellen den Abfluß zu versperren. Hierdurch wurde der größte Theil der Stadt Aachen in einen See verwandelt, und die Einwohnerschaft sah mit Angst und Schrecken von Tag zu Tag die Wassermasse höher steigen. Nicht weniger hatten die Belagerer durch Hunger zu leiden, ihre Kaisertreue hatte eine schwere Probe zu bestehen. Muthig und ergeben hielt die Einwohnerschaft aus, bis das täuschende Gerücht vom Tode des Kaisers einlief. Jetzt sandte die Stadt Parlamentäre in das Lager und die Uebergabe erfolgte gegen Ende October. Die Krönung des Königs Wilhelm fand am Allerheiligentage im Frauenmünster durch Erzbischof Konrad in Gegenwart der Erzbischöfe von Mainz und Trier, des päpstlichen Legaten, der Bischöfe von Münster, Minden, Lüttich, Utrecht, des Königs von Böhmen, des Herzogs von Brabant, des Grafen Adolf von Berg, des Grafen Dirk von Cleve, des Grafen Johann von Hennegau und vieler andern geistlichen und weltlichen Großen statt. Alle diese Herren hatten am 14. August desselben Jahres den König Wilhelm und den Erzbischof Konrad nach Köln begleitet, um hier sich an der Feierlichkeit der Grundsteinlegung zu betheiligen.[1])

Der Chronist, der über diese Feier berichtet, hebt als eine besondere Merkwürdigkeit hervor, daß bei dieser Gelegenheit der Erzbischof in der Autorität des Papstes, des Nuncius, der Suffraganbischöfe und in eigener gegen den bis dahin in der Kirche üblichen Gebrauch einen Ablaß für alle diejenigen verkündet habe, welche Spenden für den Dombau persönlich brächten oder schickten.[2]) Das Domcapitel feierte die Memorie des Erzbischofs Konrad, des Gründers der neuen Kathedrale, sowie der Eltern Lothar und Mathilde und des Bruders Lothar desselben im Januar, März, April, August, October und December.[3])

archiepiscopo. (Annales Agrippina bei Pertz, Mon. Germ. XVI., pag. 736.) — A. d. 1248 ipso die assumptionis beate virginis inchoatum est opus maioris ecclesie Coloniensis a venerabili archiepiscopo Conrado. (Notar Coloniensis, Monumenta Hist. Germ., tom. 24, fol. 363.) — Levold a Northof, ed. Tross, pag. 240. — Sepultus est (Conradus) in novo opere maioris ecclesie in loco, ubi presul eiusdem operis primum posuerat fundamentum. (Pertz, Mon. Hist. Germ., tom. 24, fol. 357.)

1) Meermann, Geschiednis van Graaf Willem van Holland, II, cod. dipl. Nr. 34. — Joannis a Leidis chron. Belg. bei Swertius, Annales Belg. I, 202. — Boisserée, S. 3. — Lacomblet, Böhmer und Harleß stellen die Anwesenheit des Königs Wilhelm bei der Grundsteinlegung in Abrede.

2) Pertz, Mon. Germ. ss. XXII, pag. 543.

3) Commemoratio Conradi archiepiscopi Coloniensis, Lotharii patris sui,

Während der Bau des Choro mit den zunächst liegenden Theilen der Kreuz-
arme inmitten der gewaltigsten Aufregung, der bittersten Parteistreitigkeiten und
der blutigsten Bürgerkämpfe gegen die Erzbischöfe langsam fortschritt, blieb die
alte, zureichend wieder hergestellte Domkirche bestehen und für kirchliche und gottesdienstliche Benutzung erhalten. Im Jahre 1251 rettete sich ein Ritter von Rovern
vor der Wuth der ihn verfolgenden Feinde in den Dom.¹) In demselben Jahre
stellte die Abtei St. Martin eine Verzichtleistung in der Domkirche aus (in maiori
ecclesia). Der Schiedsspruch, welcher 1252 in den Münzstreitigkeiten zwischen
der Stadt und dem Erzbischof gefällt wurde, bestimmte, daß eine Probe des
neuen Gepräges in der Sacristei der Domkirche (in sacrarium s. Petri maioris
ecclesia) hinterlegt werden solle.²) Im Jahre 1254 wurde bei einer feierlichen
Versammlung im Dom eine vom Grafen Gottfried von Arnsberg ausgestellte
Urkunde verlesen. Gegen 1256 entließ der Graf Wilhelm von Jülich einen
seiner Leibeigenen vor dem St. Petri-Altar der Domkirche (super altare s. Petri
in ecclesia maiori) und machte ihn der Domkirche pflichtig;³) eben so wurde im
Jahre 1256 die Stiftung des Domcanonichen Johann öffentlich in der Domkirche
vollzogen. In demselben Jahre ward im Dome die Urkunde ausgestellt, durch
welche Heinrich von Gerstorp auf einige Güter verzichtete. Das Provincial-Concil
von 1260 bestimmte, daß die unter dem Namen von erzbischöflichen Caplänen
aufgeführten Pfarrer von St. Columba, St. Alban, St. Lorenz und St. Martin
dem Bischof beim Pontifical-Dienst in der Domkirche assistiren sollten. Erzbischof
Konrad wurde 1261 im alten Dome (in ecclesia sancti Petri veteri) bestattet⁴),
und erst nach der Einweihung des neuen Chors wie seine Vorgänger, die ihre
Ruhestätte in der alten Kirche gehabt, in das neue Gebäude übertragen; hier
erhielt Konrad die Stelle, wo der von ihm gelegte Grundstein eingesenkt war.
Im Jahre 1264 wurde die Wahl des Propstes Arnold von Looz im Dome
vorgenommen (electio celebrata in ecclesia predicta). Im Jahre 1270 wurde
der Subdecan des Domes, Wilhelm von Stailburg, von dem päpstlichen Nuncino
beauftragt, den Bannspruch gegen die Urheber der Gefangenschaft des Erzbischofs
zu verkündigen; er führte dies im Dome in Gegenwart einer großen Volksmenge
aus (in presentia copiosa multitudinis tam clericorum quam populi). In

comitis de Hostaden, et matris sue Metildis, comitisse ibidem, et fratris sui
Lotharii similiter comitis de Hostaden. (Kalendarium des Domstiftes, im Stadtarchiv.)
  1) Gölfr. Hagen, 878.
  2) Lacomblet, II, S. 203.
  3) Schreinskarte des Ulderichs, im Stadtarchiv.
  4) Sepultus in ecclesia sancti Petri veteri, postmodum ad novam translatus
una cum aliis suis antecessoribus, qui in antiqua ecclesia sepulturam habuerunt.
(Gel. farr. XXV, 78.)

demselben Jahre übergab Wilhelm von Jülich eine Anzahl von Wachszinsigen super altare sancti Petri im Dome. Wiederholt in den sechziger und in den achtziger Jahren des 13. Jahrhunderts rannte die aufgeregte Menge nach einem Thurme des Domes und zog die daselbst hängende Sturmglocke. Im Jahre 1278 las Erzbischof Siegfried im Dome die h. Messe.[1]) Gegen 1280 finden wir einen Priester, der am Altar des Erzbischofs Philipp celebrirt.[2]) Im Jahre 1281 hören wir von zwölf Vicarien im Dome.[3]) Im Jahre 1285 schenkte der Domcantor Ulricus zwei Wohnungen zur Beleuchtung vor den Reliquien der hh. drei Könige.[4]) Ein anderes Vermächtniß zu derselben Beleuchtung weist das Jahr 1288 nach. Eine Urkunde des Jahres 1287 spricht von einer h. Messe, welche täglich am Hochaltar des h. Petrus gehalten wurde. Im Jahre 1289 finden wir einen Geistlichen, welcher den Chordienst hält (sacerdos chorum frequentans). Im Jahre 1294 ist die Rede von Opfergaben, die auf den Peters-Altar zum Besten der Domfabrik gelegt wurden, sowie von Reliquien der h. Maria in der Domkirche. In demselben Jahre wird von der Domkirche als der Ruhestätte der hh. drei Könige gesprochen.[5]) Im Jahre 1296 ist die Rede von einer Memorie, welche jede Woche für den Chorbischof Johann von Reuenberg gehalten wird. Die 1297 zwischen den kölner Stiften und Abteien auf's Neue bestätigte Union setzt monatliche Zusammenkünfte in der Domkirche fest.[6]) Im Jahre 1299 wurde Erzbischof Wichbold nach dem Berichte einer handschriftlichen Chronik „zu Köln als Erzbischof eingeführt während der Messe im Dom und binnen der Zeit des Interdicts auf des h. Kreuzes Tag in dem Heumonat". Im Jahre 1302 finden wir canonici in choro presentes, 1306 clerici chorales, qui chorum in ecclesia Coloniensi frequentant.[7]) Im Jahre 1309 verrichtete der neugekrönte König Heinrich VII. seine Andacht am Grabe der hh. drei Könige. Im Jahre 1313 wird von Opfern gesprochen, die auf den Peters-Altar eingehen. Im Jahre 1316 finden wir einen Domvicar, welcher am Altar der hh. Cosmas und Damian die h. Messe las (celebrans ad altare ss. Cosmae et Damiani). Der Thesaurar Emecho von Spanheim überließ in demselben Jahre die Opfer, welche am Peters-Altar eingehen würden, für jährlich 30 Mark dem Domcapitel auf vier Jahre. Bei der Einweihung des Chors 1322 bestand die alte Kirche noch;

---

1) Levold a Northof, fol. 104 (in maiore eccl. missa solemniter celebrata).
2) Sacerdoti celebranti ad altare archiepiscopi Philippi VI. sol.
3) Ennen, Quellen, III, 172.
4) Ebendas., 326.
5) Crombach, Hist. trium regum, pag. 819.
6) Ennen, Quellen, III, 426.
7) Copiarium des Domstiftes, Nr. 249.

erst bei dieser Gelegenheit wurde der Schrein der hh. drei Könige in feierlicher Procession aus derselben in das neuerbaute Chor gebracht und hinter dem Hochaltar beigesetzt.¹) Hier sollten die Heiligen ruhen, bis sie die für sie bestimmte Stelle unmittelbar vor dem Chor unter dem Sterne, der auf dem Chor über dem vergoldeten Thürmchen prangen werde, erhalten würden.

Außer diesen aus Urkunden und Chroniken geschöpften Zeugnissen liefern auch noch zwei Dom-Kalendarien den unwiderleglichen Beweis, daß vor dem Dombrande bis zum Ende des 13. Jahrhunderts in der Domkirche ununterbrochen der Gottesdienst Statt gefunden hat. Das eine dieser Kalendarien gehört zur Wallraf'schen Bibliothek in Köln, das andere, von dem schon oben die Rede gewesen, ruht in der Fürstlich Oettingen-Wallerstein'schen Fideicommiß-Bibliothek zu Maihingen.²) Jenes stammt seinem Hauptbestandtheile nach aus der Zeit zwischen 1238 und 1265, dieses liegt zwischen 1247 und mindestens 1295. Alle hier namhaft gemachten Rechte und Pflichten knüpfen sich an einen Gottesdienst, wie er nur in der alten Kirche Statt finden konnte. Es ist nicht ein Theil des alten Domes, sondern die ganze Kirche mit allen Altären, beiden Chören und beiden Krypten, welche während dieser ganzen Zeit noch für den Gottesdienst in Gebrauch ist. Bald ist es der Peters-, bald der Marienchor, wo eine Memorie gehalten oder ein Fest gefeiert werden soll; bald müssen Kerzen auf den Kronleuchtern, bald am Sarkophag der hh. drei Könige, bald in den Krypten, bald an einem Grabe, bald auf einem Candelaber angezündet werden.

## V.

Man wird nicht mehr daran zweifeln können, daß Domcapitel und Erzbischof schon vor dem Jahre 1248 den Entschluß gefaßt hatten, an die Stelle des alten Domes ein ganz neues Prachtgebäude aufzuführen. Zu diesem Zwecke mußte das Capitel die zwischen dem Porticus und der Johannis-Capelle liegenden

---

1) Nota, quod circa anno domini 1320 completo choro novae fabricae maioris ecclesiae Coloniensis deportabantur corpora sanctorum trium regum ex antiqua ecclesia s. Petri solemniter circa curiam summi per viam, ut moris est in die corporis Christi, precedentibus capsis suprasignatis et clero civitatis Coloniensis et collocata sunt retro summum altare et ibi manebunt, donec deputatus locus sit perfectus ante chorum sub stella, quae est in summitate chori ante auream turrim, et post perfectionem debent iterum solemniter deportari de loco, ubi nunc restant et deinque numquam reversuri sed permanebunt usque ad consummationem seculi. (Notiz des Domvicars Schalhorn alias Speis de Andernach, 1488.) — Crombach, fol. 816.

2) Eine schöne Copie liegt im Domarchiv.

Gaddemen, die in den Bauplan fielen, eigenthümlich erwerben. Diese Gaddemen wurden wirklich, wie das Domcapitel ausdrücklich erklärt, schon gleich beim Beginn des Baues der Fundamentirung wegen niedergelegt und vernichtet.[1]) Erst einige Jahre später, als die alte Kirche wieder nothdürftig reparirt worden und man sich vorläufig auf die Ausführung des Chorbaues zu beschränken entschlossen hatte, konnten die genannten Gaddemen wieder hingesetzt werden, und der Custos erscheint im Maihinger Kalendarium als Zinsherr derselben. Auch die alte Sacristei und die goldene Kammer fielen in den Bauplan des Chors; darum wurden sie abgebrochen und an einer gelegeneren Stelle neu aufgeführt. Die vor mehreren Jahren umgebaute Sacristei nebst der Schatzkammer war ein großer quadratischer Bau, dessen Technik und Kunstformen unzweifelhafte Anzeichen trugen, daß er in seiner Gesammtheit gleichzeitig mit dem hohen Domchor nach einem einheitlichen Plane aufgeführt und bereits im Jahre 1322, als das Domchor eingeweiht wurde, fertig stand. Das Dormitorium, das Gewandhaus, der Kreuzgang, der Holzschuppen, die Waschkammer konnten während des Chorbaues stehen bleiben; unser Kalendar führt diese Räumlichkeiten gegen Ende des 13. Jahrhunderts als noch vorhanden auf. Im Kreuzgange (ambitus) lag die Capelle der h. Maria zum Pesch, die Pfarrkirche für die Familie des Domstiftes.[2]) Diese Peschcapelle erscheint in Urkunden von 1267, 1268, 1292, 1293, 1298, 1302, 1304, 1331 und 1367 als capella sanctae Mariae in pasculo. in unser vrauwen capellen inme umbgange zume doeme.[3]) Im Jahre 1299 wird ein gerichtlicher Act in ambitu ecclesiae Coloniensis aufgenommen. Der Domvicar Heinrich von Blankenburg stiftete 1302 einen neuen Altar zu Ehren des h. Gregor in der Capelle zur h. Maria im Pesch und verordnete die Haltung seiner Memorie in der Domkirche. In demselben Jahre finden wir canonici in choro praesentes. Petrus von Barnim vermachte im Jahre 1304 der capella beatae Mariae sita in ambitu maioris ecclesiae ein auf dem Berlich gelegenes Haus.

Der Kreuzgang mußte im Jahre 1525 der im Auftrage des Domcapitels vom Dombaumeister neben dem Dom unter Gaddemen errichteten „Schule der Gottheit" weichen. Der Rath bestimmte, daß hier, im Falle die Schule aufhören oder der Bau anders verwandt werden sollte, wieder ein freier Platz hergerichtet werden müsse. Das Capitelhaus, dem wir im Jahre 1328 begegnen, lag mit der Sacristei, die gleichzeitig mit dem Chor aufgeführt wurde, unter einem

---

1) Lacomblet, II, 202. Cum propter opus et edificium ecclesie nostre predicte domuncule per nos sint deposite et destructe. — Quam porticum propter novum iam fundamentum pro ecclesie nostre constructione ponendum expedit demoliri.

2) Mscr. A. II. 90, 147.

Dach. Der Altar des h. Nikolaus, den wir am Eingang des Domes treffen und neben welchem eine Laterne stand, befand sich vor dem zweiten Pfeiler der östlichen Pfeilerreihe des südlichen Querschiffes.[1])

Nur langsam schritt der Bau des Chores fort. Collectengelder, Opfer, Zinsen, Vermächtnisse, die Einkünfte suspendirter Beneficiaten, versessene Präsenzgelder boten den Provisoren der Baucasse die Mittel, die ungeheuren Kosten des großartigen Baues zu bestreiten. Von großem Gewichte für den glücklichen Fortgang des großen Unternehmens war die eindringliche Sprache, mit welcher der Papst Innocenz IV., unmittelbar nach dem Brandunglück, sich der Sache annahm. „Da Erzbischof und Capitel" — heißt es in dem betreffenden Erlaß — „die Absicht haben, ihre durch Brand zerstörte Domkirche in prachtvoller, kostspieliger Weise wieder herzustellen, und zu diesem Werke die Unterstützung der Christgläubigen nöthig ist, so ermahnen Wir euch alle eindringlich, daß ihr nach Verhältniß eures Vermögens aus Liebe zu Gott und aus Verehrung gegen die hh. drei Könige beisteuern wollt, damit es durch eure Unterstützung möglich werde, dieses Werk zu vollenden."

Die Pilger, welche in großer Zahl aus allen Ländern nach Köln zu den Reliquien der hh. drei Könige wallfahrteten, legten reiche Opfer auf den Altar des h. Petrus nieder. Die Sammlung freiwilliger Beiträge für den Dombau begann schon im Jahre 1248; in einer Schreinsurkunde dieses Jahres begegnen wir schon einem Sammler von Beiträgen, petitor structurae maioris ecclesiae. Im

1) Also unseren herren vanme roide oevermitz irer steide rentmeistere zer zeit as hude dieser registration angetragen ist, wie der bowemeister des thumpstyffts bynnen Coelne van weigen desselven doemcapittels furbracht have, wie ire wirden und edelh. auff der platzen beneven dem doym under gedemen ein schoele in der gotheit, wie ime umbgange hynder demselven doym gewesen ist, zu laissen bouwen und zu machen gemeint weren und begerden dairomme solichs und ouch die mure langs die straiss (doch derselver und dem gemeinen weige unschedelich) auszuuforen, an eynen eirsam rait zu brengen und gutlich zu gesynnen, dat iren wirden und edelh. dat vergunt und zugelaissen moge werden; und so nun solich ansuchen und begeren by eyme eirsame raide vur billich, nutz und gut angesion, ist bey unseren herren vanme raide eindrechtlich verdragen und den herren rentmeisteren befeil gethain, bemelten bow zu besichtigen und van befeilh eins eirsamen raitz zu zu laissen ind zo bewilligen, mit dem underscheide, dat off nu off hernaemails der vurschreven bow nyrgens anders dann zu einre schoelen gebruycht sull werden, und dat in zu komender zeit (so die bemelte schoele auff ein ander ende verruckt oder affgebrochen wurde) alsdann dairvan off up die bemelte platze gheyne kraeme, gaddymen off andere huysere zu machen noch zu bouwen, sunder ein ledige platze zu eyniche bewoenunge, wie van alders gewesen, blyven sulle. Actum veneris 24. aprilis anno 1523. (Mscr. A. II, 9, fol. 147.)

Jahre 1264 entsandte der Erzbischof Engelbert von Falkenburg einen Priester, den provisor fabricae magister Gerhard, mit einem offenen Hirtenschreiben an alle Kirchenvorstände der kölnischen Provinz, um die Opferwilligkeit für den Bau der kölner Metropolitankirche anzuregen. Gerhard werde ihnen, heißt es in diesem Schreiben, über alles, was die Bauangelegenheiten betreffe, genügende und ausführliche Auskunft geben, und allen Geistlichen wird bitt= und befehlsweise bei Strafe der Suspension aufgegeben, den Provisor ehrenvoll und liebreich auf= zunehmen und ihm in allem, als ob der Erzbischof selbst anwesend wäre, zu gehorsamen, wie er denn die demselben bethätigte Willfährigkeit betrachten und vergelten werde, als ob sie ihm unmittelbar erwiesen sei. Diejenigen, welche dem Provisor Spenden für den Dombau übergeben, werden aller der Mutterkirche ertheilten Ablässe theilhaftig erklärt. Der Bau selbst wird in diesem Schreiben als eine „fabrica gloriosa" bezeichnet.¹) Auch nach dem Auslande begaben sich rührige Collectanten (petitores), welche Gaben für den Dom sammelten. Aus einem Erlaß des Königs Heinrich II. von England wissen wir, daß in dieses Königreich Abgesandte der Domkirchenfabrik geschickt wurden, um die Wohl= thätigkeit des englischen Volkes für das große Werk anzurufen. Um diese Zeit wurde der deutsche Thron durch den Tod Wilhelm's erledigt, und der englische König, dessen Bruder Richard für die deutsche Königswürde in Aussicht genommen wurde, wußte recht wohl, daß die Entscheidung in der verhängnißvollen Wahl= frage in der Hand des Erzbischofs Konrad von Köln liege. Dieser zeigte sich günstig für Richard, weil derselbe hinreichende Mittel besaß, um gute Dienste reich zu belohnen, und weil von ihm nicht zu erwarten stand, daß er dem nach immer größerer Selbständigkeit strebenden Reichsfürstenthum mit Ernst in den Weg treten werde. Nach verschiedenen Besprechungen mit mehreren der einfluß= reichsten Wahlherren übernahm Konrad es, den Handel ins Reine zu bringen. Richard verpflichtete sich im Voraus durch einen Vertrag vom 15. December 1256, die Besitzungen der kölnischen Kirche, welche bereits Reinald und Philipp erworben hatten oder welche Konrad noch erwerben würde, mit allen Kräften zu schützen, zwischen der Mosel, Aachen und Dortmund, also innerhalb der Grenzen des kölner Erzstiftes, nur Amtmänner und Richter anzustellen, ebenso nur solche Edel= leute, Ritter und Bürger in sein Gefolge aufzunehmen, welche dem Erzbischof genehm seien, dann zwischen dem päpstlichen Legaten und dem römischen Stuhle einerseits und dem Erzbischof Konrad andererseits innerhalb des nächsten halben Jahres eine Aussöhnung zu vermitteln; im Fall er diese Versöhnung nicht zu Stande bringe, solle er dem Erzbischof 2000 Mark auszahlen, mit welchen

¹) Ennen und Eckertz, Quellen, Bd. II, 502.

Geldmitteln dieser dann selbst die Curie zur Nachgiebigkeit und zur Lösung des auf ihm lastenden Kirchenbannes zu bestimmen versuchen wolle. Außerdem solle er dem Erzbischof noch für die vielen aus diesem Wahlgeschäft entspringenden Mühen und Kosten eine Summe von 8000 Mark Sterlinge[1]) zahlen. Die Dienerschaft des Erzbischofs sollte 400 Mark erhalten. Am 13. Januar wurde nun Richard vom Erzbischof Konrad, der zugleich die Stimme des in Gefangenschaft sitzenden Erzbischofs von Mainz führte, und von den Pfalzgrafen Ludwig und Heinrich bei Rhein zum deutschen Könige gewählt. Konrad begab sich selbst nach London, um den Grafen von Cornwallis zur schleunigsten Ueberkunft nach Deutschland zu veranlassen. Bei dieser Gelegenheit scheint er den König Heinrich für die Dombausache erwärmt und bestimmt zu haben, daß er den Bischof von Canterbury und die übrigen Prälaten und Treuen des ganzen englischen Reiches aufforderte, den kölner Domcolleetanten freundlichen Empfang zu bereiten und ihm alle Unterstützung angedeihen zu lassen.[2])

Erzbischof Siegfried erklärte im Jahre 1278, daß der Bau hauptsächlich der Mildthätigkeit der Diöcesanen seinen erfreulichen Fortgang zu verdanken habe, aber er bedürfe bis zu seiner Vollendung noch vieler Geldmittel. Alle diejenigen, welche wegen unrechtmäßig erworbenen Gutes, möge solches von Wucher, Raub, Diebstahl, Falschmünzerei oder von anderen Verbrechen herrühren, restitutionspflichtig seien, und das zur Restitution bestimmte Gut, dessen rechtmäßiger Eigenthümer nicht aufgefunden werden könne, an die Domcasse ablieferten, sollten damit die ihnen obliegende Pflicht der Wiedererstattung in zureichender Weise erfüllt haben und nach reumüthigem Bekenntniß ihrer Sünden Lossprechung von der Schuld erlangen können.[3])

Auch wenn die freiwilligen Gaben und die Opfer der nach Köln strömenden frommen Besucher der hlg. drei Könige nicht reichlich flossen, waren Erzbischof und Domcapitel wohl im Stande, aus eigenen Mitteln den Dom nach dem Plane des Meisters Gerhard aufzuführen. Die Koelhoff'sche Chronik sagt von Erzbischof Konrad, daß er „sere vis der maissen rich was van goulde, silver ind edelgesteine, also dat he sin schatz meinde unverzeirlich ind unuisloislich".[4])

Nicht minder als der Erzbischof Konrad war das Domcapitel im Besitz eines großen Vermögens. Außer den reichen Renten, die es von einer großen Reihe Häuser in der Stadt Köln bezog, besaß es in Köln einen großen Weingarten an

---

1) Die Mark hatte 13 Schilling 4 Denare; der Schilling war etwas weniger als 3 Reichsmark, der Denar 20 Pfennige; die Mark Sterlinge war also etwa 38 Reichsmark.
2) Rymer, Foedera, vol. I, pag. 363.
3) Lacomblet, Urkundenbuch, Bd. II, S. 424.
4) Koelhoff'sche Chronik, Bl. 169.

der Marzellen-Capelle, Häuser auf dem Domhofe, in der Klappergasse, in der Streitzengasse, auf dem alten Graben, am Malmannspütz, am Jederwald; Höfe, Weinberge und Ländereien zu Königswinter, Worringen, Jons, Friesheim, Geyen, Juden, Aldenhofen, Eschweiler, Vilich, Erpel, Unkel, Linz, Paffrath, Lechenich, Hamm, Frechen, Cuchenheim, Oidtweiler, Remagen, Efferen, Brühl, Morendorf, Gohr, Uldeggen, Hüchelhofen, Königshofen, Widrath, Eschweiler, Niederzier, Rheinbach, Bedburg, Löwen, Dyck, Hersel, Esch, Bergheim, Richrath, Niederkrüchten, Weiler, Sinzig, Walporzheim.¹)

Die Opfer, zu welchen sich Erzbischof und Capitel im Interesse des großen Werkes entschlossen, entsprachen wenig ihren reichen Mitteln. Sobald das erste Feuer der Begeisterung erloschen war, erlahmten sie in ihrem opferwilligen Eifer für das Werk, welches sie mit so schönen Vorsätzen begonnen hatten. Darum that es noth, daß der Erzbischof durch wiederholte dringende Ansprachen die Opferwilligkeit der Diöcesan-Angehörigen zu wecken und lebendig zu erhalten sich bemühte. Das wilde Parteigetriebe in der Stadt, die wüthenden Kämpfe zwischen der Bürgerschaft und den Erzbischöfen, die blutigen Fehden, welche unablässig alle Einwohner des Niederrheins in Athem hielten, hemmten von Zeit zu Zeit den Zufluß der Beiträge und stellten die Vollendung des gewaltigen Unternehmens in Frage.

Die zur Fundamentirung erforderlichen Basalte wurden aus den unkeler Brüchen bezogen. Zur Gewinnung der nöthigen Quadersteine räumte das Domcapitel einen eigenen Steinbruch am Fuße des Drachenfels ein und setzte denselben in lebhaften Betrieb. Mittels Vertrags vom 26. August 1267 erwarb es von dem Burggrafen Göddert von Drachenfels einen von diesem Bruch in gerader Richtung zum Rhein führenden Weg. Im Jahre 1274 ward mit dem Burggrafen von Drachenfels ein Abkommen getroffen, wonach sechs Arbeiter, drei Steinbrecher und drei Vorschläger fortwährend beschäftigt sein sollten.²) Es wurde dieser Vertrag wiederholt erneuert und 1294 die Zahl der Steinbrecher auf vier erhöht. 1306 ließ das Domcapitel den Dombruch durch Ankauf eines Weinberges erweitern und die Anzahl der Arbeiter vermehren. Statt der Recognition, welche in dem mit dem Burggrafen geschlossenen Kaufvertrag festgestellt war, wurde später, 1347, durch neues Abkommen bestimmt, daß das Domcapitel jedes Jahr, in welchem es am Drachenfels Steine für den Domban werde brechen und fortführen lassen, beim Beginn der Arbeiten 30 französische Turnosen entrichten sollte. Im 15. Jahrhundert entstanden zwischen dem Capitel und dem Burggrafen

---

1) Siehe eine Reihe von Urkunden im Copiarium des Domstiftes.
2) Lacomblet, Archiv, Bd. VI.

Streitigkeiten über den Werth dieser Turnosen in laufendem Gelde: 1457 wurden der Propst Heinrich von Nassau und der Ritter Johann von Hatzfeld zu Schiedsrichtern in dieser Streitsache gewählt; ihrem Spruch gemäß wurden im folgenden Jahre für 90 Turnosen 100 Gulden in laufendem Gelde an Heinrich von Drachenfels bezahlt. Neuerdings entstanden 1460 Streitigkeiten zwischen der Dombau-Verwaltung und Heinrich von Drachenfels über die Waradirung der genannten 30 Turnosen. Heinrich ersuchte Bürgermeister und Rath, sich der Sache annehmen und den Werth der genannten Turnosen bestimmen zu wollen.¹)

In dem Aufruf, durch welchen Erzbischof Siegfried seine Diöcesanen zu Beiträgen für den Dombau aufforderte, heißt es: „Der Bau unserer Kirche, der in Folge eurer Freigebigkeit in die Höhe geführt worden und in herrlicher Pracht dasteht, bedarf bis zu seiner Vollendung noch vieler und reicher Beiträge der Gläubigen."²) Am 24. December 1282 befreite der Dompropst Konrad einen vom Domvicar Gerhard von Xanten erworbenen Zehnten zu Gleuel, womit letzterer einen in der Domkirche zu errichtenden Altar dotiren wollte, vom Lehnsverbande. Drei Jahre später vernehmen wir, daß dieser Altar im neuen Bau gelegen war: in einer Urkunde vom 15. Juli des genannten Jahres erklärte das Domcapitel, daß der genannte Gerhard den Altar des h. Johann Baptist und des h. Laurentius dotirt habe.³) Es lag dieser Altar in der Johannis-Capelle, in welcher später die verweslichen Reste des Erzbischofs Konrad von Hochstaden ihre Ruhestätte fanden. Im Jahre 1297 stiftete derselbe Gerhard eine mit dem genannten Altar verbundene Vicarie, wobei er ausdrücklich erklärte, daß der Altar im neuen Chor (in nova fabrica Coloniensi) gelegen sei. Er bestimmte, daß alle

---

1) Heinrich von Drachenfels schrieb am 12. März 1461: Der hogeboren furste ind herre hertzouch Stephain van Beyern, paltzgrave by Ryne, doemkuster etc. in namen des wercks zom doyme in Colne an eyne, ind ich vur mich ind myne erven an die ander syte, syn in schelongen na luyde alder brieve van payments tuschen dem werck zom doyme ind myner kuyllen an dem berge Drachenfelz, die tzeye des alden payments uns newer syten underwysen laissen van uch, nemlich is dit dat puncte, drissich alder groissen toirnyssen des koenincks van Frankrych, der datum des briefs umb trint ungesehrlich hondert ind veirtzich iare gegeven, syn wir des sementlich overkomen uch zo bidden, sulchs anzonemen ind darumb erfairen uns guetlich davan berychten, also bidden ich uch guetlich uch seir begerlich uch sulchs zo laden ind annemen ind uns darumb na vermoigenoge ind werde sulchs vurgeroirte payments zo saissen ind unterwysen sich na loisse in geburlicheit fuegen sall, uff dat dat wercke by dem syne ind ich by myner erfschaff ungeletzt blyven ind gehalden werde. Hyrinne wildt uch guetlich haven, ich uch alliz gueden betrouwen ind will id fruntlich widder verdienen.

2) Lacomblet, Urkundenbuch, Bd. II. 723.
3) Copiarium des Domstiftes, Nr. 240.

Jahre an den Festtagen des h. Johann Baptist und des h. Laurentius das Hochamt an diesem Altar gehalten werden sollte.¹) Ob unter den 18 Altären, für welche er zugleich Meßdenare auswarf, auch die Altäre des neuen Chors zu verstehen sind, kann nicht festgestellt werden. Im Jahre 1298 vermachte die Tochter des Gerhard von St. Trond, Katharina, zum Bau der Domkirche (ad opus maioris ecclesiae) jährlich drei Schilling. Aus der Stiftung des Gerhard von Xanten scheint hervorzugehen, daß im Jahre 1285 der Bau bereits so weit vorgeschritten war, daß die Errichtung und Dotirung der einzelnen Altäre ins Auge gefaßt werden konnte und daß im Jahre 1297 schon Gottesdienst in den Capellen um das Hochchor gehalten wurde, während man noch mit dem Bau des Chors selbst beschäftigt war. Ein solcher Gottesdienst konnte vor der feierlichen Consecration des Chors Statt finden, wenn die einzelnen Capellen nur benedicirt wurden. Im Jahre 1316 finden wir einen ständigen Vicar, der am Altar der hh. Cosmas und Damian zu celebriren pflegte. Dieser Altar lag am nordwestlichen Eckpfeiler der Marien-Capelle, wo der Thesaurar auch beerdigt war.²) Lacomblet sucht diesen Altar in der alten Kirche; derselbe lag aber im neuen Bau, ebenso wie die vom Unterdechanten Hermann von Rennenberg testamentarisch bedachten vier Altäre der h. Maria, der hh. Philippus und Jakobus, der h. Maria Magdalena und des h. Nikolaus.³) Auch die Altäre, welche am 22. Juni 1319 der Cleriker Hermann von Jülich genannt von der Scheere (de Fortice) in seinem Testament bedachte,⁴) lagen im neuen Dom: es waren die Altäre des h. Severin, der h. Katharina, des h. Jakobus, des h. Johannes Baptist, der h. Maria, der h. Irmgardis, des h. Michael, des h. Gereon, der hh. Cosmas und Damianus, des h. Kreuzes, der hh. drei Könige, der hh. Philippus und Jakobus, des h. Martin, des h. Stephanus, des h. Nikolaus und der h. Maria Magdalena.⁵) Am 8. Januar 1319 schenkte der Priester-Canonich Adolf für den Dombau 150 Mark, dann noch im Jahre 1320 eine Schuldforderung von 50 Mark.

Der Thesaurar Emecho von Spanheim erneuerte am 9. August 1313 den Vertrag, wonach die Thesaurie für vier Jahre gegen eine Abgabe von 30 Mark brabanter Denare zu Gunsten des Neubaues auf die beim Peters-Altar eingehenden Opfer verzichtete. Der Canonicus Hermann von Jülich vermachte 1315 zum Dombau (ad structuram fabrice maioris ecclesie Coloniensis) sein sämmt-

1) Lacomblet, Archiv, Bd. II, 151.
2) Ebendas., 154.
3) Ebendas., 159.
4) Ebendas., 160.
5) Ebendas., 170.

liches in Köln gelegenes Besitzthum, sowie sein gesammtes daselbst reutbar angelegtes Vermögen.¹) Wilhelm von Revele vermachte 1317 der fabrica des Domes 5 Mark, der Canonicus Wilhelm von Waldecken 10 Mark. In demselben Jahre vermachte der Unterdechant Hermann von Rennenberg dem Muttergottes-Altar und dem Altar der hh. Philippus und Jakobus im neuen Chor 50 Mark, außerdem für den Baufonds 16 Mark. Die Witwe des Sibodo von Idenhoven und deren Kinder verkauften 1321 verschiedenes Eigenthum an die Altäre der hh. Philippus und Jakobus, des h. Nikolaus, der h. Maria Magdalena und der h. Maria im neuen Chor.

Gegen 1320 wurden die prachtvollen gemalten Fenster im Chor und in den Seitencapellen eingesetzt; durch die in denselben eingelassenen Wappen bekunden sie sich als Schenkungen des Erzbischofs Heinrich von Virneburg, der demselben verwandten Grafenhäuser von Holland, Jülich und Cleve, der Stadt Köln und einer großen Zahl vornehmer kölner Familien. Die Figuren dieser Fenster charakterisiren sich durch eine große Einfachheit und durch eine ängstliche Strenge des Stils ihrer Zeit. Das Ganze ist musivisch, teppichartig behandelt. Die oberen Fensterfüllungen zeigen sich im reichsten kaleidoskopischen Wechsel. Ueber den Figuren befinden sich nur niedrige Tabernakelkrönungen, die in gleichmäßig horizontaler Linie gegen das Teppichmuster abschließen und nicht in dieses hineinwachsen. Alle fünfzehn Fenster sind gleichmäßig mit typisch sich wiederholenden Königsbildnissen geschmückt. Diese Figuren stehen ohne besonders künstlerische Auffassung in streng architektonischem Stil in dem bunten Mosaikgrunde der teppichartig verzierten Fenster. Unter den gothischen Baldachinen befinden sich eben so gleichmäßig eine Reihe von Wappenschildern, deren Zahl den durch die Gräte des Stabwerkes der Fenster gebildeten senkrechten Abtheilungen derselben entspricht, so daß die zehn breiten Fenster der beiden Langseiten je vier, von den fünf schmalen des Chorschlusses vier Fenster je zwei, eins drei, alle zusammen 51 Wappenschilder enthalten. Das erste Fenster an der Nordwand des Chors zeigt das Wappen der Familie Hardefust, das zweite das der Familie Overstolz genannt Efferen, das dritte Fenster trägt das Wappen der Kleingedank von der Stessen, genannt von dem Hause zur Stessen an St. Lorenz, dem jetzigen Geschäftshause der Firma Stein, das vierte Fenster zeigt das Wappen der Stadt Köln, zweigetheilt, oben die drei Kronen, unten ein ornamentirtes Feld, das fünfte Fenster hat das Wappen der Grafen von Cleve, das sechste und siebente die Wappen der Grafen von Hennegau und Holland, das achte Fenster, unmittelbar hinter dem Hochaltar, das Hauptfenster des ganzen Chors, ist durch eine reichere

¹) Lacomblet, Archiv, Bd. II, 165.

bildliche Darstellung geschmückt, als die übrigen mit ihren typischen Königsfiguren. Die drei Weisen des Morgenlandes bringen dem Christuskinde und der Mutter Gottes ihre Huldigung dar. Unten in der Predelle zeigen sich die Wappen des Erzstiftes Köln und der Grafen von Virneburg. Es documentirt sich dieses Fenster somit als ein Geschenk des Erzbischofs Heinrich von Virneburg, 1306 bis 1332. Das neunte und zehnte Fenster tragen das Wappen der Grafen von Jülich und kennzeichnen sich somit als eine Stiftung der Grafen Gerhard oder dessen Sohnes Wilhelm von Jülich. Das elfte Fenster trägt das Wappen der Herren von Schönrode und von Langel oder Voltenberg. Das zwölfte Fenster, welches das Wappen der Overstolz zeigt, ist eine Schenkung dieser mächtigen Patrizier-Familie. Das dreizehnte Fenster wurde dem Wappen gemäß von der Familie von der Salzgasse, das vierzehnte von den Kleingedank genannt Mommersloch und das fünfzehnte von der Familie von der Sandkaule gestiftet.¹)

Nach Westen erhielt das Chor durch eine starke, bis in die höchste Spitze aufsteigende Mauer einen provisorischen Abschluß. Der Umgang um das Chor wird ebenso gegen die Seitenschiffe hin durch Mauern geschlossen worden sein. Diese Schlußmauern wurden aufgeführt, bevor man zum Abbruche der alten Domkirche schritt: würde doch sonst ohne Zweifel, statt der für den Neubau baufertig zugerichteten Werksteine, ein Theil der Quader des alten Baues eingelassen worden sein. Ob die Altäre der hh. Philippus und Jakobus, der h. Anna, der h. Maria Magdalena und des h. Nikolaus in der Zeit, als man an den Seitenschiffen und am Langschiff baute und die Mauern des alten Domes abbrach, in gottesdienstlichem Gebrauch blieben, entzieht sich unserer Kenntniß.

Innerhalb des Chors umgaben doppelte, von schlanken Säulenbündeln gestützte Nebengänge das 47 Meter aufsteigende Mittelgewölbe. Außerhalb bildeten die Nebengänge mit ihren einfachen Strebepfeilern und Fenstern einen mächtigen, 21 Meter hohen Untersatz, auf dem sich reich mit zierlichem Thurmwerk geschmückte Widerhalter erhoben und mit ihren Strebebogen das eigentliche Chor stützten. Das Dach hatte eine Bedeckung von Blei, die vermittelst flacher Zinnlöthungen mit vielfachen Ornamenten und großen Buchstaben, welche Verse auf die hh. drei Könige bildeten, damascirt war, so daß das ganze Dachwerk, einem auf Bergeshöhe stehenden Zelte ähnlich, an jene Bedeckung der Stiftshütte erinnerte, die sich über das Allerheiligste ausbreitete.²) Auf der westlichen Giebelspitze war ein zierliches Dachthürmchen errichtet, welches mit seiner reichen Vergoldung weithin

---

1) Eltester, Die Stiftungen der gemalten Fenster im Chore, Domblatt Nr. 129 ff.
2) So theilte der gelehrte Geschichts- und Alterthumskundige Stephan Brölmann dem Pater Crombach mit. (Crombach, Hist. trium maiorum, pag. 803.)

in die Umgegend glänzte.¹) Die feierliche Einweihung fand am 27. Sept. 1322 bei Gelegenheit einer Provincial-Synode unter Assistenz einer großen Anzahl von Bischöfen, Aebten, Pröpsten und andern Geistlichen durch den Erzbischof Heinrich Statt.²) Bei dieser Feier wurden die Gebeine der hh. drei Könige von ihrer Ruhestätte im alten Dome in pomphaftem Zuge in ein provisorisches, von einem Eisengitter abgeschlossenes Mausoleum, in dem mittlern Seitenchörchen, übertragen. In dem Festzuge, der sich vom alten Dom südlich über den Domhof nach der Kirche von St. Maria ad gradus und von da durch die Sporergasse nach dem Hochchor bewegte, wurden sämmtliche große Reliquien der einzelnen Abteien und Stifter in ihren Prachtkumben umgetragen. Es wurden getragen die Reliquien des h. Aetherius von den Bürgern des Eigelsteins, die der hh. Ewalde von Pfarrgenossen von St. Cunibert, die des h. Hippolytus von den Nachbarn von St. Ursula, die der hh. Felix und Adauctus von den Pfarrgenossen von St. Aposteln, die des h. Eliphius von der Fischerzunft, die des h. Gereon von den Goldschmieden, die des h. Paulinus von den Webern, die des h. Maurinus von den Nachbarn von St. Pantaleon, die des h. Heribert von den Deutzern, die des h. Agilolphus von den Eingesessenen der Johannis-Pfarre, die des h. Vitalis von den Bewohnern des Thurmmarktes, die des h. Evergislus von den Malern, die des h. Albinus von den Schöffen von St. Pantaleon, die des h. Cunibert von den Einwohnern der Cuniberts-Pfarre, die der h. Ursula von den Pfarrgenossen von St. Alban. Die Tumba der hh. drei Könige selbst wurde abwechselnd von Fürsten, Bischöfen und andern hohen Persönlichkeiten getragen.³)

1) Dieses vergoldete Thürmchen ist auf dem Gemälde im Museum Walraff-Richartz, Nr. 99, zu sehen. — Kalendarium des Custos maior, Mscr. A. X, 43.
2) Northoff, Catalogus archiepiscoporum Coloniensium. — Der Chronist Northoff war als Vertreter des Bischofs von Lüttich bei der Einweihung zugegen.
3) Crombach, Annales eccl. Metrop. Colon. III, pag. 1224.

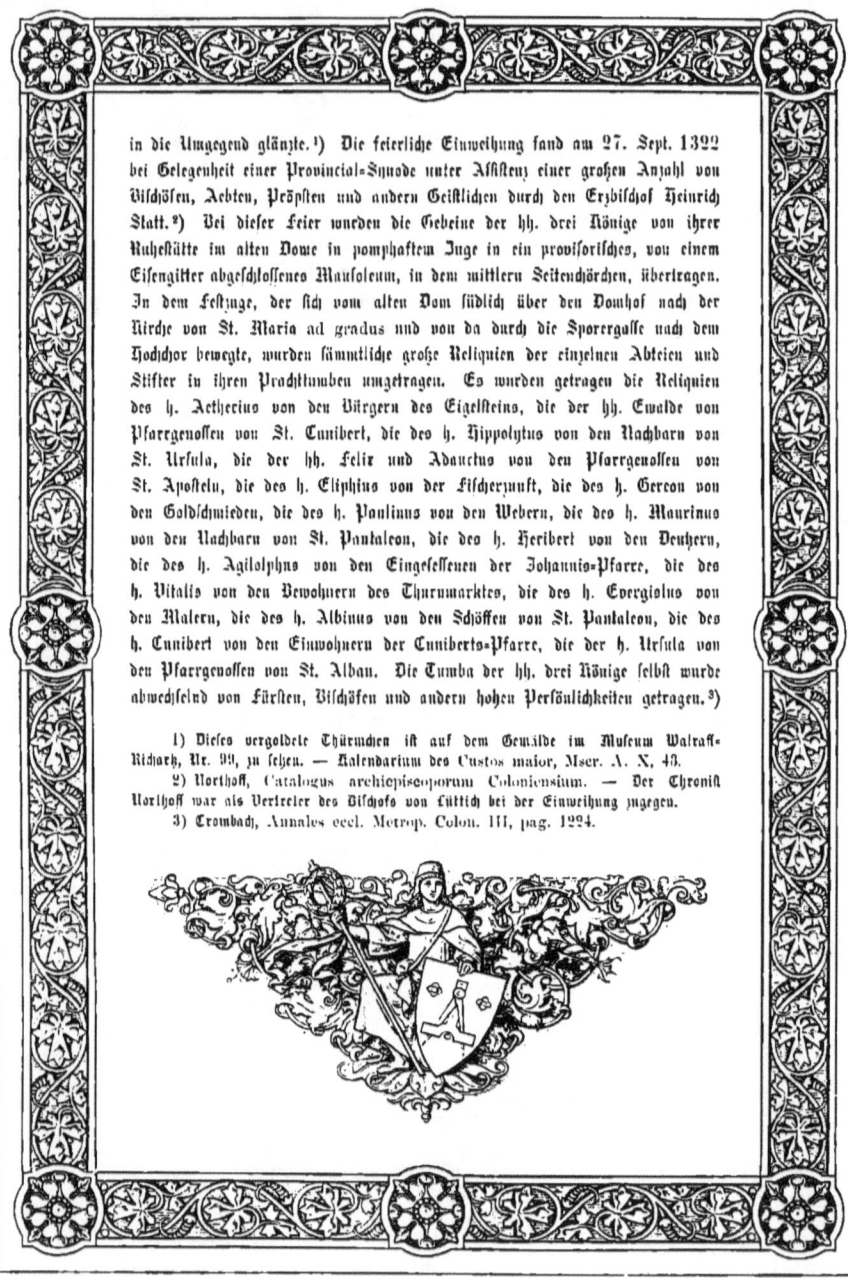

# Zweites Capitel.

Der neue Dom.

## Zweiter Abschnitt.

Von der Einweihung des Chors bis zum Beginn der Renaissance-Zeit.

I. — IV.

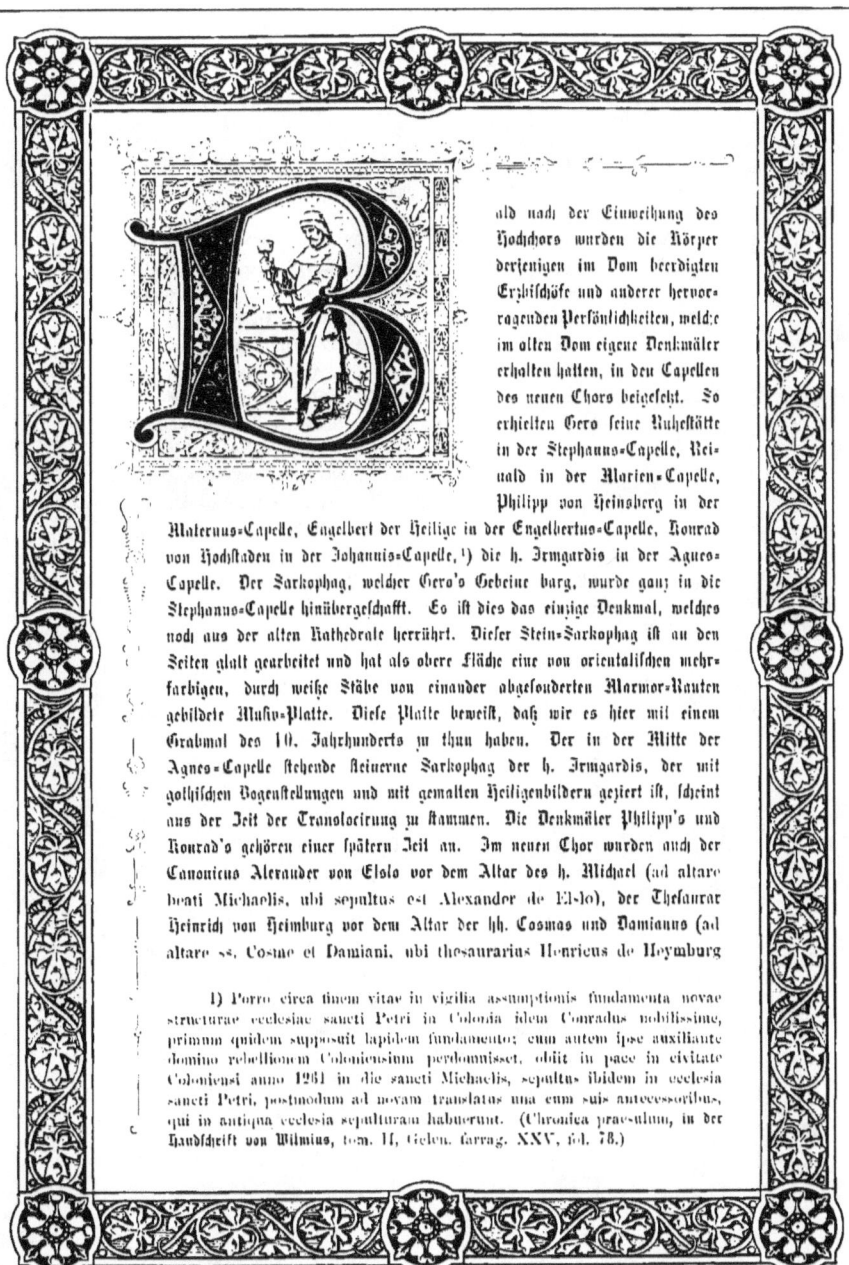ald nach der Einweihung des Hochchors wurden die Körper derjenigen im Dom beerdigten Erzbischöfe und anderer hervorragenden Persönlichkeiten, welche im alten Dom eigene Denkmäler erhalten hatten, in den Capellen des neuen Chors beigesetzt. So erhielten Gero seine Ruhestätte in der Stephanus-Capelle, Reinald in der Marien-Capelle, Philipp von Heinsberg in der Maternus-Capelle, Engelbert der Heilige in der Engelbertus-Capelle, Konrad von Hochstaden in der Johannis-Capelle,[1]) die h. Irmgardis in der Agnes-Capelle. Der Sarkophag, welcher Gero's Gebeine barg, wurde ganz in die Stephanus-Capelle hinübergeschafft. Es ist dies das einzige Denkmal, welches noch aus der alten Kathedrale herrührt. Dieser Stein-Sarkophag ist an den Seiten glatt gearbeitet und hat als obere Fläche eine von orientalischen mehrfarbigen, durch weiße Stäbe von einander abgesonderten Marmor-Rauten gebildete Musiv-Platte. Diese Platte beweist, daß wir es hier mit einem Grabmal des 10. Jahrhunderts zu thun haben. Der in der Mitte der Agnes-Capelle stehende steinerne Sarkophag der h. Irmgardis, der mit gothischen Bogenstellungen und mit gemalten Heiligenbildern geziert ist, scheint aus der Zeit der Translocirung zu stammen. Die Denkmäler Philipp's und Konrad's gehören einer spätern Zeit an. Im neuen Chor wurden auch der Canonicus Alexander von Elslo vor dem Altar des h. Michael (ad altare beati Michaelis, ubi sepultus est Alexander de Elslo), der Thesaurar Heinrich von Heimburg vor dem Altar der hh. Cosmas und Damianus (ad altare ss. Cosme et Damiani, ubi thesaurarius Henricus de Heymburg

---

1) Porro circa finem vitae in vigilia assumptionis fundamenta novae structurae ecclesiae sancti Petri in Colonia idem Conradus nobilissime, primum quidem supposuit lapidem fundamento; cum autem ipse auxiliante domino rebellionem Coloniensium perdomuisset, obiit in pace in civitate Coloniensi anno 1261 in die sancti Michaelis, sepultus ibidem in ecclesia sancti Petri, postmodum ad novam translatus una cum suis antecessoribus, qui in antiqua ecclesia sepulturam habuerunt. (Chronica praesulum, in der Handschrift von Wilmius, tom. II, Gelen. farrag. XXV, fol. 78.)

est sepultus), der Unterdechant Hermann von Rennenberg vor dem Altar der h. Maria (b. Marie virginis in novo opere, ubi meam eligo sepulturam) begraben.¹)

Noch in der ersten Hälfte des 14. Jahrhunderts wurde das Chor reich und prachtvoll mit Wandgemälden und Sculpturen ausgeschmückt. Die Wandgemälde befanden sich an den Brüstungsmauern des Chors, auf der jetzt beseitigten Abschlußmauer und auf der Außenseite der Chorschranken. Aeußerst lieblich und zart gehaltene Figuren befanden sich auf den Außenwänden und Pfeilern der Chorschranken.²) Das Ornament, welches diese Figuren umgab, war nach Maßgabe der wenigen erhaltenen Ueberbleibsel außerordentlich reich, zierlich und eigenthümlich, und das Ganze war wegen seiner Pracht in Email, Gold und Farbenreichthum geeignet, eine überraschende Wirkung hervorzubringen. Die Reste dieser Figuren zeugen von einer bewundernswerthen Genialität und Sicherheit des Künstlers, dessen Hand hier thätig gewesen. Sie tragen alle den Charakter der ersten Hälfte des 14. Jahrhunderts. Die Wandgemälde des Chors waren nicht weniger durch ihre geniale Conception als durch ihre tüchtige und sichere technische Ausführung bemerkenswerth und prangten in blendendem Farbenglanz und musivischem buntem Schmelz. Um das Allerheiligste waren die Chöre der Seligen geschart, mehrere Momente aus der Geschichte des alten Bundes, einzelne Scenen aus dem Leben des Heilandes, sowie verschiedene Ereignisse aus dem Leben einzelner Blutzeugen des christlichen Glaubens dargestellt. In den Zwickelfeldern der Bogen waren auf Goldgrund große, langgeflügelte Engelfiguren angebracht, welche auf Handorgeln, Cithern und ähnlichen Instrumenten musicirten. Die Engel in den Zwickeln um die Chorrundung trugen Weihrauchgefäße und schwenkten Rauchfässer. Auf der Evangelienseite stellten die dem Altar zunächst stehenden Bilder Momente aus dem Leben der Apostel Petrus und Paulus dar; in der zweiten Bogenstellung befand sich die Legende des Papstes Sylvester. Eine durchlaufende Spitzbogenstellung diente den Hauptbogen als Untersatz und war in eine Reihe von Nischen eingetheilt, in welcher sich kleine Bischofsfiguren in vollem Ornat, mit Stab, Casel und Inful, befanden. Auf der Epistelseite zeigten sich in dem ersten Bogen, dem Altar zunächst, Scenen aus dem Leben der h. Jungfrau und im zweiten die Hauptmomente aus der Legende der hh. drei Könige. Auch hier war eine durchlaufende Spitzbogenstellung als Untersatz angebracht und ebenso wie auf der Evangelienseite in eine Reihe von Nischen eingetheilt, in welchen sich kleine Figuren von Kaisern und Königen mit Mantel, Krone,

¹) Lacomblet, Archiv, Bd. II, 153, 166.
²) In dem Prachtwerke von Fr. Schmitz: „Der Dom zu Köln", finden sich einige dieser Reste abgebildet.

Scepter und Reichsapfel befanden.¹) Auf der Scheidewand zwischen Chor und Langschiff befanden sich riesige Figuren der Apostel Petrus und Paulus, darüber eine Majestas und darunter der Donator mit verschiedenen Wappen.

Um die Mitte des 14. Jahrhunderts erhielt das Chor unter Erzbischof Wilhelm von Gennep (1349—1361) die polychromirten überlebensgroßen Statuen Christi, der h. Maria und der Apostel an den Pfeilern.²) Diese Arbeiten sind in der geschwungenen Haltung nicht frei von Manier und in den Köpfen noch typisch gehalten, aber sie bekunden durch meisterhafte Behandlung der schön fließenden Gewänder und durch ihre großartige geniale Conception einen Meister ersten Ranges. Da es feststeht, daß die Dombaumeister hervorragende Bildhauer waren, so ist es wahrscheinlich, daß der Meister Michael selbst der Schöpfer dieser Sculpturen gewesen ist. In gleicher Weise wird man auch annehmen dürfen, daß die im Auftrage des Erzbischofs Wilhelm von Gennep an der Vorderseite des neuen Hochaltars ausgeführten Figuren ein Werk seiner Hand sind. Bezüglich dieses Altars heißt es in der Koelhoff'schen Chronik: „Ue dede machen dat hoiche altair in dem doym van swartzen marmelsteyn ind dede datselve sich zieren mit den silveren bilden, die men noch nu zer zyt siet."³)

Auch die sogenannte Mailänder Madonna in der Marien-Capelle scheint aus der Werkstätte des Meisters Michael hervorgegangen zu sein. Der streng deutsche Stil dieser Sculptur widerspricht der alten Tradition, daß man es hier mit demselben Madonnenbilde zu thun habe, welches Reinald von Dassel nach der Erstürmung Mailands von Kaiser Friedrich I. zum Geschenk erhalten haben soll. Dieses Holzbild trägt ganz den Charakter der Apostelfiguren im Hochchor; die Behandlung des Gewandes im Faltenwurf, in seiner ganzen Anordnung und in den Gewandbrüchen ist meisterhaft.

Auch der alte Hochaltar mit seinem bildnerischen Schmuck wird dem Meister Michael zugeschrieben werden dürfen. Es war dies ein einfacher, sarkophagartig gehaltener Altar aus schwarzem Marmor ohne Ueberbau. Die über die Masse gelegte Decoration bestand aus weißem Marmor. An den vier Ecken war er von vier ehernen Säulen, auf welchen Engel mit Kerzenständern sich befanden, umgeben. Von allen Seiten war er zugänglich. Vorn celebrirten die Canonichen, an der Rückseite der Erzbischof, mit dem Gesichte dem Volke zugewendet. Hinter

---

1) Weyden, Die alten Wandgemälde des kölner Domchors, Domblatt, 1846, Nr. 12, 13, 15, 16, 19. — A. Reichensperger, Die Wandgemälde über den Chorstühlen, Domblatt, 1842, Nr. 15, 105.
2) Reichensperger, Die vierzehn Standbilder im Domchore zu Köln. — Abbildungen derselben von L. Elkan.
3) Koelhoff'sche Chronik, Bl. 242.

dem Altar befand sich der erzbischöfliche Stuhl. An den Seiten des Altartisches befand sich in zierlichen gothischen Nischen eine Reihe kleiner weißer Marmor-Sculpturen von verschiedenen Meistern. Der größte Theil derselben zeigte einen edeln Charakter und eine äußerst feine Ausführung.[1]) Die Figuren der Vorderseite, die Krönung der h. Jungfrau in der Mitte und an jeder Seite sechs Apostel, sind erhalten. Die Darstellungen auf der Rückseite wurden beim Umbau des Altars beseitigt.

Der Erzbischof Wilhelm von Gennep erhielt ein prachtvolles Grabmal an der Abschlußmauer des Chors.

Etwas älter als die genannten Sculpturen sind die geschnitzten Chorstühle, welche ohne Zweifel bereits bei der Einweihung des Chors ihre jetzige Stelle einnahmen. Dieselben zeigen in charakteristischer Weise, wie man es im Mittelalter nicht verschmähte, selbst in der Kirche humoristische und satirische Darstellungen an untergeordneten Gegenständen anzubringen. Diese Schnitzwerke nehmen in der mittelalterlichen Kunstgeschichte eine sehr bedeutende Stellung ein. Der Meister, der dieses Werk geschaffen, zeichnet sich durch eine reiche Phantasie, einen humoristischen Sinn, eine satirische Laune, einen feinen Geschmack, eine hohe künstlerische Fertigkeit und eine angenehme Leichtigkeit in der Darstellung in hohem Maße aus. Die verschiedenen Figuren und Gruppen bekunden eine sprudelnde Fülle reicher und blühender Gedanken, und der Künstler verstand es, aus dem Chorgestühl des Domes gewissermaßen eine Culturgeschichte seiner Zeit zu schaffen. Scherz und Ernst, Kampf und Sieg, Moral und Satire wechseln hier in buntester Reihe und mit der verschiedensten Anwendung. Mit Wohlgefallen und nicht ermüdender Bewunderung ruht der Blick auf diesem bedeutenden Werke, welches wie aus einem Geiste höchst wahrscheinlich von einer Hand herrührt.

Einige Jahrzehnte später als die Apostelfiguren des Hochchors wurde unmittelbar vor dem Eingange zur Sacristei der 2,74 Meter lange, 1,09 Meter hohe und 1,14 Meter breite prachtvolle Sarkophag des Erzbischofs Engelbert von der Mark (1364—1368) aufgestellt. Engelbert selbst hatte noch zu seinen Lebzeiten dieses Grabmal anfertigen lassen. Auf dem Sarkophag liegt die etwas schwerfällig gehaltene Figur des Erzbischofs. Es ist dies, sowohl was die edle Bildung und den Ausdruck des Kopfes wie die bekleidete Gestalt anbelangt, die vorzüglichste Grabstatue des Domes. Sie ist aus Sandstein gemeißelt. Es zeigt sich in diesem Bildnisse ein angenehmer, einnehmender Ausdruck des Kopfes. Das Ganze ist die Arbeit eines kenntnißreichen Meisters, der ein richtiges

---

[1]) Mehrere dieser Marmorfiguren befinden sich jetzt im städtischen Museum.

Kunstgefühl besaß. Diese Statue ist, wie alle anderen auf einer Tumba ruhend, in ihrer Gewandung so behandelt, als ob das Vorbild aufrecht gestanden hätte und dann niedergelegt worden wäre. Die an den Seiten der Tumba befindlichen kleinen Figuren sind ungemein trefflich im schönsten, edelsten, reinsten germanischen Stil, etwa den Gestalten in den Gemälden des Meisters Wilhelm ähnlich, doch durch eine ungleich edlere und mehr durchgebildete Körperlichkeit ausgezeichnet. Einige, namentlich weibliche Köpfe, erscheinen schon ganz in dem bekannten Charakter der kölner Malerschule. Die Statue sowie das ganze Denkmal war ursprünglich bemalt; es sind noch Spuren der Bemalung zu erkennen. Die früher am Denkmal befindliche Inschrift ist nicht mehr vorhanden.

## II.

Erzbischof Heinrich wollte die Begeisterung für den Fortbau der herrlichen Domkirche nicht erkalten lassen. Er trug Sorge, daß noch der Einweihung des Hochchors die Arbeiten an den Kreuzschiffen und am Langhause mit erhöhter Thätigkeit betrieben wurden. Vom alten Dome wurde aber nur so viel niedergelegt, wie zur Fundamentirung und Aufführung der neuen Bautheile erforderlich war. „Vom alten Dome", schreibt der Compilator der Koelhoff'schen Chronik, „ist noch ein großer Theil der Ueberbleibsel von den alten Leuten zu meiner Zeit gesehen worden, und es wird von Tag zu Tag nach Nothdurst des neuen Baues davon abgebrochen."[1]) Ein Gemälde im städtischen Museum, welches aus dem letzten Drittel des 14. Jahrhunderts stammt und das Martyrium der h. Ursula darstellt, zeigt das Chor mit dem vergoldeten Dachreiter in seiner ganzen Vollendung, zugleich aber auch noch den am Marienchor gelegenen Glockenthurm des alten romanischen Domes.[2])

Zur Fortführung der Arbeiten am südlichen Kreuzschiff war es nothwendig geworden, den an der Südseite der alten Kirche gelegenen Porticus niederzulegen. Mit der Erwerbung einer westlich an diesen Porticus stoßenden Gebäulichkeit scheint man auf Schwierigkeiten gestoßen zu sein; darum konnte an dieser Stelle für die westliche Seite des Südportals die Fundamentirung nicht vorgenommen werden. Im Jahre 1325 heißt es, daß „ununterbrochen zur Förderung des Bauwerkes mit großen Anstrengungen gearbeitet werde".[3]) Zur Beschaffung der

---

1) Chronik, Col. 115, b.
2) Weil dieses Gemälde an St. Martin den 1378 abgebrannten Thurmdachhelm nicht zeigt und den zwischen 1391—1400 erbauten Thurm von St. Severin noch nicht hat, muß dasselbe zwischen 1378 und 1394 gemalt worden sein.
3) Der zwischen dem Capitel und dem Thesaurar Emicho von Spanheim am

erforderlichen Baumittel wurde wiederum vom Erzbischof wie vom Papst die Opferwilligkeit des gläubigen Volkes angerufen. Schon Erzbischof Wichbold hatte allen denjenigen, welche in ihrem Testamente die Baucasse des Domes bedachten, einen vierzehntägigen Ablaß bewilligt, und sämmtliche Priester der Diöcese hatte er beauftragt, ihren Einfluß bei den Pfarrinsassen zu Gunsten des Dombaues zu verwenden. Auf Grund dieses Erlasses setzte sich in der kölner Diöcese der Gebrauch fest, daß kein Testament errichtet wurde, in welchem nicht wenigstens ein Turnos für den Dombau bestimmt worden wäre. Gewöhnlich stand in den Testamenten das Vermächtniß für den Dom unter den Legaten an erster Stelle. Diese Gewohnheit erhielt sich bis zum Zusammenbruch des römisch-deutschen Reiches. Der Kurfürst Maximilian Heinrich sagt noch 1667 in seinen Synodal-Statuten:[1] „Den gewöhnlichen Gebrauch, ein bestimmtes Geldstück der Fabrik der Metropolitankirche, der Mutter aller Kirchen in unserer Diöcese, zu vermachen, sollen die Pfarrer und deren Stellvertreter ihren Zuhörern vorhalten, und die Testaments-Vollstrecker erinnern, in Auszahlung solchen Legates nicht fahrlässig zu sein." In seinem bürgerlichen Gesetzbuch[2] ermahnt er die Notare, Pfarrer und alle, welche den letzten Willen einer Person aufnehmen konnten, die Testirenden jedesmal daran zu erinnern, die gute alte Gewohnheit, einen Turnos oder mehr der Domkirche zu vermachen, nicht außer Acht zu lassen.

Im Jahre 1337 klagte Erzbischof Walram, daß die Frömmigkeit des Volkes erkalte und darum die Opfer und Gaben für den Dombau allzu spärlich eingingen. Papst Clemens IV. schrieb 1351, daß die Bedrückungen und Vergewaltigungen, unter denen das Capitel andauernd seufze, die Mittel für den

---

19. Juli 1325 geschlossene Vergleich sagt: .....volumus, quod cum ex eo, quod oblationes ad altare summum ecclesie Coloniensis provenientes ad thesaurariam pro tempore existentem pertinuerint ex antiquo et pro utilitate fabrice Coloniensis, *circa quam continue laboratur magnis laboribus et expensis*, quia ipsius sumptus fabrice pro magna sui parte ex christifidelium elemosinis et oblationibus proveniunt a longis temporibus inter magistros fabrice et thesaurarios pro tempore existentes consuevit conveniri, ut pro aliqua pensione annua aliquando pro maiori aliquando pro minori thesaurario pro tempore existenti ex parte ipsius fabrice assignanda in usus ipsius fabrice oblationes ad ipsum altare proveniente penitus provenirent..... Item ex eo, quod nos thesaurarius predictus nonnullos redditus et census in porticu ecclesie nostre, que directe exit versus viam, que tendit ad domum sancti spiritus, habemus et predecessores nostri habuerint, quam porticum propter novum iam fundamentum pro ecclesie nostre constructione ponendum expedit demoliri, et sic huiusmodi redditus et census, postquam hec porticus fuerit demolita, necesse est per consequens deperire etc. (Copiarium des Domstiftes, fol. 210.)

[1] De testamentis, tom. XIII, c. I, §. 4.
[2] Von den Testamenten, 1, §. 7.

Dombau in hohem Grade schmälerten. Die langjährigen traurigen Streitigkeiten, in denen Capitel, Erzbischof und Bürgerschaft mit blutigen Waffen einander bekämpften, mußten einen nachtheiligen, lähmenden Einfluß auf die Bauthätigkeit ausüben; doch das allgemeine Interesse an dem großartigen Bauwerke selbst sowie die verheißenen kirchlichen Gnaden ließen die Opferwilligkeit nie ganz erkalten.

Die Sammlungen für den Dombau erhielten eine fördernde Organisation und Leitung, als sie in die Hand der im ersten Drittel des 14. Jahrhunderts gegründeten Petri-Bruderschaft gelegt wurden. Allen denjenigen, welche sich als Mitglieder dieser Verbrüderung aufnehmen ließen und ihren bestimmten Jahresbeitrag entrichteten, wurden verschiedene Vergünstigungen zugestanden. Der Papst Johann XXII. sagt in einer an das Domcapitel gerichteten Bulle vom 1. Juli 1322: „Unser Bruder der Erzbischof Heinrich ist mit Eifer thätig für den Bau eurer Kirche, der äußerst prachtvoll und kostspielig ist. Auch ihr habt euch die Vollendung des Werkes angelegen sein lassen, wie ihr noch fortwährend thut. Doch reichen die Einkünfte der Kirche dazu nicht hin; es erscheint aber gottgefällig und nützlich, daß das Werk baldmöglichst vollendet werde. Darum hat der genannte Erzbischof auf euren Rath und mit eurer Genehmigung angeordnet, daß Niemand ohne eure Autorisationsschreiben in der Stadt und Diöcese Köln für jenen Bau von den Gläubigen Beiträge sammeln darf. Sollten die Sammler an Orte kommen, die mit dem Interdicte belegt sind, so dürfen sie dort doch zu dem Volke sprechen; wenn es sich um die Sammlung solcher Beiträge handelt, ist es den Priestern gestattet, einmal im Monate an solchen Orten trotz des Interdicto feierlichen Gottesdienst zu halten. Auch alle, die in die Bruderschaft des h. Petrus aufgenommen sind und den von ihnen versprochenen jährlichen Beitrag zum Bau der Domkirche bezahlen, können an interdicirten Orten öffentlich mit einer feierlichen Begräbnißmesse mit Zulassung der übrigen Gläubigen des kirchlichen Begräbnisses theilhaftig werden; auch die Kinder derselben sollen sich derselben Begünstigung erfreuen."[1]) In dem Diöcesan-Statut des Jahres 1327 wurde bestimmt: „Niemand soll denjenigen, welche für den Dombau sammeln, hindernd in den Weg treten. Alle Gelder, welche für die Petri-Bruderschaft eingehen, sollen sorgfältig aufgehoben und den Collectoren unverkürzt übergeben werden. Den Sammlern soll es freistehen, bei ihrer Anwesenheit in einer Pfarrei bei der Pfarrmesse gleich nach verlesenem Evangelium in einer besondern Predigt die Sache des Dombaues zu empfehlen und zu reichlichen Gaben aufzufordern."[2])

[1]) Crombach, pag. 813.
[2]) Ebendas., pag. 823 ff.

Der jährliche Beitrag, den jedes Mitglied der Petri-Bruderschaft leisten mußte, war auf mindestens ein Sümmer Korn kölnischen Maßes oder sechs Schillinge kölnischer Währung festgesetzt. Um den Kreis der Mitglieder möglichst zu erweitern und allen Ständen den Beitritt zu erleichtern, bestimmte der Erzbischof Wilhelm von Gennep, daß alle, die von ihren Gütern jährlich so viel beitrügen, wie sie nach Maßgabe ihres Vermögens und nach dem Rath ihrer Pfarrer im Stande wären, in die Bruderschaft des h. Petrus aufgenommen werden konnten.¹) Laut der im Jahre 1360 ausgestellten Stiftungs-Urkunde der Schröder-Bruderschaft, welche im Dom „einen Balken mit fünf Kerzen bei dem Altar des h. Kreuzes hatte", sollten alle Mitglieder dieser Bruderschaft zugleich Mitglieder der Petri-Bruderschaft sein. Die Petri-Bruderschaft, deren Mitgliederzahl stets in erfreulicher Weise zunahm, bot Alles auf, um die Begeisterung für den Dombau immer wieder neu zu beleben und die Casse der Kirchenfabrik nicht in Verlegenheit kommen zu lassen. Gerade weil die Sammler für den Dombau durchgehends offene Herzen und Hände fanden, konnte der fromme Sinn der Gläubigen leicht von gewissenlosen Betrügern mißbraucht werden. Unter dem Vorwande, Beiträge für den Dom zu sammeln, zogen Betrüger im Lande umher, nahmen die für den Bau der Metropolitankirche bestimmten Spenden in Empfang und verwendeten dieselben zu eigenem Nutzen. Erzbischof Wilhelm sah sich bewogen, diese Mißbräuche strenge zu rügen und mit den härtesten Kirchenstrafen alle diejenigen zu bedrohen, welche die für den Dom bestimmten Beiträge zurückhalten und so den Fortgang des Baues gefährden würden.²)

Ein aus dem Anfang des 16. Jahrhunderts stammendes Verzeichniß der Verstorbenen der Petri-Bruderschaft, registrum defunctorum fraternitatis sancti Petri in Pasculo Coloniensi, führt unter den verstorbenen Mitgliedern an: die Erzbischöfe Dietrich von Mörs, Ruprecht, Hermann von Hessen, den Weihbischof Heinrich von Rübenach (1470—1498), den provisor fabricae Herzog Stephan von Baiern, den Scholaster Ludwig von Reichenstein, dann von späterer Hand: den Erzbischof Philipp von Daun-Oberstein, den provisor fabricae Johann von Wittgenstein; die provisores fabricae: Winand von Elsi, Christian von Erpel, Johann Wyssenburg, Johann von Kempen, Goswin von Dorsten, Johann von Crevveld, Johann uppe Graven, den Propst Christian von Erpel, Bernhard von der Burg, Ulrich Krydwyß, Johann Erwin von Ratingen und Brictius Ebener; die poenitentiarii: Johann Voss, Hermann Coppardi; Deitlevus von Soist, Bernd von Galen, Christian von Brekelvelde, Hermann Stroetmann von

---

¹) Crombach, pag. 813.
²) Der bezügliche Erlaß des Erzbischofs Wilhelm von Gennep, vom Jahre 1357, ist wörtlich abgedruckt bei Crombach, Hist. trium regum, pag. 824.

Roerbeck, Heinrich von Soenborn, Dietrich Erwin von Ratingen, Gerhard von Wesel; die collectores fabricae: Peter von Kempen, Johann von Erpel, Heinrich von Essen, Gerlach von Wipperfürde, Peter Pelz von Altendorn, Peter Brisch von Altendorn, Heinrich Greiff von Warburg; die magistri capsae sancti Huberti: Christian von Vrieslorp, der vormalige Pastor Johann in Berge, Johann von Nydechten, Christian Slach, der Pastor Andreas von Rosellen, Ludwig Besten von Roerbeck, Gobelin Wuscheil von Münstereifel, Eberhard Vorisbeck von Nevegest (Nevigs), Johann Scherer, Bernhard Scheven von Münstereifel, Konrad von Jurer, Heinrich Dalhausen von Gerresheim, die socii magistri capsae: Johann Wynmann von Wachtendonck, Tilmann von Menen, Johann Braes von Hüls; die stationarii fabricae: Johann von Elsch, Georg von Elsch, Johann Mauenraede und noch 49 Personen; die magistri operis fabricae Coloniensis: Meister Nikolaus Campreida, Meister Christian Pollner, Meister Konrad von Frankenberg, Meister Johann von Frankenberg; die provisores et scholares: Göbel von Geislingen, Johann Plock und noch 34 Personen; recepti fratres et sorores: Paulus von Erpel, der Scholaster Johann Hoffmann und noch 41 Personen.¹)

Wie sehr die Sache des Dombaues dem Volke am Herzen lag, beweist die Thatsache, daß man bei den Schiedsprüchen durchgehends bestimmte, es sollte ein Theil der auf die Verletzung der Schiedbestimmungen gesetzten Conventionalstrafen „der Fabrik und dem Bau des Domes" zufallen. Solche Bestimmung finden wir noch in einem Schied vom Jahre 1460.²)

Von den Wohlthätern, welche in der ersten Bauzeit die Baucasse mit Gaben bedachten, ist uns speciel der Vogt Gerhard bekannt, welcher im Jahre 1256 der Domfabrik eine Mark Rente vermachte.³) Im Jahre 1304 überließ Johann von Rodenberg der Domkirchen-Fabrik die Hälfte eines Hauses auf dem Buttermarkt.⁴) Im Jahre 1314 schenkte der Domherr Gerhard von Xanten zum Besten des für einen Altar im neuen Dom angestellten Vicars eine Rente von einer Mark.⁵) Im Jahre 1316 übertrugen die magistri und provisores fabricae der Domkirche einen Erbzins, welchen Heinrich de Caldario und dessen

1) Mscr. A. X, 27.
2) Mscr. C. 46.
3) Lacomblet, Bd. II, 230.
4) Notum, quod Johannes dictus de Rodenberg de consensu et voluntate Gertrudis eius uxoris dimidietatem domus et eius arce site in foro buteri contigue domui quondam Wildebrandi et Ude eius uxoris tradidit et remisit ad fabricam maioris ecclesie Coloniensis. (Schreinsbuch Diller, 1304, fer. IV, post oct. pent.)
5) Notum, quod Gerardus de Xantis canonicus Coloniensis tradidit et remisit vicario officianti pro tempore altare beati Johannis baptiste et beati

Frau Chriſtine der Dombaucaſſe vermacht hatten, der Margarethe de Caldario.[1]) Heinrich von Spiegel im Filzengraben vermachte 1326 der fabrica ecclesiae Coloniensis 25 Mark. Im Jahre 1331 ließ der Domvicar Winricus von Huſen zu ſeinem Andenken, ſowie zur Erinnerung an ſeine Eltern und Wohlthäter einen Altar zu Ehren des h. Achatius, des h. Sylveſter und der h. Barbara errichten und dotirte denſelben mit zureichenden Renten und anderen Nutzungen; auch vermachte er verſchiedene Einkünfte dem Altar der hh. Johann Baptiſt und Laurentius.[2]) Im Jahre 1333 vermachte der Domſchmied Werner ſein geſammtes Vermögen zum Beſten des Dombaues.[3]) Ein Jahr darauf ſchenkte der Domvicar Arnold von Wevelinghoven zur Benutzung des erſten Werkmeiſters am Dom

Laurentii in novo summo iuxta altare domine nostre versus gradus unam marcam hereditarii census 1314. (Columbe clericorum.)

1) Notum sit, quod magistri et provisores fabrice ecclesie Coloniensis anno domini 1326 unam marcam hereditarii census, quam quondam Henricus de Caldario et Christina coniuges ad fabricam ecclesie Coloniensis legaverunt in duabus domibus predictis, sitis in cono platee Margmansgassen usque ad domum Cloekringe, vendiderunt, donaverunt et remiserunt Margarete de Caldario, ita quod eadem Margareta eandem unam marcam hereditarii census iure obtinere et divertere poterit quocumque voluerit. (Schrein Martini clericorum.)

2) Copiarium des Domſtiftes, im Stadtarchiv, fol. 259. — Notum sit, quod dominus Winricus donavit et remisit tertiam domum contiguam domui supradicte versus campum vicario officianti altare sanctorum Johannis et sancti Laurentii in ecclesia Coloniensi, qui pro tempore fuerit, ita quod iure optinebit; et est sciendum, quod idem vicarius, qui pro tempore fuerit officians beatorum Johannis et sancti Laurentii altare predictum, solvet singulis annis de dicta domo vicario, qui pro tempore officiaverit altare beatorum Silvestri et Agatii et sociorum eius et sancte Barbare, quod construi faciet in ecclesia Coloniensi predicta, singulis annis perpetue et hereditarie triginta solidos denariorum pagamenti pro tempore Colonie currentis tribus hallensibus bonis et dativis pro duobus denariis computatis solvendis, videlicet in festo beati Martini episcopi hiemalis, quatuor septimanis post sine captione. Ita tamen, si census huiusmodi solutus non fuerit, extunc dicta domus dicto altari sanctorum Silvestri et Agatii et sociorum eius libere cedet et solute, salvo ecclesie sancte Columbe iure suo, quod ius dicta domus solvet et cavebit. Datum anno domini 1332, feria secunda post oculi. — Notum sit, quod dominus Winricus sacerdos, vicarius ecclesie Coloniensis, donavit et remisit post mortem suam vicario officianti altare, quod construi faciet in ecclesia maiori Coloniensi et quod consecratum erit in honorem sanctorum Silvestri et Agatii et sociorum eius et sancte Barbare, domum suam, que sita est iuxta capellam beate Margarete virginis. Ita quod quicumque vicarius, qui pro tempore fuerit et dictum altare officiaverit, domum predictam iure optinebit; salvo tamen censu hereditario quem dictus officians solvet de dicta domo singulis annis, terminis et sub captione, sicut in scrinio hoc scriptum est. Datum anno domini 1332 feria secunda post Oculi. (Columbae clericorum.)

3) Wernerus faber ecclesiensis Coloniensis et Bela eius uxor donaverunt et remiserunt omnia bona sua mobilia domino Alexandro de Lynepe canonico

das auf der Burgmauer hinter dem Hause Isenburg gelegene Haus des Flaco.¹) Im Jahre 1337 hinterließ der Dom-Canonich Wolfram von Kerpen der Domfabrik 10 Mark. Der Markgraf Wilhelm von Jülich dotirte 1341 den von ihm errichteten Hubertusaltar mit zureichenden Renten. Im Jahre 1343 fiel der vierte Theil des in der Blumausgasse gelegenen Hauses Isenberg der Domfabrik zu, weil der auf demselben haftende Erbzins nicht zur rechten Zeit an die Dombaucasse entrichtet worden war.²) 1356 schenkte der Ritter Friedrich von Hönnepel zum feierlichen Bau des Domes (in usum solempnis fabrice ecclesie Coloniensis) den dritten Theil des Zehnten zu Hanselaer; in demselben Jahre wendeten drei kölner Jungfrauen der Domfabrik eine Schenkung von 60 Mark zu. Im Jahre 1359 vermachte der Pfarrer von Klein-Martin, Heinrich vom Hirtze, der Domfabrik 50 Mark. Gegen Ende des 14. Jahrhunderts wurden der Dombaucasse 10 Mark geschenkt. Um das Jahr 1400 gab der Ritter Dietrich von Schwanshell 3000 Gulden zu dem Bau des Domes her. Heinrich Haidi vermachte 1451 dem Dom 10 Gulden. Nikolaus von Birkenheim bestimmte 1461 „für den würdigen Bau der Domkirche" durch testamentarische Verfügung eine Erbrente von 20 Gulden; 1464 vermachte Adolf von der Burg zum „Bau des Domes" 100 Gulden; 1478 setzte der aachener Propst

Coloniensi ad usus fabrice Coloniensis, ita quod iure optinebit et convertere valeat, quocumque voluerit. Actum anno domini 1333 feria sexta Petrus Pauli. (Schreinsbuch s. Petri paratorum.)

1) Notum, quod Arnoldus de Wevelkoven presbiter, vicarius ecclesie Coloniensis, donavit et remisit superiori magistro operis dicte ecclesie Coloniensis ad usus operis sive fabrice ecclesie Coloniensis domum quondam Flaconis, que sita est supra murum urbis retro domum Isenburg, ante et retro, subtus et supra, prout sita est cum gramine, ita quod idem superior magister operis pro tempore existens ad usus operis dicte ecclesie Coloniensis dictam domum cum gramine omni iure, quo dictus dominus Arnoldus ad eam asscriptus est, valeat optinere et convertere poterit, quo voluerit. (Schreinsbuch Columbae Cleric.)

2) Notum sit etc., quod dominus Arnoldus de Virsen, canonicus ecclesie sanctorum apostolorum Coloniensis, nomine fabrice maioris ecclesie Coloniensis comparuit in iudicio coram vicecomite et scabinis, prout vicecomes et scabini nobis officiatis protestati sunt, et obtinuit, sicut iure debuit, quod quarta pars domus et eius aree vocate Ysenburch site in Blumanzgassen in ordone supra littus Reni versus sanctum Kunibertum dicte fabrice Coloniensi cessisset pro hereditario censu eidem fabrice solvi debito et non soluto debito termino ad hoc statuto. Et quia dictus dominus Arnoldus omnes dies iudiciales prosequebatur, prout iure debuit nemine contradicente, dictavit sententia scabinorum, quod fabrica ecclesie Coloniensis predicta iure sit scribenda ad quartam partem domus et eius aree predicte, ita quod provisores eiusdem fabrice pro tempore existentes dictam quartam partem domus et eius aree iure obtinebunt et in usus dicte fabrice divertere poterunt, quocumque voluerint. Datum anno domini 1343, in crastino beati Egidii confessoris. (Niederich, Generalis.)

Reinhard von Palant in seinem Testamente eine Erbrente von 25 Gulden „zu dem löblichen Bau der Domkirche zu Köln" aus. Dietrich Perselmann schenkte um 1481 der Domkirche 5½ Morgen Ackerland. Im Jahre 1487 übergab der Canonicus von St. Maria ad gradus, Gobel Wusdzeit von Münstereifel, eine Erbrente von 24 Goldgulden „dem heiligen Freunde Gottes St. Peter in Behuf des Baues oder der Fabrik der Domkirche zu Köln aus guter Andacht, willig und klagloo".¹)

Unter dem 26. November 1507 vermachte der Domherr, Official und Propst von St. Georg und Soest, Heinrich Steinwich,²) dem Dom-Schulmeister für das täglich nach der Complet zu singende salve regina vier Goldgulden jährlich; zugleich stiftete er eine tägliche Erbmesse, welche an dem von ihm auf der Seite des Dompropstes zwischen dem Chor und dem Hochaltar errichteten Altar, allwo er auch sein Grab gewählt hatte, gelesen werden sollte. Im Jahre 1620 verordnete Peter de Berghes und seine Hausfrau Elise de Clercq, daß ihre Erben „in ein sicher Ort die Zeit von 20 Jahren die Summe von 400 Rthlr. darstellen, daß dafern inwendig selbigen Terminus man würde endigen den Bau, so imperfect, des Thumbs und vollführen, sollen angewandt werden zum Gebäu gerührte 400 Thlr., in Mangel dessen zu Endt von 20 Jahren die Erben davon frei und ledig sein sollen". Weitere undatirte Zuwendungen für den Dom waren: Der Canonich Heinrich von Wolkenburg vermachte dem Dom einige Häuser; die Frau des Karl Rufus, Vitthildis, schenkte dem Dom einige Häuser an der Marspforte; der Vicar Gotfried vermachte dem Dom ein halbes Haus auf der alten Mauer, dem Rothen-Wichhaus gegenüber; der Dechant Konrad von Nennenberg schenkte dem Dom ein Haus neben dem Hause „zum Greif"; der Arzt Magister Jakobus wendete dem Dom eine nicht näher bezeichnete Schenkung zu.³)

Von den unzähligen Wallfahrern, welche aus der Nähe und Ferne nach Köln strömten, um vor den Gebeinen der hh. drei Könige ihre Andacht zu verrichten und die den Besuchern und Wohlthätern der kölner Domkirche von verschiedenen

¹) Domblatt, 2. Serie, Nr. 66.

²) Henrich Steynwech vermacht vier goltgulden jairlichen und erftlichen eynen schoolmeister unser doemkirchen zer zyt, wilcher alle dage nae der completen myt synen schulleren inne neuwe doem dat salve regina myt eyner colleeten andechtlichen synghen sall, want dan ouch obgemelter here Henrich Steynwech uyss sunder gunst und neygunge, so er zo unser doemkirchen gehatt, hait er myt unseren wissen und goeden willen eynen eyen altar uff unser dompropstz syden zwysschen den choeren und hoichen altar, darvur er begraven lyget, erigiert und gewuet, darauf eyn erffmisse alle dage zo doin erffliechen begiftiget hat. (Copiar des Andreasstiftes, fol. 253.)

³) Das Einzelne im Copiarium des Domstiftes und in Harleß' Archiv, Bd. II, 47 ff.

Päpsten zugesicherten Ablässe zu verdienen, flossen große Summen in die Baucasse zusammen. Die Geschenke, welche von Fürsten auf den Peteraltar und vor den Reliquien der hh. drei Könige niedergelegt wurden, waren ungemein reich und kostbar. Von Fürsten, welche während der Zeit, in welcher am Dom gebaut wurde, die hh. Magier besuchten, werden genannt: König Eduard von England, ein König von Dänemark, Kaiser Heinrich VII. (1309) und Kaiser Sigismund (1414),[1]) ein portugiesischer Prinz (1426), der Herzog Philipp der Gute von Burgund (1440), Kaiser Friedrich III. (1473), König Maximilian (1494)[2]) und eine große Anzahl deutscher Fürsten und Großen, welche bei ihrem Besuch der hh. drei Könige der Baucasse ihre Gaben zuwendeten (1505). Sobald Kaiser Karl V. (1544) den geldrischen Feldzug beendet hatte, begab er sich nach Köln, wo er in feierlichem Zug in den Dom geleitet wurde. Hier verehrte er den hh. drei Königen ein kostbares Weihegeschenk zum Andenken an seinen Sieg über Jülich und Geldern. Es war dies eine silberne vergoldete Platte, auf welcher sich in Relief von der Höhe einer Hand die Gottesmutter, auf dem Throne sitzend mit dem göttlichen Kinde auf den Armen, und die hh. drei Könige in Anbetung davorknieend, befanden.[3])

## III.

Im Jahre 1388 war ein Theil des Hauptbaues so weit vorgeschritten, daß derselbe für den Gottesdienst eingerichtet werden konnte. Am 7. Januar dieses Jahres wurde bei der Einweihung der neugegründeten Universität eine Messe im „neuen Dom" gefeiert. Man kam durch den „neuen Dom", „novum

---

1) Anno 1414, 16. Kal. Dec. Sigismundus rex Romanorum intravit Coloniam, 9. Kal. Dec. rex acceptavit praebendam suam in hac ecclesia et juravit capitulo; 5. Kal. rex recessit. Notiz in einem handschriftlichen Breviarium in der Dombibliothek. (Crombach, pag. 831).

2) Maximilian besuchte nach der Krönung in Aachen den kölner Dom: accessitantem suffraganeus Coloniensis in pontificalibus habens crucem auream, osculum dedit regi, et ceteri cum crucibus, candelis, vexillis, et praelati omnium ecclesiarum regem Romanorum ad tres reges perduxerunt, ubi locus paratus erat pro oratione. Qua completa inceperunt cantare Te Deum laudamus, et intraverunt chorum. Illo finito suffraganeus benedictionem dedit, et canonici regem in canonicum receperunt iuxta consuetudinem ecclesiae suae.

3) Die Platte hatte die Inschrift: Invictissimus atque potentissimus Carolus Rom. imperator et Hispaniarum rex augustissimus deo omnipotenti, B. Mariae, sanctis tribus regibus die 13. Ianuarii anno 1544 praeclarum munus dono obtulit. (Crombach, IV, 515.) Dieses Geschenk ist verschwunden; man weiß nicht, wohin es gekommen ist.

summum", wenn man aus dem hohen Chor sich auf den Domhof und nach der Hachtpforte begeben wollte.¹) Darum wird wohl nicht daran gezweifelt werden können, daß man unter demjenigen neueren Bautheile, der vom Volke „neuer Dom" genannt wurde, einen Theil des südlichen Seitenschiffes zu verstehen hat.

Im Jahre 1454 lesen wir in der Urkunde, durch welche Erzbischof Dietrich von Mörs das tägliche Officium in der Muttergottes-Capelle stiftete, von einem Theile des Domes, der im Munde des Volkes den Namen „neuer Dom" führte, sowie von einigen Altären, „die jüngst daselbst errichtet worden". Nachdem die Non in der Muttergottes-Capelle beendigt sei, sollte die Geistlichkeit in Procession aus der Capelle sich in den „neuen Dom" begeben, um hier der Messe de sancto Petro oder de tribus regibus beizuwohnen.²) Dieses novum summum findet sich auch in dem Kalendarium des custos maior angegeben: Am Frohnleichnamstage nämlich, heißt es daselbst, soll sich die Procession durch den neuen Dom über den Domhof durch die Hachtpforte an der Hohenschmiede vorbei durch die Pfaffenpforte, Trankgasse, am Frankenthurm vorbei durch die Sporergasse über den Domhof wieder in den Dom zurückbegeben.³) In einer Urkunde vom 3. April 1478 finden wir eine Versammlung von Geistlichen und Weltlichen „in maiori ecclesia Coloniensi in *novo summo* circa altare beati Nicolai." In der Universitäts-matrikel Nr. 3 findet sich zum Jahre 1483 angegeben: „Vor Allem waren gerufen sämmtliche Doctoren, promovirten Magister und Scholaren der einzelnen Facultäten, zu erscheinen um 8 Uhr in dem neuen Dom der kölner Kathedrale, um in Procession zur Kirche der Jungfrau Maria im Capitol zu gehen" (inprimis fuerunt vocati omnes doctores, magistri promoti et scholares singularum facultatum ad comparendum in novo summo maioris ecclesie Coloniensis ad horam octavam ad eundum processionaliter ad ecclesiam gloriose virginis

---

1) In exitu chori sancti Petri pulsatur cum magna campana et itur per novum summum, per hachtportz etc. (Mscr. A. X, 48.)

2) Quod omni die, feria sexta tantum excepta, alternis vicibus in loco ecclesiae Coloniensis conveniente et contiguo, quem communis populus novum summum appellare solet, ibidem in uno altarium erectorum ad hoc consecrato missa de b. Petro patrono nostro et tribus regibus celebretur etc. (Crombach, Annal. metrop. eccl. Colon. IV, 154.)

3) Exitur per novum summum per Hachtportz, ante portam dabit pro captivis semel benedictionem, extra portam quater, an der hohenschmidt versus auream libram semel, versus hortum Mariae semel, extra portam presbyterorum quater, versus frankenthorn semel, itur per spoergassen iuxta aulam archiepiscopalem usque ad summum templum. (Mscr. A. X, 48.) — Ind asdann wederumb mit derselven processio hynden niss durch den nuwen doym niss ind wederumb in unsre heren capelle unser liever frouwen zo Jherusalem by unser heren huyss zo ghaen. (Rathsprotocolle, Nr. III, fol. 162.)

Marie in capitolio).¹) In einem Schreinsnotum des Jahres 1443 finden wir einen Buchbinder Wilhelm „vur dem nuwen doeme".²)

Im Jahre 1431 wurde der Dom schon als Durchgang vom Domhofe nach der Trankgasse benutzt: „So gingen die zwei durch den Dom nach Hause und man führte den Kläger auf einem Schiebkarren heim."³)

Um die Mitte des 15. Jahrhunderts war der südliche Thurm so weit vorgeschritten, daß der Eingang mit Bildwerken geschmückt werden konnte. Von den in diesem Portal befindlichen zehn Nischen wurden links drei, rechts zwei mit lebensgroßen Apostelstatuen geziert. Diese Figuren, in edlem Stil gehalten, verrathen, was Gedanken wie Ausführung anbelangt, eine hohe künstlerische Bildung ihres Meisters. Sie zeichnen sich durch ernsten, würdigen Charakter, Anmuth und Weichheit der Gesichtsbildung wie durch eine schöne Technik in der Gewandung, eine natürliche Haltung des Körpers und einen lebendigen Wechsel der Stellungen und Bewegungen vortheilhaft aus. In den Bogen der Laubhallen wurden unter reichen Baldachinen die vier Evangelisten, sechs Propheten, die h. Barbara, die h. Katharina, eine Reihe von jubelnden Engeln, Erzvätern, Kirchenlehrern und andern Heiligen angebracht. In dem sehr hoch zugespitzten Tympanon wurden die drei Reliefstreifen übereinander durch reiche architektonische Ornamente getrennt: zu unterst sechs sitzende männliche Gestalten im Prophetencharakter, darüber als Hauptdarstellung das Martyrium der Apostel Petrus und Paulus und über dieser eine Verherrlichung von Heiligen. Höchst wahrscheinlich ist es, daß diese Sculpturen vom Dombaumeister Konrad Kuyn herrühren, der schon vorher, ehe ihm die wichtige Stelle eines Dombaumeisters übertragen wurde, sich als einen hervorragenden Bildhauer bewährt hatte. „Meister Konrad Kuyn ist ein Bildhauer und Dombaumeister gewesen und anno 1445 gestorben."⁴) Von ihm wird weiter angegeben, „daß er ansehnliche Bilder in Stein gehauen und dieselben sowohl innerhalb wie außerhalb der Domkirche aufgerichtet habe". Es können mit diesen „ansehnlichen Bildern außerhalb des Domes" wohl keine andere als die Figuren des genannten Portals gemeint sein. Die Bildwerke innerhalb des Domes, welche dem Konrad Kuyn zugeschrieben werden dürften, sind: erstens die Marmorfigur des Erzbischofs Walram von Jülich. Es ist dies eine prachtvolle Arbeit in einfach steifer Haltung und Anordnung. In der Durchbildung der Gewandung zeigt sich, abgesehen von dem Schematischen, eine große künstlerische Gewandheit. Das Gesicht ist natürlich und individualifirt, aber

1) Matrikel, Nr. III, fol. 122.
2) Schrein Niderich de s. Lupo.
3) Ennen, Geschichte der Stadt Köln, Bd. III, 386.
4) Handschrift, in Besitz des Architekten Herrn Rouley in Paris.

zu sehr profilirt und abgeschrägt, wodurch es etwas Vogelartiges erhält. Die Figur ruht auf einer schwarzen Marmorplatte, welche die Inschrift „Walramus de Iuliaco" trägt. Eine andere bedeutende Sculptur derselben Zeit ist das Marmorbild des Erzbischofs Wilhelm von Gennep, welches seit 1842 auf dem Grabmal des Erzbischofs Reinald von Dassel liegt. Diese Statue hatte etwa 450 Jahre auf dem prächtigen Sarkophag, welchen Wilhelm sich noch bei seinen Lebzeiten am Eingang des Chors aus schwarzem und weißem Marmor hatte errichten lassen, gelegen. Dieses Denkmal, welches „ein hochverhauen Grab war", wurde entfernt, als im Jahre 1770 nebst andern Verunstaltungen das jetzt gänzlich beseitigte westliche Eingangsthor des Chors unmittelbar unter der großen Orgel gebaut wurde. In der Nähe des Sarkophags Reinald's befindet sich das Grabdenkmal des Erzbischofs Friedrich von Sarwerden. Die auf dem Sarkophag liegende Bronzestatue ist, sowohl was Ausführung des Gewandes wie Größe anbelangt, von Bedeutung. Mit Ausnahme des Ansatzes von Halo und Kinn ist der Kopf ziemlich gut angelegt und individualisirt; wenn auch die Züge hart und unschön sind, so verrathen sie doch viel Charakter. Die um das Denkmal in sitzender Haltung befindlichen Figuren, am Haupte der englische Gruß, dann wappentragende Engel, Apostel, Kirchenväter und kölner Erzbischöfe, zeugen von ausnehmender Tüchtigkeit des Meisters und sind von hoher künstlerischer Bedeutung. Sie verrathen ein feines Gefühl für die körperliche Gestaltung und die höchste Anmuth und Zartheit in der Zeichnung der Gewandung; auch die Köpfe sind äußerst lieblich.

In der Johannis-Capelle ruht der Gründer des Domes, der Erzbischof Konrad. Sein in Erz gegossenes Bild ist das hervorragendste von allen im Dome befindlichen Denkmälern. Der Kopf des Erzbischofs hat zwar noch einen leisen Anflug von typischem Charakter, zeigt dabei doch viel Ausdruck, Leben und Geist, überhaupt eine wahrhaft künstlerische Behandlung. Die Gestalt zeigt großartige Ruhe, Feier und Würde und ist hübsch gekennzeichnet. Das Gewand ist mit feinem Verständniß durchgebildet und zeichnet sich durch edlen, ja, musterhaften Stil aus. Die Figur ist ein Werk aus dem Anfang des 15. Jahrhunderts. Sie liegt auf einer schönen schwarzen Marmorplatte, die mit ihrer Inschrift: „Conradus a Hoesteden", und ihrer ganzen Profilirung sich als ein Werk späterer Zeit charakterisirt.[1]

In der Mitte der Maternus-Capelle, die früher Jakobs-Capelle genannt

---

[1] Im Jahre 1842 erbot sich der Inspector Stichlmayr in München, diese Statue auf seine Kosten herzustellen, wenn die Dombau-Administration die Kosten des Transports bestreiten wolle. Die Sache verschleppte sich, bis die Herstellung 1847 durch Müller in München erfolgte.

wurde, befindet sich das Grabmal des Erzbischofs Philipp von Heinsberg.[1]) Auf der obern Fläche im Einschluß einer mit großem Geschmack ausgeführten, mit Zinnen und Thürmen versehenen Ringmauer liegt die etwas steife und künstlerisch nicht sehr bedeutende Gestalt des Erzbischofs aus Haustein.

Gegen die Mitte des 15. Jahrhunderts war der südliche Thurm so hoch aufgeführt, daß er die Glocken, die bis dahin in dem hölzernen Thurme neben der Johanniskirche gehangen hatten, aufnehmen konnte. Ob dies noch die Glocken des alten Domes waren, ist nicht festzustellen. Die 1693 umgegossene drittgrößte Glocke stammt aus dem Jahre 1408. Im Jahre 1448 wurde die schwerste Domglocke umgegossen und in dem neuen Thurme aufgehängt; ein Jahr nachher geschah dasselbe mit der zweitschwersten. Die Koelhoff'sche und die Isernhenfft'sche Chronik geben an, die beiden Glocken seien 1437 und 1438 umgegossen worden. Die erstgenannte berichtet zum Jahre 1437: „In demselben Jahre im Mai ließen die Domherren ihre größte Glocke umgießen, denn sie war gerissen, und sie ward viel größer gemacht und sie gaben 40 Centner Speise zu der zerbrochenen Glocke, und die Glocke, als sie gegossen war, wurde gewogen und zog zwei und einhalbhundert Centner. In demselben Jahre im Evenmonal (September) ließen die Domherren ihre Glocke aus dem hölzernen Glockenthurm in den neuen steinernen Thurm des Domes hangen. Die größte Glocke wurde in dem folgenden Jahre in den genannten Thurm gehenkt. In dem Jahre 1438 binnen den letzten drei Tagen des Mai ließen die Domherren ihre größte neue Glocke in den neuen steinernen Thurm hängen mit großer Arbeit und Weisheit, mit großen Kabeln und mehr andern Seilen, die dazu dienlich waren; dazu hatte man all die Krahnen und Pleyden und Winden, die in dem Dom waren, und dennoch mußte man der Stadt Köln Werkzeuge auch dazu leihen. Die Glocke kostete 50 Gulden aufzuhängen; denn sie war so schwer wie 15 Fuder Wein. Der Klöppel wog 400 Pfund. Auch ward sie geeicht mit den Ruthen der Stadt, und es fand sich, daß sie mehr als 4 Fudersaß hielt. Und hätte man nicht erfunden, sie mit den Pateisen zu hängen, würden 40 Mann nöthig sein, sie zu läuten, wo nun 24 Mann genügen."[2]) Im Jahre 1444 nach Ostern, als man unsern Herrn Gott um die Stadt trug, brachen zwei Ohren ab während des Läutens mit der neuen Glocke im Dom, welche die Domherren hatten gießen lassen im Jahre 1438. Diese Ohren waren beim Gießen nicht gerathen und der Guß wäre sehr nahe verdorben gewesen. Im Jahre 1447 am 22. März wurde die große Glocke im Dom gegossen, die darauf folgende um St. Johann, und der Guß wurde

---

1) Die Koelhoff'sche Chronik (Bl. 176) läßt den Erzbischof Philipp schon 1172 in der Jakobs-Capelle, die wenigstens hundert Jahre später erbaut wurde, begraben werden.
2) Koelhoff'sche Chronik, fol. 304, 306, 308.

meisterlich vollführt von einem seiner Kunst verständigen Manne. Die große Glocke wiegt 224, die darauf folgende 120 Centner. Nach Ausweis der auf den Glocken befindlichen Inschriften wurden die Glocken nicht, wie die Chronik sagt, 1447, sondern die schwerste im Jahre 1448 und die kleinere 1449 gegossen; jene war ein Werk der Meister Heinrich Broderman und Christian Cloit, diese des Meisters Johannes von Vechel.¹)

Der eben genannte neue Glockenthurm war der südliche Hauptthurm. Damals scheint man die Arbeit daran eingestellt zu haben. Es steht wenigstens fest, daß gegen 1450 dieser Thurm bis zu derselben Höhe aufgeführt war, in welcher wir ihn noch vor mehreren Jahren mit dem bekannten kölner Wahrzeichen, dem Domkrahnen, gesehen haben (59 Meter). Auf dem um diese Zeit

1) Die größte der alten Glocken hat die Inschrift (wir geben dieselbe hier in Hexameter abgetheilt; auf der Glocke selbst erscheint sie in ununterbrochener Reihenfolge):

> Insignis status ecclesie providusque senatus
> Concilii sancte pariles votis civitatis
> Huius cum reliquis gemini sexus deo notis
> Denuo conflari dant me simul et renovari
> Summe Cristifere, Petri, regum sub honore. —
> Cantum reddo choris vetitum pro singulis horis
> Terque reformata quarto preciosa vocata
> Mille quadringentis quadragenis octo donatis;
> Dum sono, tristatur demon, christus veneratur.
> Broderman Heinrich, Cloit Cristian haut gemachet mich.

Die zweitgrößte Glocke hat die Inschrift:

> Sum grandis sonorose soror testis michi factor,
> Cuius heros sani decor et resonantia toni,
> Movit quod fieri dant me sub honore patroni.
> Ut sociem socian reddendo tonis melodiam;
> Pello nimbosa vocor idcirco Speciosa
> Annis germane semel Junctum michi plaue.
> Johannes de Vechel.

Die dritte hat die Inschrift: Ave Maria gratia plena, dominus tecum, benedicta tu in mulieribus, et benedictus fructus ventris tui Jesus, cuius incunabula Caspar, Melchior, Balthasar stella duce venerati sunt, Petrus filium dei vivi professus est. — Fusa a. 1408 disrupta procurante Henrico Mering presbitero canonico magistro fabricae per Joannem Bourlet refusa a. 1693. — Joseph Clemens archiep. Col. S. R. J. p. el. utr. Bav. dux metallum supplevit.

Auf der vierten liest man:

> Panis monstratur, deus est, caro viva levatur;
> En celum matre quam terra parit sine patre.

Die fünfte zeigt die Inschrift: Herr Wilhelm Henrich Gohr Thumbrentmeister; tiefer unten: Antonius Cobelenz me fecit. (Merlo, Die Glocken des Domes zu Köln, Domblatt, 1851, Nr. 74.)

gemalten herrlichen Ursulagemälde des Georgschreins in Calcar erscheint dieser Thurm eben so wie auf dem 1486 von Memling gemalten Reliquienschrein der h. Ursula im Johannisspital zu Brügge mit dem Krahnen genau in der angegebenen Höhe. Ein Gemälde der h. Barbara, welches Johann von Eyck im Jahre 1437 verfertigte, scheint sich auf den Thurmbau zu beziehen. Es ist auf diesem Bilde ein dem kölner Domthurme sehr ähnlicher, mit einem Krahnen versehener, im zweiten Stockwerk vollendeter Thurm abgebildet, an dem die Werkleute beschäftigt sind.[1])

Ob man zu der Zeit, als der südliche Thurm mit Bildwerken geschmückt wurde, bereits die Fundamentirung des Nordthurmes begonnen hatte, ist mit Zuverlässigkeit nicht festzustellen. Gegen die Mitte des 15. Jahrhunderts gab das Domcapitel die Zusicherung, daß „zu Nutz und Ehre des Domes ein ihm zugehöriges, unmittelbar neben der Kirche gelegenes Haus nebst Hof und Keller abgebrochen, zu der Domkirche gezogen und dadurch eine gemeine offene Straße zur Domkirche gemacht wurde". Man wird wohl schwerlich irren, wenn man annimmt, der Abbruch des fraglichen Hauses habe Statt gefunden, als man die Arbeiten am Nordthurm in Angriff nahm. An diesem Thurm wurde aber nicht weiter gebaut, als eben für den Abschluß des nördlichen Seitenschiffes aus constructiven Gründen nothwendig erschien; gegen 1450 wurden die Arbeiten an diesem Thurm eingestellt.

Die im Jahre 1876 gegossene Kaiserglocke hat die Inschriften:

Voce mea coeli populo dum nuntio sortes,
Sursum corda volant aemula voce sua.

Patronus qui voce mea templi atria pandis,
Ianitor et coeli limina pande simul!

Die Kaiserglocke heiß' ich,
Des Kaisers Ehren preis' ich;
Auf heil'ger Warte steh' ich.
Dem Deutschen Reich erfleh' ich,
Daß Fried' und Wehr
Ihm Gott bescher!

Guilelmi augustissimi imperatoris Germanorum regis Borussorum reverenda maiestas pie memor coelestis auxilii experti in gerendo felicissime conficiendoque nuperrimo bello Gallico, Instaurato faustissime imperio Germanico, bellica tormenta captiva aeris DDD pondo iussit transportari Coloniam conflarique in campanam suspendendam in hac admirandae structurae aede exaedificationi tandem proxima. Cui victoriosissimi principis pientissimae voluntati opem ferente societate de perficiendo hoc templo metropolitano optime merita A. D. MDCCCLXXIII pontifice Romano Pio P. IX. archiepiscopo Coloniens. Paulo Melchers satisfactum est.

1) Wurde 1767 gestochen. (Boisserée, S. 15.)

In derselben Zeit wurde auch in der Ecke des nördlichen Querschiffes die Treppe, welche nach dem Chordach führt, angelegt, jedoch nur vermittels eiserner Anker an das aufgehende Mauerwerk befestigt. Mit vielfachen Unterbrechungen wurde die Bauthätigkeit an den Außenmauern des Hauptschiffes mit den Kreuzarmen, mit Ausschluß der Portale, fortgesetzt.

Die ganze Anlage der Langkirche, der Querschiffe und der Thürme war so, daß der alte Dom noch stehen bleiben konnte, ohne die Förderung der neuen Bautheile zu hindern; der Gottesdienst aber wurde im neuen Chor und in den Seiten-Capellen gehalten, und die alte Kirche stand lange Zeit leer und unbenutzt. Vor und nach schlugen einzelne Kaufhändler, die bis dahin den Kreuzgang für ihre Geschäfte benutzt hatten, ihre Kramläden darin auf. In der umfangreichen Klageschrift, welche der Rath im Jahre 1419 dem Bevollmächtigten des Erzbischofs Dietrich einhändigte, sagte er: „Item beklagen wir uns, daß der Erzbischof die Domkirche, die unserer Stadt und des ganzen Stiftes Hauptkirche ist und für die er als ein Oberster zu sorgen verpflichtet ist, an Disciplin der Personen und an Gottesdienst und an alle dem, was dazu gehört, binnen der Kirche vergänglich und verderblich hat lassen werden während jeder Zeit, wie das heutigen Tages augenscheinlich Tag für Tag gesehen werden kann; in keinem Stift unserer Stadt geschieht der Gottesdienst unordentlicher, als im Dom. Auch erlaubt und gestattet der Erzbischof, daß in dem genannten Dome und in der Domfreiheit geistliche Plätze verhürt und vermiethet werden, so daß allda an Heiligen-Tagen und zu andern Zeiten allerlei Kaufmannschaft und Krämerei gekauft und verkauft wird, gleich als ob es ein öffentliches Kaufhaus wäre, was immer von Gottesfurcht wegen billig nicht geschehen sollte."[1]

Sobald alle Reste des alten Domes beseitigt und die Schiffe des neuen in ihrem Unterbau theilweise vollendet waren, wurde ein Theil der neuen Kirche zum Predigen in Gebrauch genommen. In andern Theilen fanden vielfach Zusammenkünfte des Capitels mit dem Stände-Ausschuß und Raths-Commissionen (1518), dann die sich mit Angelegenheiten der Universität und des Clerus befassenden Versammlungen und die Sitzungen des dompropsteilichen Gerichtes Statt.[2] Bei den Predigten, die im Dome gehalten wurden, beobachtete man nicht immer den äußern Anstand, den man von den Besuchern dieses Gotteshauses erwarten durfte. Durch eine Morgensprache von 1546 gebot der Rath allen Bürgern und Eingesessenen, sowie den Dienern und Handwerksknechten bei Vermeidung einer Thurmstrafe von einem Monat, sich des Spazierens und Schwätzens im Dom zu enthalten.

[1] Actus et processus, im Stadtarchiv, tom. IX, fol. 181, 6.
[2] Copienbücher im Stadtarchiv, 1538, fol. 84. — Gescheyn bynnen Coeln in der doemkirchen bynnen an dem gerichtzstoill des hern doempropsts. (1551.)

Das Rathsprotocoll vom 11. November des folgenden Jahres sagt: „Meine Herren haben den Thurmmeistern befohlen, daß sie den Gewaltrichtern ernstlich befehlen, im Dom unter der Predigt mit den Dienern umzugehen und die Kleffer zu stillen, desgleichen die Bettler von den Leuten unter der Predigt wegzuweisen und die Muthwilligen hinter meine Herren zu bringen."

In einer Nachricht vom Jahre 1594 heißt es: „Am 12. Januar ist im Rathe vertragen worden, Niemand sollte im Dom während des Gottesdienstes bei einer Strafe von fünf Gulden spazieren gehen, auch sollten die vielen Bettler sich des Bettelns abthun. Am folgenden Sonntage haben die Gewaltrichter mit ihren Dienern im Dom gestanden und ihres Befehles Achtung gehabt, dem Procurator Matthias Roperß, der im Dom spazieren ging, haben die Gewaltrichter-Diener den Mantel abgenommen und mit sich weggetragen, bis er die Buße bezahlte. Das Volk hat sich des Spazierens im Dom enthalten. Ich erinnere mich, daß es auch vor 50 bis 60 Jahren in synodis und sonst verboten worden; eine Weile hatte dieses Verbot genuht, aber bald riß der alte Mißbrauch wieder ein."[1]) „Auf geschehene Anzeige, daß in der Domkirche das unordentliche Spazieren und Wandeln wiederum einreißen soll," sagt das Protocoll vom 17. Januar 1610, „ist beschlossen, daß die Gewaltrichter darauf Achtung geben und gegen die Schuldigen Inhalts der Stellen und Ordnung, ohne Jemanden zu übersehen, ernstlich verfahren sollen."[2])

Wenn auch von Seiten des Erzbischofs Einspruch gegen diese Einmischung des Rathes in rein kirchliche Angelegenheiten erhoben wurde, so nahm der Rath doch keine Veranlassung, die fragliche Verordnung zu widerrufen.

## IV.

Nach Beendigung der burgundischen Wirren schien die Sache des Dombaues wieder mit frischem Eifer betrieben werden zu sollen. Die Synode des Jahres 1483 empfahl den Pfarrern und Predigern, die Dombausache dem Volke von der Kanzel herab besonders warm ans Herz zu legen. Nach der Koelhoff'schen Chronik waren die Arbeiten 1499 noch im guten Gange.[3]) Ein Theil des alten Baues, den man damals noch als alten Dom kannte, stand noch. Der Verfasser der Chronik sagt, daß zu seiner Zeit das Mauerwerk dieser alten Kirche niedergelegt werde, so wie solches der Fortgang des Neubaues erheische. Seine älteren Zeitgenossen hätten noch einen großen Theil des „Overlaufs" gesehen. Vor der

---

1) Weinsberg, Gedenkbuch, im Stadtarchiv.
2) Rathsprotocolle, im Stadtarchiv, 1610, fol. 49.
3) Koelhoff'sche Chronik, fol. 300.

einen Thür auf der linken Seite des neuen Domes, da wo man bei der Uhrglocke in den Dom gehe, sei eine Säule der alten Kirche stehen geblieben; der Vergleich derselben mit den Säulen der neuen Kirche gebe einen Begriff der Größe und Köstlichkeit des neuen Baues.

Im Anfang des 16. Jahrhunderts waren folgende Altäre im Dom in Gebrauch: St. Andreas, St. Severin und Agatha, St. Maria hinter den hh. drei Königen, St. Nikolaus, St. Philippus und Jakobus, St. Stephanus, St. Katharina, St. Jakob und Cäcilia, St. Maria Magdalena, St. Michael, St. Sebastian, St. Fabian und Georg, St. Johann Baptist und Lorenz, St. Achatius, St. Sylvester und Barbara, St. Agnes, des h. Kreuzes, der hh. drei Könige, St. Martin und Pancratius, St. Vitus und Kilianus, St. Patroclus, St. Antonius, St. Ivo, drei Altäre in der Pesch=Capelle.[1])

Um diese Zeit war „Baumeister" Philipp von Oberstein, später Erzbischof Philipp II., der als magister fabricæ sich es sehr angelegen sein ließ, „Neues am Dome zu bauen und Verfallenes herzustellen." Man gab aber jede Hoffnung auf, die Kirche nach dem ursprünglichen Plane vollenden zu können. Nicht einmal wollte es gelingen, die Gewölbe über das Langschiff und die Seitenhallen zu schlagen. Man schien zufrieden zu sein, wenn man es erreichte, diese Kirchentheile durch ein provisorisches Dach zu schließen, die vier ersten Compartimente des nördlichen Seitenschiffes einzuwölben und die für dieses Schiff bestimmten großen Glasgemälde aufzustellen. Man gelangte zu diesem Ziele, und in den Jahren 1508 und 1509 konnte man dazu schreiten, die Fenster einzusetzen.

Die Glasgemälde dieser Fenster machen ihrer Farbenpracht und vortrefflichen Technik mit den virtuos gezeichneten kräftigen Figuren unter zierlichen, schon Renaissance=Anklänge zeigenden Baldachinen einen imposanten Eindruck. Die ganze Behandlungsweise der einzelnen Gestalten und Gruppen trägt den naturalistischen Charakter der flandrischen Malerschule. Man sieht, daß der ausführende Meister sich alle Mühe gegeben, diese Fenster durch alle Hülfsmittel der Kunst mit dem mannigfachsten Reiz und Farbenreichthum auszustatten. Die Fenster bekunden sich als Stiftungen des Erzbischofs Philipp von Daun=Oberstein, der Stadt Köln, des Erzbischofs Hermann von Hessen und des Grafen Philipp von Virneburg.

Das erste dieser Fenster ist ein Halbfenster. Oben ist die Geißelung, die Krönung, die Kreuzigung und die Auferstehung des Heilandes dargestellt; unten rechts kniet ein Stifter in weißem Priesterornat, links ein Donator und eine Donatrix. Die Wappen weisen sich aus als die der Herren von Daun,

---

[1]) Mscr. A. X. 48, im Stadtarchiv.

Falkenstein und Leiningen. Der Stifter ist unzweifelhaft der Domherr Philipp von Daun-Oberstein.

Das zweite Fenster trägt die Jahreszahl 1509 und zeigt oben Scenen aus dem Leben des h. Petrus und den Stammbaum Christi. Unten kniet ein Erzbischof vor dem als Papst gekleideten h. Petrus. Vor ihm steht das erzstiftliche Kreuz mit dem Daun'schen Wappen als Mittelschild der Gruppe gegenüber. Dieses Fenster rührt von demselben Philipp von Daun-Oberstein her, aber in dessen Eigenschaft als Erzbischof von Köln.

Das dritte Fenster zeigt oben die Anbetung der Hirten, in der Mitte die Heiligen Georg, Reinold, Gereon und Mauritius, unten rechts Marcus Agrippa mit der Legende auf der Fahne:

> Marcus Agrippa ein roemische Mann
> Agrippinam Coloniam citt begaun,

links den fabelhaften Marsilius mit den Worten:

> Marsilis ein Helde so stoltz
> Behielt Coellen, sei voeren so holtz.

Daß der städtische Magistrat seiner Liebe zu der Grabkirche der hh. drei Könige wirklich durch Schenkung dieses Fensters ein herrliches Denkmal setzte, beweist die Notiz in dem städtischen Ausgaberegister, wonach unter dem 29. März 1508 die Summe von 960 Mark für ein Glasfenster in dem neuen Dome verausgabt worden.[1]) Es steht fest, daß der städtische Glaswörter Meister Hermann Pentalinck dieses Prachtwerk angefertigt hat, wohingegen die drei andern aus der Werkstätte des Glaswörters Lewe aus Kaiserswerth hervorgegangen sind.[2]) Es wird wohl schwerlich entschieden werden, ob der im Jahre 1508 verstorbene Stadtmaler Meister Lambert oder der 1507 viel im Auftrage der Stadt beschäftigte Maler Meister Clais, oder irgend ein anderer hervorragender kölner Meister die Entwürfe zu diesem Fenster gemacht hat.

Das vierte Fenster zeigt oben den Besuch der Königin von Saba bei Salomon, die Anbetung der hh. drei Könige, den h. Petrus als Papst und vor ihm knieend einen Erzbischof mit dem erzstiftkölnischen und dem landgräflich hessischen Wappen, in der Mitte die hessischen Schutzpatrone St. Elisabeth und St. Christophorus, unten sechzehn Ahnenschilde, in der Ecke links die Jahreszahl anno domini 1508 XX Novembris. Gemäß den Wappen gibt sich das Fenster zu erkennen als eine Stiftung des Erzbischofs Hermann von Hessen,

---

1) Gegeven vur eyn Glaservynster, die unse heren vanme Raide in den nuwen Doym gegeven haint 960 Mark.
2) Merlo, Die Glasmalereien von 1508 und 1509 im Dom, in den Jahrbüchern des Vereins von Alterthumsfreunden, Heft 61, S. 92 ff.

der am 28. November 1508, also wahrscheinlich noch vor der Einsetzung dieses Fensters starb. In seinem Testamente vermachte er dem Dom all seine großen und kleinen silbernen Gefäße und Kleinodien.

Das fünfte, ein Halbfenster, zeigt oben die Krönung Mariä, den Evangelisten Johannes, den h. Petrus als Papst, die h. Maria Magdalena und den h. Georg, unten zwei Donatricen, ihnen gegenüber einen Donator in goldener Rüstung. Vor den beiden Frauen befinden sich die Wappen der Grafen von Solms und von Hoorn, vor der männlichen Figur das Wappen der Grafen von Virneburg, dann das der Grafen von Neuenar, der Herren von Saffenberg und der Herren von Sombreff. Der Stifter dieses Fensters ist also unzweifelhaft Philipp II. Graf von Virneburg und Neuenar, Herr zu Saffenberg und Sombreff, mit seinen beiden Gemahlinnen Johanna, Gräfin von Hoorn, und Walpurgis, Gräfin von Solms.

In demselben Jahre, in welchem man die genannten Fenster einsetzte, wurde durch die Nothdächer auf den Seitenhallen, welche auf den Gewölbpfeilern des Langhauses ruhten, der unvollendete Kirchenraum geschlossen.

Im hohen Chore wurde um diese Zeit das Sacramentshäuschen, wozu Erzbischof Hermann von Hessen in seinem Testamente die Mittel auswarf, aufgeführt.[1] „Ganz nahe am Hochaltar", sagt Crombach bezüglich dieses Kunstwerkes, „auf der Evangelienseite, erhebt sich an der Mauer das prächtige Tabernakel, zur Aufbewahrung des h. Altarssacramento errichtet. Dasselbe ist in viereckiger Gestalt gearbeitet und steigt auf in einer sehr hohen Spitze, indem es, allmählich sich verkürzend, in einer Spitzsäule schließt. Der Untertheil ist von einem runden, doppelt in sich verflochtenen, bauschig gedrehten Schlaudertuche umgeben, ist innen hohl, von außen durch Kreiswindungen, die hier und da durchbrochen sind, mit bewundernswerther Kunst reich verziert. Ueberall sieht man kleine Bildsäulen, die in allen Theilen fein gearbeitet sind. Sie ruhen auf eigenen Säulchen und sind mit Thurmpyramiden und Ueberhängen wie feinen Netzen zierlich überdeckt. Außerordentlich schwierig wäre es, selbst aus Wachs oder jedem andern weichen Stoffe ein so ausgezeichnetes Werk zu machen, das mit so vielen Bildern, Geschichten, Pyramidchen und andern ähnlichen Zierrathen geschmückt ist."[2] Dieses Sacramentshäuschen war das letzte Denkmal, welches sich die gothische Kunst im Dome gesetzt hat. Um die Mitte des 16. Jahr-

[1] Sepultus Coloniae in ecclesia sancti Petri in humili et non elevato sepulchro, hoc enim desideravit, circa introitum chori in opposito habitaculi venerabilis sacramenti, quod habitaculum de pecuniis suis ex legatione testamenti sui constructum fuit. (Chronica praesulum, ed. G. Eckert).

[2] Gelen, De adm. magnit. pag. 243. — Crombach, Hist. trium regum.

hunderts erhielt der Dom zwei prächtige Renaissance-Denkmale. Es waren dies die Grab-Monumente der Erzbischöfe Adolf und Anton von Schauenburg, welche ihre Stellen im Hochchor an den Seiten der jetzt niedergelegten Abschlußmauer hatten, später in die Engelbertus-Capelle beziehungsweise Stephanus-Capelle translocirt wurden. Adolf's Monument hatte dessen Bruder Anton in Auftrag gegeben, derselbe sah dessen Vollendung aber nicht. Sein Nachfolger Johann Gebhard von Mansfeld übernahm es, das Denkmal fertig zu stellen und seinem Vorgänger Anton ein ähnliches errichten zu lassen. Es ist dieses das jetzt in der Engelbertus-Capelle befindliche.[1])

Von den Denkmälern neuern Stils, welcher hier zu Lande gegen 1530 beginnt und von Stadt-Steinmetzen als „antix" bezeichnet wird, sind die Grab-Monumente der Erzbischöfe Adolf und Anton von Schauenburg bei Weitem die vorzüglichsten. Dieser Vorzug bezieht sich namentlich auf die schöne, würdige, maßvolle Haltung der auf wohlgeformten, schön geschmückten Sarkophagen ruhenden Kurfürsten, deren Portrait-Aehnlichkeit bei der Tüchtigkeit des Bildhauers als zutreffend angenommen werden kann. Die schön gestalteten Gliedmaßen, nicht minder die geschmackvolle Anordnung des Gewandes zeugen von der künstlerischen Tüchtigkeit ihres Bildners, so wie die ganze Anordnung dieser Denkmäler einen feinen, geläuterten Geschmack bekundet. Sie leiden durchaus nicht an den übertriebenen, durch Verkröpfung und Walzwerk verunzierten Auswüchsen späterer Zeit. Ueber jedem Sarkophag befindet sich eine Tafel mit einer äußerst fein und sauber gearbeiteten Relief-Darstellung der Auferstehung Christi. Zwischen den Consolen ist die Platte mit der Inschrift eingelassen. An den Seiten der Consolen so wie in der Bekrönung der Monumente erblickt man die allegorischen Figuren und Arabesken, welche eine geschickte, geübte Meisterhand verrathen.

Wahrscheinlich auch aus dem 16. Jahrhundert stammt die früher in der nordwestlichen Ecke des Chor-Umganges vor dem Sebastianus-Altar befindliche, vom Volke „Umläufer" genannte Kunstuhr. Es war dies ein kostbares horologium planetarum, welches neben der Tages- und Jahreszeit den jezeitigen Lauf und Stand der einzelnen Planeten genau angab. Beim Schlag der einzelnen

---

1) Die Inschrift auf dem Grabmal Anton's lautet: „Reverendissimo domino domino Antonio electo et confirmato principi electori Coloniensi s. Rom. imperii per Italiam Archicancellario legatoque nato, Westphaliae et Angariae duci ex illustri familia comitum a Schauwenburg oriundo, electo anno MDLVI die 26. Octob. qui fratri succedens in Domino obdormivit anno MDLVIII die 18. Junii atque praeventus morte fratri instum monumentum erigere non potuit, uti cooperat, Reverendissimus dominus d. Gebhardus electus Archiepiscopus elector Coloniensis dominis atque affinibus suis charissimis pietatis ergo posuit anno 1561."

Stunden kam eine bestimmte Anzahl von Figuren zum Vorschein, die zur Mittagsstunde sämmtlich ihren Rundgang hielten.

Von andern Arbeiten im Innern des Domes aus dem 16. Jahrhundert ist noch die Orgel hervorzuheben, welche 1572 vom Orgelmacher Nikolaus Niehoff gebaut worden.

Als die Domherren vom Rathe trockenes Eichenholz zu der Orgel begehrten, wurde am 4. Mai 1571 den Rentmeistern befohlen, „dem Umlauf anzusagen, ihnen das begehrte Holz, und so sie etwas anderes verlangen sollten, folgen zu lassen". Kaum 25 Jahre nach seiner Vollendung war dieses Werk durch das Eindringen von Wasser in die Pfeifen fast gänzlich unbrauchbar geworden, und im Jahre 1600 wurde sie von ihrem Erbauer einer gründlichen Reparatur unterworfen.

Im Jahre 1597 wurde das Grabmal der hh. drei Könige von den zu diesem Zweck von Johann Walschartz testamentarisch ausgeworfenen Geldern „auswendig renovirt". Eine vollständige Erneuerung erfuhr die Einfassung des Dreikönigenkastens im Jahre 1612. Nach der im Jahre 1633 aufgenommenen „wahrhaffter Contrefaktur der zu Cöllen ahm Rhein im Thumb hinder dem Hoch-Altar Heillig-Drei Königen Begräbnuß" war dies eine äußerst zierliche Eisenarbeit, welche mit dem schönen Gitterwerk, dem prächtigen, durch ein Wappen und Email verzierten Gesimse und den verschiedenen Figuren einen äußerst angenehmen Eindruck macht. Unten steht die Jahreszahl MDCXII. Ein ganz neues Marmor-Mausoleum ließ in der zweiten Hälfte des 17. Jahrhunderts der Erzbischof Maximilian Heinrich auf Betreiben und nach dem Entwurf des Domrentmeisters[1]) Heinrich von Mering errichten. Letzterer förderte die Ausführung durch einen Zuschuß von 5000 Gulden. An der Vorderseite dieses Mausoleums befindet sich in sauberer Arbeit ein Relief mit der Anbetung der hh. drei Könige. Ueber den Ecken der Vorderseite befinden sich die Statuen der hh. Felix und Nabor, 1699 von Michael von der Voorst in Antwerpen angefertigt. An der Rückseite ist das Relief der Uebertragung der hh. drei Könige in den kölner Dom angebracht.

Auf Betreiben des genannten einflußreichen Domherrn von Mering erfuhr der Hochaltar in der zweiten Hälfte des 17. Jahrhunderts eine verunzierende Umgestaltung. Auf Mering's Rath wurden die auf dem Altar befindlichen Standbilder der h. Maria und des h. Petrus entfernt und statt derselben die vom Bildhauer Heribert Neuß angefertigten alabasternen Figuren aufgestellt, welche jetzt noch an den beiden Eingängen des Chors stehen. Auf der Rückseite

---

[1]) Siehe die Inschrift der dritten Domglocke, Seite 70.

des Altars wurde das ebenfalls von Heribert Neuß ausgeführte Alabaster=Bildniß des Erzbischofs Engelbert angebracht. In dem mit Glasscheiben verschlossenen Raume sollte der prachtvolle Schrein mit den Gebeinen des h. Engelbert aufbewahrt werden. Aus diesem Raume führten sieben Stufen in das Innere des Thronhimmels, den Mering auf seine Kosten über dem Altar errichten ließ. Derselbe Domcentmeister trug auch Sorge, daß die dritte, aus dem Jahre 1408 stammende Domglocke durch Johann Bourlet 1693 umgegossen wurde. Der Kurfürst Joseph Clemens lieferte das Metall, welches zur Erzielung des für die neue Glocke bestimmten Gewichtes erforderlich war.

Im Jahre 1687 ließ der Cardinal und Bischof von Straßburg, Dom=Dechant Wilhelm Egon von Fürstenberg, zum Dank dafür, daß das kölner Domcapitel ihn zum Coadjutor des Erzbischofs Max Heinrich gewählt hatte, die Wandgemälde der Chorschranken mit kostbaren, alttestamentliche und symbolische Darstellungen zeigenden Gobelin=Tapeten verhängen. Die Darstellungen sind nach Zeichnungen von P. P. Rubens angefertigt.

Seit der Eindeckung und Verglasung der Seitenschiffe wurde der Weiterbau nur noch mit schwachen Kräften betrieben. Das Jahr 1513 weist meist für Bauzwecke, Löhnung und Kleidung der Werkleute eine Ausgabe von 14,083 Mark 11 Schilling 11 Denar nach.¹) Allmählich wurden die Baumittel immer schwächer; das Jahr 1559 zeigt eine Ausgabe von 6457 Mark 5 Schilling 10 Denar. Dieser Posten ist der letzte Rester der schaffenden Bauthätigkeit am Dom. Mit dem Jahre 1560 trat eine völlige Stockung des Baues ein; Hammer und Meißel ruhten, die Bauhütte stand verwaist, der Krahnen blieb unbenutzt. Von da ab blieben Kirche und Thurm nichts als Ruinen; im Nordthurm siedelten sich kleine Kramläden an, „gademen uff dem newen pilar abm Dhomb",¹) und auf dem Südthurm wuchsen Rosensträuche. Für einen Domwerkmeister war keine Beschäftigung mehr an dem alten Bau, und der magister fabricae beschränkte seine Fürsorge auf die nöthigsten Reparaturen. Das Volk sah Jahr aus Jahr ein den Krahnen auf dem gewaltigen Thurmtorso müßig stehen und eine der hohen Chorfialen in verstümmeltem Zustande, ohne daß eine Hand zum Weiterbau beziehungsweise zur Wiederherstellung der zerbrochenen Steinsäule sich regte. Das war ihm genug, um in seiner dichtenden Phantasie der Geschichte des Domes und dem Stocken des Baues eine sagenhafte Grundlage zu geben. Dabei nahm es keine Rücksicht darauf, daß Chor- und Thurmbau fast zwei Jahrhunderte auseinander liegen und der Schöpfer des Domplanes und der Erbauer der Thürme zwei verschiedene Meister gewesen sind. Den Teufel, erzählt die Sage, wurmte

---

¹) Harleß, Archiv, Bd. I, 17.

es sehr, daß in Köln zur Ehre Gottes ein Dom erbaut werden sollte, der an Größe, Pracht und Schönheit alle Kirchen des ganzen Erdkreises überstrahlen sollte. Darum sann er, wie er es möglich machen könne, den Meister vor der Vollendung des Werkes zu verderben und hierdurch den Bau ins Stocken zu bringen. Es gelang ihm, den Meister zu einer Wette zu überreden; der Meister stellte seine Seele zum Pfande, daß er eher den Dom vollendet habe, als es seinem Partner möglich sein werde, eine Wasserleitung von Trier nach Köln zu Stande zu bringen. Als Meister Gerhard eines Morgens von der Platte des südlichen Thurmes am Fuß des Domes das Wasser fließen sah und auf demselben ein Paar Enten, die von Trier geschwommen kamen, gerieth er in Verzweiflung und stürzte sich kopfüber auf die Straße, sein treuer Hund hinter ihm her. In demselben Augenblick entlud sich ein heftiges Gewitter über der Stadt, und der Blitz setzte Gerhard's Haus in Flammen. Das Feuer vernichtete die meisten Pläne und Zeichnungen des Meisters. Keiner von Gerhard's Gehülfen war im Stande, das Werk fortzusetzen. Der Teufel hatte sein Ziel erreicht, und das gewaltige Gotteshaus blieb unvollendet. Ehe der Teufel die Stadt verließ, brach er noch am Aeußern des hohen Chors eine Fiale durch und schleuderte den schweren Stein durch das Gewölbe der Chorrundung, um die Capelle der hh. drei Könige zu zerschmettern.[1])

[1]) Koelhoff'sche Chronik, fol. 302. — Unmittelbar über der Drei-Königen-Capelle findet sich hoch im Gewölbe eine Inschrift, welche nach einer Copie von 1633 lautet: „anno 1434, 28. Octobris ventus de nocte flat ingens, grandem per tectum lapidem testudine pellit." — Wattenbach, Hermann Schedel als Humanist, in den Forschungen zur deutschen Geschichte, Bd. XI, S. 370.

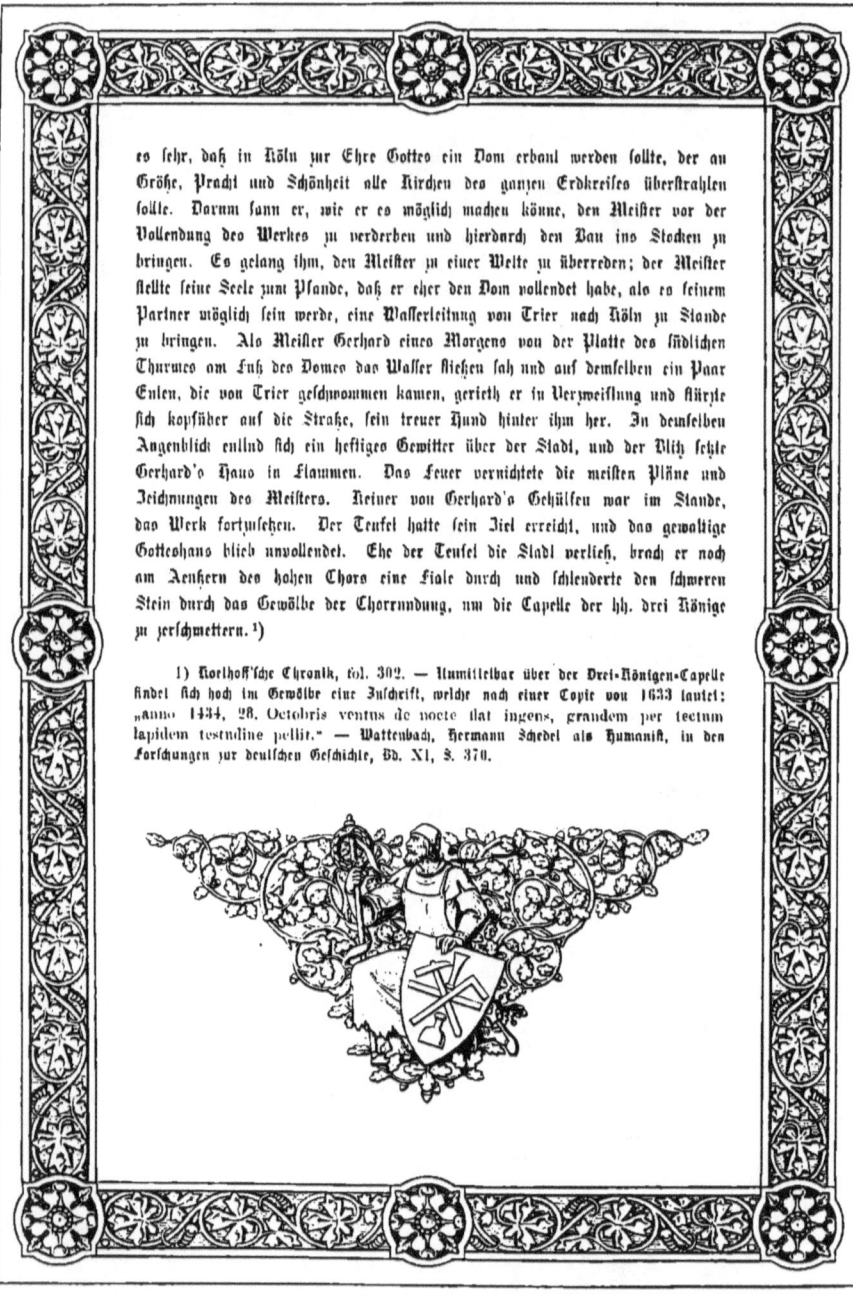

# Zweites Capitel.

### Der neue Dom.

## Dritter Abschnitt.

Baumeister; Erhaltung des Eifers, vollständige Einstellung des Baues

### I.—III.

ie Eigenschaft und die Rechte des eigentlichen Bauherrn nahm von jeher das Domcapitel für sich in Anspruch. Die rechtliche Stellung des Erzbischofs zum Domban und der Kirchenfabrik war streitig, und es dauerte lange, ehe dieselbe durch freund= schaftliche Verträge geregelt wurde. Das Capitel weigerte sich beharrlich, die Ansprüche, welche die Erzbischöfe Walram, Wilhelm und Engelbert auf die Verwaltung des Domkirchen=Vermögens machten, anzuerkennen und wiesen jede erzbischöfliche Einmischung in Fragen über den Domban ab. Endlich kam am 25. Juni 1365 zwischen Engelbert und dem Capitel ein Vergleich zu Stande, nach welchem für die Folge jeder Erzbischof sowohl wie das Capitel einen Canonich als Provisor der Domfabrik wählen und beide Gewählte in Eid nehmen sollte.¹) Alle Vierteljahre sollten diese Provisoren dem Capitel und dem Erzbischof oder dem Bevollmächtigten derselben Rechnung legen. Im Jahre 1366 wurde bestimmt, daß die Rechnung statt alle Vierteljahr für die Folge alle Jahr gelegt werden solle. Das Capitel band sich nicht lange an dieses Uebereinkommen; bald kam es auf seine früheren Ansprüche zurück und machte dem Erzbischof jedes Betheiligungs= recht an der Ernennung der Provisoren streitig. Die hieraus entstandenen neuen Zwistigkeiten wurden 1390 durch ein Schiedsgericht dahin geschlichtet, daß es dem Erzbischof zustehen solle, einen Canonich des Capitels zu wählen, welcher von den Angelegenheiten und Rechnungen der Fabrik Einsicht nehmen und dafür 100 Mark und zwei Talare vom Provisor erhalten solle.²) Der Erzbischof erlaubte sich bald vielfache Verletzungen dieses Vertrages, und es gelang ihm, die Domfabrik seiner alleinigen Verfügung zu unterstellen. In der Klageschrift, welche der kölner Rath im Jahre 1419 dem zum Schieds= richter in den Streitigkeiten mit dem Erzbischof gewählten Erzbischof Otto von Trier übergab, heißt es: „Da der Erzbischof die fabrica des Domes

1) Lacomblet, III. 659.
2) Harleß, Archiv, I. 55.

binnen unserer Stadt an sich gezogen hat und diejenigen, denen die Domcasse anvertraut ist, nicht alle Gelder zum Besten des Baues verwenden, so verlangen wir, daß weder er noch seine Beamten sich um die Dombaucasse bekümmern, sondern daß er diese Sache dem Domcapitel überlasse, dem wir dann Rathsbevollmächtigte beiordnen werden, damit der Bau zu Gottes Ehre vollendet werde, wie er angefangen ist."[1]) In dem von Otto verkündeten Schiedsspruch wurde der Frage über die Domfabrik keine Erwähnung gethan: die desfallsigen Streitigkeiten blieben in der Schwebe, bis im Jahre 1446 durch ein besonderes Uebereinkommen zwischen dem Capitel und dem Erzbischof Dietrich der Vertrag von 1390 erneuert wurde, doch vorbehaltlich weiterer Anordnungen, welche die beiderseitigen Vertrauensmänner zur Förderung des Dombaues vereinbaren würden.[2]) Das Capitel erhob keinen entschiedenen Widerspruch, als für eine Reihe von Jahren sich der Gebrauch festsetzte, daß die ganze Verwaltung der Dombaucasse, die Verfügung über die vorhandenen Gelder, die Beaufsichtigung des Baues, die Anstellung des Werkmeisters und der Arbeiter einem Capitular übertragen wurde, der mit Zustimmung des Capitels seine Bestallung vom Erzbischof erhielt und „Baumeister der Kirche zum Dome" (fabricae ecclesie Col. magister, rector, provisor et administrator) genannt wurde. Im Jahre 1472 finden wir wieder zwei Provisoren, von denen der Erzbischof einen, das Capitel den andern zu bestellen hatte; letzteres beschloß in demselben Jahre, das Amt des von ihm zu ernennenden Provisors der Domfabrik in der Weise von einem Capitelsherrn auf den andern übergehen zu lassen, daß dem Dechanten, mit welchem der Turnus beginnen sollte, der Unterdechant und so fort alle zwei Jahre der im Range nächste Prälat, auf die Prälaten aber der bei dem Stift residirende Senior der Canonichen folge, bis die Reihe wieder an den Dechanten komme.[3]) Als Verwalter der Dombaucasse (provisores fabricae), die auch Meister des Domkirchen-Vermögens (magistri operis) genannt werden, kennen wir: die Brüder Heinrich und Winand von Gennep (1337), Gerhard von Vilstein und Reinhard von Sponheim (1347), Winand von Esch (1356), Bernard von der Burg (1452), Pfalzgraf Stephan bei Rhein (1461), Ulrich Krylweis (1482), Graf Georg von Sayn-Wittgenstein (1539), Hermann Serheim (1562), Domscholaster Bischof Johann von Straßburg und dessen Unterverwalter Dr. Johann Schwölgen, Christian von Erpel, Johann Weißenburg, Johann von Kempen, Goswin von Dorsten, Johann von Crefeld, Johann auf dem Graben, Christian

---

1) Actus et processus, tom. IX, fol. 181, 6.
2) Lacomblet, IV, 276.
3) Harleß, Archiv, I, 58.

von Erpel, Propst von St. Maria ad gradus, Johann Erwin von Ratingen, Bristius Ebrüer, Graf Philipp von Oberstein.¹)

Als Baumeister in dem genannten Sinne werden auch der in einer Urkunde vom 31. Januar 1273 genannte „Ulricus cantor, cui structura fabricae ecclesiae Coloniensis est commissa", dann der magister fabrice Alexander de Linepe (1315), der magister Hermannus clericus procurator fabrice Coloniensis (1319) und der procurator fabrice Hermannus dictus de Juliaco (1321) angesehen werden müssen. Auch in dem superior magister operis, für welchen im Jahre 1332 der Domvicar Arnold von Wevelkoven das ehemals dem Flaco zugehörige Haus auf der Burgmauer-Fettenhennen-Ecke, das jetzige Hotel Wollenhaupt, als Amtswohnung bestimmte,²) werden wir nicht den technischen Baumeister, sondern den mit der Oberaufsicht über den Dombau betrauten Domcanonich erkennen müssen.

Einen ganz andern Geschäfts- und Wirkungskreis hatte der technische Werkmeister, magister operis, auch mitunter magister fabricae, Baumeister des Domes, genannt. Die uns bekannten Dombaumeister waren Steinmetzen, lapicidae, und bei der bildnerischen Ausschmückung des Domes ist ihre Hand ohne Zweifel mit thätig gewesen. Der erste Dombaumeister war der schon oben genannte Meister Gerhard von Rile, auch von Rettwig genannt. Es wird wohl nicht daran gezweifelt werden können, daß Gerhard von Rile und der „Werkmeister Gerhart vaume Doyme", der in „einer alder tzedulen" als Eigenthümer eines Erbes bei St. Marien-Garten genannt wird, identisch sind.³) Nach ihm erscheint am Ende

1) Mscr. A. X, 27.
2) Siehe S. 63, Note 1. Schrein Columbae clericorum.
3) Rutgerus magister fabricae Coloniensis und dessen Frau Lysa. — Magister Arnoldus magister fabricae maioris ecclesiae Coloniensis; magister operis eccl. maioris (1290 und 1296.) — Magister Johannes magister operis de summo; magister operis ecclesiae Coloniensis; rector fabricae (1309, 1321). — Dese nageschreven rente ghehoert in Verselen convent by den preitzeren, dat nu der studenten schole is, ind is nyss eynre alder tzedulen geschreven..... Meister Gerart der werkmeister vaume doyme besatte 7 schillinge, die ghevent heren Loyß kinderen van dem erve, dat hee hadde by sent Mariengraden, in Verselen convent alle jaire, dat is beschreven in der gebuyrhuys tzo sent Columben; dat gifft man halff tzo kirsmissen ind halff tzo sent Johannismissen. (Rathsprotocoll, Nr. I, fol. 172.) — Item notum sit tam presentibus quam futuris, quod magister Arnoldus lapicida dictus poleyr virtute potestatis sibi reservate tradidit et remisit magistro Johanni, rectori fabrice ecclesie Coloniensis, et Catharine eius uxori domum sitam in vico Cederwalt contra ascensum dictum trappe, situm iuxta turrim dictam Rodewighus. Item tradidit et remisit magistro Johanni et Catherine coniugibus predictis petiam aree sitam retro domum et aream predictas, habentem in longitudine sexaginta quinque pedes et in latitudine viginti sex pedes. Ita quod magister Johannes et Catherina predicti domum predictam

des 13. Jahrhunderts Meister Arnold an der Spitze des Dombaues. Nach Arnold's Tode trat dessen Sohn, Meister Johann, ein, welcher im Jahre 1330 starb.¹) Ihm begegnen wir als Wohlthäter der Kirche St. Martin unter der Bezeichnung: „Joannes laicus rector operis maioris ecclesie Coloniensis". Nach Johann bekleidete zwei Jahre lang Rütger die Stelle eines Dombaumeisters. Sein Nachfolger war der Steinmetz Michael;²) im Jahre 1364 wird er aufgeführt

cum eius area necnon aream predictam iure obtinere et divertere poterunt, salvo censu hereditario de predicta domo et eius area competente. (1321. Ulderich, Hospit.)

1) In einem Schreinsnotum findet sich: Arnoldus filius magistri Johannis operis ecclesiae Coloniensis, Catharina relicta dicti Johannis, Hermannus filius, Mechtildis; Arnoldus frater Catharinae.

2) Urkunde im Stadtarchiv. — Einige Auszüge aus Schreinsbüchern über einzelne Dombaumeister und deren Kinder: „Notum sit omnibus tam futuris quam presentibus, quod Gertrudis, amasia magistri Gerhardi de Rile filii Godescalci, renunciavit omni iuri, quod ei magister G. predictus dederat in domo, que fuit mansio patris sui predicti Godescalci, que sita est in monticulo iuxta vineam dominorum maioris ecclesie in Colonia." (Schreinsbuch Ulderich.) — In einem Schreinsnotum findet sich: „Arnoldus filius magistri Johannis operis ecclesie Coloniensis, Catharina relicta dicti Johannis, Hermannus filius, Arnoldus frater Catharinae." — In andern notis: „Rutgerus magister fabrice et operis ecclesie Coloniensis." (1301.) — „Notum sit etc., quod Arnoldus, filius magistri Johannis magistri operis de summo et quondam Methildis uxoris sue, supportavit et resignavit patri etc." — Gotschalk filius Johannis magistri operis ecclesie Col. — Magister Arnoldus lapicida dictus poleyr überträgt dem magistro Johanni rectori fabrice ecclesie Col. et Catharine eius uxori domum suam in vico Zederwald etc. (1321.) — Notum sit etc., quod Hermanno, filio quondam magistri Johannis magistri fabrice ecclesie Coloniensis et Methildis eius uxoris, cessit pars pueri patris eius predicti Johannis de morte eius de medietate domus et eius arcesite versus Wurpelporzen, contigue domui quondam Linnali pistoris versus Renum. Item cessit dicto Hermanno pars pueri de arce medietate contigua dicte domui exeunte in Smirstrassin, ante et retro subtus et supra, prout iacet. (1322. Schrein Ulderich, Hosp.) — Lysa relicta magistri Rutgeri magistri fabrice Coloniensis. (1324.) — Notum sit, quod magister Johannes magister fabrice ecclesie Coloniensis comparens in iudicio optinuit sicut de iure debuit, quod ipse cum Methilde eius uxore et Gertrude filia quondam Tilmanni de Salecgin et Drude eius uxoris [sic] et parentes eiusdem Methildis et eorum predecessores possederint sine ulla iusta alloquutione ultra tempus dierum et annorum crescentiam 25 annis et amplius et quod sibi cum uxore sua ex iusta divisione cesserit etc. (Laurentii generalis scab.) — Notum sit etc., quod Hermanno filio quondam magistri Johannis, magistri fabrice ecclesie Coloniensis, et Methildis eius uxoris cessit pars pueri partis eius predicti Johannis de morte eius de medietate domus et eius arce site versus Wurpilporzen contigue domui quondam Lynnali pistoris versus Renum. Item cessit dicto Hermanno pars pueri de medietate arce contigua dicte domui exeunte in Smirstrassin ante et retro subtus et supra, prout iacet. Ita quod dictus Hermannus dictas partes pueri in medietate domus et eius arce predicte et arce in Smirstrassin iure et

als „magister Michael lapicida magister operis ecclesiae Coloniensis"; in diesem Jahre erscheint er schon als Vater einer Tochter Lisa, welche von der Stadt eine Erbrente von 20 Goldgulden kauft; 1387 heißt er „magister

sine omni contradictione optinebit, salvo hereditario censu iure suo. Datum anno domini 1332 feria quinta post dominicam oculi. (Ulderich, Hosp. s. Andreae.) — Notum sit etc., de morte Hermanni dicti de Juliaco clerici, secundum quod preordinavit, ipsi fabrice Coloniensis ecclesie cessit eidem fabrice medietas domus et eius aree site versus Wurpilporze contigue domui quondam Lynnali pistoris versus Renum. Item cessit eidem fabrice medietas de area contigua dicte domui exeunte in Smirstrasin, ante et retro subtus et supra, prout dicte dicte hereditates iacent. Item quod dicte due medietates tam domus quam aree predicte sunt modo de morte dicti Hermanni fabrice ecclesie Coloniensis supradicte, quas ipsa fabrica aut procurator eius pro tempore existens divertere poterit quocumque voluerit, salvo hereditario censu iure suo. Datum anno domini 1332 feria sexta post dominicam oculi. (Ulderich, Hosp. s. Andreae.) — Notum sit etc., quod Godeschalco, filio quondam magistri Johannis magistri fabrice ecclesie Coloniensis et Mechildis uxoris eius, cessit de morte parentum suorum predictorum pars pueri de medietate domus et eius aree, site versus Wurpilporzen contigue domui quondam Lynnali pistoris versus Renum. Item cessit dicto Godeschalco una pars pueri de medietate aree contigue domui predicte exeunte in Smirstraysin, ante et retro subtus et supra, prout iacet. Ita quod dictus Godeschalcus dictas partes pueri tam de medietate domus et eius aree predicte quam de medietate aree contigue dicte domui iure et sine omni contradictione optinebit, salvo hereditario censu iure suo. (1332.) — Notum sit etc., quod predictus Godeschalcus, filius quondam magistri Johannis predicti et Mechildis uxoris eius, donavit et remisit Hermanno fratri suo unam partem pueri de medietate domus et eius aree site versus Wurpilporzen contigue domui quondam Lynnali pistoris versus Renum. Item donavit et remisit dictus Godeschalcus Hermanno fratri suo unam partem pueri de medietate aree contigue domui predicte exeunte in Smirstraysin, ante et retro subtus et supra, prout iacet. Ita quod dictus Hermannus dictas partes pueri tam de medietate domus predicte unam quam unam partem pueri de medietate aree predicte iure et sine omni contradictione optinebit, nisi dictus Godeschalcus, si ad partes venerit, premissa voluerit mutare, salvo hereditario censu iure suo. Datum in vigilia beatorum undecim milium virginum anno domini 1332. (Ulderich, Hosp. s. Andreae.) — Notum sit etc., quod de morte Hermanni, dicti de Juliaco clerici, secundum quod preordinavit ipsi fabrice Coloniensis ecclesie, cessit eidem fabrice medietas domus et eius aree site versus Wurpilporze, contigue domui quondam Lynnali pistoris versus Renum. Item cessit eidem fabrice medietas de area contigua dicte domui exeunte in Smirstrasin, ante et retro subtus et supra, prout dicte hereditates iacent. Ita quod dicte due medietates tam domus quam aree predicte sunt modo de morte dicti Hermanni fabrice ecclesie Coloniensis supradicte, quod ipsa fabrica aut procurator eius pro tempore existens divertere poterit, quocumque voluerit, salvo hereditario censu [sic] iure suo. (1332, Schrein Ulderich, Hosp.) — Notum sit etc., quod Arnoldo, filio quondam magistri Johannis fabrice ecclesie Coloniensis et Mechildis uxoris eius, cessit de morte parentum suorum predictorum una pars pueri de medietate domus et eius aree site versus Wurpilporzen,

Michael lapicida ecclesiae Coloniensis opifex". In der betreffenden Urkunde
ist die Rede von Michael's Tochter Drutginis, welche sich im Besitz eines stadt=
kölnischen Rentbriefes über 20 Goldgulden und des Hauses zur Glocke befand

contigue domui quondam Lynnali pistoris versus Renum; item cessit eidem
Arnoldo una pars pueri de medietate aree contigue domui predicte existenti in
Smirstrasin, ante et retro subtus et supra, prout iacent dicte hereditates; ita
quod dictus Arnoldus cum uxore eius Catherina dictas partes pueri in dictis
hereditatibus iure et sine omni contradictione optinebunt, salvo hereditario
censu iure suo. (1332, Schrein Ulderich, Hosp.) — Notum sit etc., quod Godeschalco,
filio quondam magistri Johannis magistri fabrice ecclesie Coloniensis et Mechildis
uxoris eius, cessit de morte parentum suorum pars pueri de medietate domus to
eius aree site versus Wurpilporzin, contigue domui quondam Lynnali pistoris
versus Renum; item cessit dicto Godeschalco una pars pueri de medietate
aree contigue domui predicte exeunte in Smirstrasin, ante et retro subtus et
supra, prout iacet; ita quod dictus Godeschalcus dictas partes pueri tam de
medietate domus et eius aree predicte quam de medietate aree contigue dicte
domui iure et sine omni contra dictione optinebit, salvo hereditario censu iure
suo. (1332, Schrein Ulderich, Hosp.) — Notum sit etc., quod Arnoldo, filio quondam
magistri Johannis fabrice ecclesie Coloniensis et Mechildis uxoris eius, cessit de
morte parentum suorum predictorum una pars pueri de medietate domus et eius
aree site versus Wurpilporzen contigue domui quondam Lynnali pistoris versus
Renum. Item cessit eidem Arnoldo una pars pueri de medietate aree contigue
domui predicte exeunte in Smirstrasin, ante et retro subtus et supra, prout
iacent dicte hereditates. Ita quod dictus Arnoldus cum uxore eius Catherina
dictas partes pueri in dictis hereditatibus iure et sine omni contradictione
optinebunt, salvo hereditario censu iure suo. — Notum sit etc., quod Arnoldus,
filius quondam magistri Johannis fabrice ecclesie Coloniensis, et Catherina
uxor eius donaverunt et remiserunt Catherine, noverce dicti Arnoldi, matri
Catherine uxoris eiusdem Arnoldi, unam partem pueri de medietate domus et
eius aree site versus Wurpilporzin, contigue domui quondam Lynnali pistoris
versus Renum. Item donaverunt et remiserunt predictus Arnoldus et Catherina
uxor eius unam partem pueri de medietate aree contigue domui predicte exeunte
in Smirstrasin, ante et retro subtus et supra, prout iacet, dicte Catherine,
noverce dicti Arnoldi. Ita quod dicta Catherina, noverca dicti Arnoldi, dictas
partes pueri in dictis hereditatibus iure et sine omni contradictione optinebit,
salvo iure et censu iure eorum in predictas. Datum anno domini 1333, feria
tertia post dominicam reminiscere. (Ulderich, Hosp. s. Andreae.) — Notum sit
etc., quod quia Hermannus filius quondam magistri Johannis magistri fabrice
ecclesie Coloniensis, potestatem habuit mutandi unam partem pueri de medietate
domus et eius aree site versus Wurpilporzen, contigue domui quondam Lyunoldi
[sic] pistoris versus Renum; item quia potestatem habuit mutandi unam partem
pueri de area contigua dicte domui, exeunte in Smirstrasin, ante et retro subtus
et supra, prout iacet, extune mutavit dictas duas partes pueri dando eas Thil-
manno fratri suo et Bele uxori eius; ita quod divertere possunt sine omni
contradictione, quocunque voluerint, salvo censu hereditario iure suo. (1333,
Schrein Ulderich, Hosp.) — Notum sit etc., quod Catherina relicta quondam
magistri Johannis, magistri fabrice ecclesie Coloniensis, virtute sententie scabi-

und in Brünn an den „magister Heinricus de Gemunden lapicida et familiaris illustris principis marchionis Moraviae" verheirathet war.¹) Unzweifelhaft ist dies derselbe magister Michael magister fabricae ecclesiae Coloniensis, der im Jahre 1368 als Eigenthümer des Hauses zum Kranen in der „engen Gasse" erscheint. Gegen Ende des 14. Jahrhunderts finden wir Johann von Kempen als Werkmeister des Domes. Er war wahrscheinlich dem Jakob von Metz gefolgt, der 1400 nicht mehr unter den Lebenden war.²) In einem Actenstück, durch welches 1398 „Bürgermeister, Rath und Bürger der Stadt Köln" vor das kaiserliche Hofgericht zu Rothweil geladen werden,³) erscheint unter den Vorgeladenen „Andres, Meister im Tum"; es ist dies Meister Andreas von Everdingen, der noch 1412 als „Werkmeister in dem Doyme zo Coelne" erscheint.⁴) Nach ihm finden wir als „Werkmeister zum Doyme" den Meister Alexander.⁵) Auf diesen folgte der Bildhauer Meister Nikolas von Büren als Dombaumeister, der 1424 das Bürgerrecht erwarb; in den Acten des Amtleutegerichts der Jahre 1433 und 1436 erscheint „Allheit als uxor magistri fabricae ynme doem, des Meisters in summo". In dem für die Steinmetzen und Zimmerleute ausgestellten Zunftbriefe von 1443 findet sich die Bestimmung, daß die Lehrgesellen am „Doyme zu ihrem Ingange, wenn sie an das Amt kommen, dem Domwerkmeister Clais einen rheinischen Gulden, und wenn sie sich selbst als Meister setzen, wiederum einen Gulden zahlen sollen". Von allen andern Steinmetzen konnte das Amt nur mit zwei Gulden gewonnen werden. Nach Meister Nikolas von Büren, der 1452 starb, erhielt der Gemahl seiner Nichte Christina, Meister Konrad Kuyn von der Hallen, die Leitung des Dombaues.⁶) Von diesem wird,

norum, quam obtinuit, domum suam et eius aream sitam in Smirstraissen ex opposito Roden-wighuys, prout iacet ante et retro subtus et superius, donavit et remisit Johanni de Wevilchoven et Drude eius uxori ad habendam et possidendam perpetuo et hereditario iure pro hereditario censu triginta solidorum denariorum pagamenti Coloniensis. (1339, Schrein Niderich, Hosp.) — Notum sit, quod Drude, filia quondam magistri Johannis rectoris fabrice ecclesie Coloniensis et Catherine eius uxoris, cessit ex obitu dictorum parentum suorum domus sita in platea Cederwalt, nunc Smirstraysse appellata, contra ascensum sive trappam sitam iuxta Rodenwighuys, prout iacet cum eius area retro sita, habens in longitudine 65 pedes et in latitudine 26 pedes. (1360, Schrein Niderich, Hosp.) — Petrus filius magistri Michaelis magistri fabrice Coloniensis et Gutginis eius uxor. (Niderich, Vadim. 1366.)

1) Urkunde im Stadtarchiv.
2) Domblatt, 2. Serie, Nr. 66. — Schreinsbuch Niderich.
3) Urkunde im Stadtarchiv.
4) Acten des Amtleutegerichts.
5) Schreinsbuch Niderich, ad. s. Lupum, 1438.
6) Kunt sy, dat meister Claiws van Buere, werckmeister zome doyme ind

wie schon bemerkt, angegeben, daß er „ansehnliche Bilder in Stein gehauen und dieselben sowohl innerhalb wie außerhalb der Domkirche aufgerichtet habe";¹) er starb im Jahre 1469.

Der Gedenkstein des Dombaumeisters Konrad Kuyn stand am siebenten Gewölbepfeiler des nördlichen Schiffes und trug die Inschrift: „Anno domini MCCCCLXIX die XXVIII januarii obiit honorabilis vir magister Conradus Kuyn magister operis huius Ecclesiae cujus anima requiescat in pace. amen". Dieses Denkmal zeigte den Meister mit langem Haar und einem faltenreichen Oberkleide in betender Stellung, hinter demselben den Apostel Andreas aufrecht stehend. Wahrscheinlich wurde das Denkmal zerstört, als man am Ende des vorigen Jahrhunderts an diesem Pfeiler ein Muttergottesbild in einem modernen Glasschrank anbrachte. Im Jahre 1842 mußten Gedenkstein und Marienbild einem Baugerüste weichen und wurden an den fünften Pfeiler gerückt. „Es stehen", sagt eine Streitschrift der Steinmetzen gegen die Maler, „unter seinem Epitaphio im Dom der Steinmetzen-Gaffel Wappen, wie dasselbe bis dato (1616) noch von den Steinmetzen und Zimmerleuten geführt und gebraucht wird."

Dem Meister Kuyn war im Jahre 1463 auf der Tagsatzung zu Regensburg das Obermeisterthum für die Steinmetz-Bruderschaft im Gebiete von Norddeutschland zugestanden worden. Auf diesem Obermeisterthum beruhte es, daß durch einen Schiedsspruch in Streitsachen zwischen den Steinmetzen und Malern 1491 dem „Doymmeister" ein gewichtiges Wort eingeräumt wurde.²) Johann von Frankenberg scheint damals Dombaumeister gewesen zu sein. Das im Anfang des 16. Jahrhunderts aufgenommene Verzeichniß der verstorbenen Mitglieder der Petri-Bruderschaft nennt als bereits verstorbene Dombaumeister, magistri operis fabricae Colon.. Meister Nikolaus Compreido, Meister Cristian den Polier, Meister Konrad von Frankenberg, Meister Johann von Frankenberg. Schon seit dem 14. Jahrhundert nahmen die Steinmetzen in der Dombauhütte, wie schon eben hervorgehoben, eine Ausnahmestellung ein; der Zunftbrief des Jahres 1398²)

Alait syn elige wyff an yrme huyse, dat vurmails eyne Kuchen was, as dat lygt mit eyme gange up die heymliche Kamer ind lygt alreneyste deme huyse genant groiss Gelre zo sente Pauwels wert in der dranegassen etc. (1333, 3. August, Schrein Niderich, de s. Lupo.) — Kunt sy, dat want Styngin elige wyff meister Conrayt Kuenen van der Hallen, werckmeister zer zyt zome doyme in Coelne, in gerichte erschienen is, as Jacob vanme Danwe ind Johan Wachendorp, scheffen zo Nederich, uns amptluden alher geurkont haint, ind hait sich doin weldigen an eyn dirdeil van halfscheit, vort an eyn halfscheit eyn dirdendeils, maichende eyn dirdendeil des huys, dat vurmails die Kuchen was, as dat lygt etc. (1452, 5. Juni, Schrein Niderich, de s. Lupo.)

1) Streitschrift der Steinmetzen gegen die Maler von 1616, in Privatbesitz.
2) Urkunde im Stadtarchiv.

bestimmt: „wilch meister of broeder des vurf. ample, de eynß Knechtz behoisde, de mach in den lesten hwen Jairen eynen anderen Knecht darby myeden, as verre hey des behoisde, ind neyt myn dan veir Jaire, behelfnisse doch dem Doyme ind onser Stadt van Coelne beyden yren Werkluden yere vryheide, herkomen ind alde gewoenden, as dat van alders geweft ist". Die Domsteinmetzen konnten, wie schon gesagt, das Zunftrecht für die Hälfte des gewöhnlichen Satzes erwerben. Im Jahre 1471 finden wir die Zunft der Steinmetzen und Zimmerleute mit den Werkleuten des Domes in Streit: „Unsere Herren vom Rath haben vertragen, zu urkunden an das Amtleutegericht und andere Gerichte, wo es nöthig wäre, in der Sache, welche die Meister des Steinmetzen- und Zimmerlentamtes gegen die Werkleute im Dom vornehmen, nichts zu thun, bis unsere Herren ihnen weitere Weisung zugehen lassen".¹) Im Jahre 1539 finden wir als Werkmeister des Domes den Meister Lorenz Cronenberg.

Von andern beim Dombau beschäftigten Werkleuten werden noch genannt: Magister Arnoldus lapicida dictus poleir (1321),²) Wernerus faber maioris ecclesiae (1333), Sibertus operarius apud fabricam maioris ecclesiae Coloniensis (1347),³) magister Wilhelmus, Domzimmermann, carpentarius ecclesiae Coloniensis (1351 bis 1361), Meister Tilmann, der „polyer" am Dome (1467),⁴) Meister Tilmann, der Domzimmermann (1485). Vom magister operis, dem politor und dem carpentator des Domes, wird in einer Urkunde von 1464 gesagt, daß dieselben ebenso wie die Inhaber der Laienpräbenden zur Pfarrei Pesch gehörten. Im Jahre 1509 finden wir Meister Heinrich, Dompolier, ein Bildhauer; im Jahre 1525 einen gewissen Heinrich als „Polierer im Dom";⁵) 1535 Meister Heinrich Crumbach, Zimmermann der Domfabrik.

Die Bauhütte des Domes, die sich unter Leitung des Domwerkmeisters zu einer eigenen, corporativ gegliederten, von der Steinmetzunft völlig unabhängigen

---

1) Rathsprotocolle, II, fol. 174.
2) Schreinsbuch Ulderich, Hosp. s. Andreae.
3) Sybertus operarius apud fabricam maioris ecclesie Coloniensis et Druda uxor, filia Cristina et Henricus eius maritus dictus de Marka. (Petri, vadim. 1347.)
4) Im October 1467 schrieb Graf Vincenz von Moers an den kölner Rath: „Uns ist zu wissen wurden, so wie meister Brunn uwer werckmeister doik halver affgegangen ist, ind as uwer eirsamheit dann in stat desselven eynen anderen zu stellen hait, bidn wir uwer eirsamheit begerlichen, dat ir uch meister Tilmann polyer anme doeme durch unser bede willen gunstlich bevalen willt lassen syn yn vur eynen werckmeister anzunemen, want derselve uns zu Moerse oich gedyent hait, daerumb ind oich want he syne werck wail han ind uns dienstlich bewant is yn sonderlinge gerne gewurdert segen, getruwen oich, dat he uch nutz syn sall, ind laist unsere beden genneffen. (Herrenbriefe im Stadtarchiv.)
5) Copienbücher, B. August.

handwerklichen Genossenschaft organisirte, entwickelte sich zu einer einflußreichen Bauschule, deren Grundsätze und Anschauungen namentlich bei den kirchlichen Neu- und Reparaturbauten in der Stadt Köln wie in den Nachbargebieten maßgebend wurden. Die Dombauhütte war es vorzüglich, welche die auf französischem Boden entsprossene sogenannte gothische Bauweise in durchaus eigenartiger Weise entwickelte, durch deutschen Geist befruchtete, in charakteristischer Weise weiter bildete und zu der Stufe einer von nationalem Geiste getragenen Bauweise erhob. Ohne Rücksicht auf den Entwicklungsgang, welchen die gothische Architektur in ihrem Mutterlande nahm, ging die kölner Schule ihren eigenen selbständigen Weg und schuf bis zu der Zeit, in welcher sie durch die von Italien kommende Renaissance verdrängt wurde, eine Reihe von bauprächtigen Denkmalen, die in ihrer Gesammtanlage wie in ihren Einzelheiten den Charakter eines eigenartigen Sinnes und Schaffens an der Stirn tragen.

Die ältesten Bauten, denen unleugbar der Charakter der kölner Dombauhütte aufgeprägt ist, sind der Dom zu Metz, dann die Kirche St. Vincent zu Metz, dann die Kirche in Pont de Sommevesle bei Chalons, dann das Chor des Domes zu Utrecht, welches im Jahre 1254 von einem in Köln gebildeten Meister begonnen wurde. Ein Jahr später wurde vom Grafen Adolf von Berg der erste Stein zur Abteikirche von Altenberg gelegt. Auch das ist ein Bau, zu dem nach Maßgabe seiner Grundanlage und seiner Details der Plan nur von einem Schüler des ersten kölner Dombaumeisters entworfen sein kann. Eben so ist bei der Stiftskirche zu Cleve unzweifelhaft ein Meister thätig gewesen, der in der kölner Bauhütte gebildet war. Den kölner Meister Heinrich von Roldenbach finden wir beim Bau der Katharinenkirche zu Oppenheim thätig. Auch das Chor der Peterskirche zu Soest verräth den Einfluß der kölner Schule. Beim Thurmbau des straßburger Münsters erscheint 1365 Johann Hültz aus Köln als Werkmeister. Er baute nach eigenem Entwurf den von Erwin von Steinbach begonnenen Thurm dieser Kirche bis zum Helm, 1365; Johann Hültz der Jüngere setzte diesen Bau fort und vollendete ihn 1439. Im Jahre 1369 baute Meister Johann von Köln die beiden großen Kirchen zu Kampen am Zuidersee. Es unterliegt keinem Zweifel, daß der zweite Baumeister des prager Domes, magister Peter von Gmünd, den Karl IV. im Jahre 1356 aus Köln mit nach Prag nahm, am kölner Dom seine Lehre bestanden und die in der kölner Bauhütte erworbenen architektonischen Kenntnisse in seiner neuen Stellung nutzbar verwerthet hat. Grueber hat durch eine chemische Untersuchung festgestellt, daß auf der bekannten Inschrift im prager Dom das ursprüngliche Wort „Colonia" später in „Polonia" verändert worden. Außer dem prager Dom baute Peter von Gmünd die Bartholomäuskirche zu Colin, die Barbarakirche zu Kuttenberg und die Allerheiligenkirche auf dem Hradschin. Peter, der 1333 geboren war, heirathete eine Tochter des kölner Steinmetzen Bartholomäus und starb gegen 1400.¹) Die kölner Baumeister Johann und dessen Sohn Simon gingen mit dem Bischof Alphons von Burgos nach Spanien, um die Façade und Thürme der Kathedrale von Burgos zu vollenden. Ein Werk derselben Baumeister ist die herrliche Karthause zu Miraflores. Nach den Plänen des kölner Domes wurde in verkleinertem Maßstabe die Liebfrauenkirche de l'Epine bei Chalons-sur-Marne gebaut.²) Auch die Kirchen zu Oppenheim, Bacharach, Utrecht und Freiburg scheinen Meister gehabt zu haben, welche ihre Lehre am kölner Dom bestanden hatten.

## II.

Der neue Geist, der sich auf dem Gebiete der Kunst und Wissenschaft geltend zu machen und den mittelalterlichen Bestrebungen und Richtungen jede Berechtigung abzusprechen begann, konnte nur geeignet sein, die Indolenz für die Sache des Dombaues zu erhöhen. Dazu kam es, daß die trüben Zeiten eines Hermann von Wied und Gebhard Truchseß wenig dazu angethan waren, die Begeisterung für die Fortführung des Dombaues neu anzufachen und die Beiträge wieder in reichen Fluß zu bringen. Allmählich verlor sich jeder Sinn und jedes Verständniß für die mittelalterliche Bauweise, und man würde es für eine Versündigung an dem Geiste der Zeit gehalten haben, wenn man es hätte unternehmen wollen, die Ruine des Domes in dem alten Stil herzustellen und zu vollenden. Man verstieg sich so weit in der vornehmen Verachtung des Mittelalters, daß man alles, was aus dieser „finstern Zeit" herrührte, als Erzeugniß der Verdummung und Finsterniß charakterisirte. Im Vollgefühl der eigenen Unübertrefflichkeit und des erhabenen Standpunktes, den man selbst in Kunst und Wissenschaft einzunehmen wähnte, sah man mit Uebermuth oder mitleidigem Bedauern auf jene düstern Jahrhunderte herab, und was irgend Anspruch auf Bildung machen wollte, mußte mit Hand anlegen, die Schöpfung derselben aus dem Wege zu räumen. Sandrart's „Teutsche Akademie", die lange Zeit hindurch für die ästhetischen Studien als untrügliches Orakel galt, sprach das schärfste Verdammungsurtheil über die deutsche Baukunst aus, welche „keine richtige Ordnung, Proportion und Maß beobachte, voller Unordnung sei und als eine schnöde barbarische Art zu bauen betrachtet werden müsse".

1) B. Grueber weist nach, daß die bekannte prager Inschrift gefälscht ist; es stand ursprünglich Colonia da. (Grueber: Peter von Gmünd, in der Vierteljahresschrift für würtemb. Gesch., 1878, Heft I–IV.)
2) Boisserée, Der Dom, S. 22 ff.

Nur äußerst Wenige gab es, die wie der Propst Georg Braun, der Formschneider Mathias Quad von Kinkelbach und der Mathematiker Johann Gigas die Großartigkeit eines gothischen Bauwerkes, wie der kölner Dom, richtig zu würdigen verstanden. Alle drei sprachen fast mit denselben Worten vom „herrlichen Bau des hohen Domstiftes, desgleichen, wenn es fertig wäre, ohne Zweifel in ganz Europa nicht zu finden wäre".[1]) Auch der Verfasser der fasti Paderbornenses hatte Sinn für die Großartigkeit des kölner Domes. „Wären", sagte er, „das Kirchenschiff, die kolossalen Thürme und die übrigen Bautheile vollführt, so würde Europa nichts Größeres aufzuweisen haben, was den alten Weltwundern gleichgestellt werden könnte." Gegen das Jahr 1600 äußerte der Comthur von der Alten Bisen, Hermann von Reuschenberg, sein Bedauern darüber, daß ihm die Mittel fehlten, den Dom zu restauriren und zu vollenden, und daß er die Summen, welche er für andere Bauten ausgegeben habe, nicht zusammengespart und zum Besten des ruinenhaften Baues der Domkirche verwendet habe. Der Jesuitenpater Crombach schrieb: „Illa tanta moles tam exquisite fabricata, si ei manus extrema adderetur, miraculis Europae adnumeraretur".[2])

Der Erzbischof Ferdinand äußerte die Absicht, wenigstens das Gewölbe zu vollenden. Deßhalb hielt er mit dem Domcapitel wiederholt Berathschlagungen über die Beschaffung der dazu erforderlichen Mittel. Doch bei bloßen Berathungen behielt es sein Bewenden, zum Beginn der Arbeiten kam man nicht. Als 1652 Maximilian Heinrich, nachdem er das Pallium erhalten hatte, am Feste der hh. drei Könige im Dom das Hochamt hielt, gab man vielfach der Hoffnung Ausdruck, der neue Erzbischof werde zum Dank für die Wiedererlangung eines allgemeinen Friedens nach den dreißigjährigen Kriegsdrangsalen den Dombau wieder aufnehmen. In besonders beredten Worten sprach der Pater Crombach in der Dedication seines Dreikönigenbuches der Wiederaufnahme des Dombaues das Wort. „Der Erzbischof möge", schrieb er, „nun den Bau, der so lange geruht habe, wieder in Angriff nehmen, den hh. drei Königen eine würdige Ruhestätte bereiten und seiner eigenen Frömmigkeit das schönste Denkmal setzen, was gedacht werden könne; bei diesem großen Werke würde ihm die Unterstützung der deutschen Fürsten nicht fehlen." Im dritten Theile wandte sich Crombach auch an den Rath der Stadt Köln und ersuchte denselben, daß er sich der großen Sache annehmen möge und in Erinnerung an die in früheren Jahrhunderten von Seiten der Stadt für die Metropolitankirche gebrachten Opfer dabei den Aufschwung in Rücksicht nehmen wolle, welchen die Stadt nehmen werde, wenn dieser Prachtbau

---

1) Braun, Städtebuch.   Kinkelbach, Der deutschen Nation Herrlichkeit. — Mscr. A. II, 15. - Vergleiche den Artikel über die Literatur des Domes.
2) Crombach, Hist. trium regum, tom. II, dedicatio.

fertig gestellt sein werde. Diese Aufforderung fand kein Gehör; der Geist und die Richtung der Zeit fanden keinen Geschmack an den Werken der gothischen Bauperiode. Kaum fühlte man noch Lust und Kraft, die wundervollen gothischen Denkmale in leidlichem Justande zu erhalten. Als die Gothik dem neuen Jeit= geiste zum Opfer gefallen und allerwärts in Verruf gekommen war, bequemte man sich auch in Köln zum Anschluß an Rococo und Jopf. Man überbot einander an Ueberkleistern, Abhobeln, Gleichhauen und Verstümmeln der vor= handenen alten Kunstwerke.

Im Jahre 1735 ließ der Erzbischof Clemens August zwei von den ehemals über der Orgel befindlichen drei Giebelfenstern vermauern; von 1739 bis 1742 wurden mehrere den Vorübergehenden Gefahr drohende Thurmpyramiden aus= gebessert oder gänzlich abgetragen. Im Jahre 1744 wurde ein neuer Dachreiter auf dem Chordache, unmittelbar hinter der Vierung, aufgeführt und mit zwei Glocken versehen.[1]) Von 1748 bis 1751 wurde die Bretterbekleidung des Dachwerkes im Schiff des Domes angefertigt; die Kosten beliefen sich auf 4300 Rthlr. Im Jahre 1767 wurde die ganze Domkirche durch die Italiener Johann Syrus und Genossen vollaus in neuerem Geschmack illuminirt und übertüncht.[2]) Der Hochaltar, der durch das 1633 errichtete Denkmal des h. Engelbert verbaut worden war, wurde 1770 verstümmelt und durch den jetzt noch dastehenden kuppelförmigen Aufsatz verunstaltet.[3]) Bereits am 23. Juni hatte das Dom= capitel beschlossen: „Es ist beliebt worden, einen neuen hohen Altar in hiesiger Domkirche, und zwar nur mit einem mittleren tabernacul, sonsten aber ganz offen und frei, auch ohne Colonnes à la papale, nicht weniger zwei Neben= und Seiten=Altäre von Marmorstein fertigen und diese beiden überzwerch stellen, sodann den mittleren Raum zwischen dem Presbyterium und Chor vernichtigen und des Ends die beiden daselbst itzo vorseienden eisernen Gitter wegbringen und dahingegen dem Volk unterher dem Chor einen anderen abgesonderten Platz, um auf den Altar füglich sehen zu können, fürderbsam bestimmen, übrigens auch um diesen Prospect annoch mehr zu veranlassen, sowohl an einer Seite des hohen Altars die Stühle pro D. celebrante et DD. diaconis als auch zur anderen

---

1) Turris supra chorum templi metropolitani, quae gerit campanas minores et ornata est duabus pergulis ad circumambulandum, de novo aedificata est anno 1748. Cum contignatio tum ex defectu boni ligni, tum ex defectu proventuum, putrefacta fuerat, ne ruina noceret, deposita fuit anno 1811; in altitudine habebat 80 pedes. (Forst, handschriftliche Notiz.)

2) Rathsprotocolle, 1767, fol. 36.

3) Der noch im Dombaubureau ruhende Plan hierzu ist unterzeichnet: E. Fron, architecte; approbatum in capitulo Metropolitano Coloniensi hac prima Octobris 1767.

Seiten das daselbst stehende große tabernacul abbrechen, fortan statt gleich besagten Stühlen drei Lehnsessel verfertigen und herstellen zu lassen." In Ausführung dieses Beschlusses wurde im Jahre 1770 nach dem Plane der Herren Fayne und Voureur aus Dinant der jetzt noch im Chor befindliche, aber bald verschwindende Hochaltar mit seinem tempelartigen Aufsatze aus cararischem Marmor und vergoldeter Bronze auf sieben cannelirten korinthischen Säulen angefertigt. Die vier messingenen Engel, welche um den alten Hochaltar gestanden, wurden durch die vier massiven, 2,34 Meter hohen, 500 Kilogramm wiegenden kupfernen Leuchter ersetzt. Diese 1770 in Lüttich gegossenen Candelaber zeigen auf den drei Seiten des Untersatzes eine Relief-Abbildung des h. Petrus mit dem Capitelwappen. Die hausteinernen Bänke zwischen den Pfeilern rings um das Presbyterium wurden weggeräumt und der hierdurch entstehende Raum durch eine 1 Meter hohe schwarze Marmorbekleidung ausgefüllt. Von den neuen Seitenaltären, die beide aus weißem cararischem Marmor und vergoldeter Bronze gearbeitet sind, wurde der auf der Epistelseite dem h. Patroklus, der auf der Evangelienseite dem h. Antonius geweiht.[1]) Gemäß den daran angebrachten Wappen sind sie vom Grafen von Fugger und von Oswald gestiftet worden. Die eben genannten Figuren der h. Maria und des h. Petrus nehmen seit dem Jahre 1770 die Stelle ein, wo sich früher die Bildnisse befanden, welche einen Papst und einen Kaiser vorstellten. Papst und Kaiser hatten hier ihre Standbilder, weil die ersten Sitze im Chor ihnen gehörten: dem Papst gehörte der erste Sitz auf der Evangelienseite (latus papae), dem Kaiser der erste auf der Epistelseite (latus imperatoris). Von den 50 Canonicaten des Domcapitels besaßen der Papst und der römische Kaiser oder König je eins; jeder hatte zwei Vicare. Diese Stellvertreter besaßen die Principal-Vicarien St. Severin, St. Martin, St. Stephanus und St. Cosmas und St. Damianus. Der Kaiser pflegte gleich nach seiner Krönung in Aachen unter die Canonichen aufgenommen zu werden. Sigismund nahm 1414, Maximilian 1486, Karl V. 1520 und Ferdinand I. 1531 von dieser Würde Besitz. Ueber Maximilian's Aufnahme sagt die Elsässer Chronik: „Als nun in dem Einreiten der König an den Domhof vor die Pforten kam, da stieg er ab und die Kurfürsten und etliche mit ihm führten ihn für die Kirchen; da warteten seiner die Herren vom Stift mit Kerzen und Fahnen und der Weihbischof mit seinen Pontificalien angethan; die empfingen den König und führten ihn für die hh. drei Könige und darnach in den Chor und sangen Te Deum laudamus. Hierauf gab ihm der Weihbischof die Benedeiung und die Herren nahmen ihn auf zu einem Canonico nach

[1]) Domblatt, Nr. 111.

alter Gewohnheit ihrer Kirchen." König Friedrich, der im Jahre 1442 den Eid als Domherr leistete, erscheint bei dieser Eidesleistung als rex semper Augustus et hujus ecclesiae canonicus.

Das an der westlichen Schlußwand errichtete prachtvolle Grabmal des Erzbischofs Wilhelm von Gennep zerstörte man, um bequemen Raum für eine Thür in dieser Wand zu gewinnen. Die werthvollen gemalten Glasfenster unter dem Laubgauge der obersten Fenster und in der unteren Seitencapelle wurden entfernt und durch ordinäres weißes Glas ersetzt. Die um das Chor gehende durchbrochene Steingalerie wurde zerstört und an ihrer Stelle ein Eisengitter in neuerem Geschmack aufgerichtet. Allerwärts, wo eine Reparatur vorgenommen, irgend ein Monument aufgestellt, ein neuer Altar errichtet wurde, gab man sich alle Mühe, den Gegensatz zu der Anforderung des Stiles, in welchem die Kirche erbaut war, oder zu den alten ursprünglichen Ornamenten und Denkmälern des Domes so schreiend wie möglich zu machen. Den größten Frevel verübte der blinde Vandalismus an den auf der Epistelseite des Hochaltars aufgestellten alten Stein-Sedilien und an dem auf der Evangelienseite stehenden prachtvollen Sacramentshäuschen. Die Sedilien wurden an den Steinmetzmeister Krakamp für fünf Rthlr. verkauft. Das Sacramentshäuschen, dieses Meisterwerk der architektonischen Sculptur, mußte im Jahre 1768 dem entarteten Geschmack zum Opfer fallen und unter den Hammerschlägen einer vandalischen Rohheit zusammenstürzen. Der kunstsinnige und geschichtskundige Domherr von Hillesheim hatte vergeblich alles aufgeboten, um die Ausführung des bezüglichen Capitelsbeschlusses zu hintertreiben. Die Demolirung erfolgte nächtlicher Weile zu einer Zeit, in welcher Hillesheim auf einige Tage verreist war.[1]) Die zerschlagenen Bruchstücke wurden größtentheils als Schutt in den Rhein gefahren. Der siebenzehnjährige Wallraf rettete einzelne Stücke dieses Prachtwerkes und reihte dieselben seiner Sammlung von Antiquitäten und Kunstsachen ein. Später traten dem Professor Wallraf stets die Thränen in die Augen, so oft jener wüsten Nacht Erwähnung geschah. Der junge Wallraf scheute sich nicht, auszusprechen, daß er der einsichtsvolleren Minorität des Domcapitels beistimmte, die in einem von dem 84jährigen Stimmmeister und erzbischöflichen Rath, Dr. Konstantin Gruben, verfaßten Klagelied[2]) ihre Berufung

[1] Zeugniß eines Zeitgenossen.
[2] Dieses Klagelied lautet:

Vale tabernaculi in Agrippinensi aede metropolitana.

| | |
|---|---|
| Sta | nunc |
| qui toties stetisti | transfixus dolore |
| fixus stupore | dole precipitantiam, |
| et vidisti | qua motu praevolante |
| fabricae meae praestantiam | nec ante |

gegen die Zerstörung dieses Kunstwerkes an die Nachwelt niedergelegt fand. Verschiedene andere Reste kamen später in Wallraf's Besitz und befinden sich jetzt im städtischen Museum. Diese Ueberbleibsel ruhen hier als stumme Zeugen des rohen Vandalismus, der im vorigen Jahrhundert die kostbarsten mittelalterlichen Kunstschöpfungen zerschlagen.

Die größte Gefahr für den Bestand des Domes trat ein, als beim Anrücken der französischen republikanischen Truppen das Capitel sich mit den Schätzen seiner Kirche flüchtete und der Gottesdienst im Dome ganz eingestellt wurde. Deßfalls dieser Flüchtung schrieben am 22. April 1798 die Domcapitulare von

| | |
|---|---|
| ponderato rei pretio | Bisterno ferme saeculo |
| immaturo consilio | sui stupori populo |
| vix medio probante concilio | splendor antiquitatis. |
| metropolitana sustulit, | Nunc in momento pereo |
| quod manus protulit | et in fragmentis jaceo |
| divino ducta flamine, | victima novitatis. |
| raro conamine, | Sed artifices novelli |
| architecturae fastigium, | quidquid novi, quidquid belli |
| artis prodigium, | vel ex auro congesserint, |
| insatiabile | mene tamen dignitatis |
| oculorum pascuum, | et mirandae raritatis |
| impenetrabile | umbram vix expresserint. |
| figurae mysterium | Haec dum praedico, |
| mundi miraculum, | valedico |
| coeli tabernaculum. | meo quondam spectatori, |
| Vah! qui non respicis | amatori et cultori |
| sed despicis | tu memori dignare |
| decorum domus dei | me mente conservare |
| dum ei | usque dum videris, |
| quam solam sola possidet, | illustriorem |
| tollis margaritam | et subtiliorem |
| pretiosam et avitam. | structuram operis. |

**Vale.**

Von Einigen wurde dieses Klagelied dem Domherrn Dr. Johann Thomas von Quentel, Propst von St. Severin, Präsidenten des kurfürstlichen weltlichen Hofgerichts, zugeschrieben. Eine im Stadtarchiv ruhende Copie bezeichnet aber ausdrücklich den Dr. Gruben als Verfasser. Es heißt hier: „Praesentis ipso anno destructionis 1768vo in pulpito authoris post obitum reperti, et quod mirandum aetatis suae octogesimo primo concinnati et manuscripti epitaphii auctor est consultissimus dominus Constantinus Gruben, quondam serenissimae s. R. i. principis electoris Coloniensis consiliarius referendarius utriusque actualis, pro tempore vero imperialis civitatis Coloniensis senator et censor necnon rei militaris ut et cassae annonariae commissarius resp. deputatus, status civici colonellus et hospitalis in Revilien provisor senior necnon juris utriusque Romae in antiquissima universitate more solenni promotus doctor." Gruben, der in dem von der Leyen'schen Hofe in der Budengasse wohnte, starb am 24. September 1769 in einem Alter von 81 Jahren. Seine verweslichen Reste wurden in seinem Familiengrab in der Lorenzkirche beigesetzt.

Merle, von Hillesheim, von Franz, von Geyr, von Mylius und von Caspars: „Die sonst bei der Domkirchen vorräthigen Prätiosen und Silberschätze sind auf besonderen Befehl des Erzbischofen, welcher einzig darüber durch seinen eigends von ihm angestellten Domküster und von diesem angeordnete Officianten allzeit zu disponiren hatte, in Rücksicht auf die Proclamation des Herzogs von Coburg vor Eintritt der französischen Armee am 30. September 1794 nach Arnsberg oder Prag geflüchtet."[1])

## III.

Im Jahre 1803 ersuchte der Dompfarrer und bischöfliche Commissar Johann Werner Marr den Landgrafen Ludwig von Hessen-Darmstadt, welchem das Herzogthum Westfalen zugefallen war, die Reliquien der kölnischen Schutzheiligen an die seit einiger Zeit dem Gottesdienst wiedergegebene Domkirche zurückzuliefern. Der Landgraf ging auf dieses Ansuchen ein und übertrug das Auslieferungsgeschäft seinem Rath und Archivar Dupuis. Vom aachener Bischof Marcus Antonius Berdolet wurde am 25. November Marr zur Empfangnahme der Reliquien autorisirt, und in seinem Auftrage begaben sich der ehemalige Dom-Sacristan Heinrich Ueltekoven und der Domschul-Rector F. Joh. Richartz nach Wedinghausen, um die heiligen Gebeine in Empfang zu nehmen und nach Köln zu überbringen. In Gegenwart der landgräflichen Commissare und des General-Vicars von Caspars wurde die Identität festgestellt und der Sarkophag sammt den Reliquien den kölner Bevollmächtigen überantwortet. Am 4. Januar 1804 wurden die heiligen Körper in stiller Feier in den Dom gebracht. Die feierliche Beisetzung in die alte Grabstätte in der Dreikönigen-Capelle erfolgte am 6. Januar.

Gleich nach dem Einzug der Franzosen in die Stadt Köln, im Herbst des Jahres 1794, versuchte man es, den Dom aller seiner herrlichen Sculpturen und seiner kostbaren gemalten Fenster zu berauben. Die hölzernen Wappenschilder, welche an den Gräbern der im Dom beerdigten Canonichen und anderer adeligen Personen angebracht waren, wurden weggenommen und bei einem republicanischen Feste öffentlich verbrannt. „Sogar unser an seinen ältesten Schätzen und wichtigsten Monumenten jetzt so entblößtes, aber noch immer dem Kennerauge würdevolles Domgebäude," berichtet Professor Walraff, „stand der nächsten Gefahr der Zerstörung seiner bilderreichen Umgebungen und dem Raub seiner Fenstergemälde ausgesetzt. Die Domkirche war in der augenscheinlichsten Gefahr, sich von hiesig-

---

1) Protocoll der Domherren von Merle, von Hillesheim, von Franz, von Geyr, von Mylius, von Caspars, 22. April 1798, im Stadtarchiv.

ländischen Revolutionärs ihrer prächtigen Glasmalerei, ihrer allen inneren und äußeren Statuen und einzigen gothischen Ornamente beraubt zu sehen. Ein großer Theil ihrer kleineren Bedachung und mehrere ihrer großen bronzenen Grabmale der Erzbischöfe sind wirklich zerschlagen und verschmolzen worden." Den angestrengtesten Bemühungen Wallraf's gelang es, den Dom vor der ihm drohenden Ausplünderung und Verwüstung zu schützen. Zwei Jahre später, im November 1796, mußte auf Befehl der republicanischen Regierung in Paris der Gottesdienst im Dom eingestellt und in die Peschkirche verlegt werden, der Dom selbst wurde zu Lagerung von Korn und Fourage für die französische Armee in Besitz genommen. Im darauffolgenden Jahre 1797 wurden hier einige Tausend österreichische Kriegsgefangene untergebracht. Diese armen Leute, denen nicht einmal die allernothwendigsten Nahrungsmittel gereicht wurden, sahen sich gezwungen, Bänke, Betstühle und andere Kirchengeräthe zu zerschlagen und zu verbrennen, um ihre erstarrenden Glieder zu erwärmen und die Victualien, welche die Bemittelten unter ihnen für ihr gutes Geld hatten kaufen lassen, zu kochen. Als im Jahre 1801 das napoleonische Concordat eine neue kirchliche Organisation festsetzte und man aus den für Nationalgut erklärten Stifts- und Klosterkirchen einige wenige den neuumschriebenen Parochialsprengeln als Pfarrkirchen überwies, wurde der Dom zur Pfarrkirche für denjenigen Stadtbezirk bestimmt, der früher größtentheils zu St. Paulus, zum Pesch, zu St. Johann in curia und zu St. Lorenz gehört hatte. Für die Dom-Kirchenfabrik, der in Folge der französischen Gesetze über die Stifts- und Klostergüter sowie des Säcularisations-Decreto das gesammte Vermögen des alten Domstiftes entzogen war, und die sich lediglich auf die Einkünfte der alten Pfarrkirche von St. Lorenz angewiesen sah, war es eine völlige Unmöglichkeit, mit den ihr zu Gebote stehenden dürftigen Mitteln den gewaltigen Bau in leidlichem Zustande zu erhalten und vor gänzlichem Verfall zu bewahren. Auch die Stadtgemeinde, deren financielle Verhältnisse sich in einer trostlosen Lage befanden, war außer Stande, diejenigen Zuschüsse zu leisten, welche die nothdürftige Instandhaltung der Dächer, Dachrinnen und Mauern erforderte. Die Summe von einigen Hundert Napoleond'or, welche die Kaiserin Josephine im Jahre 1804 bei einer Besichtigung des Domes zur Ausbesserung dieses ruinenhaften Baues schenkte, waren nicht zureichend, um dem raschen Verfalle der einzelnen Bautheile Einhalt zu thun. Als Napoleon angegangen wurde, die erforderlichen Herstellungs- und Unterhaltungskosten zu bewilligen, erklärte er, daß die Staatscasse nicht in der Lage sei, die nöthige Summe für kirchliche Zwecke herzugeben.

Je länger man die Reparatur aufschob, desto bedrohlicher gestalteten sich die Schäden. Endlich im Jahre 1807 entschlossen sich Kirchenvorstand und Stadtgemeinde, zur Verhütung eines gänzlichen Zerfalles die nothwendigsten Ausbesserungen vornehmen zu lassen. Der Kostenanschlag, den die Bauverständigen Schmitz und Odenthal zur Reparatur der Dächer, des Chors, der Seitencapellen, der Schiffe und des Thurmes der städtischen Verwaltung einreichten, belief sich auf 23,540 Francs 90 Centimes. Die Summe von 19,652 Francs wurde bewilligt und verausgabt.[1])

In den Jahren 1809 bis 1814 wurde der Dom vielfach benutzt, wenn ein Nationalfest durch Gottesdienst gefeiert oder für einen erfochtenen Sieg dem Himmel gedankt werden sollte. So wurde am 1. Januar 1809 ein Tedeum wegen des Sieges bei Regensburg, am 28. Mai Tedeum wegen des Einzuges in Wien, am 6. August Tedeum wegen des Friedens mit Oesterreich, am 3. December Tedeum wegen der Kaiserkrönung, am 23. April 1810 kirchliche Feier aus Anlaß der Vermählung des Kaisers, am 2. December Tedeum wegen der Krönung der Kaiserin, am 25. März 1811 Tedeum wegen der Geburt des Königs von Rom, am 5. December Tedeum wegen des Krönungsfestes, am 15. August 1812 Feier wegen des Napoleonstages, am 28. Februar 1813 Feier wegen des Einzuges in Moskau, am 21. März 1813 Tedeum wegen des Concordats-Abschlusses mit dem Papste, am 6. Juni Tedeum wegen des Sieges bei Lützen, am 26. September Tedeum wegen des Sieges bei Dresden, am 6. April 1814 Tedeum wegen des Einzug der Alliirten in Paris, am 17. April Tedeum wegen der Befreiung Deutschlands von der Fremdherrschaft abgehalten.

[1] Die bezüglichen Acten im Stadtarchiv.

# Drittes Capitel.

Der Dom vom Beginn der Restauration bis zum Anfang des Ausbaues.

## I. — II.

egen Ende des 18. und im Beginn des 19. Jahrhunderts machte sich auf dem Gebiete der kirchlichen Baukunst eine Richtung geltend, welche die Frage der kölner Domrestauration mehr aus dem Gesichtspunkte ästhetischer und künstlerischer Interessen, als aus Rücksichten der einfachen, nüchternen Nothwendigkeit ins Auge faßte. Das kölner Riesenwerk, an dem die deutsche Baukunst ihre herrlichsten Triumphe gefeiert und das als die großartigste Schöpfung genialer Kraft und stolzen Selbstbewußtseins dastand, hatte mehrere Menschenalter hindurch in einem trostlosen, ruinenhaften Zustande des Zeitpunktes geharrt, wo der frische Hauch eines längst entschwundenen Geistes die deutschen Künstler wieder in die so lange verkannte und verachtete Richtung, welcher der Dom seine Entstehung verdankte, einweisen würde. Der Dom, der in seinem damaligen Zustande ein trauriges Zeugniß von der Zerfahrenheit des deutschen Wesens auf dem Gebiete der Kunst gab, — er gerade war das Werk, welches wie ein ernster, strenger Mahner aus längst vergangenen Zeiten die edelsten und empfänglichsten Geister der deutschen Nation darauf hinweisen mußte, was die deutsche Kunst gewesen und wie tief sie gesunken, welch große und gewaltige Gedanken sie im Mittelalter erzeugt und in Stein verkörpert hatte, und bis zu welcher Gedankenarmuth die Gegenwart verkommen war, welcher anregende poetische Geist aus den herrlichen Pracht- und Riesenbauten des Mittelalters wehe, und welche nüchterne, verflachte Auffassung in allen Werken der neuern Architektur sich kundgebe. Diese wenigen Geister, die Herz und Verständniß für die mittelalterliche Bauweise hatten, fühlten sich durch den Anblick der wundervollen gothischen Bauten aufgefordert, die Nation aus ihrer geistigen Erstarrung zu wecken und derselben die Werke der alten Meister als Gegenstand eines ernsten Studiums und als Muster für die eifrige Nachahmung vorzuhalten und zu empfehlen. Die ersten und begeisterten Bewunderer der mittelalterlichen Kunst waren Georg Forster und der Romantiker Friedrich von Schlegel. Der Erstgenannte bezeichnete sich

selbst für den kölner Dom als den Johannes in der Wüste, dessen erschütterndes Wort diesem Werke die nahe Erlösung anzeige.¹) Er wies darauf hin, daß nur die Rückkehr zu den alten Vorbildern die Kunst vor gänzlicher Verkommenheit und Versumpfung retten könne. In dem wilden Treiben der Revolution konnte sein eindringendes Mahnwort keine tiefgreifende Wirkung ausüben. Doch Einen gab es, bei dem es verwandte Saiten anschlug und der mit dem ganzen Feuer seines Wesens den Forster'schen Ideen Bahn zu brechen und Anhänger zu schaffen sich bemühte. Es war dies Friedrich von Schlegel. Dieser machte, wie wir später noch sehen werden, in Paris die Bekanntschaft der Brüder Sulpiz und Melchior Boisserée aus Köln. Der persönliche Verkehr mit diesen jungen Kunstfreunden scheint nicht ohne Einfluß auf Schlegel's Entschluß geblieben zu sein, auf seiner Rückreise nach Deutschland die Stadt Köln zu berühren, um hier die vornehmsten Denkmale der gothischen Baukunst durch eigene Anschauung kennen zu lernen und zu würdigen. Bei dem ältern der Brüder Boisserée, Sulpiz, war die Vorliebe für die kirchlichen Bauten der Stadt Köln, diese Zeugen der hohen Bedeutung der mittelalterlichen Kunst, in dem Maße gestiegen, in welchem die Zahl der auf den Abbruch öffentlich versteigerten alten Gotteshäuser zunahm. Vor allem war es die Domkirche, der er seine Neigung und seine Studien in ganz besonderer Weise zuwendete.

Noch ehe er mit der Ausführung seines großen architektonischen Pracht=
werkes über den Dom begann, gelang es ihm in den Jahren 1807, 1808
und 1809, sowohl den Kirchenvorstand der Dompfarre wie die städtische Ver=
waltung zu bestimmen, endlich Schritte zu thun, um dem drohenden gänzlichen
Verfall des Domes entgegenzuwirken. „In Anbetracht," beschloß 1807 die Muni=
cipalität, „daß der Dom, dieses hehre Baudenkmal, den Schmuck und den Ruhm
der Stadt Köln ausmache, und der Municipalrath bei der Nachkommenschaft
die schwersten Vorwürfe auf sich lade, wenn er ein solches Bauwerk, welches
immerdar die Bewunderung aller Fremden erregt habe, zu Grunde gehen ließe,
bewillige er vorläufig die Summe von 2807 Franco 44 Centimes für die aller=
nöthigsten Reparaturen."²) Der Kirchenvorstand vermagabte in den Jahren 1808
und 1809 für Reparaturen am Dom die Summe von 6890 Franco 3 Centimes.³)
Anfänglich hatte man die Kosten auf 23,546 Franco 30 Centimes berechnet,
welche sich auf sechs Jahre vertheilen sollten. Davon wollte die Stadt 16,844
Franco 64 Centimes übernehmen, während die Kirchenfabrik den Rest von 6701

---

1) Forster, Ansichten vom Niederrhein, 1790.
2) Protocole des déliberations du conseil municipal, fol. 214.
3) Französische Verwaltungsacten, Caps. 26, A.

franco 60 Centimes bezahlen sollte. Bald zeigte es sich, daß diese Restaurations=
arbeiten in keinem Verhältniß zu den bedrohlichen Schäden des gewaltigen Bau=
werkes standen. Boisserée, der bei den Arbeiten für sein Werk Tag für Tag
Gelegenheit hatte, sich von dem in raschem Fortgange zunehmenden Verfalle des
Domes zu überzeugen, ruhte nicht, bis die Gemeindevertretung die Frage über
eine durchgreifende Ausbesserung des Domes in ernstliche Erwägung zog. Im
Sommer 1811 wandten sich die Kirchmeister der Dompfarrei an den Maire und
ersuchten ihn, durch Sachverständige eine Besichtigung vornehmen zu lassen und
für zureichende Instandsetzung sorgen zu wollen. Auf Boisserée's Betreiben wurde
der darmstädter Baurath Georg Moller von Seiten der Stadt beauftragt, in
Gemeinschaft mit dem Baumeister Leidel und dem Stadtbaumeister Schmitz die
Bauschäden, namentlich am westlichen Giebel des Chors so wie an dem Dach=
thürmchen, zu untersuchen. Der bezügliche Beschluß der Municipalität lautet:

„Da wir durch die Kirchmeister der ehemaligen Domkirche von einem
bedeutenden Bauschaden an dem westlichen Giebel und Gewölbe des Chors so wie
an dem Dachthurm, wodurch dem ganzen Gebäude eine große Gefahr drohen soll,
unterrichtet, zugleich überzeugt sind von der Nothwendigkeit, bei Gebäuden von
solchem Umfange und von einer so künstlichen combinirten Construction Kunst=
verständige zu Rathe zu ziehen, die nicht nur alle erforderlichen Kenntnisse vom
Bauwesen besitzen, sondern sich auch vorzüglich mit der Besichtigung und dem
Studium der großen architektonischen Denkmale beschäftigt haben, da wir ferner
den Herrn Georg Moller, Baurath Seiner Königlichen Hoheit des Großherzogs
von Darmstadt, mit den gründlichsten Kenntnissen der Baukunst überhaupt, so
wie mit einer genauen Kunde der größeren antiken und modernen Gebäude in
Italien und Frankreich, selbst mehrerer sogenannten gothischen Kathedralen, wie
unter Anderm des berühmten Straßburger Münsters, ausgerüstet wissen, so be=
schließen wir:

„1) Der Herr Baurath Moller soll zur Besichtigung und Berathschlagung
über den erwähnten Bauschaden eingeladen werden, wobei die Herren Kirchenräthe
mit uns gegenwärtig sein sollen.

„2) Unser Stadtbaumeister Schmitz und der Baumeister der Domfabrik, Leidel,
nebst den nöthigen Werkleuten sollen zu dieser Zusammenkunft gezogen werden.

„3) Besichtigung und Berathschlagung sollen am 30. September 1811, Nach=
mittags drei Uhr, und die Zusammenkunft im Capitelhaus Statt finden, von wo
wir uns mit den Herren Kirchenräthen und Bauverständigen selbst an Ort und
Stelle hinbegeben werden, wie die Art des Schadens es erheischt."[1])

[1]) Französische Verwaltungsacten, Caps. 26, A. Nr. 49.

Bezüglich dieser Besichtigung schrieb Sulpiz Boisserée seinem Bruder Melchior: „Die Besichtigung des Bauschadens am Dom hat nun in gehöriger Form Statt gehabt. Es hat sich daraus ergeben, daß wirklich die höchste Noth war. Am Sonntag Nachmittag, nachdem ich Morgens nach der Messe die Sache dem Pastor, vorzüglich aber dem Kirchmeister Swen vorgestellt und dankbare Einwilligung erhalten hatte, besuchte ich mit Moller das ganze Gebände bis in das Dach= thürmchen hinein, und Montag Nachmittags kamen die drei Kirchmeister mit dem Baumeister Leidel, den sie bei dieser Gelegenheit auf meinen Vorschlag zum Dom= baumeister angenommen, Bernhard[1]) für den Maire mit dem Baumeister Schmitz, und ich mit Moller im Capitelhaus zusammen, von wo wir dann die Besichtigung zum zweiten Mal, auch bis ins Thürmchen hinein, vornahmen. Alle überzeugten sich von der Gefahr und stimmten zu den Vorschlägen von Moller ein, das Thürmchen noch vor dem Winter abzutragen und die große Giebelmauer gegen den Krahnen zu, wo die zwei Fensterwände des Kreuzes stehen, mit einem mächtigen Anker zu verbinden. Abends entwarf ich im Beisein von Moller und Leidel einen procés verbal, der nun von Allen unterschrieben und dem Präfecten mitgetheilt wurde". [2])

Das Besichtigungsprotocoll sagt, „daß der letzte große Balken nach Westen, worauf eine Seite des Thurmes ruhte, durch die Last des Thurmes nach Süden hin gesunken und ganz zerbrochen war, daß man vor mehreren Jahren, um diesen Schaden zu heben, den gebrochenen Balken mit schmalen Sparren verbunden und nebst den drei andern Balken, worauf der Thurm stand, mit Spriessen gegen die beiden Seitenmauern gestützt hatte. Es fand sich, daß die Mauern des Chors an beiden Seiten aus ihrem senkrechten Stande gewichen, wodurch sowohl im Gewölbe als in der Giebelmauer mehrere bedeutende Risse entstanden waren. Es stellte sich ferner heraus, daß der Thurm eben durch jenen Bruch des Balkens und wegen seiner eigenen schlechten Construction bedeutend nach der Südwestseite gesunken und überhangen war." Die ganze Construction des Thurmes wurde in allen ihren Theilen „sehr fehlerhaft und schwach, die sechs Hauptpfosten und das meiste Holzwerk desselben vom Wurm angefressen und aus der Verbindung gelöst befunden". „Um weiteres Einreißen der Schäden und einen Einsturz des Thurmes und des Chorgewölbes zu verhüten, wurde vorgeschlagen, den Thurm abzutragen, die Spriessen unter den Balken durch eine zweckmäßige Construction zu ersetzen und bei Errichtung eines neuen Thurmes einen frischen Durchzug zu legen; dann, um fernerem Weichen der Mauern und weiterem Reißen des Giebels

---

1) Bernhard Boisserée, ein Bruder des Sulpiz, war Adjunct.
2) Sulpiz Boisserée, Bd. II, S. 153.

und Gewölbes vorzubeugen, die beiden freistehenden Mauern, welche den Anfang zum Kreuz der Domkirche bildeten und damals als Widerlagen des letzten Bogens des Giebelgewölbes dienten, durch einen starken, inwendig zweckmäßig angebrachten eisernen Anker zu verbinden." 1)

Boisserée hoffte, daß es gelingen werde, den Kaiser Napoleon, der Anfangs November 1811 mit der Kaiserin Marie Louise nach Köln kommen sollte, für den Dom zu interessiren und zur Bewilligung der für die Reparatur erforderlichen Geldmittel zu bestimmen. Auf sein Betreiben entwarf der Municipalrath am 2. November eine dem Kaiser zu überreichende Petition. „Das Wunderwerk der gothischen Baukunst", lautete dieses in französischer Sprache abgefaßte Schriftstück, „ist ein kostbares Denkmal unserer Geschichte und verdient sowohl als ein majestätisches, großartiges Kunstwerk wie als prächtiges, nachahmenswerthes Beispiel für Kunst und Geschmack erhalten zu werden. Doch die Kirchenfabrik, welcher die Pflicht der Erhaltung obliegt, hat keine Mittel, diese Pflicht zu erfüllen. Eure Kaiserliche Majestät haben für die Kathedrale von Mailand Ihr Wohlwollen in freigebigster Weise bewährt: sollte es nicht gestattet sein, eine ähnliche Gnade für unsern Dom zu erflehen? In dem Zustande des allmählichen Verfalles, worin sich dieses stolze Bauwerk befindet, hat man ausgerechnet, daß es zur Verhinderung eines vollständigen Einsturzes einer jährlichen Summe von 40,000 Francs bedarf. Diese Ausgabe übersteigt die Kräfte der Stadt Köln und der Fabrik der Domkirche. Stadt und Fabrik finden sich nun in die Nothwendigkeit versetzt, an die Großmuth Eurer Majestät zu appelliren." 2) „Die Bitte wegen dem Dom", schrieb Boisserée am 3. November, „habe ich dahin abgeändert, daß nur von einer Dotation und Restauration die Rede ist, wo ich denn die jährlich nothwendigen Einkünfte (wie die von Straßburg) auf wenigstens 40,000 Franken angeschlagen habe. Das ist einstweilen kaiserlich genug gefordert; bewilligt er nur die Hälfte, so wollen wir uns wie die Kinder freuen. Da die Kaiserin mitkommt, wünschen die Kirchmeister für den Fall, daß sie allein in den Dom käme, eine Bittschrift an dieselbe; ich will sie ihnen machen. Ich habe mir eine Notiz über die Revenuen unserer Domkirche geben lassen, sie lautet: Die Revenuen betragen nach genauer Aufnahme 10,000 Franken; hierzu gehören 4000 Franken zu Fundationen, wobei baare Auslagen sind, also die Kirche wenig Vortheil davon genießt; es bleiben also zur Fabrik circa 6000 Franken übrig; ziehen sie nun hiervon die Gehälter, Wachs und sonstigen nothwendigen Auslagen ab, so ist es klar, daß wir mit allem Rechte auf Unterstützung antragen dürfen. — In dieser Bittschrift

---

1) Französische Verwaltungsacten, Caps. 46.
2) Protocole etc., pag. 394.

kann ich doch von Herzen sprechen, wenn ich die theuren Erinnerungen an die Wohlthätigkeit und Frömmigkeit ihres Hauses erwähne."¹) „Der Kaiser", schrieb er am 8. desselben Monats, ..... „fragte über mehrere Punkte, auch über den Dom und seine jetzigen Einkünfte und seine Bedürfnisse. Der Dechant und der Maire antworteten ganz der Bittschrift gemäß. Am 6. erschienen der Kaiser und die Kaiserin ihrer Jusage gemäß im Dom. Eine große Volksmenge, wohl 15,000 Personen, waren bei dieser Gelegenheit in der Kirche anwesend. Der Dechant empfing die Herrschaften mit Chor und Kreuz unter einem Baldachin, und beim ersten Trompetenschall entstand ein ungeheures Toben und Vivatrufen, Trommeln, Posaunen und Militärmusiken. Die Kaiserin, aufs tiefste gerührt, ging ohne aufzusehen, mit gesenkten, thränenvollen Augen bis zu ihrem Thron, wo sie sich gleich auf die Kniee warf und das Haupt in die gefalteten Hände legte. Nach dem Tedeum besuchte sie die hh. drei Könige, besichtigte dann das Dombild und kam zuletzt in das Capitelhaus, wo die andern Kirchenschätze aufgestellt waren."²)

Statt der Kirchenfabrik eine Unterstützung zur Restauration des Domes auszuwirken, befahl der Präfect im Juni 1812 dem Kirchenvorstande, das Mittelthürmchen auf der Westspitze des Hochchors abzutragen. Der Abbruch erfolgte bis zu der Stelle, wo das Thürmchen 1809 mit neuem Blei gedeckt worden. Auf Ansuchen des Dompfarrers DuMont entwarf Sulpiz Boisserée einen neuen Dachreiter, 54 Fuß hoch, 9 Fuß 2 Zoll breit.

Die Hoffnungen, welche man auf eine Beihülfe des Kaisers gesetzt hatte, wurden nicht erfüllt. Die Befriedigung der Kriegsbedürfnisse, welche täglich höher stiegen, ließen den Gedanken an eine Unterstützung zur Herstellung gefährdeter Bauwerke nicht aufkommen. So nahm der Verfall immer mehr zu, bis bei dem Zusammenbrechen der französischen Gewaltherrschaft die Aussicht auf eine Neubildung des deutschen Reiches auch die Hoffnungen der Domfreunde neu belebte. Als im Juli 1814 die hohe Generalität der Alliirten nach Köln kam, nahm Sulpiz Boisserée jede Gelegenheit wahr, um in den durch Köln reisenden Fürsten und Heerführern warmes Interesse für den Dom zu wecken. „Der Kronprinz von Preußen", schrieb er am 17. Juli an seinen Bruder Melchior, „war gestern hier, und ich begleitete ihn in und auf den Dom und durch die ganze Stadt. Du kannst Dir nicht denken, welche Freude er hatte, und wie vernünftig und gründlich Ancillon und Knesebeck das Nächste und Nöthigste auffaßten, was für unsere Alterthümer zu thun sei. Der Kronprinz wollte nun eben gleich den Dom aus-

---

1) Sulpiz Boisserée, Bd. I, S. 156.
2) Ebendas., Bd. I, S. 157.

bauen. Als wir oben um das Chor gingen, konnte er sich gar nicht mehr halten, und die übrigen Herren mußten gestehen, daß nach so vielen großen Werken, die sie nun in Frankreich, in den Niederlanden und in England gesehen, dieses den Triumph davon trage. Knesebeck und Ancillon waren schon unten gleich darüber einig, daß, sowie das Land preußisch würde, das Gebäude wieder in den besten Stand gesetzt werden müsse, wie ich es ihnen von Straßburg und andern Orten erzählte, und daß zweitens alle umgebenden Häuser herunter müßten; beides sei ausführbar und müßte gewiß geschehen. Den ganzen Morgen brachten wir im Dom zu. Das Frühstück war kaum beendet, als der Kronprinz sich wegen des Ausbleibens von Knesebeck vor Ungeduld kaum mehr halten konnte; wir gingen endlich hinten am Garten heraus, und als er die erste Ecke des Thurmes über die Häuser hervorragen sah, schrie er laut auf: Herr Jesus, da ist der Dom schon! Nun wanderten wir zu der Drachenpforte; hier kehrte sich der Kronprinz gleich zu den andern Herren und sagte: Sehen Sie, daß das viel herrlicher ist, als Alles, was wir gesehen! Man überließ sich der Betrachtung dieses riesenhaften Torso der altdeutschen Baukunst, und während ich die Schlüssel holte, machte man die Runde um das ganze Gebäude bis zum Haupteingang. Von hier aus ging's zu den Glasgemälden im Schiff, dann ins Chor, von da zum Bild, zum Sarge der drei Könige und endlich hinauf auf den Gang oben ums Chor bis auf das Dach." [1])

Boisserée gewann dem Dom einen warmen Freund und begeisterten Förderer in dem Fürsten, der von der Vorsehung berufen zu sein schien, die kühnsten Hoffnungen der Bewunderer mittelalterlicher Bauwerke zu erfüllen und das Siegel der Vollendung einem Werke aufzudrücken, an welchem so viele Generationen verzagend vorübergegangen waren. Im Juli 1814 gab der für alles Schöne und Edle leicht empfängliche und begeisterte preußische Kronprinz Friedrich Wilhelm, als derselbe von Boisserée durch und auf den Dom geführt wurde, dem Gedanken an den Ausbau des Domes in einem engen Kreise hochgebildeter Männer zuerst Ausdruck. Als im Jahre 1816 an das Ministerium das Ansuchen zur Bewilligung der für die Reparaturen des Daches nöthigen Kosten gerichtet wurde, befürwortete der Kronprinz diese Petition in warmer Weise.

Im April 1816 ersuchte der Oberbürgermeister von Mylius den Oberpräsidenten Grafen von Solms=Laubach, von der Staatsregierung die Summe, welche nach dem vom Bau=Inspector Eloner gemachten Kostenanschlag für die nöthige Reparatur der Domkirche erforderlich war, erwirken zu wollen. Anfänglich verwies der Graf Solms den Petenten auf die Stadtcasse und die Mildthätigkeit

---

1) Sulpiz Boisserée, Bd. 1, S. 195 ff.

der Bürgerschaft. Das auf diese Angelegenheit bezügliche Protocoll des Stadtraths vom 20. April sagt:

„Da es sich bei einer im Monat Februar letzthin durch Werkverständige vorgenommenen Untersuchung ergeben, daß von dem Dachstuhl über dem einzig vollendeten Theile der hiesigen Domkirche, nämlich dem Chor, eine große Anzahl Balken theils an=, theils abgefault sind, und sich überhaupt das Gebälk über dem Chorgewölbe in einem solchen baulosen Zustande befindet, daß es zu bewundern, wie nicht schon längst einige Balken herabgestürzt sind und das Gewölbe zerschmettert haben; da nun die Kirchenfabrik keine eigenen Mittel zur Bestreitung der zur Wiederherstellung des Dachstuhles erforderlichen Kosten besitzt, so hat der Herr Oberbürgermeister sich veranlaßt gefunden, dem Herrn Geheimrath und Ober= präsidenten der Rheinprovinz den von den Werkverständigen abgestatteten Bericht mit der Bitte vorzulegen, zur Erhaltung dieses echt deutschen National=Eigenthums eine angemessene Summe aus öffentlichen Mitteln anzuweisen. Der Herr General= Gouvernements=Commissair, welcher ebenfalls in Kenntniß von dieser Angelegenheit gesetzt worden war, äußerte sich unter dem 7. März letzthin dahin, daß für den augenblicklichen dringenden Bedarf, besonders für die Dachreparationen, wohl am sichersten die nächste und schnellste Hülfe in dem guten Willen des wohlhabenden Theiles der Stadtbewohner und in dem städtischen Aerar zu suchen sein möchte, und stellte dem Herrn Oberbürgermeister anheim, die desfalls nöthigen und näheren Einleitungen zu machen. Diesem zufolge theilte der Herr Oberbürgermeister dem Stadtrath das von dem Stadtbaumeister Schmitz, dem Zimmermeister Beaudevin und dem Leiendecker Esser angefertigte Besichtigungs=Protocoll mit, gemäß welchem zu nöthigen Reparationen folgende Summen erforderlich: a. für Dachreparation 8491 Francs 76 Centimes, b. Blei dazu 3389 Francs, c. den vor einigen Jahren abgebrochenen Thurm wieder aufzusetzen 15,960 Francs, d. für einen neuen Krahnen 6150 Francs, e. den alten abzubrechen 350 Francs, f. für unvorgesehene Arbeit 2100 Francs.

„Nachdem der Stadtrath diesen Gegenstand in Berathung gezogen, und um die zur Erhaltung des vollendeten Theiles des Domgebäudes dringend erforderliche Reparation, wozu die Domkirche dermalen keine Mittel besitzt, nicht länger zu verschieben und so viel wie möglich zu beschleunigen, beschließt derselbe, daß aus der städtischen Casse zur Ausführung der nöthigsten Arbeiten, namentlich für die unter a. und b. oben bezeichnete Dachreparation, die Summe von 13,000 Franken gegeben und unter der unmittelbaren Aufsicht des Herrn Oberbürgermeisters verwendet werden soll, wobei sich der Stadtrath jedoch vorbehält, aus den für die Dom= kirchenfabrik späterhin anzuweisenden Einkünften oder allenfalls von der Regie= rung diese Ausgabe zurückzufordern. Was die übrigen unter c., d., e., f.

bemerkten Arbeiten betrifft, so ist der Stadtrath der Meinung, zugleich eine Collecte zu veranstalten, um durch den Ertrag in Stand gesetzt zu werden, auch diese Arbeiten auszuführen, zu welchem Ende der Herr Oberbürgermeister ersucht wird, das Erforderliche bei dem Herrn Generalvicar einzuleiten, damit durch diesen die Einsammlung den Herren Pfarrern aufgetragen und von diesen der Ertrag an die städtische Casse abgegeben werde."¹)

Als die städtische Verwaltung durch Bewilligung einer Summe von 13,000 Franken zur Dachreparatur ihr Interesse für das baulose Gotteshaus bewährt hatte, entschloß sich der Oberpräsident, das Ansuchen des Herrn von Mylius beim preußischen Ministerium mit Wärme zu befürworten. Auf Grund dieser Vorstellung begann man sich in Berlin ernstlich mit der kölner Dom-Angelegenheit zu beschäftigen. Der Kronprinz blieb nicht theilnahmlos bei der Frage über eine Sache, die ihm so sehr am Herzen lag und wofür er sich bei seiner persönlichen Anwesenheit am Rhein so warm interessirt hatte. Ehe sich der König für etwas Bestimmtes entschied, ertheilte er dem Geheimen Oberbaurath, späteren Ober-Landes-Baudirector Schinkel den Auftrag, den baulichen Zustand des kölner Domes an Ort und Stelle zu untersuchen und die Ergebnisse seiner Wahrnehmungen und Ueberzeugungen der Staatsregierung zu fernerer Beschlußfassung vorzulegen. Wenn Einer, so war Schinkel der Mann, in dessen Hand das Schicksal des Domes gesichert schien. Er war ein genialer, kenntnißreicher, hochgebildeter Künstler, der neben dem Bewußtsein seiner eigenen Tüchtigkeit auch Bescheidenheit und Unbefangenheit genug besaß, um den großen Meistern des Mittelalters ihr volles Recht zu lassen und die hervorragenden Werke der romanischen und germanischen Baukunst der Regierung zur sorgfältigen Erhaltung und den Bauverständigen zu ernstem Studium zu empfehlen. Schinkel machte sich keine Täuschungen über die große Schwierigkeit seiner Aufgabe und die schwere Verantwortlichkeit, welche er mit der Mit- und Nachwelt gegenüber auf sich lud. Er wußte recht wohl, daß der Dom ein Bauwerk war, zu dessen stilgetreuer Herstellung für einen Techniker das gewöhnliche Maß des Wissens nicht ausreiche. Hier galt es, sich von den der damaligen Bauschule geläufigen Gesetzen loszusagen und mit voller Kraft und frischer Begeisterung sich mit Bauprincipien vertraut zu machen, die seiner ganzen seitherigen schaffenden Thätigkeit völlig fremd waren. Schinkel übernahm den ihm ertheilten Auftrag mit Muth, Selbstvertrauen und dem Bewußtsein, einer guten Sache zu dienen. Gegen Ende August 1816 traf er in Köln ein. Er unternahm hier unter Zuziehung des Königlichen Regierungsraths, des Königlichen Bau-Inspectors, des Dom-Schieferdeckers und des Dom-Zimmermeisters eine zweimalige genaue Untersuchung des

1) Protocolle, A., fol. 177.

gesammten Domgebäudes. In dem unter dem 3. September nach Berlin geschickten Berichte heißt es: „Die Zerstörung des Dachgewölbes ist höchst gefährlich geworden, der größte Theil der Balken und Sparrenköpfe ist verfault und überall ein Sinken und Brechen des Hängewerkes eingetreten. Die zur Verhütung eines nahen Unglückes gegen die Wände des Domes früher angebrachten Streben haben das Uebel nur noch weit schlimmer gemacht, indem die Zerstörung der Seitenmauern durch den Druck der Streben auf Einen Punkt nicht ausbleiben kann. Bei den Versuchen, das Abfließen des Wassers aus den Rinnen in die Dachflächen zu bewirken, zeigt sich eine völlige Destruction der Strebebogen; das Wasser dringt durch alle Steinfugen..... Sowohl die sämmtlichen betreffenden Mauertheile wie selbst die ganze Schieferbedeckung und die Bleiröhren sind, wie die Felsen einer feuchten Grotte, mit dickem, grünem Moos überzogen..... Die Gefahr dieses Zustandes wird Jedem klar werden, der sich nur einiger Maßen einen Begriff machen will von dem Zusammenhang eines Gebäudes dieser Art. Die Kühnheit des Baues besteht einzig und allein in dem richtigen Gegengewicht der gegeneinander strebenden Kräfte, deren jede am rechten Orte wirkt und, wo eine einzige weggenommen, das ganze System zerstört. Hiernach kann man die Folgen berechnen, wenn die schon sehr zertrümmerten, gegen den Druck des hohen Chorgewölbes angebrachten Strebebogen einstürzen sollten, wozu die Möglichkeit täglich vor Augen liegt. Nun ist die große Masse des Wassers, welche in den Winkeln zusammenströmt, bei den sehr beschwerlichen Abflüssen von einer so bösen Wirkung, daß die schrecklichsten Folgen schon im Innern des Domes davon sichtbar werden und die Gefahr über das ganze Gebäude verbreitet wird...... Bei jedem regnigten Tage kann man sich davon überzeugen, wie das Wasser durch die Gewölbe der Nebenschiffe vor die Altäre hinträufelt, längs den Pfeilern des hohen Chors heruntergleitet und überall Fäulniß der Mauern erzeugt. Ein ungünstiges Jahr, wie das jetzige, thut einen unberechenbaren Schaden an einem Gebäude in diesem Zustande. Aber die schrecklichsten Folgen hat der Winter, wenn man bedenkt, daß die mit Nässe angefüllten Fugen der Steine, welche sich das Wasser schon gesucht, durch den Frost auseinander gesprengt werden; wenn die unzählige Menge der Abzugscanäle durch Schnee gefüllt, verstopft werden und ebenfalls gefrieren, wenn die tiefen Schluchten auf den Schieferdächern mit Schnee hoch angefüllt sind. ...... Der Zustand des Gebäudes wird schließlich dahin constatirt, daß, wenngleich Niemand mit Gewißheit zu bestimmen vermag, wann ein bedeutendes Unglück am Dom geschehen kann, es doch Jedem klar vor Augen liegt, daß die Veranlassungen in größter Menge vorhanden sind, wodurch sich diese Möglichkeit in jedem Augenblick verwirklichen kann."

Es war ein Mann von dem hohen Muthe, der feurigen Begeisterung und der strengen Entschiedenheit Schinkel's nöthig, um sich durch den trostlosen Zustand des Domes nicht bestimmen zu lassen, den Gedanken an jede Möglichkeit der Erhaltung dieses Werkes aufzugeben und der Staatsregierung von jeder Ausgabe für die Reparatur dieser Ruine abzurathen. Schinkel war nicht der Mann, sich auf dem Gebiete seiner Kunst durch Schwierigkeiten abschrecken zu lassen. Die sichere Entschiedenheit, womit er beim Staatsministerium die Erhaltung, den Fortbau und die Vollendung des kölner Domes befürwortete, war an maßgebender Stelle durchschlagend und für den Dom selbst von der höchsten Bedeutung. Als Minimum der allernächsten Aufgabe bezeichnete er wenigstens die Vollendung des Gebäudes im Innern mit einstweiliger, ganz roher Ausführung der dazu nothwendigen äußern Theile und wies dabei auf die Hülfe des Herrn Sulpiz Boisserée hin, „der mit tiefem Ernst diesen Gegenstand ganz erschöpft". „Was man übrigens", fährt er fort, „über den Beruf unserer Zeit zum Fortbau des Domes in Köln und über die Zweckmäßigkeit eines solchen Unternehmens, abgesehen von der Nothwendigkeit derselben in Beziehung auf die Erhaltung des Vorhandenen, in Betracht ziehen mag, so bleibt es doch gewiß, daß es der neuen Zeit an großen Kunstaufgaben dieser Art, wodurch doch allein die wahre Kunst bestehen kann, gänzlich mangelt; überall hat uns die Vorzeit zu viel hinterlassen, und wir arbeiten nun schon ein halbes Jahrhundert an der Vernichtung dieses Erbtheils mit einer so barbarischen Planmäßigkeit, daß wir die planlose Barbarei von Attila's Zeit im großen Wetteifer schon längst hinter uns zurückgelassen haben.

„Wenn aber die Aufgaben der Kunst zufällig sich fänden, so würden wir in dem Zustande, wie wir noch sind, höchstens uns als gute und verständige Nachahmer der Vorzeit zeigen können und noch keineswegs gewürdigt sein, von einem Genius begünstigt zu werden, der uns wahrhaft schöpferisch machte, wie es die Griechen waren und die Vorfahren in unserem Vaterlande.

„In einem solchen Zustande scheint die würdigste Bestimmung des Menschen, mit aller Sorgfalt dasjenige zu erhalten, was die Kraft eines frühern Geschlechtes uns hinterließ und welches wir nicht ohne Ehrfurcht betrachten können, und es liegt ein Trost darin, mit einer ehrenvollen Thätigkeit über eine Zeit hinweg zu kommen, die so wenig Veranlassung zu einer genügenden Wirksamkeit dieser Art gibt. Was sich übrigens an technischer Geschicklichkeit bei einem solchen Unternehmen entwickelt und ob nicht während der Beschäftigung mit einem so würdigen Gegenstande ein neues Licht am ersten aufgehen könne, wäre besonders in Überlegung zu ziehen; daß uns aber die Nachwelt für das Bemühen, ein groß angefangenes Werk ihr vollständig zu überliefern, Dank wissen wird, ist nicht in Zweifel zu ziehen; sie würde uns aber weit mehr noch als die Gegenwart verdammen, wenn durch unsere Fahrlässigkeit ein Werk dieser Art zu Grunde gehen sollte."

An demselben Tage, an welchem Schinkel seinen Bericht an das Ministerium abschloß, richtete er an Boisserée, von dessen genauer Kenntniß aller Details am ganzen Dom er sich zu überzeugen Gelegenheit gehabt hatte, und ohne dessen Rath und Zustimmung am Dom keine belangreiche bauliche Einrichtung zu treffen und keine bemerkenswerthe Aenderung vorzunehmen er entschlossen war, ein Schreiben, in welchem er über den Dom Folgendes berichtete: „Hier in Köln fand sich viel Arbeit. Für den Dom vor allem Andern trug ich Sorge, und es werden die Anstalten aufs schleunigste gemacht, wobei ich die Thätigkeit des Grafen Solms nicht genug rühmen kann. Die Zerstörungen an diesem herrlichen Denkmal haben mich erschreckt, und es ist an allen Orten die schleunigste Hülfe nothwendig; ich habe mein Möglichstes gethan, hier alles dafür zu interessiren und werde es in Berlin ebenfalls thun. Da ich besonders auch deducirt habe, daß eine ganz gründliche Herstellung ohne einen Fortbau, sei er auch noch so langsam, gar nicht möglich wäre, so wird man sehr bald für Ihr gütiges Mitwirken in diesem wichtigen Gegenstande Bitten ergehen lassen, indem Niemand anders so in das Innerste dieses Kunstwerkes eingedrungen ist. Die nächsten Arbeiten sind die Herstellung des ganz verdorbenen Daches und die gänzliche Aenderung der Entwässerung des Gebäudes.

„Ersteres geht leicht, das letztere zog meine ganze Aufmerksamkeit auf sich, und ich habe Gelegenheit gehabt, bei dem vielen Regen die Ursachen der Zerstörung recht gründlich zu studiren. Das sehr sinnreiche und künstliche System der Abflußcanäle über die Bogen der Strebepfeiler weg und dann senkrecht hinab auf die Dächer der Seitenschiffe, unter diesen in steinernen Canälen, welche an den Pfeilern festgearbeitet sind, bis zu den Abflüssen gegen den Platz hin, ist darauf berechnet, daß jährlich ein Erhaltungsfonds von mehreren tausend Thalern verwendet werden sollte. Seit Jahrhunderten fehlen hierzu die Mittel, und die Zerstörung hat überhand genommen. Alle Fugen der Strebebogen rings um das Chor sind ausgewaschen und das Wasser läuft wie durch ein Sieb überall hindurch); das wenige, welches den Weg des Canals noch findet, stürzt aber in der Ecke jedes Pfeilers wie ein zerstäubter Regen hinab und wäscht nicht allein die Pfeiler und unteren Strebebogen aus, sondern verbreitet in den Winkeln der unteren Dächer eine solche allgemeine, nicht zu tilgende Feuchtigkeit, daß alles Gestein, selbst das Metall der Rinnen und der Schiefer auf den Dächern, mit dickem Moos überzogen ist, wodurch das Faulen und Zernagen aller Theile mächtig fortschreitet. Die Dächer über den Seitenschiffen sind vollends aufs unzweckmäßigste angelegt; diese Unendlichkeit von Kehlen und Thälern müssen im Winter gar nicht mehr zu behandeln sein, selbst das Reinigen von Schnee und das Aufeisen der Rinnen und Canäle, welches häufig mit glühendem Eisen geschieht, verdirbt so viel als es nur nützen kann, und der unübersehbare Diebstahl an den Bleirinnen in den tausend Winkeln ist das Verderblichste. Daher dringt das Wasser auch an der hohen Chorwand ins Innere der Kirche und tränfelt durch alle Gewölbe. Eine Vereinfachung dieses ganzen Gegenstandes ist das Nothwendigste, was sogleich in Ausführung kommen muß. Ich habe vorgeschlagen, das Wasser der großen Dachflächen über dem Chor und Hauptschiff in einen großen Canal von Blei aufzusangen, welcher hinter der umlaufenden Galerie versteckt liegt und so viel Fall erhält, daß das Wasser von einem Punkte aus zu beiden Seiten nach zwei anderen Punkten hingeführt wird, und in einem der letzteren wird es darauf ankommen, hinter den Strebepfeilern, ganz in der Art der schon hin und wieder am Dom angebrachten leichten Treppenthürmchen, ein ähnliches anzulegen, in welchem die ganze Wassermasse bequem durch sehr starke Metallröhren unmittelbar auf die Straße geführt wird und so die Dächer der Nebenschiffe gar nicht berührt. Zur Composition dieser vier Röhrenthürme wird es mit dem vollständigen Riß in der Hand Ueberlegung bedürfen, und ich bitte Sie, vorläufig schon daran zu denken."

Boisserée erhielt dieses Schreiben in Straßburg. Die Studien, die er hier an dem weltberühmten Münster machte, hoffte er beim Dom seiner Vaterstadt verwerthen zu können. Am 11. October 1816 beantwortete er Schinkel's Brief. „Bezüglich des Schinkel'schen Planes zur bessern Regulirung des Wasserlaufes", schrieb er, „ist am entscheidendsten das Beispiel des straßburger Münsters; da sieht man am ganzen Thurm in allen seinen vielwinklichten Rinnen und offenen Gängen nicht ein Stück Blei oder Kupfer, und an der Kirche sind nur die großen gradlaufenden Rinnen um das hohe Dach belegt. Freilich wird aber dort auch das Steinwerk immer ausgebessert und in gutem Stand erhalten, welches verhältnißmäßig gar nicht so viele Kosten verursacht. Genug, ich wollte nur mit den mir zunächst liegenden Gründen erinnern, woraus Sie gewiß auch selbst schon gedacht haben, daß bei der Veränderung und Herstellung der Wasserableitung an unserem Dom zugleich nothwendig das Steinwerk berücksichtigt werden muß. Dies veranlaßt mich aber, einen höchst wichtigen Umstand zu berühren, nämlich den gänzlichen Mangel an geschickten, in dergleichen Bauweisen erfahrenen Werkleuten in Köln. Sie wissen, wie viel hierauf ankommt, ja, daß bei der ohnehin von oben her stattfindenden Leitung weit mehr darauf ankommt, als auf den Werkmeister selbst, welcher am Ende doch wieder von seinen Untergeordneten abhängt, wie der Obrist eines Regiments von seinen Corporälen."

Mittlerweile war Schinkel nach Berlin zurückgekehrt. Von anderweitigen Geschäften überhäuft, fand er nicht die Muße, welche erforderlich war, um die Dom-Angelegenheit in der Weise zu betreiben und zu fördern, wie er es wünschte. Er hoffte, das Gouvernement bestimmen zu können, Boisserée als vortragenden Rath in das Ministerium zu berufen und mit dem Referat über alle den kölner Dom betreffenden Fragen zu betrauen.

Schinkel war nicht im Stande, die mannigfachen Schwierigkeiten, die sich einer ungesäumten und energischen Inangriffnahme des kölner Dombaues sowie der Berufung Boisserée's in das Ministerium entgegenstellten, zu überwinden. Er war froh, mit Unterstützung des Kronprinzen vom König Friedrich Wilhelm III. endlich den Befehl zu erwirken, „daß das Vorhandene erhalten werden solle". Für den Fortbau mußte er sich auf günstigere Zeiten vertrösten. Aber auch der Beschluß, der die Restauration anordnete, stand noch immer lediglich auf dem Papier, und man sah nicht ab, wann demselben einmal die Ausführung folgen werde. Während dessen machte der Verfall der einzelnen Bautheile des Domes immer bedrohlichere Fortschritte; die Stadt und der Kirchenvorstand blieben unthätig und harrten auf die von Berlin erwarteten Anordnungen zum Beginn des Restaurationsbaues. Die Bürgerschaft glaubte, daß endlich der Bau in Angriff genommen sei, als sie im September 1819 Zimmerleute am Domkrahnen arbeiten sah.¹) Es geschah dies aber nicht im Auftrage des Staatsministeriums, sondern in Folge einer testamentarischen Bestimmung des frühern Unterpräfekten v. Kleope, der zum Wiederaufbau des baulos gewordenen Krahnenschnabels die Summe von 1800 Reichsthalern vermacht hatte.²) Es dauerte noch vier volle Jahre, ehe man sich anschickte, die Herstellungsarbeiten mit Ernst zu beginnen. Einen neuen Anstoß hatte das Ministerium durch die am 23. December 1821 im Dom publicirte Organisations-Bulle „de salute animarum" erhalten. Durch diese Bulle wurde das kölner Erzbisthum wieder hergestellt, und es galt als selbstverständlich, daß der Dom auch bei der neuen Organisation seine alte Bestimmung als erz= bischöfliche Kathedrale wieder erhalten werde. Bezüglich der Domkirche und deren fabrica gab der König das Versprechen, daß er die Fabriksubstanz erhalten und im Falle der Noth bei unabweislichen baulichen Einrichtungen das Erforderliche aus dem königlichen Schatze spenden werde. Beim kölner Dom lag ein solcher außergewöhnlicher Fall vor. Die Kirchenfabrik war völlig außer Stande, die nöthigen Reparaturkosten zu bestreiten; darum mußte der König, wenn anders dem Erzbischof eine auch nur den mäßigsten Anforderungen entsprechende Kathe= drale überwiesen werden sollte, aus Staatsmitteln für eine würdige Herstellung des Domes sorgen. Er mußte sich jetzt in Anbetracht der ihm auf Grund der Bulle „de saluto animarum" aufliegenden Baulast veranlaßt sehen, dem schon seit Jahren gegebenen Versprechen gerecht zu werden.

1) Rostrum geranii in maiori turri, quod 10. Oct. 1693 fulgure incensum fuit, depositum est anno 1816; anno 1818 collecta fuit per civitatem pro reparatione huius geranii. (Notiz des Caplans Forst.)
2) Chronik von Fuchs, 1819.

## II.

Endlich schienen im Jahre 1823 alle Schwierigkeiten, die sich bis dahin dem Beginne der Reparatur=Bauten entgegengestellt hatten, beseitigt zu sein, und die Arbeiten wurden an den äußern Mauern begonnen. Man arbeitete aber nur mit äußerst schwachen Kräften, und es kam im Jahre 1823 weiter nichts zu Stande, als die Verankerung der großen Giebelmauer vor dem hohen Chor und der Abbruch einiger Thürmchen an der Südseite. Im folgenden Jahre sollte endlich mit voller Kraft begonnen werden. Zum Leiter des ganzen Baues wurde der königliche Bau=Inspector bei der kölner Regierung, Ahlert, bestimmt. Die Ober=Aufsicht führte der Regierungs=Baurath Francken.

Ahlert konnte bei der beschränkten, vom Staate bewilligten Bausumme, bei dem Mangel einer kunstgeübten Bauhütte, deren Heranbildung die kurze Dauer seiner Thätigkeit am Dom erschwerte, und bei den ihm von Schinkel gegebenen Weisungen, in erster Linie die Erhaltung des Domchors und dessen Sicherung vor dem drohenden Einsturz mit der vom König Friedrich Wilhelm III. bewilligten geringen Summe zum ausschließlichen Gegenstande seiner Thätigkeit zu machen, zunächst nicht daran denken, die durch Verwitterung des drachenfelser Gesteins völlig zerstörten Architektur=Details am Hochchor im Wege einer kunstgemäßen Restauration zu erneuern, vielmehr beschränkte er sich darauf, die freistehenden Ornamente, deren Einsturz drohte, gänzlich zu beseitigen und die minder beschä=digten Blätter, Fialen und Kreuzblumen durch Abarbeiten des verwitterten Theiles an ihrer Stelle zu belassen.

Dieses Verfahren fand vielfachen Tadel; indessen gelang es Ahlert, das Chor des Domes in seinen Haupt=Constructionen vor gänzlichem Verfalle zu sichern und somit der ihm zugewiesenen beschränkten Bau=Aufgabe gerecht zu werden.

Am 19. April 1824 waren die Arbeiten wieder aufgenommen worden. Ende Juli ließ Ahlert auf dem Domhofe eine Bauhütte zur Bearbeitung der nöthigen Werksteine errichten. Um Pfingsten wurde der Dom für den Gottesdienst geschlossen und erst am 29. December wieder geöffnet. Das Hochchor erhielt ein neues Dach; am 18. August wurde der Dachstuhl aufgeschlagen und am 18. October hatten die Dachdecker die Eindeckung vollendet; im Ganzen wurden 109,623 Pfund Blei aufgelegt. Das auf der Spitze des Chors befindliche Kreuz wurde herabgenommen und durch freiwillige Beiträge beschaffte man ein neues, vergoldetes, welches am 3. August 1825 aufgestellt wurde. Zur Fortsetzung der Reparaturen bewilligte der König Friedrich Wilhelm III. auf wiederholte Vorstellung des Baudirectors Schinkel im Jahre 1825 die Summe, welche zur Beseitigung der bedrohlichsten Schäden erforderlich schien.

„Aus Ihrem Berichte vom 25. September d. J. und dessen Anlagen", heißt es in einer Cabineto-Ordre vom 22. October 1825, „habe Ich die Einleitungen ersehen, welche zur Vollendung der baulichen Wiederherstellung der Domkirche zu Köln und zur Beschaffung der dazu erforderlichen Mittel getroffen sind. Ich ertheile dazu hierdurch im Allgemeinen Meine Genehmigung. Um nun auch Meinerseits zur Erhaltung dieses großen Bauwerks beizutragen, bewillige Ich außer den bereits früher angewiesenen 35,084 Thaler noch Siebenzig Tausend Thaler, und zwar mit 15,000 Thlr. jährlich für die Jahre 1826—29 und mit 5000 Thlr. jährlich für 1830 und 1831 aus dem Extraordinario, habe auch den Finanzminister heute zu deren successiver Anweisung autorisirt. Zugleich genehmige Ich die Einsammlung einer allgemeinen Haus- und Kirchencollecte zu einer, von den Behörden für angemessen erachteten Zeit."[1])

Zur Ressortbehörde für die am Dom vorzunehmenden Bauten wurde eine Dombau-Verwaltung bestellt, welche aus dem Oberpräsidenten und dem mittlerweile zum Erzbischof von Köln ernannten Grafen Ferdinand August Spiegel zum Desenberg, der am 24. März 1825 durch den Consistorialrath Hüogen von der Domkirche hatte Besitz nehmen lassen, bestand.

„Dem Ober-Präsidenten, Staatsminister von Ingersleben und dem Erzbischof Grafen von Spiegel", heißt es in der angeführten Cabineto-Ordre weiter, „ist die fernere gemeinschaftliche Leitung dieser Bau-Angelegenheit zu übertragen, und ersterem die Sorge zur Pflicht zu machen, daß denjenigen Gemeinden, welche zum Dombau außerordentliche Beiträge bewilligen wollen, von den betreffenden Aufsichtsbehörden keine unnöthigen Schwierigkeiten in den Weg gelegt werden. Der 2c. von Ingersleben und 2c. Graf von Spiegel können sich zu diesem Bau der bisherigen Baumeister, des Regierungs-Bauraths Frank und des Bau-Inspectors Ahlert, bedienen, und soll übrigens dem letzteren diese, noch mehrere Jahre dauernde ausschließende Beschäftigung in seiner ferneren Dienstlaufbahn nicht nachtheilig werden."

In demselben Jahre genehmigte der König die Einführung einer besonderen Kathedralsteuer, welche von Heirathen, Geburten und Sterbefällen in der ganzen Erzdiöcese erhoben werden sollte.

Am 8. März 1826 wurde mit der Herstellung des südlichen Fenstergiebels begonnen. Am 19. August legte der Erzbischof Ferdinand August den Schlußstein zu dem neuerbauten Fenster im untern Theile der Domkirche an der Nordseite. Am 11. September wurden die gemalten Fenster wieder eingesetzt. Gleichzeitig mit diesen Bauten wurde an der Südseite des Hochchors das ganze Strebesystem einer durchgreifenden Reparatur unterzogen. Die das innere kühne Chorgewölbe stützenden

---

[1]) Das Original im Oberpräsidial-Archiv zu Coblenz.

Strebebogen und Pfeiler befanden sich in einem höchst gefahrvollen Zustande, indem theils fehlerhaft durch das Steinwerk geführte Wasserleitungen, theils zweckwidrige Eisenverbindungen, theils mangelhafte Auswahl des Materials und endlich gänzliche Verwahrlosung der Unterhaltung die Steinmassen zerstört hatten und deren Einsturz befürchten ließen. Es blieb also nichts Anderes übrig, als diese wichtigen Constructionstheile umzubauen, und es darf demnach nicht befremden, wenn mit diesen kolossalen und kühnen Arbeiten, in Anbetracht des geringen Baufonds, eine lange Reihe von Jahren hinging. Im Ganzen waren vierzehn Strebesysteme, wovon acht mit vier Bogen und sechs mit zwei Bogen versehen sind, umzubauen; sämmtliche Bogen und mehrere Pfeiler wurden ganz neu aufgeführt und die übrigen reich componirten Pfeiler in allen einzelnen Theilen überall mit Hausteinen ergänzt.

Ueber die Art, wie er die Restaurationsbauten durchgeführt zu sehen wünschte, äußert sich Schinkel in einem Schreiben an Boisserée vom 8. August 1829. „In Betreff des kölner Domes", schrieb er, „werden Sie viele Constructionen der Restauration solider als die alten, auch das Material besser gewählt finden; es ist leider zu bedauern, daß, um in jeder Art das Gebäude sicher zu stellen, viel Altes fortgenommen werden muß, aber der enormen Kosten wegen nicht wird wieder gemacht werden können. Nach meiner Ansicht möchte ich, wenn die Sicherstellung des Baues bewirkt ist, die pro fabrica fortlaufende Einnahme der Kathedralsteuer und was sonst sich dann noch durch die Einwirkung des Herrn Erzbischofs Spiegel von Desenberg für Mittel vorfinden werden, darauf verwenden, allein das Innere des ganzen Doms vollständig in seinen Gewölben auszuführen, wenn dabei auch vorläufig alles Ornament nur en bloc gearbeitet bliebe. Hierdurch würde außer der schönen und einzigen Wirkung, welche das vollständige innere Verhältniß darböte, auch die Sicherstellung des ganzen Gebäudes erreicht. Die Kosten würden gar nicht so gewaltig sein, vorausgesetzt, daß außerhalb gleichfalls Alles roh bliebe; denn sich auf die Unendlichkeit der Ornamente und Gliederungen einzulassen, würde ich vorläufig für ganz unangemessen halten."

Ahlert starb im Frühjahr 1833.

Unter Ahlert's Leitung waren seit Beginn der Arbeiten am kölner Dom im Jahre 1824 thätig: die Bau-Conducteure Steinberg und Cronenberg, der Werkmeister Joh. Jos. Schmitz, der Bau-Aufseher Wilhelm Schmitz (bis zum Jahre 1854 beim Dombau als Bau-Controleur), der Steinmetzmeister Mahlberg und die Police Dormagen und Anton Stegmeier. Beschäftigt wurden außerdem der Zimmermeister Meyer, der Dachdeckermeister Wilh. Esser, der Glasermeister Wilh. Düssel und der Schlossermeister H. Degenhart.

Nach Ahlert's Tode lag das Schicksal des Domes abermals in Schinkel's Hand. Als dieser sich zur Bezeichnung eines neuen Meisters für die schwierige

Dom-Restauration entschließen mußte, fiel seine Wahl auf den damals in Colberg stehenden Landbaumeister Ernst Friedrich Zwirner, geboren den 28. Februar 1802 zu Jacobswalde in Schlesien. Das erste bedeutende Werk, welches Zwirner selbständig ausgeführt hatte, war die Herstellung des Rathhauses zu Colberg. An diesem Bauwerke lieferte er den Beweis, daß er zur Lösung einer Aufgabe, wie die Restauration des kölner Domes, vollauf befähigt sei.

Mit vollem Selbstvertrauen und dem ernsten Willen, seine ganze Kraft an die glückliche Lösung der ihm gestellten Riesenaufgabe zu setzen, trat Zwirner in die neue Wirksamkeit. Er gab sich alle Mühe, in das geheimnißvolle Wirken der alten Bauhütte einzudringen und sich mit den Formen der mittelalterlichen Bau- und Steinmetzkunst bekannt zu machen. Mit der seinem Wesen eigenthümlichen Energie begann er die Regeneration der Hüttenthätigkeit am kölner Dom. Er hatte sich bald nach dem Antritt seines Amtes überzeugt, daß die Restauration nur dann den Anforderungen der wahren Kunst entsprechen könne, wenn sie sich in strengster Weise an das Vorhandene anschließe, die verwitterten Bautheile nach dem Vorbild der noch vorhandenen ergänze und, mit Ausschluß jeglicher Willkür, nur die vorfindlichen Formen und Ornamente auf das gewissenhafteste nachbilde. Keine Zeit noch Mühe scheute er, um eine heilsame Rivalität unter den Steinmetzen zu wecken und ihnen eine möglichst hohe Fertigkeit im Nachbilden der alten Formen und Ornamente des Domes beizubringen. Mit Ehrfurcht und Bewunderung betrachteten die Steinmetzen ihren neuen Meister; sie fühlten, daß ein neuer Geist in die Bauhütte eingezogen war, und das Streben, den alten Ruhm der mittelalterlichen Steinmetzen wiederzugewinnen, erhöhte von Tag zu Tag ihre Technik und ihren guten Geschmack. Vom frühen Morgen bis zum letzten Ausklingen des Hammerschlages war Zwirner theils in der Hütte, theils auf dem Baugerüste anwesend und ermunterte in anregender Weise jeden seiner Arbeiter, ermahnte die Minderfähigen, lobte die Strebsamen. Jedes Werkstück unterwarf er einer sorgfältigen Prüfung, und häufig nahm er Veranlassung, die tadellose Arbeit eines Einzelnen der Gesammtheit zur Nachahmung zu empfehlen.

Die Einführung von drei Lohnclassen, in welche die Arbeiter nach Maßgabe ihres Fleißes und ihrer Geschicklichkeit getheilt wurden, so wie die Annahme des eisernen Schlägels statt des hölzernen Klöppels hatten auf die Förderung der Arbeit einen solchen Einfluß, daß schon bald eine Ersparniß von ungefähr einem Viertel an Arbeitslohn sich herausstellte.[1]

Der Ruf der kölner Dombauhütte stieg von Tag zu Tag, und sowohl Fachgenossen wie Kunstfreunde wandten den Arbeiten derselben die regste Theilnahme

---

[1] Schreiben Zwirner's an Sulpiz Boisserée.

zu. Meister Zwirner hatte das große Verdienst, der so lange vergessenen und verachteten mittelalterlichen Baukunst in der ganzen gebildeten Welt eine große Zahl von Freunden und Bewunderern zu werben und manches junge Talent in die Geheimnisse der gothischen Bauweise einzuweihen. Es war nichts natürlicher, als daß allmählich in ihm der Wunsch erwachte, die mit so vieler Mühe eingeschulte Bauhütte zusammenzuhalten und von der Restauration allmählich zum Fortbau des gewaltigen Werkes überzugehen. Je mehr sich Zwirner bei der mühevollen Herstellung des Hochchors mit dem Studium des ganzen Baues beschäftigte, desto lebhafter wurde in ihm der Wunsch, seine volle Kraft der Vollendung dieses Wunderbaues widmen zu können. Er wußte, daß er bei dem für die mittelalterlichen Kunstwerke in hohem Grade begeisterten Kronprinzen geneigtes Gehör finde, wenn er demselben den Plan zum Ausbau des Domes warm empfehle. Nach dem vorgelegten Plane sollte zuerst der Ausbau und die Eindeckung der Seitenschiffe und der Langkirche, dann die Entfernung der Abschlußmauer am Chore innerhalb sechs Jahren mit einem Kostenaufwand von 154,000 Thalern vorgenommen werden. Die Baukosten, welche zum vollen Ausbau des Domes, mit Ausschluß der Thürme, erforderlich seien, veranschlagte Zwirner auf zwei Millionen Thaler. Der Kronprinz, durch Zwirner's Vortrag aufs freudigste überrascht, versprach, das Ausbau=Project mit allen Kräften zu unterstützen. Auf seine Veranlassung wurde ein specieller Bauplan dem Ober=Baudirector Schinkel zur Revision eingereicht. Dieser glaubte, daß gar keine Möglichkeit sei, die von Zwirner veranschlagte Summe aufzubringen. Darum entwarf er ein anderes Project, nach welchem das Lang= und Querschiff bis zur planmäßigen Höhe, jedoch zur Verminderung der Kosten in einem ganz einfachen Rohbau mit Weglassung alles ornamentalen Schmuckes und der Gewölbe aufgebaut werden solle. Zur Ausführung dieses Planes, mit verschiedenen von Zwirner empfohlenen Modificationen, wurden nach dem niedrigsten Anschlage 1,200,000 Thlr. erfordert.

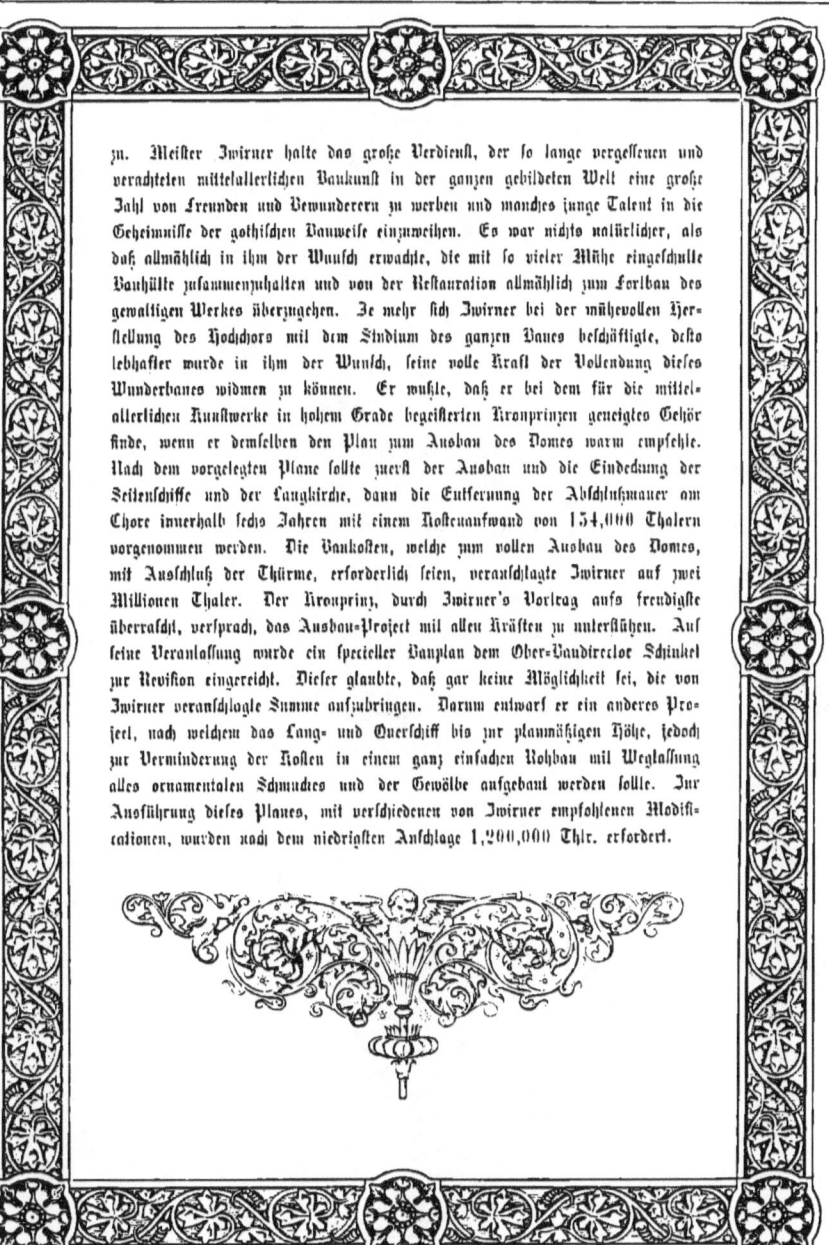

# Viertes Capitel.

Der Dombau-Verein und der Fortbau des Domes.

I. — IX.

ie Zeit war da, in welcher es sich entscheiden mußte, ob mit rüstiger Hand der Fortbau des Domes begonnen, oder ob die gut geschulten Arbeiter entlassen, die Bauhütten geschlossen und die Baugerüste niedergerissen werden sollten. Die kölner Dombaufrage wurde brennend, und es handelte sich darum, ob es gelingen werde, eine allgemeine Begeisterung für das herrliche Werk anzufachen. Am 7. Juni 1840 hatte den preußischen Königsthron ein reich begabter Fürst bestiegen, der mit klarem Blick das Drängen und Wogen der neuen Bestrebungen im Leben des deutschen Volkes erkannte und in richtiger Weise die ihm von der neuen, mannigfache Kämpfe im Schooße bergenden Zeit gestellte verantwortungsvolle Aufgabe würdigte. König Friedrich Wilhelm IV. besaß ein warmes Herz und eine offene Hand für alle hohen und edlen Bestrebungen, für die Verwirklichung großer Gedanken auf dem Gebiete geistigen und künstlerischen Schaffens. Des Königs persönliche Neigung übte sichtbar eine wohlthätige Wirkung auf das Kunstleben in Preußen aus; sie belebte im Volke Sinn und Opferfreudigkeit für höhere Interessen und spornte die ausübenden Künstler zu rüstigem Schaffen an. Unter dem Schutze und mit der Unterstützung eines Königs wie Friedrich Wilhelm schienen auch die kühnsten Gedanken und Pläne nicht unausführbar. Und so konnte die Absicht, von der Restauration des kölner Domes zum wirklichen Ausbau nach dem ursprünglichen Plane überzugehen, in ernste Erwägung gezogen werden.

Die Kunstliebe des Königs, der kirchliche Eifer des rheinischen Volkes und die nationalen Regungen in allen Angehörigen der einzelnen deutschen Bundesstaaten verbanden sich miteinander, um im kölner Dome ein Denkmal des Frommsinnes, der geistigen Schöpfungskraft, des confessionellen Friedens und der nationalen Begeisterung zu errichten, wie ein ähnliches das ganze Erdenrund nicht aufzuweisen hat.

Als der Grundstein zu diesem Gotteshause gelegt wurde, lebte man des stolzen Bewußtseins, daß der warme, innige Glaube an die weltbesiegende

Kraft des göttlichen Wortes und die werkthätige Liebe zu den Institutionen der Kirche, dann die durch die zuversichtliche Hoffnung auf reichlichen Lohn im jenseitigen Leben geweckte und lebendig erhaltene Opferwilligkeit für kirchliche Stiftungen der mannigfachsten Art in reichem Maße die Mittel bieten werde, das gewaltige, für menschliche Kraft fast zu großartig geplante Werk zu vollenden. Dem Baumeister selbst, der den Entwurf zu solchem Wunderbau gemacht, konnte in der hohen Begeisterung für die Schöpfung seines genialen Geistes der Gedanke nicht aufsteigen, daß eine Zeit kommen werde, in welcher man die Arbeiten an dem unvollendeten Bauwerk würde einstellen. Und dennoch kam die Zeit, wo die Begeisterung für den prächtigen Tempel erlahmte, das Volk in seiner Opferwilligkeit erkaltete, die Geistlichkeit ihr Herz dem großartigsten Werke deutscher Baukunst entfremdete. Die Impulse des 13. Jahrhunderts waren ausgeklungen und kraftlos geworden; die hohen Ideen, denen nichts unmöglich schien, hatten ihre treibende Kraft verloren; die idealen Anschauungen waren entschwunden, und das deutsche Volk hatte es verlernt, in der Vollendung des kölner Domes eine würdige Aufgabe nationaler Begeisterung und Kraftanstrengung zu erkennen. Joseph Görres hatte es bei dem Aufleben des frischen patriotischen Feuers im deutschen Volke versucht, den kölner Dom zum Substrat für eine zündende patriotische Idee zu machen. Der Gedanke, daß der kölner Dom das Symbol der deutschen Einheit und Kraft werden müsse, und daß das Volk zur Bekundung seines festen Glaubens an die Möglichkeit seiner nationalen Wiedergeburt sich zur Vollendung dieses Symbols aufraffen solle, hatte keinen Anklang gefunden: die Mahnworte dieses genialen Patrioten verhallten wie die Stimme des Rufenden in der Wüste; das deutsche Volk hörte die Worte, aber es blieb gleichgültig. Auch Goethe, der im Jahre 1816 das deutsche Volk aufforderte, dem Gedanken, den kölner Dom in Wirklichkeit zur Vollendung zu führen, näher zu treten, fand kein Gehör. Der deutschen Nation, die sonst doch aufmerksam auf jedes Wort lauschte, welches dem Munde dieses Dichterfürsten entströmte, fehlte es noch an jedem Verständniß für ein Kunstwerk, dessen Ausbau ihm aus so beredtem Munde empfohlen wurde.

Erst im Jahre 1840 wurde neuerdings dem von Görres und Goethe vertretenen Gedanken Ausdruck gegeben; da zündete das Mahnwort; das deutsche Volk bewies, daß es reif geworden war für eine große patriotische Idee, und wie ein erlösendes Zauberwort fuhr es in die deutsche Nation und lenkte den Blick derselben nach Köln auf das Symbol der deutschen Einheit. Es war weniger der Gedanke, daß es sich darum handle, die nur zum dritten Theil ausgebaute Kathedrale der Diöcese zu vollenden, als ein Baudenkmal zu errichten, welches der Stolz der deutschen Nation, das Sinnbild deutscher Einheit, Kraft und Opferwilligkeit sein sollte. Gerade solche Erwägungen waren es, welche Katholiken und Akatholiken, Gläubige und Ungläubige, Arme und Reiche, Gelehrte und Ungelehrte um das Banner des Dombauvereins scharten. Es galt, die größte und genialste Schöpfung deutscher Baukunst zu vollenden und hierdurch dem deutschen Selbstbewußtsein eine schmeichelnde Befriedigung zu gewähren und der Welt zu zeigen, was das deutsche Volk vermöge, wenn es seine Kraft und Begeisterung einem hohen, idealen Ziele zuwende.

Neben dem nationalen Gedanken hatte bei vielen Katholiken auch das erhöhte kirchliche Bewußtsein seinen Antheil an der lebhaften Begeisterung, mit welcher sie dem Fortbau des Domes das Wort redeten. Von der Erwägung geleitet, daß im Dom der katholische Glaube und Cultus seinen erhabensten Ausdruck und die höchste sichtbare Verherrlichung finde, wollten sie freudig Hand mit anlegen, um das großartige Project des ersten Baumeisters zur Ausführung bringen zu helfen. Von einer gewaltigen Begeisterung für den unvergleichlichen Wunderbau wurde bald Alles ergriffen, was nur für Schönes und Großartiges ein warmes Herz hatte. Von allen Seiten ertönte der Ruf, daß ungesäumt und mit warmem Eifer das große Werk begonnen werden müsse. Die wenigen Literaten, welche sich nicht enthalten konnten, in Broschüren und Tagesblättern wohlfeilen Spott über alle, welche dem großen deutschen Werke des Dombaues ihre Begeisterung entgegentrugen, auszugießen, blieben unbeachtet und mußten, wollten sie nicht der Lächerlichkeit verfallen, ihr vergebliches Bemühen bald einstellen.

Was im 13. Jahrhundert möglich geschienen, durfte im 19. nicht in das Reich des Unausführbaren verwiesen werden. Wenn der König seinen Schutz und seine fördernde Hand solchem Unternehmen lieh, durfte man hoffen, daß es gelingen werde, eine warme Begeisterung für das große Werk auch in alle Schichten des deutschen Volkes zu tragen und Jeden, in dessen Herzen ein Funke von Liebe zur Kunst wohnte, zu einem seinen Kräften entsprechenden Opfer für den Ausbau des Domes anzufeuern. Von solchen Erwägungen geleitet, trat im Spätsommer 1840 eine Anzahl für die Dombausache hochbegeisterter angesehener kölner Bürger zusammen, um durch Gründung eines Dombauvereins der Begeisterung für diese große Angelegenheit einen kräftigen Halt und eine feste Grundlage zu sichern und der Einsammlung der Beiträge eine zweckmäßige Organisation zu geben. Am 3. September unterzeichneten etwa zweihundert kölner Bürger aller gebildeten Stände ein unterthänigstes Gesuch, durch welches der König gebeten wurde, seine Zustimmung dazu zu geben, daß sich in Köln ein Verein bilde, welcher sich die Beschaffung der für den Ausbau des Domes erforderlichen Geldmittel zum Ziele setze. „Es tritt", heißt es in dieser Eingabe, „das alte Wahrzeichen der Provinz und ihrer Hauptstadt zunächst vor den Blick und weckt als ein ewiges Denkmal die Erinnerung aller großen Ereignisse alter und neuer Zeiten. Ja, auch die Erinnerungen der neuesten Zeit knüpfen sich allgewaltig an dieses Heiligthum; denn wie in ihm ein Bild alles dessen sich darbietet, was Stumpfsinn und Unwissenheit oder auch die frevelnde Hand des Uebermuthes vollführte, so ist es zugleich ein Bild des Großen und Herrlichen, was der wieder erwachte Sinn deutscher Kraft und Frömmigkeit, was die Tage des Friedens und der Ruhe vermocht, die jüngst an ihm vorübergegangen, ein Bild all des Guten und Edlen, was des hochseligen Landesvaters Majestät gewollt und mit milder Weisheit in dem ganzen Bereiche seiner Staaten gewirkt hat. Es sollten geheilt werden die Wunden, welche das Schwert übermüthiger Feinde geschlagen und durch langen Druck stets blutig erhalten hatte, es sollte hergestellt werden, was die Barbarei und Indolenz zertrümmert oder verwahrlost, es sollte erneuert und ergänzt werden, was die Unbill der Zeiten dem Verderben Preis gegeben hatte. Das war das große Ziel, welches der Hochselige in allen Zweigen der Regierung, in allen Provinzen der Monarchie Sich vorgesetzt und glücklich erreicht hat, und ein Abbild dieses erhabenen Strebens glauben wir in dem Dome zu Köln zu erkennen. Er hat die Aufgabe gelöst, zu der Er sich von dem Himmel berufen fühlte, Seine Zeit in Unruhe, Seine Hoffnung auf Gott hat Er das Tagewerk vollbracht, welches Er als des Höchsten Willen erkannte; wie in dem Lande, so an heiliger Stätte hat Er es ausgeführt, und, nachdem Er voll Liebe und Andacht den Samen ferneren Gedeihens ausgestreut hatte, da hat Ihn der Herr des Himmels und der Erde abberufen von dem Werke, damit Er ruhe im Reiche der Seligen.

„Aber ein neuer Tag ist angebrochen, und ein neues Ziel ist gesteckt dem heranwachsenden Geschlecht unter dem schützenden Scepter des erhabenen Thronerben. Aufgeräumt sind die Trümmer, getilgt die Schuld der Vorzeit; neugefügt ist das wankende Gestein, rings errichtet stehen die Gerüste, und die Werkleute harren nur des Rufes zu frischer Thätigkeit. Das ist die Gegenwart des Preußenstaates, das auch ist die Gegenwart seines Abbildes, des Domes zu Köln! Mögen wir ihn hören, diesen Ruf, möge er widerhallen an dem alten Bauwerk, wie er bereits so laut durch alle Lebens-Elemente des ganzen Reiches ertönt! Möge er ausgesprochen werden von dem Munde des königlichen Sohnes; fortan heißt er: Vollendung des würdigen, heiligen, deutschen Werkes, zu Gottes Ehre und dem Ruhme des Vaterlandes."

Den Behörden, welche zur Uebermittlung und Befürwortung dieses Immediatgesuches angegangen wurden, war das Wehen des neuen Geistes nicht fremd geblieben und sie hatten die Anzeichen, daß das Volksgefühl sich zu regen begonnen und nach merkbaren Bethätigungen des Selbstbewußtseins suche, richtig erkannt.

Darum beeilte sich die maßgebende Behörde, dem Wunsche der Versammlung vom 3. September zu willfahren und die Allerhöchste Zustimmung zu einer definitiven Constituirung eines Vereins zu beantragen, welcher sich die Aufgabe zu stellen hätte, die Allerhöchsten Intentionen in dieser Beziehung nach Kräften zu fördern und das Interesse für die Sache anzuregen und zu verbreiten, namentlich aber auch überall diejenigen Geldmittel einzusammeln und verfügbar zu stellen, welche für den großartigen Zweck gewiß von allen Seiten zufließen würden.

Schon unter dem 23. November 1840 ging dem Ober-Präsidenten von Vodelschwingh eine königliche Cabinets-Ordre zu, durch welche unter Zusicherung eines ansehnlichen Beitrages die Genehmigung zur Stiftung eines Dombauvereins ertheilt wurde. „Es ist Mir angenehm gewesen," lautet diese Ordre, „aus Ihrem Berichte vom 18. Sept. d. J. und der Anlage desselben zu ersehen, daß unter den Bewohnern der Stadt Köln der Wunsch rege geworden ist, für die Erhaltung und den Fortbau des dortigen Domes thätig mitzuwirken. Ich will daher die Constituirung des Vereins, der für diesen Zweck gebildet werden soll, gern genehmigen, und autorisire Sie, dies denjenigen Bewohnern der Stadt Köln, von welchen die Mir überreichte Vorstellung vom 3. Sept. d. J. ausgegangen ist, zu eröffnen und überhaupt das weiter Erforderliche einzuleiten. Zugleich sichere Ich, zur Sicherstellung des Vorhandenen und zum Bau des südlichen Portals die bisher jährlich bewilligten 10,000 Thaler auch für die folgenden Jahre zu, indem Ich Mir vorbehalte, über die etwaige Fortsetzung des Baues und die Art der Ausführung Mich späterhin zu bestimmen. Ich ermächtige Sie, einstweilen alle nöthigen Vorbereitungen zu treffen, daß die Arbeiten nicht ins Stocken gerathen und namentlich auch mit dem Bau des südlichen Portals, sobald Ich denselben definitiv genehmigt haben werde, ohne Zeitverlust vorgegangen werden kann." An dem Herrn von Vodelschwingh sowohl wie an allen dessen Nachfolgern im Ober-Präsidium fand der Domban stets warme Freunde und der Dombauvereins-Vorstand willfährige und kräftige Unterstützung, wenn es galt, das große, schwierige Unternehmen kräftig fördern zu helfen.

Die Vorbereitungen zur definitiven Gründung des Dombauvereins wurden von dem frühern Regierungs-Assessor, spätern Präsidenten der Armen-Verwaltung, Dr. Eberhard von Groote, geleitet. Auf Groote's Vorschlag beschloß am 23. Januar 1841 eine zahlreiche Versammlung von Dombaufreunden, ein Comité von 36 Mitgliedern und aus diesem einen engern Ausschuß zur Ausarbeitung eines Statut-Entwurfs zu wählen. In das Sechsunddreißiger-Comité wurden gewählt: Appellationsgerichtsrath von Ammon, Justizrath von Bianco, Bau-Inspector Biercher, Stadtrath Lud. Camphausen, Commercienrath Th. Deichmann, Kaufmann Ph. Engels, Stadtrath Th. Essingh, Kaufmann J. M. Farina,

Regierungs-Präsident von Gerlach, Appellationsgerichts-Rath von Geroll, Stadtrath und Präsident Eb. von Groote, Stadtrath von Herwegh, Domdechant und Generalvicar Dr. Hüsgen, Gymnasiallehrer J. Kreuser, Stadtrath D. Leiden, Appellationsgerichts-Rath Leist, Kaufmann Pet. Leven, Präsident Merkens, Stadtrath P. Michels, Regierungsrath von Münch-Bellinghausen, Stadtrath de Noël, Kaufmann J. J. vom Rath, Ober-Regierungsrath Rolshausen, Commercienrath Schnitzler, Referendar Julius Schramm, Domherr Dr. Schweitzer, Kaufmann J. Seydlitz, Oberbürgermeister Steinberger, Rentner von Vleuten, Gewerbevereins-Präsident Vohl, Seminarpräses Dr. Weiß, Bürgerschullehrer Dr. Wenden, Stadtbaumeister Weyer, Stadtrath von Wittgenstein, Bau-Inspector Zwirner, Advocat-Anwalt Dr. Haaß. Die Functionen des Fünfer-Ausschusses wurden den Herren Steinberger, von Wittgenstein, Dr. Eb. von Groote, Ludolf Camphausen und Rolshausen übertragen.

Schon in der Ausschuß-Sitzung vom 15. März konnte der Entwurf des Statuts vorgelegt werden. Nach längerer Debatte über einzelne vorgeschlagene Abänderungen erhielt dieser Entwurf die Genehmigung des Comités. Die endgültige Feststellung sollte in einer größeren Versammlung von Dombaufreunden am 13. April 1841 erfolgen. In dieser Versammlung, welcher auch mehrere auswärtige Herren beiwohnten, erweckte die begeisterte Theilnahme, welche sich für den in Bezug auf Religion wie auf Kunst gleich bedeutungsvollen Zweck aussprach, begründete Hoffnung auf segensreichen Erfolg des schönen Unternehmens. Der Vorsitzende des provisorischen Ausschusses, Dr. Eberhard von Groote, eröffnete die Versammlung mit einer Rede, in welcher er hervorhob, daß das große unerreichte Werk deutscher Kunst und deutschen Frommsinns, dessen Schöpfer noch immer unbekannt sei, auch in seiner Nichtvollendung das hohe Symbol deutscher Kraft und Einheit darstelle. In kurzen Worten skizzirte er die Schicksale des Gebäudes und betonte besonders, daß die Gegenwart nicht die Schuld trage an den Versäumnissen, unter denen das große Kunstwerk gelitten und vergebens seiner Vollendung entgegengesehen habe, die Gegenwart müsse sühnen, was die Vergangenheit gefehlt, und in mancher Beziehung sei es ihre Aufgabe, das staunenerregende Werk zu fördern und zur Vollendung zu bringen, als erhabenes Denkmal deutscher Kunst, als Denkmal auch der deutschen Nationalität, die das Vaterland nach den harten Zeiten des fremden Druckes wieder errungen.

Mit geringen Abänderungen wurde die vom Ausschuß gemachte Vorlage angenommen. Als Zweck des Vereins war in dem also genehmigten Statut die Mitwirkung zur würdigen Erhaltung und zum Fortbau des kölner Domes nach dem ursprünglichen Plane durch Aufbringung von Geldbeiträgen und in jeder sonst angemessenen Weise bezeichnet. Um das Vereins-Interesse dauernd lebendig

zu erhalten, wurde für jedes dritte Jahr eine Hauptversammlung der Vereinsmitglieder angeordnet. In der jedes Jahr zu haltenden Wahlversammlung sollte
der aus 40 Mitgliedern bestehende Vorstand zu einem Viertel ergänzt und der
Bericht über die Lage des Vereins entgegengenommen werden. Die Leitung des
Vereins wurde in die Hand eines Präsidenten und eines Secretärs gelegt und
die specielle Führung der Geschäfte einem Ausschuß von sieben Mitgliedern übertragen. Man wollte dahin streben, daß an allen Orten außerhalb der Stadt
Köln Hülfsvereine zur Mitwirkung für die Zwecke des Centralvereins errichtet
würden.¹)

Im April 1841 legte der Ober-Präsident dem Ministerium der geistlichen Angelegenheiten das Statut mit der Bitte um Erwirkung der Allerhöchsten
Genehmigung vor. Unter dem 8. December erfolgte die königliche Bestätigung
durch folgende Cabinets-Ordre an den Staatsminister Eichhorn: „Ich habe gegen
das mit Ihrem Bericht vom 28. Mai d. J. vorgelegte, hierbei zurück erfolgende
Statut für den Dombauverein zu Köln nichts zu erinnern gefunden und ertheile
demselben hierdurch Meine Bestätigung, indem Ich zugleich, der im §. 2 des
Statuts ausgesprochenen Bitte gemäß, das Protectorat über den Verein annehme."

Der provisorische Ausschuß traf nun die Vorbereitungen zur definitiven
Constituirung des Vereins. Er ordnete an, daß am 14. Februar 1842 nach
vorhergegangenem feierlichen Gottesdienste die statutenmäßige Wahl von 40 Vor-
standsmitgliedern vorgenommen werden solle. In dieser ersten Generalversammlung
dankte der Präsident des provisorischen Ausschusses, Dr. E. von Groote, der
zahlreichen, den ganzen Gürzenichsaal füllenden Versammlung für das dem Ausschuß
bis dahin bewiesene Vertrauen, erklärte die Functionen des Ausschusses für
erfüllt; letzterer trat in den Schooß des Vereins zurück. Im Ganzen wurden bei
dem Wahlgeschäft gegen 3000 Stimmen abgegeben. Gewählt wurden: Stadtrath
Heinrich von Wittgenstein, Kammerherr Franz Egon Graf von Fürstenberg,
Advocat-Anwalt Friedrich Blömer, Kaufmann Johann Maria Farina, Stadtrath
Matthias Joseph de Noël, Kaufmann und Stadtrath Theodor Essingh, Kaufmann
Peter Joseph Mültens, Kaufmann und Stadtrath Ludolf Camphausen, Ober-
Regierungsrath Joseph Rolshausen, Justizrath Franz Joseph von Bianco, Land-
gerichtsrath August Reichensperger, Kaufmann und Präsident Heinrich Merkens,
Stadtrath Franz Joseph von Herwegh, Commercienrath Wilh. Ludwig Deichmann,
Kaufmann und Stadtrath Michael DuMont, Stadtbaumeister Johann Peter Weyer,
Bau-Inspector Matthias Biercher, Kaufmann Matthias Neven, Advocat-Anwalt
Dr. Joh. Baptist Haaß I., General-Procurator Franz Xaver Berghaus, Advocat-

1) Siehe Anhang I, Nr. 12.

Anwalt Joseph Compes, Rentner Paul Franck, Regierungs=Referendar Rudolf Schramm, Kaufmann Heinrich Haan, Kaufmann Franz Heuser, Pfarrer Matthias Kerp, Med.-Dr. Carl d'Ester, Gewerbevereins=Präsident Karl Vohl, Justizrath Ferdinand Esser II., Stadtrath und Präsident Dr. Eberh. von Groote, Regierungs= Präsident Karl Joh. Heinrich Ed. von Gerlach, Kaufmann Ignaz Seydlitz, Stadtrath Damian Leiden, Kaufmann Wilh. Bartman, Kaufmann Johann Jakob Boden, Rentner Dr. Friedrich Hohenschutz, General=Advocat Franz von Collenbach, Appellationsgerichts=Rath Friedrich von Ammon, Bürgerschullehrer Dr. Ernst Weyden, Kaufmann Wilhelm Hennekens. Als geborene Mitglieder gehörten dem Verein noch an: ein vom Domcapitel delegirtes Mitglied, der zeitige Oberbürgermeister von Köln und der Dombaumeister.

Im Lauf der Jahre wurden an Stelle der im statutenmäßigen Turnus oder durch Tod oder durch freiwilligen Rücktritt ausgeschiedenen Mitglieder in den Vorstand gewählt: Schenk, Mich., Justizrath und Beigeordneter; Leven, Peter, Kaufmann; Graeff, Friedr. Wilh., Appellationsgerichts=Rath; DuMont, Joseph, Zeitungs=Verleger; Schieffer, Joh., Kaufmann und Stadtrath; Frhr. von Devivere, Karl, Rentner; Boecker, Gottfr. Aloys, Advocat; Dr. Claessen, Anton Gottfr., Dompropst und Weihbischof; Harduing I., Otto, Advocat=Anwalt und Justizrath; Janoli, Franz Anton, Kaufmann; Bitter, Joh., katholischer Pfarrer; von Raumer, Karl Otto, Regierungs=Präsident; Herriger, Chrysostomus, Rentner; Dr. Pfarrius, Gust., Gymnasial=Oberlehrer; Thissen, Eug. Theod., katholischer Pfarrer; Haugh, Karl, Landgerichts=Rath (später Präsident); Nicolovius, Georg H. Franz, General= Procurator; Clavé von Bouhaben, Max, Rentner; Dr. Vosen, Chr. Hermann, Gymnasial=Religionslehrer; Rambour, Conservator des Museums; Scheper, Heinr., Kaufmann; Dr. Baudri, Joh., Generalvicar (später Weihbischof); Pütz, Wilhelm, Gymnasial=Oberlehrer (später Professor); Michels, Peter, Kaufmann; Eisen, Franz Karl, Buch= und Kunsthändler; Harperath, Wilh., Stadtbaumeister; Philipps, Jos., Lehrer an der höheren Bürgerschule; von Möller, Eduard, Regierungs=Präsident; Wolff, Franz Anton, Lehrer an der höheren Bürgerschule; Vill, Franz Mich., katholischer Pfarrer (später Domcapitular); Kreuser, Joseph, Gymnasiallehrer (später Professor); Breuer, Wilh., Elementar=Oberlehrer; Engels, Philipp, Kaufmann; Lenhart, Franz, Stuckaturer; Schmitz=Cöhnis, Heinr. Math., Kaufmann und spanischer Consul; Weber, Franz, königlicher Musikdirector und Professor; Pepys, Will. Hasledin, Goodirector; Leiden, Franz, Kaufmann; Heimann, Alb., General=Agent; Schaurte, Bürgermeister von Deutz; Grossmau, Friedr., Rentner; Oppenheim, Ed., Banquier (später Freiherr); Aldenhoven, Franz, Director der Hagel=Versicherung; Kleuser, Wilhelm, Rentner und Stadtrath; Verhagen, Joh., Kaufmann; Roggen, Friedr. Wilh., Kaufmann und Stadtrath; Merlo, Joh. Jak., Rentner; Schmitz=

Löhnis, Oswald, Kaufmann und spanischer Consul; Braubach, Michel, Kaufmann; DuMont, Michel, Buchhändler; Gaul, Math., Notar a. D.; Esser II., Robert, Advocat-Anwalt; Haanen, Barth., Kaufmann; Halm, Al. Jos. Ang., Domcapitular und Dompfarrer; Michels, Gust., Kaufmann (später Stadtrath); Merkens, Franz, Kaufmann; von Wittgenstein, Karl, Landrath; Boisserée, Christian, Rentner; von Bernuth, Otto, Regierungs-Präsident; Reisch, Rob., Bürgermeister von Deutz; Dr. Chargé, Jos., Schul-Inspector; Dr. Schellen, Heinr., Director der Realschule; Thewalt, Karl, Beigeordneter Bürgermeister; Dr. Ennen, Leonard, Stadtarchivar; Heuser, Robert, Kaufmann (später Stadtrath); Leonhardt, D., Kaufmann; Tilmes, W., Kaufmann; Hachner, Joh., Geh. Regierungs-Rath und Eisenbahn-Director; Saedt I., Otto, General-Advocat; Landwehr, Heinr. Jos., Notar und Justizrath; Baudri, Friedrich, Maler und Stadtrath; Jansen II., Franz, Advocat-Anwalt; Neven-DuMont, August, Kaufmann; Bachem, Alex, Ober-Bürgermeister a. D.; Steinbüchel, Joh. Jakob, Rentner; Schülgen, Franz, Gutsbesitzer; Loosen, Otto, Kaufmann und Stadtrath; Koch, Franz, Rentner; Bachem, Joh. Pet., Buchhändler; Solf, A., Banquier; Wolff, Theod., Kaufmann; Menken, Clem. August, Landgerichts-Rath; Schilling, Bald., Advocat-Anwalt und Stadtrath; Elven, August, Stadtrath; Farina, Johann Maria, junior, Kaufmann; Rennen, Jak., Geheimer Regierungs-Rath und Special-Director; Hoopelt, Wilh. Anton, Kaufmann und Stadtrath; Leyendecker, Wilh., Commercienrath und Stadtrath.

Geborene Mitglieder waren: der Oberbürgermeister Steinberger, der commissarische Bürgermeister Gräff, die Oberbürgermeister Stupp, Bachem, Dr. Becker; committirte Mitglieder des Domcapitels: Dr. Schweitzer, Dr. Troost, Dr. Broir, Dr. Frenken, die Dombaumeister Zwirner und Voigtel. In Ehrenmitgliedern, welche ihre Ernennung nicht einer materiellen, pecuniären Beisteuer, sondern einer wissenschaftlichen oder künstlerischen Thätigkeit im Interesse des Dombaues verdankten, wurden außer Sulpiz Boisserée und Eberhard von Groote der Musikdirector Dr. Franz Liszt, Prosper Ludwig Herzog von Arenberg, der Domcapitular Professor Dr. Scholz in Bonn, der Musikdirector Franz Weber und der Präsident des Kölner Männergesang-Vereins, Andreas Pütz, gewählt.

Nachdem die im §. 23 des Statuts vorgesehene Geschäftsordnung für den Vereinsvorstand von einer besonderen Commission ausgearbeitet und am 16. März vom Gesammtvorstand angenommen worden, ging man zur Wahl des Präsidenten und der übrigen Chargirten des Vorstandes über. Ehrenpräsident war der Coadjutor, spätere Cardinal-Erzbischof von Geissel, nach dessen Tode der Erzbischof Paulus Melchers. Zum Präsidenten wurde Heinrich von Wittgenstein und zum Secretär August Reichensperger gewählt. Beide waren sich wohl bewußt, welch schwere Bürde sie mit der Annahme der ihnen übertragenen Ehrenämter auf sich nahmen. Aber mit Rücksicht auf die große und heilige Sache, welcher sie ihre Kraft, Zeit und Begeisterung weihen sollten, entschlossen sie sich, mit Ernst und Gottvertrauen an die Arbeit zu gehen und ihre ganze Kraft einzusehen, auf daß der Verein befähigt werde, die hohe Aufgabe, die er sich gestellt, zu erfüllen. Es war bekannt, daß Herr von Wittgenstein es gewesen, der den ersten Anstoß zur Gründung des Vereins gegeben und sich nicht geringe Verdienste um das Zustande= kommen und die Organisation desselben erworben hatte, aber man war auch über= zeugt, daß es einem Unternehmen, welchem er seine Energie, sein Geschick und seine Kenntnisse weihte, an einem segensreichen Gedeihen nicht fehlen werde.

In der Vorstandssitzung vom 11. Mai 1843 wurden von Wittgenstein wieder zum Präsidenten und August Reichensperger zum Secretär gewählt. Ersterer erklärte, daß er die Wahl anzunehmen außer Stande sei, er halte außerdem dafür, daß es im Interesse des Vereins liege, wenn die Ehren und Lasten gleichmäßig vertheilt würden. Als er dem wiederholten Ansuchen der Versammlung gegenüber, die Wahl anzunehmen, bei seiner Ablehnung beharrte, wurde zur Neuwahl ge= schritten und die Mehrheit der Stimmen fiel auf den Ober=Regierungsrath Rols= hausen. Nach Rolshausen's Rücktritt im Jahre 1848 wurde der Vereins=Secretär Advocat=Anwalt und Justizrath, später Geheime Justizrath Ferdinand Esser II. zum Präsidenten gewählt. Nach seinem Tode, 5. März 1871, kam der Justizrath Dr. Joh. Baptist Haaß an seine Stelle, der im Jahre 1875 zurücktrat und am 15. December 1876 starb. Nach Dr. Haaß wurde der Ober=Bürgermeister a. D. Alexander Bachem zum Präsidenten gewählt. Nachdem dieser am 10. Februar 1878 gestorben war, kam der Kaufmann und Spanische Consul Oswald Schmitz an die Spitze des Vereins.

Reichensperger, der an das Landgericht von Coblenz versetzt wurde, legte am 17. April 1844 seine Stelle eines Vereins=Secretärs, die er fast zwei Jahre lang mit der reinsten Liebe zur Sache, mit Aufwendung von Zeit und geistiger Kraft und mit den erfreulichsten Erfolgen versehen hatte, nieder. An seine Stelle wurde der Justizrath Esser II. zum Vereins=Secretär gewählt. Als dieser 1848 zum Präsidenten gewählt wurde, erhielt der Pfarrer Eugen Thissen die Stelle eines Vereins=Secretärs, bis er wegen seiner Berufung an die katholische Stadtpfarre nach Frankfurt 1859 seine Stelle niederlegte. Es wurde nun der Religionslehrer Dr. Christian Vosen zum Secretär gewählt, der im Jahre 1865 zurücktrat und 1871 starb. An Vosen's Stelle wurde das Secretariat dem mittlerweile als Appellationsgerichts= rath nach Köln zurückgekehrten Dr. August Reichensperger wieder übertragen, der im Jahre 1871 zurücktrat. Darauf wurde der Kaufmann und Consul Oswald Schmitz, und als dieser 1878 an die Spitze des Vereins trat, der Notar a. D. Matthias Gaul zum Secretär gewählt.

Zu Mitgliedern des Verwaltungs-Ausschusses wurden am 16. März 1842 gewählt: Ludolf Camphausen, Ober-Regierungsrath Rolshausen, August Reichensperger, Heinrich von Wittgenstein, Johann Maria Farina, Peter Mülhens und von Bianco. Später traten in die durch freiwilligen Rücktritt oder durch Tod erledigten Stellen des Verwaltungs-Ausschusses ein: Dr. d'Ester, Fr. Heuser, Esser II., Dr. J. B. Haaß, Clavé von Bouhaben, Paul Franck, Pfarrer Thissen, Heinr. Math. Schmitz-Löhnis, Dr. Bolen, Franz Aldenhoven, Matthias Gaul, C. Haugh, Oswald Schmitz, Karl von Wittgenstein, Freiherr Eduard von Oppenheim, Erster General-Advocat Saedt, Alexander Bachem, Geheimer Bauraht Hähner, Rentner Christian Boisserée, Stadtrath Robert Heuser. Der Dombaumeister ist geborenes Mitglied des Ausschusses.

Es wurden noch gewählt im Laufe der Jahre 1842 bis 1880 als Mitglieder des Cassen-Curatoriums: Michael DuMont sen., Ignaz Seydlitz, Ober-Regierungsrath Rolshausen, Notar Gaul, Friedrich Grosman, Robert Heuser, Frz. Merkens; Mitglieder der Redactions-Commission des Domblattes: Dr. Ernst Weyden, Dr. Eb. von Groote, Paul Franck, M. Schenk, Dr. Gustav Pfarrius, Dr. Bolen, Joh. Kreuser, Advocat Hardung I., M. DuMont, J. J. Merlo, Bürgermeister C. Thewalt, Dr. Ennen; der Dombaumeister, der Secretär des Vereins und der Protocollführer sind geborene Mitglieder dieser Commission; Bibliothecare: Paul Franck, Buchhändler Eisen, Buchhändler M. DuMont, Director Schellen; Protocollführer: Blömer, Professor Pütz, Wilhelm Menser, Director Schellen.

Zur Besorgung der umfangreichen Geschäfte, insbesondere der Cassenführung, wurde gleich nach der Gründung des Vereins der Civil-Supernumerar bei der königlichen Regierung, Jakob Joseph Nelles, angestellt. Als Rendant und Vorsteher des Secretariats hat Nelles jetzt volle achtunddreißig Jahre mit Gewandtheit, Eifer und Pflichttreue seine Obliegenheiten versehen.

Im Schooße des Vorstandes würdigte man gleich nach der Gründung des Vereins die Bedeutung und Wirksamkeit eines eigenen, periodisch auszugebenden Vereins-Organs in richtiger Weise. Ein Blatt, welches lediglich die Aufgabe hatte, dem Publicum von der Thätigkeit des Vereins genaue Kunde zu geben, die Erkenntniß über Wesen und Bedeutung des Unternehmens auf immer weitere Kreise auszudehnen und durch kunsthistorische, ästhetische und andere auf den Dom und die gothische Baukunst bezügliche Arbeiten das Interesse am Dombau rege zu halten und demselben immer mehr Freunde zu werben, mußte der Dombausache in hohem Grade förderlich sein. Man war überzeugt, daß ein solches Organ in vorzüglichem Grade geeignet sei, die geweckte Begeisterung lebendig zu erhalten und die lebendige, innere Verbindung zwischen dem Centralverein und den Hülfsvereinen und unter den Vereinsmitgliedern überhaupt zu vermitteln. Der Verleger der Kölnischen Zeitung, M. DuMont-Schauberg, erbot sich, das projectirte Domblatt seiner Zeitung gratis beizugeben und ein besonderes Abonnement für 10 Sgr. jährlich zum Besten der Vereinscasse zu eröffnen. Die erste Nummer dieses Blattes, dessen Redaction hauptsächlich in der Hand des Vereins-Secretärs August Reichensperger lag, erschien am 3. Juli 1842. Der vorgedruckte Prospectus sagte: „Seit dem Augenblick, wo der Glaube an den Fortbau und die Vollendung des kölner Domes das deutsche Vaterland, unter freudiger Theilnahme der ganzen gebildeten Welt, zu einem neuen, schönen Streben vereint, und dieser Verein in dem Protectorate Friedrich Wilhelm's IV. die königliche Bürgschaft der thatkräftigsten Wirksamkeit und des sichern Erfolges gewonnen hat, ist die Nothwendigkeit eines Vereins-Organs, als eines geistigen Mittelpunktes des Vereins, eines Mediums, wodurch die ganze Mannigfaltigkeit des einzelnen Wirkens und Strebens zur gleichzeitigen Erscheinung für die Gesammtheit kommen möchte, mit jedem Tage mehr erkannt, und der Mangel desselben in der letzteren Zeit bereits mehrfach zur Sprache gekommen. — Der Unterzeichnete (M. DuMont-Schauberg) glaubte zur Abhülfe dieses Mangels Einiges beitragen zu können, indem er die ‚Kölnische Zeitung' als kostenfreie Vermittlerin zwischen dem Vorstande und dem Publicum zur Verfügung stellte. Die Anerkennung und Annahme seines dem Central-Dombauvereins-Vorstande desfalls gemachten Anerbietens hat die damit wirklich wahrgenommene Sicherung und Förderung der Vereins-Interessen außer Zweifel gestellt. Die von dem Vorstande zur Herausgabe des Vereins-Organs seitdem gethanen Schritte sind mit dem besten Erfolge gekrönt worden. Die Concession ist erfolgt, und für den ganzen Umfang der preußischen Monarchie durch des Herrn General-Postmeisters Excellenz, in besonderer Berücksichtigung des erhabenen Zweckes, die völlige Porto- und Provisions-Freiheit hochgeneigtest zugestanden. Der Unterzeichnete ist daher in der Lage, hierdurch anzuzeigen, daß nunmehr als Eigenthum des Dombauvereins in seinem Commissions-Verlage erscheint: das ‚Kölner Domblatt'.

„Dasselbe wird dem oben angedeuteten Zwecke nach zunächst die amtlichen Mittheilungen enthalten, die von dem Vorstande des Central-Dombauvereins über seine eigene Wirksamkeit und über jene der Hülfs- und sonstigen Vereine in möglichster Ausführlichkeit und Vollständigkeit werden gegeben werden. Die desfallsige erste Abtheilung des Blattes umfaßt also die Protocolle, Berichte, Anzeigen, Bekanntmachungen, Aufforderungen u. s. w. des Central-Dombauvereins, Mittheilungen über die Gestaltung und die Erfolge der Hülfs-Vereine und über alles, was von diesen Vereinen und in ihnen durch gemeinschaftliches Streben und durch besonderes Wirken Einzelner geleistet wird; sie gibt Nachricht von jeder fernerweiten Theilnahme an dem Vereinszwecke und von der Förderung der Vereinsmittel, wie immer und in welcher Weise sich diese Theilnahme und Förderung kundgibt; sie veröffentlicht die Verzeichnisse der Vereinsmitglieder und der Beiträge, und sie theilt endlich die sämmtlichen officiellen Actenstücke nochmals mit, die den Central-Dombauverein zu Köln von seiner Gründung bis zum Tage der ersten Nummer des ‚Kölner Domblattes‘ zum Gegenstand haben; so daß das ‚Kölner Domblatt‘ in diesem amtlichen Theile ein vollständiges Archiv aller Bestrebungen und Leistungen des Central-Dombauvereins und der mit ihm verbundenen Hülfsvereine in ihrem ganzen Umfange darstellen wird.

„In der zweiten Abtheilung wird das ‚Kölner Domblatt‘ die Geschichte der mittelalterlichen Baukunst im Allgemeinen behandeln, insbesondere aber alles das mittheilen, was uns über die Geschichte unseres Domes und seines Baues aufbewahrt blieb; es wird andeuten und auszuführen suchen, was in allgemein historischer und kunstgeschichtlicher Hinsicht auf unsern Dom oder sonst auf die Theorie und die Technik der Kirchenbaukunst des Mittelalters Bezug hat, und sich in dieser Hinsicht über christliche Bau-Symbolik, über das Verhältniß des Bauwerkes zum Cultus und seinen Zusammenhang mit der Liturgie verbreiten; es wird Ansichten, Meinungen, Vorschläge u. s. w. jeder Art über den Modus des Fortbaues, die Beschaffung und Mehrung der Baumittel u. s. w. vorbringen, dabei jeder Ueberzeugung und Auffassungsweise freie Bewegung lassen, und keine andere ausschließen, als die dem Zwecke des Vereins, der Förderung und der Vollendung des Werkes selbst offenbar widerstreitet."

Nachdem das Domblatt ungefähr zwei und ein halbes Jahr lang alle acht Tage ausgegeben worden, zeigte sich, daß es unmöglich war, jede Woche einen Druckbogen mit Arbeiten zu füllen, welche sich lediglich auf den Dombau oder auf die gothische Baukunst bezogen. Die Redaction gerieth bald in Verlegenheit um Material und sie sah sich genöthigt, in Bezug auf den Inhalt der zum Abdruck gegebenen Arbeiten über die ursprünglich gesteckten Gränzen hinauszuschreiten. Der Verleger erklärte im November 1844 dem Vereins-Vorstande, er glaube, daß ein Bedürfniß, das Domblatt wöchentlich erscheinen zu lassen, nicht mehr obwalte; es zeige sich dies namentlich darin, daß in letzter Zeit die Nummern mit Aufsätzen gefüllt seien, welche nur in entfernter Beziehung zum Dombau ständen. Darum machte er den Vorschlag, das Blatt vom 1. Januar 1845 ab nur zweimal im Monat erscheinen zu lassen. Der Vorstand ging auf diese Proposition ein; doch ehe mit Beginn des Jahres 1845 die beliebte Aenderung in der Ausgabe des Domblattes eintrat, entschloß man sich, das Blatt auf ein einmaliges Erscheinen im Monat zu beschränken. Später erschien es in längeren Zwischenräumen. Im Jahre 1879 wurde wieder Vorsorge getroffen, daß alle zwei Monate ein Blatt im Umfange von einem halben Bogen erscheine.

Das Domblatt ist das erste, ausschließlich der christlichen Kunst gewidmete Organ, welches bis 1841 in Deutschland erschien. Dasselbe hat manches gute Korn an Orte getragen und zum Keime gebracht, wo der Boden bis dahin für Pflege der deutschen Kunst unfruchtbar zu sein schien.

Es lag im Interesse der Dombausache, daß die Geschäfte der alljährlichen General-Versammlung, in welcher der statutenmäßig nach der Anciennetät aus dem Vorstand scheidende vierte Theil der Mitglieder durch Stimmzettel ergänzt wurde, in Begleitung einer gewissen Feierlichkeit abgemacht wurden. Man traf darum die Anordnung, daß an die Hülfsvereine eine Einladung zur Theilnahme an der Wahlversammlung ergehen und die Wahlhandlung selbst durch ein feierliches Hochamt eingeleitet werden solle; in feierlichem Zuge sollten sich dann in Begleitung sämmtlicher Domwerkleute unter Vortragung des Vereinsbanners die Mitglieder nach dem Gürzenich begeben, dort die Berichte des Präsidenten, des Secretärs und des Dombaumeisters entgegennehmen und die Ergänzungswahlen vornehmen. Alle drei Jahre erhielt die Versammlung dadurch eine erhöhte Feierlichkeit, daß an die Mitglieder ein besonderes Gedenkzeichen, meist eine Abbildung des Domes in dem derzeitigen Zustande, überreicht wurde. Als statutenmäßiges Vereins-Gedenkzeichen wurde in den Jahren 1848, 1854, 1857, 1860, 1863, 1866, 1869, 1872 und 1875 eine Abbildung des Domes in seinem jezeitigen Zustande an diejenigen Vereinsgenossen vertheilt, welche den regelmäßigen Jahresbeitrag während der letzten drei Jahre entrichtet hatten. Im Jahre 1854 ließ der Vorstand als Erinnerungszeichen eine Denkmünze aus Britannia-Metall prägen und vertheilen, welche auf der einen Seite den Dom, von der Nordseite gesehen, zeigt, während die andere die Inschrift trägt: „Erste Hauptversammlung der Dombauvereins-Genossen"; in der Mitte steht: „Eintracht und Ausdauer"; eine Votivtafel zeigt die Wappen der Stadt Köln und des Domcapitels.

Der Dombauverein, bei dessen Organisation zur Verfolgung des großen Zieles sowohl den patriotischen und nationalen wie den religiösen und kirchlichen Gedanken und Intentionen der einzelnen Mitglieder Rechnung getragen war, verstand es, in allen Schichten des deutschen Volkes vom Fürsten bis zum schlichten Arbeiter der Dombausache eine große Zahl von Freunden zu werben, durch deren Opferwilligkeit es ermöglicht wurde, das große Werk mit festem Vertrauen auf den göttlichen Beistand zu beginnen und trotz der ihm entgegentretenden vielfachen Schwierigkeiten nach achtunddreißigjährigem Wirken zu vollenden.

Die einzelnen Mitglieder des Vorstandes unterzogen sich der Mühe, in den Städten Köln und Deutz die Beiträge der einzelnen Vereinsmitglieder persönlich einzusammeln. Durch einen besondern Aufruf, der den kölner Bürgern die Dombausache warm ans Herz legte, wurde jedes Jahr auf diesen Rundgang der

Vorstandsmitglieder aufmerksam gemacht. Der erste dieser Aufrufe, vom 31. März 1842, lautet: „Indem der Vorstand des kölner Dombauvereins seine Wirksamkeit beginnt, fühlt er sich gedrungen, vor allen Dingen seinen herzlichen Genossengruß denen zuzurufen, die bisherau durch Wort und That für seinen Zweck gewirkt haben, so wie jenen, welche bereit stehen, zu gemeinsamem Streben für die Folgezeit sich anzuschließen.

„Ein Unternehmen, an dessen Spitze schon jetzt zwei hochgesinnte deutsche Könige stehen, welches so viele der Edelsten und Besten schon für eine Ehrensache unserer Nation erklärt haben, — ein solches Unternehmen bedarf nicht erst der Anpreisung von unserer Seite; wohl Jedem sagt es die innere Stimme, daß dasselbe Epoche machen wird in der Geschichte Deutschlands. — Wer fühlt sich nicht im tiefsten Gemüthe ergriffen bei dem Gedanken, daß ein Bau, dessen Ruhm durch so viele Länder tönt, dessen riesenhafter Plan die menschliche Kraft weit zu überragen schien, den drei Jahrhunderte schon hoffnungslos aufgegeben, — daß der Bau ohne Gleichen vielleicht noch vor den Augen der lebenden Generation dastehen wird in der Glorie seiner Vollendung?

„Wem schlägt das Herz nicht höher bei solchem Gedanken, und welche Hand rührt sich nicht, auf daß der Wille unverzüglich zur That werde und Zeugniß gebe von dem lebendigen Aufschwunge der Gegenwart in Kraft und Gesinnung?

„Mit freudigem Stolze sieht Köln auf seine Kathedrale, an deren Geschichte sich die bedeutungsvollsten Erinnerungen knüpfen, einen der ersten Sitze des Christenthums in Deutschland. Köln wird den ihm anvertrauten Hort in Ehren zu halten wissen und gern demselben jedes Opfer bringen. Aber der Dom ist nicht bloß das Monument einer Stadt, einer Provinz; durch die Gedanken und Anschauungen, welche in ihm niedergelegt sind, gehört er zugleich den weitesten Kreisen an; was im Dom lebt, darf nicht in Ringmauern gebannt werden; in steter Wechselströmung muß es anregend und befruchtend dahin wogen, verkündend die Macht und Herrlichkeit des menschlichen Geistes, wenn derselbe unter dem Einflusse einer großen, einer göttlichen Idee wirkt.

„Und so ergeht denn an Alle, nah und fern, reich und arm, der Aufruf, nach besten Kräften bei dem Werke mitzuhelfen, für welches wir hier zusammengetreten sind. Jeder gläubige Christ, jeder Deutsche, jeder, der in dem Hohen und Schönen einen Ausfluß des ewig Wahren erkennt, möge die Bruderhand uns reichen, dem von Seiner Majestät unserm Allergnädigsten Könige in besondern Schutz genommenen Verein sich helfend anschließen und nicht ermatten, bis dahin, daß die reiche Zackenkrone den Scheitel des Riesenbaues rings umschließt und auf den Thürmen das siegreiche Zeichen des Kreuzes himmelwärts deutet.

„Der Katholik baut an seinem Gotteshause, in welchem der Genius der

Kunst auf den Schwingen der Religion den höchsten Flug genommen. Alle aber fördern das herrlichste Denkmal deutschen Sinnes, deutscher Kraft, deutscher Eintracht.

„Unser erlauchter Herrscher geht uns voran, laßt uns alle ihm folgen! Es gilt ja das Heiligste und Schönste: Religion, Vaterland, Kunst, sie rufen mit vereinter Stimme.

„Der allmächtige Gott, zu dessen Preis und Ehre das Werk gereichen soll, möge demselben seinen Segen verleihen, — unser Wahlspruch aber sei: Eintracht, Ausdauer!"

## II.

Als eine günstige Vorbedeutung für den guten Erfolg der Bestrebungen des jungen Vereins mußte es erscheinen, daß in der ersten Sitzung des Vorstandes erklärt werden konnte, der Mann, dessen kunsthistorische Arbeiten so eng mit dem Dome verwachsen waren, der damals in München wohnende Dr. Sulpiz Boisserée, habe seine volle Sympathie für die Sache des Vereins geäußert und sich als Vereinsmitglied angemeldet. Das bezügliche Anschreiben sagte: „Ein Wort, welches ich vor vielen Jahren aus dem Innersten meiner Seele über die hohe und ernste vaterländische Bedeutung unseres Domes gesprochen, hat durch die geist- und gefühlvolle Weise, womit ein edel gesinnter Mann es bei Ihrer Berathung über die Bildung des Vereins angewandt, einen so schönen Anklang gefunden und eine so erfolgreiche Wirksamkeit gehabt, daß die Kunde, die mir davon in weiter Ferne zukam, mich tief gerührt und mit Dank gegen den Höchsten erfüllt hat, der mein Wort durch einen unbekannten Freund zu einem fruchtbaren Samenkorn hat machen wollen. — Ich habe mich von dem Augenblicke an als ein Mitglied Ihres Vereins betrachtet, und nun, nachdem die königliche Genehmigung erfolgt ist, möchte ich an der Sitzung, womit Sie Ihre Wirksamkeit beginnen, wenigstens durch Gruß und Zeichen Theil nehmen. — Mein Gruß sei der Wunsch: So wie der Zweck Ihres Vereins ist, die Vollendung des erhabenen Gotteshauses zu fördern, welches zugleich ein Denkmal deutscher Eintracht werden soll, so möge auch der Geist der Eintracht in allen seinen Verhandlungen herrschen und die Fülle des Segens über alle seine Bemühungen kommen! — Das Zeichen meiner Theilnahme aber sei das Werk,[1] in welchem ich gesucht habe, durch Bild und Wort einen Begriff zu geben von dem in seiner sinnvollen Großartigkeit und kunstreichen Gediegenheit einzigen Denkmale, wie der geniale Baumeister daselbe

---

[1] Es ist dies das in der Abtheilung „Literatur" unter Nr. 16 aufgenommene Werk.

gedacht und unsere muthigen Voreltern es gewollt haben. — Nehmen Sie diese Gabe als einen kleinen Beitrag meiner Arbeit zur besten Verwendung für das große Werk, und rechnen Sie nicht nur auf meine, sondern auch auf meines so eng mit mir verbundenen Bruders Melchior eifrige Theilnahme in allen Stücken, wo es in unsern Kräften stehen wird, den schönen Zweck Ihres Vereins zu fördern."

In der zweiten Sitzung des Vorstandes, am 10. März 1842, erschien, vorher durch eine eigene Deputation eingeladen, der Coadjutor Johannes von Geissel und übernahm den Ehrenvorsitz. Er richtete an die Versammlung folgende Worte: „Sie haben die Güte gehabt, mich durch eine aus Ihrem Gremium gewählte Deputation zur Theilnahme an Ihren Berathungen über den Ausbau des Domes und als Stellvertreter des Herrn Erzbischofs zum Ehrenvorsitze in Ihren Versammlungen einzuladen. Mit Vergnügen gebe ich mir die Ehre, dieser freundlichen Einladung hiermit zu entsprechen. Indem ich daher heute zum ersten Male in Ihrer Mitte erscheine, kann ich mit der Aeußerung meines warmen Dankes für die mir erwiesene Ehre nur die Gefühle wiederholen, welche ich bereits gestern Ihrer verehrlichen Deputation in wenigen Worten angedeutet habe. Diese Gefühle sind die der lebhaftesten Theilnahme an Ihren edlen Bestrebungen. Ich nenne diese Bestrebungen edel, denn sie gelten einem schönen Werke, einem Gotteswerke; und gern bringe ich hierzu meine persönliche und amtliche Mitwirkung nach allem Vermögen. Seither ein Deutscher und Rheinländer, bin ich nun auch ein Kölner geworden; Ihre Bemühungen zum Ausbau Ihres altehrwürdigen Münsters müssen daher meine lebendigsten Sympathien in jeder Richtung rege machen. — Was Sie fördern und vollenden wollen, ist ja ein kölnisches Werk, die Zierde Ihrer Stadt, die auch mir fortan, wie Ihnen, lieb und werth ist. Es ist ein rheinländisches Werk, unter allen Domen, welche von der Quelle des Altvaters Rhein bis zu seiner Mündung, nach dem Ausdruck Ihres Rheinland-Sängers, in seine Fluten sehen, der erhabenste und herrlichste. Es ist ein deutsch-vaterländisches Werk, begonnen in jener großartigen, dem Dienste Gottes geweihten Baukunst, welche wir vorzugsweise die deutsche nennen, und nun fortgesetzt und, will's Gott, vollendet durch die milden Gaben brüderlicher Eintracht und christlicher Liebe aus allen deutschen Volksstämmen und Gauen. — Aber auch höher noch liegen meine Sympathien für Ihre Bestrebungen: Der Ausbau eines Gotteshauses, die Vollendung der altehrwürdigen Mutterkirche des Rheinlandes, der hohen Kathedrale, welche, wie ihr Name dieses ansagt, den erzbischöflichen Stuhl in ihrem Chore trägt, und in welcher, wie von Alters her, unablässig Gebete geschehen für diese Stadt, den König und das Vaterland. Darum fühle ich die lebhafte Theilnahme für dieses schöne Werk, wie als Deutscher,

Rheinländer und Kölner, so zuletzt noch in noch höherem Maße als katholischer Bischof, als Stellvertreter des Hohenpriesters in diesem Tempel, als Hüter seines Stuhles im Gotteshause; und Sie, meine verehrten Herren, werden gewiß meine Gefühle verstehen, wenn ich sage, daß ich mich glücklich schätze, mit dem mir gewordenen Berufe der oberhirtlichen Pflege des geistigen Baues der Kirche unter Ihnen zugleich auch mit Ihnen den leiblichen Ausbau dieses Gotteshauses fördern zu können, damit durch den einen Bau wie durch den andern der Gottesfriede, die Eintracht und die christlich-brüderliche Liebe verwirklicht werde. — Und so gebe denn Der, Dem Sie das Haus bauen, dem wohlgefälligen Werke Gedeihen! Möge, wie die Mauern emporsteigen in die Wolken, Sein Segen in reicher Fülle herabkommen über diese Stadt und dieses Erzbisthum, über den König und sein königliches Haus, über das gesammte deutsche Vaterland, seine Fürsten und sein Volk! Ja, so möge es werden, — so geschehe es!"

Der Coadjutor gab die Zusage, daß er allen Verhandlungen des Vorstandes, insofern ihn nicht dringende Amtsgeschäfte abhalten würden, beiwohnen werde. „Damit ich aber", schrieb er dabei, „an dem vom Vereine mit so regem Eifer geförderten schönen Werke, welches mich auf das lebhafteste interessirt, nicht bloß durch Rede und Rath, sondern auch mit Hand und That Theil nehme, so bitte ich, mich auch als Mitglied mit einem Jahresbeitrag von 100 Thalern, welcher für das erste Jahr hier angefügt ist, einzuzeichnen zu wollen."

Es war keine leichte Aufgabe, die Geschäfte des Vereins mit gutem Erfolg für die große Sache zu leiten und das Statut zur Grundlage für eine, einem großen Theil der Edelgesinnten des ganzen deutschen Volks umfassende Organisation zu machen. Zwar war dem Verein allseitig eine lebhafte Begeisterung entgegengetragen worden, aber es galt nun, dafür zu sorgen, daß dieses Feuer nicht rasch wieder erlösche und daß die Zahl der Dombaufreunde sich immer mehre. Mit Freuden hatte der Vorstand aus dem Munde des Coadjutors von Geissel vernommen, daß der kunstsinnige König Ludwig von Baiern erklärt habe, daß er sich mit Eifer die Förderung der Dombausache werde angelegen sein lassen. In einem Schreiben an den Ober-Präsidenten von Bodelschwingh vom 23. Februar 1842 sagte der Coadjutor: „Für den Ausbau des kölner Domes, für welchen auch der König von Baiern sich lebhaft ausgesprochen hat, habe ich hier und in der Speyerer Diöcese noch nachdrücklich gewirkt. Die Sache geht sehr gut, und es sind Beiträge zu hoffen." König Ludwig schrieb am 11. März an den Coadjutor: „Ihnen wird bekannt sein, wie auch ich mich des Ausbaues des kölner Domes, des im Spitzbogenstyl unerreichten, thätig annehme." In einem 14 Tage später geschriebenen Briefe heißt es: „Recht angelegen nehme ich mich des kölner Dombauvereins an."

Auf Anregung des Königs Ludwig bildete sich auch in Baiern in engem Anschluß an den kölner Centralverein „ein baierischer kölner Dombauverein". Wie der König, so nahm auch das baierische Volk hohes Interesse an der glücklichen Lösung der hohen Aufgabe, welche man sich in Köln gestellt. Schon am 26. März 1842 konnte der Fürst Eugen Wrede an den Coadjutor von Geissel schreiben: „Ich kann mir das Vergnügen nicht versagen, Euer bischöflichen Gnaden Kenntniß von dem sehr günstigen Fortgang zu geben, welchen die Bemühungen des Dombauvereins in der Pfalz finden. Mit Ausnahme einiger wenigen Bezirke zeigt sich allerwärts eine rege und kräftige Theilnahme; insbesondere ist es erfreulich, daß ganze Gemeinden als solche, d. h. als Corporation, unabbrüchig der von den Einzelnen aus ihrer Mitte gesteuerten Beiträge, dem Verein als ständige Mitglieder desselben beizutreten begonnen haben. Die von einzelnen Curatelbehörden gegen die Zulässigkeit einer solchen fortdauernden Verpflichtung der Communen erhobenen Bedenken sind durch eine generalisirte Regierungs=Verfügung nicht allein beseitigt, sondern zugleich auch den Amtsvorständen solche Weisungen ertheilt worden, daß gerade durch diese Betheiligung der Gemeinden ein eben so namhafter als gesicherter Beitrag der Pfalz für den Ausbau des kölner Domes zu gewärtigen steht."

Im September 1842 erhielt der Centralvereins=Vorstand die erfreuliche Nachricht, daß der baierische Dombauverein in allen Kreisen des Königreichs nach den Bestimmungen der vom König genehmigten Statuten vollständig organisirt sei und lebhafte Theilnahme im baierischen Volke gefunden habe. Der Beitrag des einzelnen Mitgliedes betrug einen Gulden. In Gemäßheit der statutarischen Bestimmungen und in Folge einer königlichen Entschließung vom 22. October 1842 beschloß der bei der Stiftung des genannten Vereins vom Könige unmittelbar gewählte provisorische Verwaltungs=Ausschuß seine Thätigkeit, und es wurde durch Stimmenmehrheit des Gesammtvereins im Königreiche Baiern für die nächsten drei Jahre der definitive Verwaltungs=Ausschuß gewählt, welcher sich am 21. Januar 1843 constituirte. Gleichzeitig wurden die Wahlen der Kreis=Ausschüsse in den acht Regierungsbezirken des Königreichs vollzogen und somit die innere Organisation des Vereins vollendet.

Noch hatte das Statut des kölner Centralvereins die königliche Genehmigung nicht erhalten, als sich schon in Stuttgart, im April 1841, ein „Kölner Dombauverein" bildete, welcher es sich zur Aufgabe stellte, ein Schiff voll Heilbronner Bausteine für den Dombau zu liefern. In der Vorstandssitzung vom 5. Juli 1842 konnte der Präsident die Mittheilung machen, daß die Angelegenheiten des Vereins nach allen Richtungen einen guten Fortgang genommen hätten, daß die Theilnahme für den Dombau sich in immer weiteren Kreisen verbreite und befestige, und daß in steigendem Maße befriedigende Erfolge den allseitigen Bestrebungen entsprochen hätten.

Der kölner Mutterverein sah sich bald umgeben von einer Schaar Zweigvereine, so daß man der gegründeten Hoffnung leben konnte, die schöne Kette werde bald die ganze große deutsche Familie umschlingen und in herzlicher Liebe vereinigen, und mit gesammten Kräften werde man das erhabenste Denkmal, welches die Frömmigkeit, der Kunstsinn und die Thatkraft der Väter begonnen, aber unvollendet den Nachkommen hinterlassen hatten, fortbauen und vollenden können. Bereits am 4. September 1842 waren bei dem ersten Dombaufeste in Köln vertreten die Hülfsvereine von: Aachen, Altenkirchen, Arnsberg, die baierischen Vereine, Bergheim, Berlin, Bonn, Borken, Brauweiler, Breslau, Brühl, Burtscheid, Cleve, Coblenz, Coesfeld, Dortmund, Düren, Düsseldorf, Efferen, Elberfeld, Erfurt, Erkelenz, Eschweiler, Essen, Eupen, Frankfurt, Freiburg i. Br., Geilenkirchen, St. Goar, Hamm, Hanau, Heidelberg, Hürth, Jülich, Kerpen, Königswinter, Linz, Longerich, Magdeburg, Mainz, Merzig, Mülheim a. d. R., Münster, Neuwied, Oldenburg, Paderborn, Potsdam, Saarbrücken, Sayn, Siegburg, Solingen, Stolberg, Trier, Unkel, Warendorf, Werden, Wetzlar.¹)

Bis nach America dehnte sich das Netz der Hülfsvereine aus. Gleich nachdem die Kunde von der Gründung des Central-Dombauvereins über den atlantischen Ocean gedrungen war, vereinigten sich mehrere Dombaufreunde in der Hauptstadt Mexico's, um unter ihren Landsleuten in der Republik Beiträge zu sammeln, und bildeten zu diesem Zweck einen Filialverein.

Der Ausschuß, dessen Arbeiten in hervorragender Weise von dem Präsidenten von Wittgenstein und dem Secretär August Reichensperger gefördert wurden, verstand es, das Netz der Hülfsvereine so zu organisiren, daß es sich zu förderlicher, gemeinsamer Thätigkeit an den Centralverein anschloß; er wußte eine solch innige Vereinigung aller auswärtigen Vereine mit dem kölner Centralverein zu vermitteln, daß die Individualität dieser Einzel-Stiftungen rücksichtlich der Verfolgung ihrer besonderen Ansichten gleichzeitig aufrecht erhalten und zugleich erstrebt wurde, daß alle Vereine in dem Endzweck zusammenstanden, dem Bauwerke die Betheiligung des ganzen deutschen Volkes und die Liebe der ganzen gebildeten Welt zuzuwenden.

Eine Bürgschaft für die Nachhaltigkeit der auf die Vollendung des Domes gerichteten Bestrebungen mußte darin erkannt werden, daß die Dombausache in den Herzen der Jugend einen festen und fruchtbaren Boden fand, und daß Eltern und Lehrer es sich angelegen sein ließen, das Feuer und die Begeisterung für dieselbe

---

1) Das Verzeichniß sämmtlicher Hülfsvereine siehe im Anhang Nr. 12.

in den jugendlichen Gemüthern der Elementarschüler und der Zöglinge der höheren Unterrichts-Anstalten zu entzünden und zu nähren. Es wurde darum ein Filial-Dombauverein der Elementarschulen gegründet. Eine dankenswerthe Unterstützung fand der Centralverein an der akademischen Jugend, welche sich an verschiedenen Akademien und Universitäten zusammenschloß, um den kölner Prachtbau fördern zu helfen. Es sollte in den Annalen des kölner Dombaues dereinst gelesen werden, daß Deutschlands hoffnungsvolle Jugend in frischer und thatkräftiger Begeisterung mit Hand ans Werk gelegt habe, um das größte Kunstwerk Europa's seiner Vollendung entgegenzuführen. Es gelang, akademische Dombauvereine zu gründen in: Berlin, Braunsberg, Breslau, Brixen, Bonn, Dillingen, Freiburg, Gießen, Heidelberg, Hildesheim, Innsbruck, Klagenfurt, Kremsmünster, Leitmeritz, Linz, Luxemburg, München, Münster, Paderborn, Pelplin, Rostock, Rottenburg, Trier und Tübingen.

In der Stadt Köln bildeten sich zur Unterstützung der Bemühungen des Centralvereins verschiedene kleinere Vereine, welche sich bemühten, die Liebe zur Dombausache in allen Schichten der kölner Bürgerschaft zu wecken und rege zu halten. Es waren dies: der Freundschaftliche Dombauverein, der Brüderliche Dombauverein, der Bürgerliche Dombauverein, der Gesellige Dombauverein auf den Eigelstein, der Verein von Dombaufreunden bei Klütsch. Unter der Geistlichkeit bildete sich die Priester-Bruderschaft unter dem Schutz des h. Petrus. Jedes Mitglied dieser Bruderschaft verpflichtete sich zu einem Jahresbeitrag von 3 Thlrn. und einer letztwilligen Verfügung zu Gunsten des Dombaues.

Sobald der Vorstand vollständig organisirt war und die Ueberzeugung gewonnen hatte, daß die von ihm befolgten Grundsätze bei der Erstrebung seines hohen Zieles glänzende Erfolge ergeben würden, konnte er mit dem wohlthuenden Gefühl innerer Befriedigung in einer besonderen Adresse dem Könige seinen Dank für die der Dombausache bewiesene hohe Theilnahme aussprechen: „In tiefster Ehrfurcht", sagt diese Adresse vom 5. Juli 1842, „naht der unterthänigste Vorstand des kölner Dombauvereins dem Throne Ew. Königlichen Majestät, um für sich und die Vereinsgenossen den wärmsten Dank für die Huld darzubringen, welche von der Höhe dieses Thrones herab seinen Bestrebungen zu Theil geworden ist. Schon längst würde der Vorstand sich bereit haben, diese schönste seiner Pflichten zu erfüllen, wenn er nicht geglaubt hätte, daß Ew. Majestät diejenige Danksagung die wohlgefälligste sein würde, welche, die That zu dem Worte fügend, zugleich Rechenschaft darüber ablegt, wie er bisheran bemüht gewesen, durch sein Wirken der königlichen Huld sich einiger Maßen würdig zu zeigen.

„Der erhabene Bau, um welchen wir versammelt stehen, nachdem er durch weltgeschichtliche Katastrophen ins Stocken gerathen und Jahrhunderte hindurch dem Verderben Preis gegeben war, schien bereits rettungslos verloren zu sein, als unter der ruhmreichen Herrschaft Friedrich Wilhelm's des Dritten plötzlich ein neuer Hoffnungsstrahl auf denselben fiel und das Feuer der Begeisterung, welches in den Tagen der Gründung des Werkes in lichter Flamme aufgelodert war, von Neuem entzündete. Die frühere Muthlosigkeit begann in vielen Gemüthern der frohen Hoffnung Raum zu geben, daß der Bann, welcher auf dem Baudenkmale zu ruhen schien, doch noch gelöst werden könne.

„Doch den vereinzelten Kräften und Bestrebungen fehlte immerhin der Zusammenhalt, der Gesammtheit das Haupt. Als darauf Ew. Majestät den Thron Ihrer erlauchten Ahnen bestiegen, da war alsobald das Wort: ‚Jetzt oder nie!' in Aller Munde. Der Fürst, dessen heller Blick in den Gebieten jeder Kunst und Wissenschaft längst schon aller Orten erkannt worden, welcher von früher Jugend an ein warmer Bewunderer unseres hehren Tempels und ein besonderer Gönner des schönen Rheinlandes war, dessen höchste Zierde dieser Tempel ist: dieser Fürst schien von der Vorsehung berufen, um das Siegel der Vollendung dem Werke aufzuprägen, an welchem so viele Generationen schon verzagend vorübergegangen waren. Und dieser Glaube — mit freudig bewegtem Herzen und tiefgefühltem Danke sprechen wir es aus —, dieser Glaube wurde nicht getäuscht; es ward ihm vielmehr die schönste Verwirklichung zu Theil, indem Ew. Königliche Majestät das Protectorat über den hier zusammengetretenen Verein allergnädigst zu übernehmen und zugleich durch einen Act glänzender Freigebigkeit die Grundlage zu der neuen Bauhütte zu legen geruheten. Auf die Kunde von diesen königlichen Entschließungen fühlte ein Jeder sofort, daß eine neue Aera in der Geschichte des Bauwerkes im Beginnen sei; allenthalben, vorzugsweise aber in hiesiger Stadt, zeigte sich alsobald eine nie gesehene Regsamkeit, und mit wahrem Enthusiasmus sah man sich Alle in die Bahn des großen Unternehmens drängen, auf welcher ihr geliebter Monarch ihnen vorausgegangen war.

„Der religiöse Sinn, welchem das unvergleichliche Gotteshaus die schönste Verherrlichung des gottgeoffenbarten Glaubens ist, die Liebe zum Vaterlande, die im Dome das erhabenste Erzeugniß des deutschen Geistes, eine Gottesburg gegen die Feinde der Nation erblickt, endlich die Begeisterung für die heilige Kunst — alle diese edlen Motive wirkten wetteifernd zusammen, um vor Gegenwart und Zukunft den Beweis zu führen, daß der Sinn für das Ideale noch keineswegs den materiellen Bestrebungen und Interessen des Tages erlegen sei.

„Auch der gehorsamst unterzeichnete Vorstand hat es sich angelegen sein lassen, die große Sache zu fördern und dem ehrenvollen Vertrauen seiner Mitbürger, durch welches ihm die Leitung der Vereins-Angelegenheiten übertragen worden, nach Kräften zu entsprechen.

"Durch das Organ seines Verwaltungs-Ausschusses hat er nach allen Seiten hin zu wirken gesucht, um die Thätigkeit der Dombaufreunde zu concentriren und ein möglichst einträchtiges Zusammenwirken herbeizuführen. Mehr als 10,000 Namen aus der Nähe und Ferne bedecken schon die Listen des kaum gebildeten Vereins; mit 18, theils schon förmlich constituirten, theils noch in der Bildung begriffenen Dombauvereinen ist der Verwaltungs-Ausschuß bereits in Verbindung getreten, und fast täglich sehen wir den Kreis unserer Beziehungen sich erweitern und neue Hülfsquellen sich öffnen.

"Wenn der Dom in mehr als Einer Beziehung das gesammte Vaterland, ja, die ganze christliche Welt zur Theilnahme an seiner Vollendung auffordert, so ist es doch vorzugsweise für Köln eine gebieterische Ehrenpflicht, das Denkmal, welches von ihm den Namen trägt, zu wahren und zu fördern. — So haben wir denn auch dahin gestrebt, vor allen Dingen die Mitwirkung unserer Stadt zu beleben und zu organisiren, und, mit Stolz dürfen wir es sagen, unsere Mitbürger jedes Standes und Vermögens haben durch die That bewiesen, daß sie die hohe Bedeutung des Unternehmens wohl zu würdigen wissen, und daß es ihnen Ernst damit ist, den Wahlspruch des Vereins: ,Eintracht, Ausdauer!' durch ihr Thun zu bewahrheiten.

"Trotz mannigfacher in den Weg getretener ungünstiger Umstände, insbesondere der schrecklichen hamburger Katastrophe, welche einen vollen Monat hindurch die ganze Thätigkeit des als Hülfs-Comité für Hamburg constituirten Dombau-Vorstandes in Anspruch nahm, haben dennoch die diesjährigen, durch das eben gedachte Ereigniß unterbrochenen Einsammlungen in hiesiger Stadt schon jetzt die Summe von beiläufig 13,000 Thlrn. ergeben, und ist es uns gelungen, in der kurzen Zeit unserer Wirksamkeit einen Fonds von nahe an 20,000 Thlrn. anzusammeln, obgleich nur erst der Hülfsverein zu Bonn unserer Casse das Resultat seiner Bemühungen überweisen konnte. — Freilich steht dieser Betrag noch in keinem Verhältnisse zu dem gewaltigen Unternehmen. Allein vergleicht man die Ergebnisse der früheren Jahre, so wird man freudig den Aufschwung gewahren, welchen der öffentliche Geist in jüngster Zeit genommen, und man darf gewiß mit allem Fuge der Hoffnung sich hingeben, daß mit Gottes Hülfe der Bau von Jahr zu Jahr in stetigem Wachsen sich erhalten und seine kunstreichen Gebilde, eines nach dem andern, bis zu den Kreuzblumen auf den Thurmspitzen hinauf, dem Lichte erschließen werde.

"Wir vertrauen fest, daß die auswärtigen Vereine, welche zur Zeit sich noch in der Entwicklung befinden, durch ihre Beihülfe zur Realisirung jener Hoffnung auf das erfolgreichste mitwirken werden.

"Unsere höchste Zuversicht jedoch beruht auf der Gnade Ew. Königlichen Majestät und auf der hochherzigen Theilnahme, welche Allerhöchstdieselben dem Werke zuzuwenden geruht haben. Wo Fürst und Volk in Eintracht zusammenwirken, da kann das lebenskräftige Gedeihen auch des großartigsten und schwierigsten Unternehmens nicht in Zweifel gezogen werden: mit der Schwierigkeit wächst nur der Muth und die Freude des Gelingens.

„In der gespanntesten, freudigsten Erwartung sehen wir dem Tage entgegen, an welchem dieser schöne Bund zu dem erhabensten Zwecke seine Weihe erhalten soll, an welchem unter den Segenswünschen Ew. Königlichen Majestät und dem Jubelrufe Ihres treuen Volkes ein Stein tief in der Erde Schooß gesenkt, ein anderer aber auf des Thurmes Höhe gewunden werden soll, um der Welt zu verkünden, daß in den Wurzeln und Zweigen des Wunderbaumes, der seit Jahrhunderten schon erstorben schien, ein neuer, lebendiger Trieb sich regt, und daß derselbe von nun an unaufhaltsam gegen Himmel fortwachsen soll, bis dahin, daß er seine ganze Herrlichkeit vor Aller Augen entfaltet hat.

„So wird die bevorstehende Feier des 4. September eine unvergeßliche Feier voll der tiefsten Bedeutung sein, wie deren nur wenige auf den Blättern der Geschichte glänzen.

„Möge auch der Tag nicht allzu ferne sein, an welchem Ew. Königliche Majestät durch die Einfügung des letzten Steines das unter so erfreulichen Anzeichen wieder aufgenommene Werk der Nachwelt als ein vollendetes überliefern —, ein Denkmal der Seelengröße Ew. Majestät und des geistigen Aufschwungs der deutschen Nation!"

Unter dem 13. August erwiederte der König auf diese Adresse:

„Ich freue Mich der lebendigen Theilnahme, welche der Vorstand des Centralvereins in der Dankadresse vom 5. v. M. für die Sache des Dombaues kundgegeben hat. Ich theile die Ueberzeugung von der hohen Bedeutung des Unternehmens, wie nicht minder das Vertrauen und die Zuversicht, daß dasselbe, seiner Schwierigkeit und seines Umfanges ungeachtet, zur ersehnten Vollendung geführt werden wird, und finde Mich hierin durch die erfreulichen Resultate bestärkt, welche der Verein während der kurzen Zeit seiner Wirksamkeit erlangt hat. Möge es demselben gelingen, die Flamme der Begeisterung, welche ihn beseelt, weit und breit in den Gauen des deutschen Vaterlandes nicht nur zu vorübergehendem Auflodern anzufachen, sondern dauernd zu nähren, damit das erhabene Werk gedeihe und sich vollende, einer großen Vorzeit würdig, der Gegenwart zum Ruhme und der Nachwelt zum bleibenden Vorbilde deutschen Kunstsinns, wie deutscher Frömmigkeit, Eintracht und Thatkraft!"

Auch dem Könige von Baiern brachte der Vorstand seinen wärmsten Dank dar für die Begeisterung, mit welcher derselbe sich der Dombausache anzunehmen zugesagt hatte. In einer besonderen, unter dem 5. Juli 1842 übersandten Adresse sagt er:

„Ew. Königlichen Majestät tiefer Auffassung deutscher Geschichte, Kunst und

Nationalität, vor Allem aber Ew. Königlichen Majestät echt religiöser Gesinnung verdanken wir in hohem Grade die huldvolle, kräftige Förderung des hiesigen Dombaues als einer heiligen Angelegenheit der Religion, der Kunst und des Nationalgeistes.

„Ew. Königliche Majestät haben die großartige Richtung dieser zeitgemäßen Bestrebungen ihrer hohen, vaterländischen Bedeutung erkannt und durch gnädige Uebernahme des Protectorats des baierischen Dombauvereins demselben in Allerhöchstdero Landen die segensreichste Aufnahme und Wirksamkeit bereitet und gesichert. Der Anklang, welchen die große Idee des Fortbaues und der Vollendung unserer weltberühmten katholischen Kathedrale, von zweien hochgesinnten deutschen Königen vorzugsweise beschützt, in allen Gauen des gemeinsamen Vaterlandes findet, bewährt aufs Neue den Grundsatz, daß, was die Fürsten aus höheren, edlen, richtig erkannten Motiven fördern und pflegen, auch im Volke tiefe Wurzeln schlägt.

„Diese hohe Einwirkung, diesen kräftigen Impuls erkennen wir ehrerbietigst Unterzeichnete besonders in der Art und Weise, wie die Districts-Regierungen Ew. Königlichen Majestät in den Gemeinden als Corporationen die regste Theilnahme an dieser Ehrensache deutscher Nation nicht nur ins Leben rufen, sondern auch dauernd zu sichern sich zur Pflicht rechnen.

„Unter solchem erhabenen Schutze, unter solcher hohen Bürgschaft, Wer, dessen Herz für Religion, Kunst und Vaterland schlägt, dürfte wohl an der Ausführung dieses Riesenwerkes zweifeln? Haben sich doch lebendiger Glaube, echte Vaterlandsliebe und reiner Kunstsinn überall zum heiligsten Bunde vereint, um mit Gottes Hülfe ein Werk auszuführen, an dessen Vollendung drei Jahrhunderte verzweifelten!

„Mit solchen gegründeten Aussichten dürfen auch wir mit Muth und Gottvertrauen auf der begonnenen, wenn auch schwierigen Bahn ausdauernd fortschreiten, an Ew. Königlichen Majestät hochherziger Unterstützung uns erhebend, uns erkräftigend.

„Ew. Königliche Majestät finden für so edle Bestrebungen den schönsten Lohn in dem Bewußtsein, das großartigste Monument der Frömmigkeit und Kunst, das herrlichste Werk der Eintracht aller germanischen Stämme gefördert, dessen Vollendung in sichere Aussicht gestellt und dadurch das Andenken an die glücklichen Beziehungen, in denen die hiesigen Lande in früheren Jahrhunderten zu dem baierischen Regentenhause gestanden, wirksam erneuert zu haben.

„Wir ehrerbietigst Unterzeichnete können aber nicht umhin, dem Drange unseres begeisterten Gefühles zu folgen und Ew. Königlichen Majestät für den in wahrhaft religiöser und patriotischer Gesinnung mit königlicher Freigebigkeit bethätigten Allerhöchsten Schutz und Theilnahme unsern innigsten, ehrfurchtsvollsten Dank zu des Thrones Stufen hiermit niederzulegen.

„Allerhöchstdieselben wollen uns dabei huldreichst gestatten, in diesem Ausdruck des lebendigsten Dankgefühles die angelegentlichste Bitte um Ew. Königlichen Majestät fortdauernden, hochmächtigen gnädigsten Schutz für das große und heilige Unternehmen ehrerbietigst zu knüpfen, damit, wie zur höchsten Ehre Gottes, so auch für ewige Zeiten unsere Domkirche sich erhebe an Deutschlands Strom als ein Symbol der Einheit des deutschen Vaterlandes."

Die Antwort auf diese Adresse richtete der König von Bad Brückenau aus am 28. Juli an den Coadjutor von Geissel.¹) „Mit Vergnügen", heißt es darin, „las ich die Inschrift, welche Sie und die Mitglieder des Vorstandes des Vereins für den Ausbau des kölner Domes, — dieses, spätesten Zeiten von ‚der Teutschen' Einigkeit, ihrem frommen Sinn und Verständniß der Kunst zeugen sollenden Denkmals, — an mich gelangen ließen. Gerne ergreife ich diesen Anlaß, wiederholt auszusprechen, daß mich, jenes große Beginnen unaufhaltsam näher seinem Ziele zugeführt zu sehen, derselbe innige Wunsch beseele, wie meines Herrn Schwagers und Freundes, des Königs von Preußen, und, daß vollendet er werde, mir sehr am Herzen liege. Auf Fortdauer der gemeinsamen Theilnahme, die ihm bereits geworden, — auf die Festigkeit teutscher Gesinnung, — auf teutsche Beharrlichkeit in jedem einmal Begonnenen, stütze ich die Hoffnung für unseres Wunsches Verwirklichung. Empfangen Sie für den Ausdruck dessen, womit Sie und des Vereinsvorstandes Mitglieder in der erwähnten Inschrift vom 5. dieses meines Wirkens für das Mitbegründen und Fördernhelfen des schönen Werkes gedachten, — meinen aufrichtigen Dank und dabei zugleich die Versicherung der königlichen Huld und Gnade."

Wenige Tage nach Eingang der Antwort auf die an den König Friedrich Wilhelm gerichtete Adresse machte der Oberpräsident von Schaper dem Vorstande die Eröffnung, der König habe bestimmt, daß der Fortbau des Domes gleich auch auf die Thürme ausgedehnt, jedoch der nördliche Thurm zuerst in Angriff genommen und zuvörderst so weit fortgeführt werden solle, daß das Haupteingangs-Portal vollendet werden könne, dann, daß der König zur Erneuerung der Wandmalerei in den Gurtbogenfeldern des hohen Chores eine Summe von 1000 Friedrichsd'or auszusetzen geruht, jedoch bestimmt habe, daß die Ausführung des Baues dem Stande der jetzigen Kunstbildung entsprechend herbeigeführt werde.

Durch Cabinets-Ordre vom 27. Februar 1843 wurde bestimmt: 1) Soll die Ausführung des Baues streng nach dem Originalplan, also mit Einschluß der dort vorgeschriebenen Details, erfolgen. 2) Soll bei dem auf der Südseite des

---

¹) Die einzelnen Briefe des Königs Ludwig von Baiern und des Coadjutors, spätern Erzbischofs und Cardinals von Geissel sind dem Verfasser durch die Freundlichkeit des Herrn Domcapitulars Dr. Dumont zur Verfügung gestellt worden.

Domes über dem neuen Grundstein aufzubauenden Portal zunächst nachgeforscht werden, ob es Zeichnungen von den Seitenportalen aus jener Zeit gibt, die alsdann zu Grunde zu legen sind. Eventuel ist darauf zu sehen, ob die angefangenen Pfeiler des Portals der Nordseite gegliedert seien. Für diesen Fall soll die gleiche Bauart bei dem Südportal Statt finden, im anderen Falle soll das Portal nach dem von Zwirner vorgelegten Plane, jedoch in übereinstimmender Architektur des rustiken Unterbaues am hohen Chor ausgeführt werden.

Durch Cabinets-Ordre ertheilte der König dem Metropolitan-Domcapitel ein für alle Mal bis auf Widerruf die Ermächtigung, die von den bestehenden Dombauvereinen angebotenen Schenkungen zum Ausbau des Domes zu acceptiren, jedoch mit der Maßgabe, daß der Staatsbehörde jedes Mal von dem Betrage und der besonderen Bestimmung der einzelnen Schenkung Anzeige gemacht werde. Von Seiten der Regierung so wenig wie des Schenkgebers und des Schenknehmers wurde Einwendung dagegen erhoben, daß die bezüglichen Schenkungen nicht in die Capitelscasse flossen und die Quittungen nicht vom Capitel, sondern vom Coadjutor, spätern Erzbischof, ausgestellt wurden.

## III.

Die hohe Aufgabe, welche sich der Verein stellte, hatte für den kalten, nüchternen Verstand etwas Erschreckendes. Doch die heilige Begeisterung, von welcher der Centralverein sowohl wie die Hülfsvereine beseelt waren, gab dem Vorstand den Muth, mit gutem, zuversichtlichem Vertrauen Hand an das schwierige Unternehmen zu legen. Einen neuen Aufschwung der allgemeinen Begeisterung durfte der Verein erwarten, sobald er der Welt verkünden könnte, daß nun wirklich die Weiterführung des Dombaues in Angriff genommen sei. Darum sollte das große Werk durch die feierliche Grundsteinlegung inaugurirt werden. Man wollte eine gute Vorbedeutung für das Gelingen des ganzen Werkes darin erkennen, wenn dieser bedeutungsvolle Act unter der Entfaltung eines möglichst großen Pompes vollzogen würde. Darum legte der Vorstand großes Gewicht darauf, daß der König diese Feierlichkeit durch seine Gegenwart verherrliche. Auf sein desfallsiges Ansuchen erhielt er den erfreulichen Bescheid, daß der König als Schutzherr des Dombaues den Grundstein zu legen bereit sei und den 4. September 1842 für diese Feier bestimmt habe; zugleich wurde ihm der Wunsch zu erkennen gegeben, daß sich bei dieser großartigen Feier Abgeordnete der sämmtlichen Dombauvereine einfinden möchten.

Der Vereinsvorstand sowohl wie der Coadjutor-Erzbischof trug sich mit der Hoffnung, daß auch der König von Baiern sich an dieser bedeutungsvollen Feier betheiligen werde. Unter dem 28. März hatte Herr von Geissel an den König Ludwig geschrieben: „..... „Auch erlaube ich mir noch beizufügen, daß man allgemein am Rhein mit der freudigen Hoffnung sich schmeichelt, bei dem am 4. September dahier Statt findenden Feste der Grundsteinlegung des Fortbaues des Domes Ew. Königliche Majestät am Rhein und in Köln um so mehr begrüßen zu dürfen, als die großmüthige Theilnahme, welche Allerhöchstdieselben dem Fortbaue des Domes zuwenden, unter den Rheinländern und Kölnern die schon früher dem König Ludwig von Baiern gewidmete allgemeine Verehrung zu einem wahren Enthusiasmus und zur freudigsten Begeisterung gesteigert hat. Mir insbesondere würde es das freudigste Ereigniß sein, in der alten Colonia, welche nun meiner geistlichen Obsorge anvertraut ist und die mir in meiner viermonatlichen Verwaltung schon manche Freude gegeben hat, mich aber auch bei einer Diöcesanen-Anzahl von einer million und zwei und vierzig tausend Katholiken der Arbeiten die schwere Menge und bei den eigenthümlichen Verhältnissen manche Schwierigkeiten und oft größere Hindernisse, als ich erwartet hatte, finden läßt."

König Ludwig war nicht in der Lage, solcher Einladung Folge geben zu können. Am 14. August antwortete er: „Empfangen Sie meinen Dank für ihr freundliches Anerbieten, wovon ich jedoch keinen Gebrauch zu machen vermögend bin, würde ich auch eine Einladung bekommen zur Grundsteinlegung, weil zur nehmlichen Zeit die Kaiserin-Mutter, meine Schwester, bei mir in Berchtesgaden sein wird. Es ist ein trefflicher Gedanke meines Schwagers und Freundes, diese Grundsteinlegung, die hoffentlich einen neuen Schwung dem Dombau ertheilen wird, an dem auch mir ausnehmend viel gelegen. Teutsche Beharrlichkeit wird zur Vollendung erfordert. — Welch anziehenden Zauber hat Preußens König! wie herrlich an Gemüth und Geist!"

Bei Gelegenheit der Grundsteinlegung sollte das neue Dombanner, durch dessen Stiftung eine stattliche Reihe kölner Frauen und Jungfrauen in ihrer Weise ihre innige Theilnahme an dem für den Dom in ganz Deutschland erwachten Interesse bezeugen wollten, zum ersten Male im Festzuge prangen. Dieses Banner ist 2,89 Meter hoch und 3,45 Meter breit. In der Mitte desselben erhebt sich aus einem länglichen Viereck in blau damascirtem Seidengrunde das weiß angelegte Bild des vollendeten Domes, das von einem 0,62 Meter breiten, roth seidenen, arabeskenförmig geschmückten Rande rings eingefaßt wird. Die obere Seite dieses Randes, in einen 3,76 Meter langen Zipfel auslaufend, aus dem, in gothischen Lettern eingestickt, die Worte „Eintracht, Ausdauer" hervortreten, trägt in ihrer Mitte das Wappen der Krone Preußen, welchem in ihrer Randseite an derselben Stelle das Wappen der Stadt Köln correspondirt. Diese Wappenschilder sind in der Weise gefertigt, daß sie sich auf beiden Seiten des Banners gleichmäßig zeigen.

An das erste Wappen, das Wappen des erhabenen königlichen Protectors, lehnen zur Linken und Rechten die Wappen der Kronen Baiern und Würtemberg. Zur Seite des baierischen das des Großherzogthums Baden, zur Seite des würtembergischen das des Großherzogthums Oldenburg; beide Wappen, gleich den vorigen, mit Königskronen geschmückt. Von dem Wappen der Stadt Köln, inmitten des untern Randes, ranken stammbaumartig die Wappen der mit dem Centralverein verbundenen Vereine; dem kölnischen Wappen zur Linken die Wappen der Städte Aachen, Cleve, Düsseldorf und hier, an dem einen äußersten Ende des untern Randes aufsteigend, das Wappen der Stadt Paderborn; zur Rechten die Wappen der Städte Coblenz, Bonn, Düren, und von da an seitwärts, zunächst der Fahnenstange emporstrebend, die Wappen der Grafschaft Mark, der Städte Essen, Arnsberg, Trier. Die Randseiten, mit Ausnahme der untern, lassen zur Aufnahme fernerer Wappen noch hinreichenden Raum.

Am 2. September fand die Uebergabe des Banners an den Vereins-Präsidenten statt. Letzterer nahm das schöne Geschenk aus der Hand der Sprecherin der Damen im Namen des Vereins förmlich und feierlich an, damit es fortan als Vereinsbanner, als das Vereinigungszeichen für die Dombau-Genossen diene und in Ehren gehalten werde. „Als ein herrliches, bewundernswerthes Werk", bemerkte er, „erscheint es vor unsern Augen und gibt das glänzendste Zeugniß von dem vereinten Fleiß und der Kunstfertigkeit der kölner Damen"; doch den höchsten Werth verleihe ihm die edle Gesinnung, mit welcher die Damen es begonnen und vollendet hätten, und er könne keinen bessern und innigern Wunsch in dieser feierlichen Stunde aussprechen, als den, daß die hohe Begeisterung, mit welcher sie sich in einer ihrer würdigen Weise den allgemeinen Bestrebungen für die heilige Sache der Religion, der Kunst und des Vaterlandes angeschlossen hätten, auch fortan ihre Herzen durchglühen möge.

Am 4. September 1842 wurde programmmäßig in Gegenwart des preußischen Königspaares, des Erzherzogs Johann und einer großen Reihe anderer deutschen Fürsten in feierlicher Weise vom Erzbischof-Coadjutor, dem späteren Cardinal Johannes von Geissel, der Grundstein zum Weiterbau unter den westlichen Pfeiler gelegt. Bei dieser Feier wurde nach langer Unterbrechung zum ersten Mal wieder im hohen Chor Gottesdienst gehalten. Nach dem feierlichen Hochamte begab sich der Festzug unter dem Geläute der Glocken durch das Westportal über den Wallrafsplatz, Fettenhennen, durch die Trankgasse, über Margradenkloster und durch die große Spoergasse auf den Domhof. Den Zug eröffnete ein Musikcorps, dem unmittelbar das Vereinsbanner folgte; hinter dem Banner gingen der Dombaumeister, die Dombau-Beamten und die Werkleute mit den geschmückten Insignien ihrer Gewerbe; darauf folgte der Vorstand des Central-Dombauvereins nebst den Deputalionen der auswärtigen Hülfsvereine. Zu beiden Seiten des Vereins-Präsidenten, Heinrich von Wittgenstein, gingen der Herzog Prosper von Aremberg und Dr. Sulpiz Boisserée. Ein zweites Musikcorps trennte die erste von der zweiten Abtheilung des Zuges. Von den Domschweizern und den Kirchendienern geführt, folgten das Pfarr-Collegium, die Alumnen des erzbischöflichen Priester-Seminars, die Domgeistlichkeit, das Domcapitel und zuletzt der Coadjutor. Ueber dem neugelegten Fundamente war eine hohe Tribüne errichtet, in deren Mitte sich ein größerer achteckiger Pavillon befand. Hier hingen die Tafeln mit den Planzeichnungen des Domes. Ehe der Zug noch sein Ziel erreicht hatte, waren der König und die Königin, von den höchsten und hohen Gästen begleitet, auf der Tribüne erschienen. Während von der Schuljugend ein auf die Feier bezügliches Lied gesungen wurde, unterzeichneten der König, die Königin und sämmtliche Gäste die Urkunde der Grundsteinlegung. Dieses Document lautet: „Nachdem unter Gottes Beistand und unter den Segenswünschen des deutschen Vaterlandes heute der Grundstein zum Fortbau der altehrwürdigen Kathedrale des Erzbisthums Köln feierlich eingeweiht und mit ihm ein ewiges Denkmal der Frömmigkeit, der Eintracht und Treue der verbündeten Stämme deutscher Nation an heiliger Stätte ist eingefügt worden, so ist zum bleibenden Gedächtniß des Geschehenen gegenwärtige Urkunde von dem erhabenen Protector des Werkes, Seiner Majestät dem Könige und Ihrer Majestät der Königin von Preußen, so wie von den bei dieser Feier anwesenden Höchsten und Hohen Personen unterzeichnet worden. So geschehen zu Köln am Rhein, den vierten September achtzehnhundertzweiundvierzig. Friedrich Wilhelm. Elisabeth. Prinz von Preußen. Karl Prinz von Preußen. Albrecht Prinz von Preußen. Friedrich Prinz von Preußen. Georg Prinz von Preußen. August Prinz von Preußen. George Prinz von Cambridge. Karl Prinz von Baiern. Friedrich Franz Großherzog von Mecklenburg-Schwerin. Friedrich Wilhelm Erbgroßherzog von Mecklenburg-Strelitz. Adolph Herzog von Nassau. Ludwig Erbgroßherzog von Baden. Johann Prinz von Holstein-Glücksburg. Georg Prinz von Hessen. August Prinz von Würtemberg. Hugo Prinz von Hohenlohe-Oehringen. Moritz Prinz von Nassau. Prosper Ludwig Herzog von Aremberg. August Herzog von Holstein. Philipp Prinz von Croy. Fr. W. E. Fürst von Hohenzollern. Fürst von Metternich. Fürst von Rheina-Wolbeck. J. Fürst von Salm-Dyck. Alfred Erbprinz zu Salm-Salm. Gustav Heinrich Prinz zu Hohenlohe-Langenburg. Max Prinz zu Wied. Karl Prinz zu Wied. Gustav Prinz zu Isenburg und Büdingen. Erbprinz zur Lippe. Max Markgraf von Baden. Westmoreland. Der Staats- und Cabinets-Minister Freiherr von Bülow. Der Staats-Minister Graf zu Stolberg. von Bodelschwingh, Finanz-Minister. Boyen, Kriegs-Minister. General Graf Nostitz. Alexander Humboldt. Krauseneck, General der Infanterie. General von Neumann, General-Adjutant. von Thiele,

General-Lieutenant und commandirender General. Général Prince Lobanoff de Rostoff. Cardigan, Lieut. Col. † Johannes von Geissel, Erzbischof von Iconium, Coadjutor von Köln. von Schaper, Ober-Präsident der Rheinprovinz. Graf von Cannoy. Friedrich Graf Brühl, Oberst und Flügel-Adjutant Seiner Majestät des Königs. Franz Egon Graf von Fürstenberg-Stammheim. Sulpiz Boisserée. Steinberger, Oberbürgermeister. von Wittgenstein, Präsident des Vorstandes des Central-Dombauvereins. Zwirner, Dombaumeister."

Nachdem alle unterzeichnet hatten, nahm der Coadjutor die Weihe des Grund=
steines mit den im römischen Pontificale vorgeschriebenen Ceremonien vor. Dieser Grundstein besteht aus einem 94 Centimeter langen und eben so breiten und 78 Centimeter hohen, rechtwinkelig behauenen Werkstücke. In eine Aushöhlung des=
selben wurden eingelegt: 1) Folgende auf eine Zinnplatte gravirte Urkunde: In nomine sanctissimae trinitatis et ad perpetuam rei memoriam. Universis et singulis hanc paginam lecturis notum sit, quod anno dominicae incar-
nationis MDCCCXLII, tertio Idus septembris, indictione Romana decima quinta, ss.ᵐⁱ domini Patris Gregorii P. P. XVI papatus anno duodecimo, gloriosissimi regni Friderici Guilelmi IV, potentissimi et clementissimi Borussiae regis, anno III, Clemente Augusto l. b. de Droste-Vischering s. ecclesiae Coloniensis archiepiscopo, primarius lapis a Johanne a Geissel, archiepiscopo Iconiensi et ecclesiae Colon. administratore apostolico, solemni ritu ecclesiae sacratus, positus sit in fundamentis portae australis exaedi-
ficandae metropolitanae ecclesiae Coloniensis, quae dum sub invocatione B. M. V., s. Petri apostoli et ss. trium magorum in festo B. M. assumtae a. d. MCCXLVIII ab archiepiscopo Conrado comite de Hochsteden esset fundata et sub archiepiscopo Henrico de Virneburg a. d. MCCCXXII dedicata, ob temporum injurias vix tertia parte perfecta, ab initio saeculi XVI omni carens incremento, nostris temporibus post funestam Franco-Gallorum in-
vasionem vel extremo orbata patrocinio, tandem Friderici Guilelmi III p. m. Borussiae clementissimi regis munificentia religioni sarta tecta est conservata et restituta. — Quod fauste inchoatum opus regni virtutisque haeres paternae rex, tanti totius Germaniae moliminis protector, grato in deum animo respiciens pacem feliciter reconciliatam diuque servatam, principum foede-
ratorum sinceram concordiam libertatemque patriae vindicatam, ut sit fraternae unitatis symbolum, dignum christianae pietatis tabernaculum ar-
tisque perpetuum monumentum, suis sumtibus cunctarumque quarum adsunt legati Germanae nationis stirpium muneribus, divino annuente numine, ad culmen perducere decrevit. Huic interfuerunt solennitati Rex Fridericus Guilelmus et Elisabetha Ludovica Regina Borussiae, Ernestus Augustus

rex Hannoverae,[1]) Guilelmus Fridericus rex Wurtembergi,[1]) Ferd. Franc. Alexander Magnus dux Meklenburgi, Adolphus dux Nassoviae, Johannes archidux Austriae. Guilelmus princeps Borussiae, Carolus, Albertus, Fridericus, Augustus Borussiae principes, Carolus princeps Bavariae, a Metternich princeps. Canonici capituli metropolitani Coloniensis, vacantibus praelaturis, Dr. Petrus Schweitzer, Dr. J. Henricus Filz, Dr. Johannes J. Müller, Dr. Johannes J. Iven, Dr. Nicolaus München, Dr. J. M. Augustus Scholz et canonici honorarii Joh. E. Geistmann, Bern. Steinbüchel. — De Schaper, summus prov. Rhen. praeses, de Gerlach collegii regim. Colon. praeses, A. Steinberger, supremus urbis consul, H. a Wittgenstein, sodalium munera colligentium praeses, E. Zwirner, majoris operis magister architectus. Alii plures.

Ad mandatum domini Regis Dr. E. de Groote secret. ad hoc spec. requ.

Auf der Rückseite der Platte befanden sich folgende Worte: „Der alte Dom zu Köln ward im Mai 1248 durch Feuersbrunst zerstört, desselben Jahres den 14. August vom Erzbischof Grafen Conrad de Hochstaden durch Grundsteinlegung neu begonnen, am 27. September 1322 im fertig gewordenen Hochchore vom Erzbischof Heinrich von Virneburg geweiht. Ueber den ersten Baumeister und den mit Unterbrechungen bis Anfangs des 16. Jahrhunderts fortgesetzten Bau sind keine Urkunden auf uns gekommen. Nach Einstellung desselben wurden die bis auf 42 Fuß hoch aufgeführten Gewölbepfeiler des Langhauses mit Nothdächern überdeckt, denn nur an der Nordseite waren sieben Kreuzgewölbe vollendet worden; der nordwestliche Thurm hatte kaum einige Fuß, der südwestliche in zwei Geschossen etwa 170 Fuß Höhe erreicht. An den Querschiffen fehlten die Seitenportale. — So stand das Gebäude durch drei Jahrhunderte unvollendet, vom Zahn der Zeit dem Verfalle nahe gebracht, als nach dem ruhmvollen Freiheitskampfe der Deutschen gegen Frankreich die Rheinprovinz im Jahre 1816 an Preußen fiel, dessen frommer König Friedrich Wilhelm III. das unter französischer Herrschaft aufgehobene Erzbisthum 1825 wieder herstellte und die Instandsetzung des Domes befahl, wozu er vom Jahre 1824 bis zu seinem Tode, den 7. Juni 1840, die Summe von 205,084 Thalern aus Staatsmitteln überwies. Der Erzbischof Ferdinand August, Graf Spiegel zum Desenberg, führte 1825 die Kathedralsteuer wieder ein, wodurch dem Baufonds 84,310 Thaler und durch Collecten 39,307 Thaler zuflossen. Der unter der oberen technischen Leitung des Regierungs-Bauraths Frank zu Coblenz durch den Bau-Inspector Ahlert begonnene Herstellungsbau wurde nach dessen Tode (1833) durch Ernst Zwirner fortgesetzt und demselben auch der Ausbau des Schiffes

---

[1]) Die Könige von Hannover und Würtemberg waren nicht erschienen.

und der Portale selbstständig übertragen, wozu von Seiner Majestät dem Könige Friedrich Wilhelm IV. mittels Cabinets-Ordre vom 12. Januar 1842 ein jährlicher Baufonds von 50,000 Thalern und zum Fortbau des nördlichen Thurmes unterm 31. Mai 1842 10,000 Thaler überwiesen worden sind. Zur kräftigen Förderung des Baues, mittels Darbringung von Geldbeiträgen, bildete sich am 3. September 1840 in Köln ein Dombauverein, dessen Statut die landesherrliche Bestätigung am 8. December 1841 erlangte, worauf am 14. Februar 1842 die Wahl eines Vorstandes von 40 Mitgliedern und seines Präsidenten in der Person des Stadtraths von Wittgenstein erfolgte. Auch an vielen anderen Orten der preußischen Monarchie und in den deutschen Nachbarstaaten bildeten sich zu diesem Zwecke Vereine, um den erhabensten Tempel der Christenheit, als Denkmal deutscher Eintracht, zur Vollendung zu führen."

Nachdem der Grundstein, in welchen auch noch ein Exemplar des Statuts des Dombauvereins, einige Zeitungen und einige Münzen gelegt worden, geschlossen und der religiöse Act beendet war, wurde Seine Majestät der König eingeladen, die üblichen Hammerschläge vorzunehmen. Ehe er den Hammer ergriff, sprach der König mit weithin vernehmbarer Stimme folgende ewig denkwürdige Worte:

„Ich ergreife diesen Augenblick, um die vielen lieben Gäste herzlich willkommen zu heißen, die als Mitglieder der verschiedenen Dombauvereine aus Unserm und dem ganzen deutschen Lande hier zusammengekommen sind, um diesen Tag zu verherrlichen. — Meine Herren von Köln! Es begibt sich Großes unter Ihnen. Dies ist, Sie fühlen es, kein gewöhnlicher Prachtbau. Er ist das Werk des Brudersinnes aller Deutschen, aller Bekenntnisse. Wenn Ich dies bedenke, so füllen sich meine Augen mit Wonnethränen und Ich danke Gott, diesen Tag zu erleben. Hier, wo der Grundstein liegt, dort mit jenen Thürmen zugleich, sollen sich die schönsten Thore der ganzen Welt erheben. Deutschland baut sie, — so mögen sie für Deutschland, durch Gottes Gnade, Thore einer neuen, großen, guten Zeit werden! Alles Arge, Unechte, Unwahre, und darum Undeutsche bleibe fern von ihnen. Nie finde diesen Weg der Ehre das ehrlose Untergraben der Einigkeit deutscher Fürsten und Völker, das Rütteln an dem Frieden der Confessionen und der Stände; nie ziehe jemals wieder der Geist hier ein, der einst den Bau dieses Gotteshauses, ja, den Bau des Vaterlandes hemmte! Der Geist, der diese Thore baut, ist derselbe, der vor neunundzwanzig Jahren unsere Ketten brach, die Schmach des Vaterlandes, die Entfremdung dieses Ufers wandte, derselbe Geist, der, gleichsam befruchtet von dem Segen des scheidenden Vaters, des letzten der drei großen Fürsten, vor zwei Jahren der Welt zeigte, daß er in ungeschwächter Jugendkraft da sei. Es ist der Geist deutscher Einigkeit und Kraft. Ihm mögen die kölner Dompforten Thore des herrlichsten Triumphes werden! Er baue, er vollende! — Und das große Werk verkünde den spätesten Geschlechtern von einem durch die Einigkeit seiner Fürsten und Völker großen, mächtigen, ja, den Frieden der Welt unblutig erzwingenden Deutschland! - Von einem durch die Herrlichkeit des großen Vaterlandes und durch eigenes Gedeihen glücklichen Preußen, von dem Brudersinne verschiedener Bekenntnisse, der inne geworden, daß sie Eines sind in dem einigen göttlichen Haupte. — Der Dom von Köln, das bitte ich von Gott, rage über diese Stadt, rage über Deutschland, über Zeiten, reich an Menschenfrieden, reich an Gottesfrieden bis an das Ende der Tage. — Meine Herren von Köln! Ihre Stadt ist durch diesen Bau hoch bevorrechtet vor allen Städten Deutschlands, und sie selbst hat dies auf das würdigste erkannt. Heute gebührt ihr das Selbstlob. Rufen Sie mit Mir — und unter diesem Rufe will Ich die Hammerschläge auf den Grundstein thun, — rufen Sie mit Mir das tausendjährige Lob der Stadt: Alaaf Köln!"

Nach diesen mit unbeschreiblichem Jubel aufgenommenen Worten erhob sich der Coadjutor von Geissel und sprach eine von glühender Begeisterung für die Dombausache durchdrungene Rede.[1]) Nach ihm sprachen noch der Vereins-Präsident von Wittgenstein[2]) und der Dombaumeister Zwirner.[3]) Darauf wurde unter Absingung einer Festcantate der erste Stein zum Fortbau des Südthurmes emporgezogen. Die Werkleute bedienten sich hierzu, einer Anordnung des Königs Friedrich Wilhelm IV. gemäß, des alten Krahnen, welcher seit dem Anfang des 16. Jahrhunderts außer Thätigkeit gestellt war. Der Stein erreichte unter dem

1) Siehe Anhang Nr. 4.
2) Ebendas. Nr. 5.
3) Ebendas. Nr. 6.

Donner der Geschütze die Höhe des Thurmes und erhielt daselbst die für ihn bestimmte Stelle. So endete das Fest christlicher Eintracht unter den Völkern Deutschlands, das Fest der Huldigung, welches das Vaterland seinem erhabenen Fürsten gab, das Fest, welches die deutschen Fürsten im Blicke auf Gott mit ihren treuen Völkern begingen. Hier wurde vor des Allmächtigen Angesichte ein Bund der Fürsten, ein Bund der Stämme Deutschlands geschlossen.

Bezüglich der bei Gelegenheit der Grundsteinlegung vom König von Preußen gesprochenen Worte schrieb König Ludwig den 16. September an den Coadjutor von Geissel: „Das war eine herrliche Rede, die mein Schwager und Freund bei der Grundsteinlegung zum Ausbau des Domes in Köln hielt. Die Worte, die sein Mund ausspricht, sind keine Phrasen, sondern sie quellen aus der Fülle eines edlen Herzens. Rühmen hörte ich Ihre Rede, und ausgezeichnet schön muß sie sein, da sie von Geissel ist; solche zu lesen, wünsche ich demnach, daß Sie gefälligst sie mir schicken möchten. Der Ausbau des Domes zu Köln ist mir, ich wiederhole es, eine mich lebhaft, innig ergriffene Angelegenheit, und ich hoffe, daß die Worte, welche gesprochen wurden, als die Grundsteinlegung stattfand, wiedertönen werden in den Herzen, auf fruchtbaren Boden fallend, Früchte erzeugend."

Der Coadjutor, welcher nicht versäumte, den für die Dombausache so hoch begeisterten König Ludwig von allen bemerkenswerthen Vorkommnissen in Dombau-Angelegenheiten in Kenntniß zu setzen, schrieb am 26. October über den Verlauf der Feierlichkeiten bei der Grundsteinlegung: „Wie glücklich hätte ich mich gefühlt, wäre es mir vergönnt gewesen, diese meine devotesten Glückwünsche (zur Vermählung des Kronprinzen Max mit der Prinzessin Marie von Preußen) Ew. Königlichen Majestät schon zum Voraus mündlich bei Allerhöchst Ihrer Anwesenheit in Köln aussprechen zu können. Ich hatte diese Anwesenheit immer noch bis in die letzten Tage vor dem Feste in freudiger Erwartung gehofft, und ich darf sagen, mit mir ganz Köln und das ganze katholische Rheinland..... In meiner Betrübniß sah ich meine frohe Hoffnung unerfüllt; und ich beklagte dieses zweifach, da ich der Freude verlustig ging, Ew. Königliche Majestät in Köln begrüßen zu können, und da ich auch des katholischen Volkes allgemeines Bedauern theilte, das von so vielen Fürsten besuchte, in so mancher Hinsicht bedeutungsvolle Fest nicht auch durch die Gegenwart des auch am Niederrhein so hoch verehrten katholischen Königs Ludwig in besonderem Sinne erhöht und verschönert zu sehen.

..... Im Uebrigen war das Dombaufest in der That ein schönes, interessantes Fest. Zum Schlusse der Einweihung des Grundsteines gab des Königs Majestät auf den Stein die drei üblichen Hammerschläge und hielt eine Anrede — herrliche, großartige Worte —, welche wie Blitzschläge in die Gemüther fielen und mit dem allgemeinsten Enthusiasmus aufgenommen wurden..... Nach dem

Könige hielt auch ich eine Rede. ..... Ich muß aber hierbei das Bekenntniß ablegen, daß ich noch niemals, wenn ich öffentlich sprach, weniger mit meiner Arbeit zufrieden war, als mit dieser, indem es überhaupt schwer war, nach dem Könige zu reden. ..... Sonst ging das Fest selbst in der schönsten Ordnung vorüber, und die vielen Tausende, welche es aus allen Gegenden besucht hatten, äußerten sich vielfältig mit Beifall über den religiösen und politischen Charakter, welcher sich in demselben dargelegt hatte. Die erlauchte Versammlung erwies der kirchlichen Handlung eine so gemessene Aufmerksamkeit und Theilnahme, welche dem frommen Sinne des Königs und seiner hohen Gäste ungemein zur Ehre gereicht.

„Ebenso habe ich mir über die huldvolle Behandlung, welche mir bei dieser Veranlassung zu Theil geworden ist, in meiner Stellung nur Glück zu wünschen. Nicht nur haben die königlichen Prinzen mir allenthalben die freundlichste Herablassung bezeigt, sondern es haben auch Ihre Majestäten der König und die Königin während des religiösen Actes mir die huldvollste Aufmerksamkeit bewiesen, was auf das katholische Publicum den wohlthuendsten Eindruck machte, als auch außerdem bei wiederholten Gelegenheiten mir zahlreiche Beweise königlichen Wohlwollens gegeben.

„..... In allen Unterredungen äußerte sich der König mit einem so hochgebildeten, scharfblickenden und treffend urtheilenden Geiste und dabei mit einem so hochedlen gemüthvollen und wohlwollenden Vertrauen, daß er mich zu der offensten Hingebung begeisterte und ich das von Ew. Königlichen Majestät früher gegen mich mehrmals ausgesprochene Urtheil über diesen an Geist und Gemüth gleich vortrefflichen Fürsten ganz gegründet fand. In der That, der König von Preußen ist ein höchst ausgezeichneter Monarch mit den reichsten und seltensten Geistes- und Seelengaben geschmückt, den man als Fürsten und Menschen hoch verehren und innig lieben muß. Seine Reise durch die Rheinlande hat ihm alle Herzen gewonnen und gefesselt — es ist darüber nur Eine Stimme."

König Ludwig, welchem der Coadjutor die Rede des Königs Friedrich Wilhelm so wie seine eigene überschickt hatte, antwortete am 16. November: „Es ist eine treffliche Rede, die Sie bei Legung des Grundsteines zur Vollendung des Domes gehalten, für deren Mittheilung ich meinen Dank ausdrücke. Des Domes Vollendung, dessen sich mein hochherziger Schwager und Freund kräftig annimmt, liegt mir am Herzen: es beschränkt sich nicht auf Wünschen, und beharrlich ist Bestandtheil meines Wahlspruches. Der Beharrlichkeit, großer Beharrlichkeit bedarfs, damit dieses in seiner Art herrlichste Werk vollendet werde. Wünsche von Ihnen benachrichtigt zu werden, sobald ein Fenster auf der Südseite des Schiffes beendigt sein wird, vorhabend, nach (wahrscheinlich in zwei Jahren geschehen sein werdender) Besetzung aller Fenster in der An'en Mariahilfskirche mit Glasmalereien, ein solches Fenster für des kölner Domes Südseite verfertigen zu lassen. Bereits schrieb ich Ihnen, daß meiner Schwester der Kaiserin-Mutter Besuch mir nicht gestattete, gegenwärtig zu sein bei der seelenerhebenden großen Feierlichkeit am 4. September. Wie sehr erfreut ich auch an sich gewesen wäre, Theil an ihr zu nehmen, ist mir's doch lieb gewesen, daß ich daran verhindert, obgleich ich wußte, recht erwünscht meinem Schwager zu sein, der, wenige Stunden vor seiner Abreise mir schreibend, ausdrückte, daß er Niemand dazu einlade, wie freudig ihn aber meine Ankunft in Köln überraschen würde. Meine Ansicht jedoch, daß er ausschließlich der Gefeierte am 4. September sein sollte, wäre ich zugegen gewesen, wahrscheinlich mir auch Theilnahme würde bezeigt worden sein, er aber, wiederhole es, wie der König des Landes, auch des Festes allein hatte sein sollen."

Freudige, begeisterte Aufnahme fand in Köln der hochherzige Entschluß des Königs von Baiern, für die Südseite des Langhauses ein gemaltes Fenster anfertigen zu lassen. Nicht weniger in der ganzen kölner Bürgerschaft als unter den Mitgliedern des Dombauvereins-Vorstandes machte dieser Entschluß freudigen Eindruck. Die Freude wurde im folgenden Jahre noch gesteigert, als der königliche Schenkgeber erklärte, er werde es bei dem einen versprochenen Fenster nicht lassen, sondern alle vier Fenster der Südwand des südlichen Seitenschiffes aus seinen Privatmitteln schenken. „Verkündigen Sie dem Dombau-Ausschusse," schrieb er am 10. Januar 1843 an den Coadjutor, „daß ich vorhabe, nicht ein, sondern alle vier neben einander befindlichen neuen Fenster mit Glasmalereien auf meine Kosten zu versehen aus hiesiger Manufactur." „Alle Mitglieder des Vereins-Vorstandes," schrieb in Folge dieser Eröffnung der Coadjutor, „äußerten sich in den lebhaftesten Ausdrücken bewundernder Anerkennung eines so glänzenden, wahrhaft königlichen Geschenkes, welches Ew. Königliche Majestät in den beabsichtigten Fenstern mit Glasmalereien dem altehrwürdigen Dome zugedacht haben; und ich insbesondere war von frohem Stolze bewegt, daß mir die Ehre geworden war, der Verkündiger der großmüthigen königlichen Absicht zu sein. Eines der geachtetsten Mitglieder des Vorstandes, Gerichtsrath Reichensperger, machte sogleich den Antrag, daß ich ersucht werden sollte, Ew. Königlichen Majestät den allerunterthänigsten Dank des Vorstandes für die prachtvolle, dem Dome zugedachte Gabe darzubringen, und Alle stimmten dem Antrage mit allgemeinem Zurufe bei; worauf ich dann zusagte, daß es mir zur hohen Freude gereichen würde, diesen Dank dem erlauchten und frommen Beförderer unseres Domes ehrfurchtsvoll abzustatten.

„Das wahrhaft königliche Beispiel Ew. Majestät ist für den Fortbau des Domes von der allerwohlthätigsten Wirkung geworden. Die Vorhersagung, welche ich bei der Verkündigung des allergnädigsten Auftrags in der Sitzung des Vereins aussprach: ‚daß die Kunde von der großmüthigen Absicht Sr. Majestät des Königs von Baiern von allen Dombaufreunden in den weitesten Kreisen des

Vaterlandes mit gleicher Freude werde aufgenommen werden', hat sich seitdem vollkommen bewährt. Nicht bloß hat diese Kunde unter den Kölnern die freudigste Sensation gemacht, sondern es ist auch der im Domblatte gegebene Bericht von dem herrlichen Geschenke der vier Fenster seitdem in die meisten deutschen Zeitungen übergegangen und hat unstreitig eine gesteigerte Theilnahme an dem kölner Dome hervorgerufen; denn es sind seitdem uns aus allen Gegenden Deutschlands neue Gaben von neugebildeten Filialvereinen zugegangen. Namentlich aber war die hochherzige Versicherung Ew. Königlichen Majestät, ‚daß des Domes Vollendung Allerhöchstdenselben recht am Herzen liege,' bei den katholischen Rheinländern von einem immensen moralischen Gewichte, und sie begrüßten dieselbe, wie dieses auch aus einer von dem Rechtsanwalt Blömer später bei einem Domfeste gehaltenen, hier angefügten Rede sich ebenfalls bekundet, mit gerechter Anerkennung." [1]

Bezüglich der angebotenen Fenster benahm sich der Coadjutor mit dem Dombaumeister Zwirner und ließ sich von demselben zur Orientirung für die münchener Glasmalerei-Anstalt eine Zeichnung eines der drei an des Domes Südseite bereits ausgebauten Fenster mit genauer Angabe der Dimensionen einreichen. In Betreff der Fortschritte am Baue schrieb er: „Der Bau ist letzten Sommer wacker vorwärts geschritten, und mit nächstem Frühjahre soll das südliche Portal, dessen Fundamentirung schon gelegt ist, sich erheben. Dieses Portal will der König von Preußen mit seinem Beitrag allein erbauen; dagegen soll der Verein das nördliche Portal gleichzeitig in Angriff nehmen. Nächstens soll in der Sitzung entschieden werden, wie die Gelder des Vereins, welche in baarem Betrage von 42,000 Thalern bis jetzt bereit liegen, verwendet werden sollen. Manche Mitglieder wollen, der Verein solle zuerst den südlichen Thurm ausbauen und alle seine Gelder bis zu dessen Vollendung ausschließlich auf den Thurm verwenden, während des Königs Majestät allein an der Kirche fortbaut. Dieses Project hat aber wenig Beifall. Auch ich bin gegen jenes Project aus dem Grunde, weil es vor Allem dringend Noth thut, zuerst die Kirche, das Haus Gottes, als das Nothwendigere, fertig zu bauen, ehe man das minder Nöthige, die Thürme, in Angriff nimmt. Bis jetzt kann einzig nur im Chore Gottesdienst gehalten werden, wo der Raum, wie natürlich, höchst beengt ist; und es ist daher unerläßlich, daß vor Allem das Schiff und die Abseiten hergestellt werden, damit auch das Volk am Gottesdienste Theil nehmen könne, was jetzt nur für wenige Gläubige in den Seitengängen des Chores möglich ist. Es wäre daher sehr zu wünschen, daß auch der baierische Verein seine Beiträge vor Allem dem Baue des Schiffes zuwendete, und daß Ew. Königliche Majestät zu befehlen geruhten, daß die baierischen Beiträge vorderhand ausschließlich

[1] Siehe im Anhang Nr. 7.

zum Baue des Schiffes, oder der Abseiten bestimmt werden, bis einmal die Kirche hergestellt ist, wo dann der Bau der Thürme ebenfalls verfolgt werden kann.

„Ew. Majestät haben die herablassende Huld gehabt, mich über die Gründe, welche uns in Köln das Glück Allerhöchst Ihrer Anwesenheit beim Dombaufeste vorenthielten, Allergnädigst zu belehren, und ich bin durch diese herablassende Belehrung ebenso hocherfreut, als dankbarst beruhigt, da ich daraus die Allerhöchstdenselben von des Königs von Preußen Majestät gewordene Mittheilung und zugleich die hochherzigen Motive, welche Ew. Königliche Majestät abhielten, damit Allerhöchst Ihr erlauchter Königlicher Freund an jenem Tage ausschließlich der Gefeierte und wie der König des Landes, so auch des Festes, allein sein sollte, kennen gelernt habe. Ich verehre in Demuth diese wahrhaft edle und Königliche Rücksicht; allein wenn uns dieselbe des Glückes beraubte, Ew. Königlichen Majestät bei dem Dombaufeste unsere Huldigungen darzubringen, so wage ich es, die erfreuliche Hoffnung zu nähren, daß wir später einmal, vielleicht schon im nächsten Sommer, wenn Ew. Königliche Majestät entweder Aschaffenburg oder Ihre Pfalz besuchen, das Glück haben dürften, Allerhöchstdieselben auch hier zu einem Besuche unseres Domes begrüßen zu können. Mir würde dieser Tag ein unvergeßlicher, ein freudiger Festtag werden....."

Die durch das Fest der Grundsteinlegung erhöhte Begeisterung für den Dombau wollte der König Ludwig benutzen, um in seinem Volke die Opferfreudigkeit für ein Werk anzuregen und wach zu halten, für welches er mit so warmer Liebe schwärmte. Auf seine Veranlassung veröffentlichte die baierische Regierung einen Aufruf, wodurch das baierische Volk zu reichen Beiträgen angespornt werden sollte für den kölner Dom, „welcher für die Lebenden wie für die Nachkommen ein heilig unantastbares Fideicommiß sei, und, seine Riesenschatten auf beide Seiten des deutschen Rheines werfend, als ein ernstes, mahnendes Sinnbild des Unheils, der Zwietracht und des Segens der Eintracht" angesehen werden müsse. „Das begonnene Werk in treuem Zusammenhalt mit vereinten Kräften rasch zu fördern und der Vollendung zuzuführen, sei zu einer Ehrensache aller Deutschen geworden." Das baierische Volk werde, wie in keiner Tugend, so auch in der Opferwilligkeit für das begonnene große Nationalwerk hinter seinen Stammesgenossen nicht zurückbleiben; der König rechne mit Vertrauen darauf, daß Baiern da zu finden sein werde, wo es gelte, deutschem Sinne und deutscher Eintracht ein großartiges, dem Wandel der Zeiten trotzendes Denkmal zu errichten.

In der am Tage nach der Grundsteinlegung gehaltenen Vorstandssitzung, welcher eine beträchtliche Zahl der zum Fest gekommenen Deputirten von Hülfsvereinen beiwohnte, richtete der Coadjutor von Geissel folgende Worte an die Versammlung: „In unserer alten heiligen Stadt Köln haben wir gestern ein so schönes,

inhaltreiches Fest begangen, wie es in solcher Großartigkeit und Bedeutsamkeit im
Laufe der Zeiten nur selten wiederkehrt; und dieses Fest haben Sie, aus der Nähe
und Ferne zu uns gekommen, mit uns getheilt und durch Ihre Gegenwart erhoben
und verschönert. Als Ehrenpräsident des Central-Dombauvereins-Vorstandes fühle
ich mich gedrungen, Ihnen dafür unsern warmen Dank hiermit abzustatten. Aus
allem, was Sie bei diesem Feste gesehen und gehört, konnten Sie die Beweggründe
ermessen, die uns beseelen, und den Geist erkennen, in welchem wir handeln, damit
das größte und kunstreichste Gotteshaus auf deutscher Erde seiner Vollendung
entgegengeführt werde. Sie haben dabei aber auch wahrgenommen, welcher Mittel
wir noch bedürfen, diese Vollendung zu erreichen. Das Erforderniß ist groß, fast
unermeßlich; allein die Mittel zur vollständigen Erreichung des schönen Zweckes
liegen in Ihrem Herzen und in Ihrer Hand, und in dem Herzen und in der Hand
aller Brüder aus allen deutschen Gauen. Wenn Sie uns so innig und warm, so
kräftig und ausdauernd, wie bisher, unterstützen, dann dürfen wir hoffen, daß der
Tag kommen werde, an welchem die Kirche und das Vaterland sich der Vollendung
des großen Werkes erfreuen können. Wir hier in Köln werden fortfahren, das
Gotteswerk mit allen Kräften zu fördern, und wir wünschen dabei, die Wärme, die
uns für den Bau des Domes durchglüht, in Ihre Brust überzugießen, damit Sie
dieselbe in Ihre Heimath tragen, sie in immer weiteren Kreisen verbreiten und eine
immer regere Theilnahme an dem Ausbau des altehrwürdigen Gotteshauses hervor=
rufen. Ich lege Ihnen die Unterstützung des Dombaues warm ans Herz, nicht
allein, weil hier von dem Baue einer Kirche die Rede ist, sondern auch deßhalb, weil
uns Geistlichen die Förderung jedes Guten, Edlen und Schönen ein besonderer
Beruf ist und uns besonders wohl ansteht; und weil hier dieses vorzüglich der Fall
ist, wo es den Ausbau eines Tempels gilt, zur Verherrlichung Gottes, zur Ehre
unseres erhabenen, königlichen Protectors und der ihm verbündeten Fürsten deutscher
Nation und zum Ruhme des gesammten Vaterlandes. Ich habe gestern Sie alle mit
dem Gruße des Friedens freudig bewillkommnet, und heute, in der Stunde des
Scheidens, gebe ich Ihnen denselben Friedensgruß mit auf den Weg in Ihre
Heimath. Der Segen Gottes geleite Sie!"

Nicht weniger warm empfahl der Coadjutor Johannes von Geissel der Geist=
lichkeit und den Gläubigen der Diöcese die Sache des Dombaues. Er, der keine
Gelegenheit vorbeigehen ließ, die Opferwilligkeit für den Dombau in seinen Geist=
lichen und Diöcesanen anzuregen und wach zu halten, legte unter dem 12. September
1843 in einem eigenen Ausschreiben dem kölner Clerus die Dombausache besonders
warm aus Herz. „Ein Jahr", schrieb er, „ist jetzt verflossen, seitdem ich dem ersten
Steine zum Vollendungsbaue unserer Metropolitan=Domkirche, in Gegenwart unseres
Königs Majestät und vieler höchsten und hohen Personen und im Beisein ansehn-

licher Deputationen aus allen Gegenden Deutschlands, die kirchliche Weihe ertheilte und den göttlichen Beistand für das großartige Unternehmen anflehte. Der Herr aber hat das zu seiner Ehre begonnene Werk gesegnet; denn was seitdem für den Weiterbau geschehen ist, hat die durch jene Festfeier hervorgerufenen kühnsten Hoffnungen erfüllt. Ueber Erwarten ist bereits der Bau vorangeschritten: die Nothdächer und fremdartigen Anbauten des hehren Tempels sind entfernt; auf den fast überall vollendeten Fundamenten erheben sich die aufsteigenden Mauern in den reichsten Steinverzierungen, und eine große Anzahl kunstfertiger Arbeiter ist beschäftigt, die in reichlicher Menge vorhandenen Baumaterialien zu dem Weiterbau vorzubereiten. Und alles das, was bisher ausgeführt worden, verdanken wir, nächst Gott, der landesväterlichen großmüthigen Huld unseres Königs Majestät und jener Vereinigung edler Männer, welche der Herr begeisterte für die Ausführung eines Werkes, an dessen mögliche Vollendung auch nur zu denken ein halbes Jahrtausend nicht gewagt hatte. Dieser Verein hat in kurzer Zeit seine Wirksamkeit fast auf ganz Deutschland ausgedehnt und thätige Theilnahme an dem Riesen-Unternehmen bei Allen, welche die deutsche Zunge sprechen, auch in den entferntesten Ländern, hervorgerufen. Als Ergebniß seiner und der Filialvereine segensvoller Wirksamkeit im ersten Jahre ist mir bereits eine Summe von 56,000 Thalern zur Ausführung des nördlichen Portals und zur Mithülfe am Fortbau des nördlichen Thurmes übergeben worden. Solche Erfolge, so wie die erfreuliche Weise, in der sie erzielt worden, berechtigen zu den schönsten Hoffnungen. Unser Vertrauen auf die Zukunft steht daher auch fest. Wir bauen unter dem sichtbaren Segen Gottes.

„Unter den Bestrebungen für die große Sache habe ich seither mit Wohlgefallen auch jene des hochwürdigen Diöcesan-Clerus des Erzstifts wahrgenommen und mit lebhafter Freude bemerkt, mit welch reger Theilnahme der größte Theil desselben bereits unaufgefordert und aus persönlichem Antriebe die Verbreitung des Dombauvereins sich angelegen sein ließ und mit thätigem Eifer zu dem glänzenden Erfolge seines Wirkens beitrug. In vielen Decanaten hat die hochwürdige Diöcesan-Geistlichkeit besondere Decanats-Filialvereine unter sich gebildet oder sich doch mit an die Spitze der entstandenen Vereine gestellt. Auch in den meisten anderen Decanaten war sie die kräftigste Stütze dieser Vereine, selbst wenn sie von der Leitung derselben sich zurückzuhalten und noch warten zu müssen glaubte, bis die oberhirtliche Stelle über das Beginnen in amtlicher Weise sich ausspräche. Dazu ist nun der Zeitpunct gekommen, und ich finde mich jetzt gedrungen, das, wozu bisher aus Antrieb des eigenen Herzens ich mich aufgefordert fühlte, in amtlichem Aufrufe dringend zu empfehlen. Ich ermahne daher nicht allein den hochwürdigen Pfarrclerus, die untergebenen Gläubigen in jeder geeigneten Weise, durch Belehren und Zureden in Kirche, Schule und Haus, zu immer zahlreicherm Anschlusse an die

Dombauvereine zu gewinnen und namentlich die Vereinsvorstände bei dem Einsammeln der Beiträge auf desfallsiges Ersuchen bereitwillig zu begleiten, sondern ich ermuntere auch die gesammte Geistlichkeit der verschiedenen Decanate, sich da, wo noch keine Vereine bestehen, in Filialvereine unter sich zu verbinden und das heilige Unternehmen nach Kräften zu fördern. Das große Werk verlangt große Mittel, die nur in der gemeinsamen Beisteuer Aller möglich werden. Es sind aber auch Alle zu einer solchen Beisteuer berufen. Was das elterliche Haus für die Familie, was die Pfarrkirche für die Pfarrgenossen, das ist die Kirche, deren Bau wir vollenden wollen, für alle Gläubigen der kölnischen Erzdiöcese. Sie ist unseres ganzen Sprengels gemeinsame Mutterkirche. Jeder Diöcesan betrachte daher die Angelegenheit des Dombauvereins als seine eigene, und es sei fortan kein Geistlicher im Umkreise der Erzdiöcese, welcher nicht Mitglied des Dombauvereins wäre. Auch hat ganz Deutschland, welches uns helfend zur Seite steht, seine Augen auf uns gerichtet. Es gilt jetzt der Ehre der kölnischen Erzdiöcese, es gilt jetzt der Ehre des kölnischen Clerus. Ich hege die eben so feste als freudige Zuversicht, daß dieser in so vieler Hinsicht ausgezeichnete Diöcesan-Clerus auch hierin sich seiner selbst würdig bewähren werde."

## IV.

Bald nach Constituirung des Dombauvereins hatte der König Friedrich Wilhelm IV. befohlen, einen Kostenanschlag über den Bau der Gewölbe und der dazu nöthigen Strebesysteme anzufertigen und einzureichen. Die hierfür auf 800,000 Thlr. berechneten Baukosten sollten nach dem Wunsche des Königs von den acht Provinzen des Staates aufgebracht und durch die im Spätherbste 1842 zu Berlin versammelten Ausschüsse der Provinzialstände bewilligt werden. Bei der kühlen Aufnahme, welche dieses Project bei den einzelnen Ständemitgliedern fand, unterließ es der König, die Vorlage in officieller Weise zu machen, und es blieb nun dem Eifer und den Bemühungen des Dombauvereins überlassen, die Mittel zu beschaffen, die nöthig waren, um den kühnen Gedanken, den Dom, mit Ausschluß der Thürme, in einem Zeitraume von zwölf Jahren auszubauen, zur Ausführung zu bringen. Es schien, als habe der junge Dombauverein den Vorwurf beseitigt und den Fluch gelöst, wovon Görres in dem schon oben angeführten Aufruf im Jahre 1813 gesprochen. Jetzt begann ein rüstiges Schaffen an dem gewaltigen Werke. Neue Steinbrüche wurden eröffnet, frische Arbeitskräfte herangezogen, tüchtige Steinmetzen ausgebildet, geschickte Zeichner angestellt. Die alten Gerüste sanken, um neuen Hülfsbauten und Maschinerieen für die Errichtung der 22 Strebesysteme Platz zu machen. In Folge der unverdrossenen Thätigkeit des Vereins flossen die Geldbeiträge immer reichlicher und es konnten jährlich gegen 50,000 Thaler an der Nordseite des Domes aus der Vereinscasse verwandt werden, während an der Südseite 50,000 Thaler aus Staatsmitteln verbaut wurden.

Der Dombauverein rechnete nur dann auf eine Nachhaltigkeit der allgemeinen Begeisterung für das große Werk, wenn man sich entschließen wolle, Hand an den vollständigen Ausbau der Domkirche zu legen und Schiffe, Portale, Gewölbe und Strebebögen ganz nach den genialen Planen der alten Baumeister auszuführen. Der König gab bereitwilligst zu diesem Project seine Zustimmung. „Möge es dem Verein gelingen," schrieb er am 13. August 1842, „die Flamme der Begeisterung, welche ihn beseelt, weit und breit in den Gauen des deutschen Vaterlandes nicht nur zu vorübergehendem Auflodern anzufachen, sondern dauernd zu nähren, damit das erhabene Werk gedeihe und sich vollende, einer großen Vorzeit würdig, der Gegenwart zum Ruhme und der Nachwelt zum bleibenden Vorbilde deutschen Kunstsinnes, wie deutscher Frömmigkeit, Eintracht und Thatkraft."

Bei der regen, allseitigen Betheiligung an dem großen Werke konnten die Arbeiten mit rüstiger Kraft in Angriff genommen und gefördert werden. Ehe der Baumeister die Arbeiten zu dem Baue des südlichen Portals in Angriff nehmen konnte, mußte er erst die schon entworfenen Haupt- und Detail-Zeichnungen gänzlich umarbeiten, um der Idee des ersten Baumeisters möglichst nahe zu kommen. Durch diese Vorarbeiten wurde der Fortbau an dem südlichen Portal etwas verzögert, und die Thätigkeit der Arbeiter lenkte sich hauptsächlich auf den Bau der südlichen Seitenschiffs-Umfassungsmauer, welche im Jahre 1842 von dem Querschiffe bis zu dem Thurme hin um 6 Meter erhöht und mit vier neuen Spitzbogenfenstern versehen wurde.

Um die Inangriffnahme des Baues zu beschleunigen, beschloß das Domcapitel, unter dem Vorsitz des Coadjutors, am 7. Juli 1843, das alte Capitelhaus, die Capelle zur h. Maria im Pesch über den Fundamenten des nördlichen Portals und die beiden Küsterwohnungen im nördlichen Thurme niederlegen zu lassen.

Der Verein konnte keinen Augenblick vergessen, was er und das von ihm in Obhut genommene Gotteshaus dem Könige verdankten. Darum verfehlte der Präsident des Vorstandes nicht, die tief empfundenen Gefühle des innigsten Dankes und der tiefsten Ergebenheit auszudrücken, wo sich nur Gelegenheit dazu bot. In der am 1. Mai 1843 gehaltenen Versammlung des Dombauvereins zur Neuwahl von zwölf Mitgliedern begrüßte er die den ganzen Raum des Gürzenich-Saales anfüllende Versammlung mit den Worten: „In der ersten Versammlung, in welcher wir an die Freude über wirklich gewonnene Erfolge neue Hoffnungen und Wünsche anknüpfen können, an dem Tage, wo die Anschauung der in bewundernswürdiger Kunstvollendung ausgeführten Umfassungsmauer des südlichen Seitenschiffes als erstes Merkzeichen des rüstig begonnenen Ausbaues lebhaft unsere Einbildungskraft bewegt, wo durch den Abbruch der Schutzdächer die Gränze sichtbar geworden, an welcher die vor Jahrhunderten erloschene Bauthätigkeit zu feiern begann und nun die Rüstungen aufsteigen, damit das neue Werk sich dem alten anfüge und vereine, da erhebt sich dankbar unser Blick zum Throne Preußens und zu Ihm, dem unsere Liebe zugewendet ist, in dem des Vaterlandes Hoffnungen wurzeln, den wir als Erhalter unseres Domes, als Schutzherrn unseres Vereins verehren. Nur mit dem begeisterten Ruf: „Heil unserm Könige!" kann ich würdig die heutige Versammlung eröffnen; in diesem Spruche möge sich zuerst Ihre Einstimmigkeit bewähren. Hoch dem Könige!"

Es mußte dem Verein daran liegen, in der kölner Bürgerschaft die Begeisterung für die große Sache des Dombaues nicht erkalten zu lassen. Darum richtete der Vorstand im August 1843 einen warmen Aufruf an alle diejenigen, welchen die Vollendung des Domes am Herzen lag. „Ein Jahr und mehr ist vergangen," sagte er, „seit der unterzeichnete Vorstand im Namen der großen Ideen, welche der Dom zu Köln in sich schließt, an alle die, für welche diese Ideen eine Bedeutung haben, sich mit der Bitte gewendet hat, mitzuhelfen an der Vollendung dieses Gotteshauses, der bewunderungswürdigsten Schöpfung des Menschengeistes.

„Wir durften hoffen, daß auch das schwache Wort, für eine solche Sache gesprochen, nicht ungehört verhallen werde, und wir sind hocherfreut, sagen zu können, daß diese Hoffnung nicht getäuscht worden ist. Der Edelgesinnten Viele sind dem Beispiele gefolgt, mit welchem zwei mächtige Könige vorangegangen waren; Priester und Laien, Arme und Reiche haben nahe und fern in der Förderung des Unternehmens gewetteifert; eines der bedeutungsvollsten Feste aber, welches jemals in den Ringmauern unserer Stadt gefeiert worden, hat den zu diesem Zwecke geschlossenen Bund besiegelt und ihm die Weihe der Religion und der Vaterlandsliebe ertheilt.

„Die bisherigen Ergebnisse liegen vor Aller Augen; sie thun dar, daß ein bedeutender Schritt zu dem großen Ziele hin geschehen ist, ein Schritt, welcher als der erste zugleich auch der schwerste genannt werden darf. Durch die Huld unseres hochverehrten Königs, wie durch die Bereitwilligkeit aller derer, welche zufolge ihrer Stellung Beihülfe zu leisten vermochten, sind die mannigfachen Hindernisse glücklich beseitigt, die aus der Natur eines so großartigen und weitaussehenden Unternehmens hervorgingen; die Bahn ist gebaut, auf welcher dasselbe sich fortbewegen soll, und neben den Trümmern der Einschließungen, die bis dahin, gleichwie ein Verband, die offenen Wunden des Riesenbaues umgeben hatten, sehen wir auf allen Seiten bereits die reichsten Bildungen aufwachsen und zur Vereinigung mit dem großen

Ganzen hinstreben, welches so von Woche zu Woche sich harmonischer gestaltet und der Herrlichkeit des Urbildes näher kommt.

„So erfreulich aber auch das bisher Geleistete immer sein mag, so bleibt doch unendlich mehr noch zu thun übrig; es gilt die schwierigste und umfassendste Aufgabe, die vielleicht jemals im Gebiete der Kunst ist gesetzt worden; nur der entschiedenste Wille und die beharrlichste Ausdauer werden dieselbe zu lösen vermögen.

„Die Schwierigkeit des Unternehmens muß jedoch, weit entfernt, uns von demselben zurückzuscheuchen, vielmehr ein Sporn zu erhöhter Thätigkeit sein. Gewiß wäre es schon betrübend genug gewesen, wenn die lebende Generation mit derselben Theilnahmlosigkeit an dem halbvollendeten Dome vorübergegangen wäre, mit welcher die letzten drei Jahrhunderte ihn seinem Schicksale überlassen hatten, — eine unauslöschliche Schmach aber würde es für uns sein, wenn wir jetzt von dem wieder Begonnenen die Hand zurückziehen und das heilige Vermächtniß unserer Vorfahren einem doppelten Verderben Preis geben könnten, jetzt, nachdem die Vollendung feierlich angelobt worden, nachdem die Nothhüllen gebrochen und die gottgeweihten Hallen auf allen Seiten dem Angriffe der Elemente bloßgestellt sind!

„An alle diejenigen, in deren Seelen das Heilige und Erhabene eine Stätte gefunden, insbesondere jedoch an die Deutschen aller Stämme ergeht daher wiederholt unser Ruf, — an die, so bereits helfend die Hand geboten, auch fernerhin als treue Genossen mit uns ausharren zu wollen; an diejenigen aber, welche bis heran noch gezögert haben, daß auch sie mit Herz und Hand an dem Werke sich betheiligen mögen, welches ein Ehrendenkmal unserer Zeit zu werden bestimmt ist.

„So wie das Stocken des Dombaues die Periode der Zersplitterung und Ermattung Deutschlands bezeichnet, so soll auch das Wachsen und Aufstreben des hehren Denkmals weithin es verkünden, daß das Vaterland immer glänzender und immer reicher an geistigen und materiellen Mitteln aus den Fluten der Zeit wieder auftaucht.

„Die Theilnahme, welche die Dombausache im verflossenen Jahre, selbst in den Hütten der Armuth, gefunden hat, wird auch dermalen sich nirgend verleugnen; insbesondere aber werden Kölns Bürger den Beweis liefern, daß jene heilige Sache tiefe Wurzeln in ihren Herzen geschlagen hat, daß sie fest entschlossen sind, den großen Gedanken der Väter mit der Hülfe des Allmächtigen zur raschen, kräftigen That erwachsen zu lassen.

„Im Vertrauen auf Gott und die siegende Macht des Wahren und Schönen lasset uns denn treu verharren bei dem wieder begonnenen Werke, und möge Jeder nach Kräften zur Verwirklichung des hochherzigen Wunsches beitragen, welchen der königliche Schutzherr gegen uns ausgesprochen:

„daß die Flamme der Begeisterung weit und breit in den
„Gauen des deutschen Vaterlandes nicht zu vorübergehendem
„Auflodern angefacht, sondern dauernd genährt werde, damit
„das erhabene Werk gedeihe und sich vollende, einer großen
„Vorzeit würdig, der Gegenwart zum Ruhme und der Nach=
„welt zum bleibenden Vorbilde deutschen Kunstsinnes, deutscher
„Frömmigkeit, Eintracht und Thatkraft!"

Kurz vorher, ehe dieser Aufruf erlassen wurde, war in den südlichen Seiten=
schiffen nach erfolgter Abnahme der alten Nothdächer der Aufbau der Gewölbe=
pfeiler und die Einwölbung der Gewölbgurte vorgenommen worden. Der am
28. Juni begonnene Aufbau des südlichen Portals wurde bis auf eine Höhe von
vier Meter über der Ebene des Kirchenbodens aufgeführt. Die Pläne zu den
beiden Portalen hatte Zwirner schon im Jahre 1841 entworfen. In diesen Ent=
würfen hatte er nach dem Vorbilde der Thurm-Architektur einen angemessenen
Gliederreichthum selbst an den untern Pfeilern angenommen und dadurch den Por=
talen eine Auszeichnung vor den zurückstehenden Umfassungsmauern der Seitenschiffe
gegeben. Am 4. September waren diese beiden Pläne bei der Grundsteinlegungsfeier
im königlichen Pavillon öffentlich ausgestellt worden. Der König gab seine Zu=
stimmung, daß diese Projecte ausgeführt werden sollten, nur behielt er sich eine
nähere Prüfung vor. In Folge dieser Prüfung wurde der Befehl ertheilt, den
Bau nach den vorgelegten Zeichnungen auszuführen, nur sollten statt gegliederter
glatte Pfeiler in übereinstimmender Architektur des Unterbaues am hohen Chore
und am Langhause angelegt werden. Bei dem für den Bau des Nordportals
nöthigen Abbruch der Peschkirche traten alte Bauanlagen zu Tage, welche erhär=
teten, daß der Plan für das Nordportal und den bis zu einer Höhe von 4,7 Meter
aufgeführten Südportalbau bedeutend von den ursprünglichen Portalanlagen abwich.

Der Vorstand des Dombauvereins, der seine eigentliche Aufgabe in der Be=
schaffung der Geldmittel zur würdigen Erhaltung und zum Fortbau des Domes
erkannte, glaubte aber solche technische Fragen nicht außerhalb des Bereiches
seiner Berathungen und Beschlußfassungen lassen zu dürfen, bei welchen es sich darum
handelte, ob wirklich der ursprüngliche Plan zu gewissenhafter Ausführung komme.
Darum schien es ihm geboten, die Streitfrage, ob das Nordportal genau nach den
vorhandenen Ansätzen oder nach Maßgabe des Südportals gebaut werden solle, zum
Gegenstande eingehender Erörterungen zu machen. Auch bei den nicht zum Dombau=
verein gehörenden Kunstfreunden, welche den Dom und dessen einzelne Bautheile zum
Gegenstande ernster Studien machten, sowie bei denjenigen Architekten, welche sich
für die gothischen Bauformen interessirten, erregte die Aufdeckung der alten Bau=

anlagen des Nordportals großes Aufsehen, und der Bau sowie die Gliederung der Pfeiler des Südportales wurden im Stuttgarter Kunstblatt zum Morgenblatt eingehend besprochen. Das veranlaßte den König Ludwig, den Coadjutor von Geissel um Aufschluß über diese Angelegenheit zu ersuchen. Er schrieb am 13. November 1843: „In dem Morgen-Kunstblatt Nr. 83, 17. October, den Dombau betreffend, las ich: ‚daß der Neubau des südlichen Schiffes jetzt ganz einfach begonnen, wahrscheinlich also nicht nach der Idee der früheren Meister ꝛc. ꝛc. Uebrigens ist dieser Uebelstand, falls er ein solcher ist, leicht zu heben, denn so weit der Unterbau gediehen, lassen sich bald in die schweren Pfeiler noch Gliederungen hauen.' Ich aber sage, das wird später nicht mehr geschehen, wenn nicht gleich der Bau so wird und sehr leid wäre mir, wenn nicht in seiner ganzen Herrlichkeit Köln's Dom, wie der alte Meister ihn erdacht, gebaut würde. Sagen Sie mir gefälligst, was daran ist."

Das Thatsächliche dieser Frage legte der Cardinal in einem Briefe an den König Ludwig klar. „Das Südportal," schrieb er, „welches aus Staatsmitteln erbaut wird, ist mit vorspringenden glatten Strebepfeilern, wie sie sich auch an dem Chore des Domes finden, angelegt. Als nun nach der Abtragung der an der Nordseite des Domes angebauten kleineren Pfarrkirche „in pasculo" der schon in früheren Jahrhunderten in einer Tiefe von 49 Fuß angelegte und bis zur Höhe der Bodenfläche des Domes heraufgeführte Fundamentbau des nördlichen Seitenportals zu Tage kam, fand sich eine Verschiedenheit in den Strebepfeilern. Es entstand daher die Frage, ob das Nordportal ebenfalls genau nach dem Vorbilde des bereits höher aufgebauten Südportals aufgeführt oder ob die glatten und schweren Strebepfeiler des letzteren nach der aufgefundenen Weise des Nordportals schmäler gegliedert werden sollten. Ueber diese Frage hegten mehrere Bauverständige und Kunstkenner verschiedene Ansichten, indem die Einen verlangten, daß das Südportal ganz streng und genau nach dem, obgleich nur in sehr unbestimmten Fragmenten angedeuteten Typus des Nordportals aufgeführt werden sollte, während die Andern der Meinung waren, daß es bei einem so großen Baue nichts ausmache, ob die Pfeiler mehr oder weniger vorspringend, ob glatt oder gegliedert gehalten werden. In einer Sitzung des Dombauvereins wurde die Sache erörtert, ihre Entscheidung jedoch, als einer technischen Lösung allein angehörend, dem Baumeister und den obersten Baubehörden anheimgestellt. Als Vorstand der Kathedrale begnügte ich mich jedoch hiermit nicht, sondern benahm mich mit dem Dombaumeister Zwirner, um ihn zu bewegen, die Sache zur weiteren Entscheidung in Berlin vorzulegen, wozu er auch sogleich bereit war."

Die Gemüther innerhalb wie außerhalb des Vereins-Vorstandes erhitzten sich in einer Weise, welche die Einigkeit unter den Dombaufreunden zu stören und der guten Sache zu schaden drohte. Der Coadjutor glaubte im Interesse der Eintracht und des Friedens zu handeln, wenn er die streitige Angelegenheit Seiner Majestät dem Könige zur Entscheidung vorlege. Durch Cabinets-Ordre vom 13. April wurde der Streit geschlichtet und die Eintracht unter den Dombaufreunden wieder hergestellt. Sobald diese Allerhöchste Entscheidung eingetroffen war, richtete der Coadjutor unter dem 18. Juni 1844 an alle Dombaufreunde folgenden Erlaß: „Den verehrlichen Dombaufreunden ist es aus früheren Veröffentlichungen bekannt, daß im Schooße des Vereins-Vorstandes über die Ausführung der beiden Seitenportale des Domes verschiedene Ansichten sich erhoben haben, deren näherer Verhalt in den Sitzungen des Vereins-Vorstandes vom 10. November v. J. und vom 31. Januar und 3. Februar d. J. mehrseitig ist erörtert worden. Nachdem ich den hierüber geführten Verhandlungen mit aller Aufmerksamkeit gefolgt war, und aus den für und wider dargelegten Gründen die Ueberzeugung gewonnen hatte, daß die mit Wärme vorgetragenen abweichenden Ansichten, wie sie nur aus lebhafter Liebe zur guten Sache hervorgegangen, so auch fortwährend lediglich die möglichst vortrefflichste Vollendung des großen Werkes im Auge hielten, habe ich es für Pflicht erachtet, im Einverständnisse mit dem Hochwürdigen Metropolitan-Domcapitel den Stand der Sache Allerhöchsten Orts unterm 29. Februar c. vorzutragen und die Bitte zu stellen, daß diese Angelegenheit durch eine nochmalige Prüfung und Entscheidung oder sonstige zweckdienliche Maßnahme nach weisestem Ermessen zu einem befriedigenden Abschlusse möge gebracht werden. Hierauf haben des Königs Majestät Allergnädigst geruht, mir durch das Königliche Ministerium der geistlichen Angelegenheiten eine Allerhöchste Cabinets-Ordre zugehen zu lassen, welche ich hier nachstehend allen verehrlichen Dombaufreunden zur Kenntniß bringe:

„Ich habe aus Ihrem Berichte vom 19. v. Mts. ersehen, welche Meinungsverschiedenheit wegen des Baues des Nord- und Südportals bei dem kölner Dom entstanden ist. Ich finde jedoch keine Veranlassung, von den Bestimmungen Meiner Ordre vom 9. September v. J. irgendwie abzugehen, da solche auf einer genauen und gründlichen Erwägung des Sachverhältnisses, bei welchem die wieder zurückgehenden Baupläne und Aufnahmen vorlagen, beruhen.

„Der Bauplan für das Südportal ist nach Maßgabe des reichen Westportals in architektonischer Uebereinstimmung mit der ganzen Südseite des Domes organisch durchgebildet; eben so ist der Bauplan für das Nordportal unter angemessener Berücksichtigung der dort vorgefundenen Theile streng im Geiste und Charakter der nördlichen Chor-Architektur entwickelt. Da diese aber wesentlich von der an der Südseite angewendeten abweicht, so ist schon hierdurch eine verschiedenartige Behandlung der Portalanlagen bedingt, welche sich auch an den meisten Domen dieser Bauart findet.

„Sie haben deßhalb dafür zu sorgen, daß der Bau nach den vorgelegten Rein=
zeichnungen ohne weitere Hemmungen, so viel die Mittel erlauben, kräftig fort=
geführt wird, damit die Eröffnung der ganzen Kathedrale für den Gottesdienst so
wenig wie möglich Verzögerung erleide. Sie werden hiernach den Erzbischof=Coad=
jutor von Geissel und den Ober=Präsidenten von Schaper mit Vorbescheidung versehen.

„Die übrigen Anlagen des Berichtes erfolgen zurück.

„Berlin, 13. April 1844.

„(gez.) Friedrich Wilhelm.

„An den Staatsminister Eichhorn."

„Indem ich die Ehre habe, die oben stehende Allerhöchste Verfügung zu ver=
öffentlichen, fühle ich mich gedrungen, allen Dombaufreunden in der Nähe und
Ferne den dringenden Wunsch der lebendig=thätigen Fortdauer ihres einträchtigen
Zusammenwirkens für dies großartigste Gotteshaus auf deutscher Erde aufs Neue
warm und innig ans Herz zu legen. Ein erhabenes und erhebendes Beispiel, das
Beispiel unseres erlauchten Protectors, Allerhöchstwelcher nicht müde wird, Seine
hochherzige Theilnahme mit erneuerten königlichen Gaben dem kölner Dome zuzu=
wenden, leuchtet uns voran. Wohlan denn, lasset uns ihm folgen in gleich ununter=
brochener Theilnahme. Lasset uns fortwirken mit unerschütterlichem Vertrauen in
das, was wir vereint vermögen, und in vermehrter Liebe zum heilig großen
Werke. Rüstig und rasch schreitet es fort, und wills Gott, so soll dem so schönen,
uns allen so unvergeßlichen Tage des vierten September schon in wenigen
Jahren zur sechsten Säcularfeier der ersten Grundsteinlegung — 1848 — der
noch schönere der Vollendung des Langschiffes und der Abseiten und ihrer Ein=
weihung zum Gottesdienste sich anreihen. Und gewiß, es muß, es wird gelingen,
— wie bauen ja zum Ruhme des Vaterlandes, zur Verherrlichung der Religion,
zur Ehre Gottes. Sein Segen sei über den König, über uns und unsern Bau!
Voran denn unter diesem Segen mit vereinten Herzen und vereinten Kräften!
Lasset aufs Neue für jetzt und künftig den Wahlspruch, welcher unser Vereinsbanner
schmückt, mit Mund und Herz und offener Hand in Wahrheit unser aller Wahl=
spruch sein: „Eintracht und Ausdauer!""

Ueber den Fortgang der übrigen Arbeiten am Dome berichtete der Coadjutor
an den König Ludwig: „Die Sammlungen für das Jahr 1843—44 sind allent=
halben im Gange und sollen meistens noch reichlicher aus, als im vorigen Jahre.
Allgemein ist die Theilnahme im Steigen. Alles, was bis jetzt begonnen worden,
ist vielversprechend, und es ist bereits Großes angebahnt, dessen Förderung wir
dem Impulse des für Religion und Kunst so begeisterten Königs Ludwig mitver=
danken. Auch ist am Baue selbst seit zwei Jahren Vieles vorgerückt. Das
Südportal ist aus seinem 40 Fuß tiefen Fundamente in seiner ganzen Breite mit

den angelegten drei Thürbogen bis zu 30 Fuß über der Bodenfläche aufgestiegen, und die Außenwand des südlichen Seitenschiffes ist mit den Strebepfeilern und allen dazu gehörigen Figuren vollendet. Seit sechs Wochen wird auch am Nordportal, welches sich aus alter Zeit fundamentirt vorfand, sowie zugleich an dem nördlichen großen Thurme fortgearbeitet. Eine gleiche Thätigkeit herrscht auch im Innern des Baues, wo die seither bestehenden hölzernen Nothdächer weggenommen und nun schon mehrere Gewölbebogen des Mittelschiffes ausgeführt sind. Mit dem Fortrücken des Baues geht auch das Domcapitel in der Restauration des Innern gleichen Schritt. Viele Monumente und mehrere Altäre, welche in der französischen Revolution arg gelitten hatten, sind wieder vollkommen glücklich restaurirt, wie denn eben in diesen Tagen ebenfalls die alte, vortrefflich aus Erz gegossene Grabstatue des Gründers des Domes, des Erzbischofs Konrad von Hochstädten, welche in den neunziger Jahren an Händen und Füßen verstümmelt worden, nach München abgehen wird, wo Herr Stieglmayer sie wieder zu ergänzen zugesagt hat. Des ganzen Domes Haupt- und Mittelpunct aber, das hohe Chor, ist in Wiederherstellung und Ausschmückung bis auf Weniges bereits vollendet und bietet mit den weiten Kreuzgewölben, prächtigen Bogenfenstern, deren Glasgemälde zum Theile durch das Domcapitel reparirt sind und noch reparirt werden, und mit seinen hoch und schlank aufsteigenden Säulen, an denen rings um den Hochaltar Christus und Maria mit den zwölf Aposteln in kolossalen Figuren angebracht sind, einen so prachtvollen, als in der That erhabenen und erhebenden Anblick. Zur vollkommenen Ausstattung dieses Chores bedarf es nur noch eines andern, den Bauverhältnissen der Kirche angemessenen Hochaltars, indem der jetzige erst im vorigen Jahrhundert errichtete, ganz geschmacklose und stylwidrige Altar einen schreienden Mißstand bildet, zu dessen Beseitigung freilich vor der Hand noch dem Domcapitel die Fonds mangeln. Und eben so müssen die Fresken in den Gurtbogenfeldern um den Hochaltar, in welchen der Maler Steinle die neun Chöre der Engel darzustellen begonnen, und von denen er bereits sechs Felder gefertigt hat, noch vollendet werden, was auch im nächsten Sommer geschehen wird. Wenn sodann der hohe Chor in dieser Weise ausgestattet und zu einem harmonischen Ganzen abgeschlossen sein wird, mag wohl in der That nicht leicht ein anderes Gotteshaus gefunden werden, welches in großartiger Erhabenheit seiner Bauverhältnisse und in Pracht und Farbenglanz der innern Ausstattung seiner Bestimmung zur Feier des katholischen Gottesdienstes würdiger wäre, als das hohe Chor des Domes zu Köln."

Bezüglich seiner weiteren Bemühungen für die Dombausache schrieb König Ludwig am 10. Januar 1843 an den Coadjutor: „Trachten will ich, daß die Beiträge des baierischen Dombauvereins so lange ausschließlich zum Baue des

Schiffes und der Abseiten bestimmt werden bis zur Vollendung derselben, dann erst für die Thürme. Neue Anregung zum Ausbau des Domes ging von mir aus, und kürzlich wurde den Sahungen gemäß des baierischen kölner Dombauvereins Ausschuß gewählt. Mir, wiederhole es, liegt des Domes Vollendung recht am Herzen."

Gleich nach Vollendung der Glasgemälde in der münchener Aukirche gab König Ludwig den Auftrag, die versprochenen Fenster für den kölner Dom in Angriff zu nehmen. Am 23. Mai 1844 schrieb er an den Coadjutor: „Meinen Glasmaler Aiumüller habe ich vor, in diesem Jahre nach Köln zu schicken, zu genauer Aufnahme der bereits bestehenden Glasmalereien der nördlichen vier Fenster." „Die Glasgemälde für die Mariahilfkirche in der Au", heißt es in einem Briefe vom 20. October, „sind fertig, und nun soll'o frisch an die für den kölner Dom bestimmten gehen. Daß sie am Säcularfest von dessen Grundsteinlegung die bewußten vier Fenster ausfüllen werden, wurde mir bestimmt versichert." „Habe vor", schrieb er am 14. November 1843, „im April nächsten Frühling zwei Maler behufs der bewußten von mir zu verfertigen vorhabenden Glasfenster nach Köln zu schicken. Mein Minister des Innern hat von mir den Auftrag, Ihre Ansichten, Gegenstände der Pfalz betreffend, in der Sie heuer waren, zu erfahren." „Ueberbringer dieses," heißt es in einem Schreiben vom 12. April 1844, „Professor Heinrich von Heß, der die Allerheiligen-Hofcapelle und Sanct Bonifacinskirche mit Fresken bemalt hat (mit lehteren wird heuer derselbe fertig), begibt sich nach Köln, eigens wegen der Glasgemälde (der dieser Anstalt Vorsteher ist) für die vier Fenster der Südseite, welche Gemälde in Glas ich vorhabe bis zur Jubelfeier der ersten Grundsteinlegung des Domes zu beendigen...... Wünsche, daß Sie mich ohne Rückhalt durch Heß (der noch vor meiner am 8. Mai beginnenden Reise nach Rom und Palermo, wo ich das Fest der h. Rosalia sehen will, im Anfang der zweiten Hälfte Augusts in Baiern zurückseiend) in Kenntniß sehen möchten, wie es mit unserer Kirche bei Ihnen in jeder Hinsicht steht." König Ludwig lebte des zuversichtlichen Vertrauens, daß es nur einer Anregung bedürfe, um in den deutschen Bundesfürsten dieselbe Begeisterung für den kölner Dombau anzufachen, welche ihn beseelte. Darum entschloß er sich, den deutschen Bundesfürsten den Plan zur Gründung eines eigenen Fürsten-Dombauvereins durch Vermittlung ihrer Gesandten in Frankfurt zu unterbreiten. Dieser von Aschaffenburg den 21. Juni 1843 datirte Vorschlag lautet: „Großes ist von Preußens hochherzigem Könige für den Ausbau des Domes zu Köln geschehen und geschieht fortwährend. Nicht wenige Vereine auch bildeten sich zu diesem Zwecke; einer jedoch wird noch vermißt: ein kölner Dombauverein der Teutschen-Bundesmitglieder. Daß ein solcher entstehe, dahin geht dieser Vorschlag, zwar nicht an den Teutschenbund, denn es ist keine Bundesſache, aber an deſſen Mitglieder wende ich mich, und da alle ihre Vertreter in Frankfurt haben, ſo erſcheints der geeignetſte Ort dazu. Eingeladen wird jedes (mit Ausnahme des Königs von Preußen, da derſelbe ohnehin ſo viel dafür thut) zu einem beliebigen, aber unveränderlich bis zur Vollendung des ganzen Domes, der Kirche und der Thürme, wenigſtens auf Lebenszeit fortlaufenden Beitrag ſich verbindlich zu machen, von Anfang des nächſten Jahres, dem 1844ten an in Frankfurt am Main den vierteljährigen Beitrag im Voraus zu erlegen, alſo im Januar, April, Juli und October. Ich mache mich anheiſchig, wenn dieſer Verein zu Stande kömmt, ſo lange ich lebe und er beſteht, zehntauſend Gulden des Jahres zu geben. Da meine Cabinetscaſſe dieſe Zahlung leiſten wird, ich aber keine über mein Leben hinaus ſich erſtreckende Verbindlichkeit auflegen kann, ſo vermag ich auf keine längere Zeit den Beitrag zu verſprechen. Von meinem Nach-folger halte ich mich jedoch überzeugt, daß auch er ihn leiſten wird. Des kölner Domes Ausbau iſt Ehrenſache für Teutſchland. Die Bundesmitglieder haben ſchon ſolche Beweiſe ihrer Geſinnung gegeben, wo es ſich von Sachen des Vaterlandes handelte, die zur frohen Erwartung berechtigten, daß Anklang dieſer Vorſchlag finden werde." Bezüglich dieſes Vorſchlages ſchrieb König Ludwig am 24. Juni an den Coadjutor: „Vorgeſtern erhielt mein Geſandter in Frankfurt von mir den Auftrag, ſeinen Collegen ihn vorzulegen, nämlich den Vorſchlag zu einem kölner Dombauverein der Teutſchen=Bundesmitglieder, der ſich mich verbindlich mache, wenn er zu Stande kömmt, außerdem freilich nicht, ſo lange er beſtehen wird, auf meine Lebensdauer des Jahres zehntauſend Gulden aus meiner Cabinetscaſſe beizutragen. Wohlverſtanden, die von mir zu geben vorhabenden vier Glasgemäldefenſter werden nicht eingerechnet. Meinem Vorſchlage gemäß würde des Vereins Beginn der des 1844ten Jahres ſein." Am 14. Juli ſchrieb er: „Mein Freund, der König von Preußen, beauftragte ſeinen Geſandten zum Bundestage Herrn von Dönhoff, ſich eigens zu mir herzubegeben, um ſeinen Dank auszudrücken. Wenn bei den Bundesmitgliedern dieſer Vorſchlag ſolch' günſtige Aufnahme findet, als wie bei den Geſandten, ſo, ſchreibt mir der meine, wird die Abſicht erreicht." In der Sitzung vom 20. Juli gab der Coadjutor dem Vorſtande Kenntniß von dem Schritte, welchen der König Ludwig im Intereſſe des kölner Dombaues bei den deutſchen Bundesfürſten gethan. „Sie alle wiſſen," ſagte er, „was bereits unſer Aller-gnädigſter König Friedrich Wilhelm in hochherziger Freigebigkeit für den Ausbau unſeres Domes gethan und zu thun fortfährt — und nun tritt ein in gleich könig-lichem Hochſinn wetteifernder Monarch zum zweiten Male an ſeine Seite und ladet alle die erlauchten Herrſcher deutſcher Nation ein zur Mithülfe an dem gott-gefälligen Werke. — ‚Ein kölner Dombauverein der deutſchen Bundes-mitglieder' — iſt ein Gedanke ſo wahrhaft königlich, großartig und folgenreich, daß er unserem Dome eine neue glückliche Zukunft eröffnet. Möge sie sich verwirklichen! Und gewiß, sie wird es! Unter solch kräftiger Theilnahme der hochgesinnten Könige Friedrich Wilhelm und Ludwig und unter der großmüthigen Mithülfe aller der erlauchten Herrscher deutscher Nation, welche für das heilige Werk hoffen zu dürfen unsere Begeisterung und den Muth gibt, wird der Dom von Köln sicher und rasch zu seiner Vollendung emporsteigen, und ihr einträchtiger Bau wird in dem Gotteshause, das in allen Ländern seines Gleichen nicht hat, den kommenden Geschlechtern ein Denkmal der Völker-Eintracht und des Fürstenbundes deutscher Zunge hinterlassen, wie der weite Erdboden kein zweites trägt. Daß das erfüllt werde, wollen wir zu Gott vertrauen und zu unseren Fürsten. Uns aber liegt im gegenwärtigen Augenblicke die Pflicht ob, unter dankbarem Aufblicke zum Allmächtigen, zu dessen Ehre wir das Haus erbauen, an der Größe des königlichen Gedankens und der durch ihn eröffneten glücklichen Aussicht uns emporzuheben und freudig Dank zu sagen den hochherzigen Monarchen, ihm, der den Gedanken ausgesprochen, und ihm, der ihn bereits in gleichem Hochsinne als den seinigen getheilt hat. Preis und Dank unserem Allergnädigsten Protector König Friedrich Wilhelm, und Preis und Dank seinem ihm zur Seite stehenden erhabenen Freunde, König Ludwig von Baiern! Gott erhalte sie, Gott segne sie!"

Die überraschende Mittheilung des Coadjutors wurde unter dem Zeichen immer steigender Freude und zuletzt mit allgemein ausbrechendem Jubel vernommen. Der Vorstand erbat sich vom Coadjutor die Erlaubniß, die frohe Nachricht sofort in einem Extra-Domblatt zur allgemeinen Kenntniß zu bringen. Bereitwillig wurde diese Erlaubniß gewährt.

Ueber den Eindruck, welchen der Plan des Königs Ludwig in Köln gemacht und über die Hoffnungen, welche daran geknüpft wurden, schrieb der Coadjutor am 21. Juli: „Schon bei der ersten Allergnädigsten Mittheilung vom 24. Juni hatte ich von dem hochherzigen Antrage, welchen Ew. Königliche Majestät beim Bundestage haben stellen lassen, einigen wenigen der einflußreichsten Mitglieder des Vereins-Vorstandes vertrauliche Kenntniß gegeben, und sie waren der Ansicht, daß ich diese so glückliche Nachricht bei der nächsten gewöhnlichen Vereins-Sitzung der Versammlung nicht vorenthalten möchte. Eben so gab ich denselben auch von der zweiten ausführlicheren Mittheilung vom 14. Juli, welche mir gerade zwei Tage vor der Sitzung zuging, vertrauliche Kenntniß, und sie baten und beschworen mich, den Vorschlag in der Sitzung vollständig zu publiciren, da das Ganze in sich so großartig und herzerhebend und für den edlen König von Baiern so ehrenvoll sei und dabei in den höchsten und tiefsten Kreisen durch das ganze deutsche Vaterland wiederklingen und für den Fortbau unseres Domes die wohlthätigsten Folgen haben würde. Ich theilte vollständig diese Ansicht, zu welcher bei mir noch ein weiteres frohes Gefühl kam, nämlich das, daß ich stolz war auf Ew. Königliche Majestät und den wahrhaft großartigen Gedanken, welchen Allerhöchst Sie zuerst ausgesprochen. Ich machte also das Ganze der Versammlung bekannt und fügte einige Schlußworte aus bewegtem Herzen hinzu. ...... Während ich die Mittheilung publicirte, waren alle Anwesenden in gespannter Erwartung, welche bei dem vorschreitenden Ablesen des Vorschlages in immer häufigere Zeichen steigender Freude überging und sich kund gab. Bei dem Schlusse aber erhob sich plötzlich die ganze Versammlung mit langanhaltendem Händeklatschen und brach in einen allgemeinen Jubel aus, in welchem sich die wiederholten Ausrufungen: ‚Brav — Vortrefflich — Herrlich — Wahrhaft Königlich!' durchkreuzten. — Der großartige Gedanke ‚eines Dombauvereins der deutschen Bundesmitglieder' — und seine gehoffte glückliche Realisirung und erfolgreiche Wirkung wurde sodann noch vielfach besprochen und dabei der erlauchte Urheber jenes königlichen Gedankens mit den wärmsten Ausdrücken des Dankes und der Verehrung hochgepriesen. Die Kunde von allem diesem verbreitete sich auch noch an demselben Abend rasch durch die ganze Stadt und seitdem durch das Land, und allenthalben erregte er den allgemeinsten Beifall und die dankbarste Anerkennung. Die ganze Bevölkerung von Köln ist für den König von Baiern, der in so frommer Hochherzigkeit und echtdeutschem Edelsinne dem Ausbaue ihrer Kathedrale so warme Sorgfalt widmet, von freudiger Bewunderung beseelt, und der Name ‚König Ludwig' ist mit den ehrenvollsten, dankbarsten Bezeichnungen in Aller Munde. Der Vorstand des Vereins wird nicht unterlassen, den Dank der Kölner Ew. Königlichen Majestät später allergehorsamst darzubringen, und hat mich ersucht, einstweilen seinem Gefühle das Wort zu leihen, was ich um so freudiger thue, als ich darin meinen eigenen ehrfurchtsvollen Dank ausspreche. .....

„Welchen Fortgang nun der Vorschlag Ew. Königlichen Majestät bei den hohen Mitgliedern des deutschen Bundes haben werde, wollen wir vom weiteren Gange der Verhandlungen abwarten, — wir Kölner hoffen in lebhafter Begeisterung den günstigsten Erfolg, da auch des hochherzigen Königs von Preußen Majestät den großartigen Gedanken bereits ebenfalls zu dem Seinigen gemacht hat. Gott, der die Herzen der Gewaltigen lenkt, gebe, daß er gleichen Anklang auch bei den andern Fürsten finde. — Doch sei auch der Fortgang, welcher er wolle, — unter allen Eventualitäten ist immerhin das schon als sicheres hocherfreuliches Resultat erzielt: Der großartige Gedanke ist Ew. Königlichen Majestät ureigenste Idee, und wie er durch alle Paläste und alle Provinzen des deutschen Vaterlandes dringen und überall wiederhallen wird, so bleibt die Ehre desselben dem Könige von Baiern ungeschmälert bewahrt. Die Annalen unseres Domes haben es nun bereits aufgezeichnet, was der edle König Ludwig in frommer und deutschgesinnter Begeisterung für Gottes Ehre und des deutschen Vaterlandes Ruhm gewollt, und was auch nun komme, sie werden das Andenken daran den künftigen Geschlechtern überliefern. Diese Berücksichtigung war es auch, welche mir zu gebieten schien, den großen königlichen Gedanken in seinem ganzen Umfange unverweilt in Mitte des Dombauvereins-Vorstandes zu publiciren und ihn in den vielen Tausenden Exemplaren des Domblattes durch ganz Deutschland verbreiten zu lassen. Ich hielt es von meiner Seite für eine Pflicht, daß jener großartige Gedanke würdig veröffentlicht und in seinem ganzen Werthe würdig erkannt werde, und ich war eifersüchtig darauf, daß zu den Kränzen, welche sich Ew. Königliche Majestät um Religion, Vaterland und Kunst bereits so zahlreich verdient haben, auch dieser neue, gleich verdienstlich sich erweisend, dem Gedächtnisse der Geschichte bewahrt bleibe. ......"

Mit unermüdlichem Eifer bemühte sich König Ludwig um das Zustandekommen des von ihm projectirten Fürsten-Dombauvereins. Am 14. November 1843 schrieb er an den Coadjutor: „Die Errichtung eines kölner Dombauvereins der Teutschen-Bundesmitglieder beschäftigt mich fortwährend, schrieb darum eigenhändig meinen beiden Schwestern in Wien, und in dieser Stunde gleichfalls eigenhändig an Fürst Metternich. Desgleichen habe ich bereits von Oberkamp, der mit 1ten nächsten Monats mein Gesandter am Bundestage wird, beauftragt, in Frankfurt angelangt, diese Sache ins Gedächtniß zurückzurufen." Am 12. April 1844 schrieb er: „Müßig war ich nicht hinsichtlich der Zustandebringung eines kölner Dombauvereins der Teutschen-Bundesmitglieder, und warte nur auf die Rückkehr des Bundestags-Präsidenten Graf von Münch in Frankfurt, um es auf's Neue zu betreiben, aber Hoffnung ist wenig vorhanden zu seiner Verwirklichung. ......" Mit Schmerz mußte er sehen, daß der Erfolg weit hinter den von ihm gehegten Erwartungen zurückblieb. „Keine erfreuliche Nachricht", schrieb er am 20. October 1844, „habe ich Ihnen hinsichtlich eines von mir vorgeschlagenen kölner Dombauvereins der Teutschen-Bundesmitglieder zu ertheilen. Er kam nicht zu Stande." Auf diese wenig erfreuliche Nachricht erwiderte der Coadjutor am 6. November 1844: „Die Nachricht, welche mir Ew. Königliche Majestät über den kölner Dombauverein der allerhöchsten und höchsten deutschen Bundesmitglieder mitzutheilen geruht haben, konnte nicht anders, als mein innigstes Bedauern erregen. Wir hatten seither immer noch gehofft, daß es Ew. Königlichen Majestät so hochherzigem Streben gelingen werde, diesen Verein zu Stande zu bringen; die endliche Gewißheit des Scheiterns jenes so großartigen Planes hat uns daher auch schmerzlich überrascht. Es ist dadurch eine reiche Quelle, welche uns so sehr gefördert hätte, verstopft, und wir sehen die erstrebte Vollendung des herrlichen Werkes auf eine längere Dauer hinausgeschoben. ......
Indessen verlieren wir trotz alledem dennoch den Muth nicht, sondern fühlen uns mit jedem Tage mehr begeistert für das herrliche Werk, und unsere Hoffnung

wächst, dasselbe zu Ende zu führen. Wir vertrauen dabei auf Gott und die Theilnahme zweier Könige — des großmüthigen Königs Friedrich Wilhelm, der höher steht als alle jene Machinationen, und fortfährt, dem Dome ein gütiger Protector und Wohlthäter zu sein, und des hochherzigen Königs Ludwig, welcher unserem Dome bisher eine so großartige Fürsorge geschenkt hat..... Ist nun auch jener Fürstenverein nicht zu Stande gekommen, so lassen wir Kölner uns dennoch nicht niederschlagen und bauen rüstig fort; wir hoffen dennoch früher oder später zu vollenden, wenn Ew. Königliche Majestät fortfahren, uns die hochherzige Theilnahme, wie bisher, zu erhalten..... Die Begeisterung für den Dombau ist fortwährend im Steigen, und es sind nicht bloß die Beiträge in Köln und in der Erzdiöcese in diesem Jahre noch günstiger als in den Vorjahren ausgefallen, sondern es organisiren sich auch überall bis in die kleineren Orte hinab, wo früher weniger geschah, neue Filialvereine. Zugleich haben wir in dem verflossenen Sommer das Werk ungemein thätig fortgeführt, so daß jetzt das Mauerwerk der beiden Portale im Süden und Norden schon bis auf 26 Schuhe über den Boden sich erhebt und in seinem starken und zugleich zierlichen Baue die Freude der Kölner und die Verwunderung aller Reisenden erregt. Es sind dadurch Viele, welche früher noch mißtrauisch waren, für die Sache gewonnen worden. Auch fahren wir den Winter durch mit gleicher Thätigkeit fort, das fernere Baumaterial herrichten zu lassen, und blicken beruhigt der Zukunft entgegen."

## V.

Der Vereinsvorstand war überzeugt, daß der Begeisterung für die Dombausache frische Anregung würde gegeben werden, wenn er den Tag des dreijährigen Bestehens des Vereins in besonders feierlicher Weise begehe. Er mußte bedauern, daß es dem Könige unmöglich war, der an ihn ergangenen Einladung Folge zu geben und das Fest durch seine Gegenwart zu verherrlichen. Unter dem 2. Mai 1845 antwortete Se. Majestät: „Indem Ich dem Verwaltungs-Ausschusse des Central-Dombauvereins für die Anzeige vom 3. v. M. und die wiederholte Einladung zu dem auf den 27. und 28. d. M. vorbereiteten Feste Meinen Dank ausspreche, bedauere Ich, denselben benachrichtigen zu müssen, daß die gesteigerte Bedrängniß der Provinz Preußen Meine nahe Anwesenheit in derselben nöthig macht, und Ich daher außer Stande bin, der Einladung zu folgen." Eine nicht unerhebliche Zahl auswärtiger Vereinsgenossen nahm an dem Feste Theil. Freudig überrascht wurde die in Stellvertretung des Präsidenten Nolshausen von Heinrich von Wittgenstein geleitete Versammlung durch die ihr vom österreichischen Bundestagsgesandten mitgetheilte Nachricht, daß der Kaiser von Oesterreich zum Beweise seiner lebhaften Theilnahme an dem Gedeihen der rühmlichen Bestrebungen des kölner Dombauvereins einen Beitrag von 8000 Gulden zur Förderung des Dombaues angewiesen habe. An dem Festzuge betheiligten sich neben den vielen auswärtigen Deputirten der Herzog von Arenberg und Sulpiz Boifferée. Im Dome, da wo das südliche Seitenschiff des Hochchores in die Kreuzkirche einmündet, hielt der Dombaumeister Zwirner folgende Anrede:

„Indem ich Sie, hochverehrte Vereinsgenossen, beim Eintritt in die neu gewölbten Hallen freundlichst begrüße, wünschte ich, vor Ihren Blicken ein größeres Ergebniß der neuen Bauthätigkeit entfalten zu können, obgleich diese nach Maßgabe der mir zur Verfügung gestellten Mittel kräftigst gefördert worden ist. Bei diesem Riesenwerke, welches nach einer dreihundertjährigen Bauthätigkeit unserer Vorfahren nur Fragment geblieben und nach Verlauf dreier folgenden Jahrhunderte fast als Ruine auf uns gekommen ist, können freilich die Fortschritte während eines Trienniums kaum als merklich bezeichnet werden. Dennoch aber glaube ich dieselben erfreulich nennen zu können; sie zeugen wenigstens von der technischen Möglichkeit der Vollendung dieses schönen Tempels, dessen bloße Erhaltung selbst dann noch bezweifelt wurde, als man bereits im Jahre 1824 mit den Herstellungsarbeiten begonnen hatte.

„Freilich war damals die öffentliche Theilnahme gering, selbst unser hier anwesendes würdiges Ehrenmitglied Dr. Sulpiz Boifferée, dem das Verdienst der ersten Wiederanerkennung unseres Domes gebührt, glaubte durch die Herausgabe seines Prachtwerkes gleichsam nur das Bildniß eines Scheidenden der Nachwelt zu überliefern; dagegen erfreute sich der Dom von je des mächtigsten Schutzes unseres jetzt regierenden Königs Majestät Friedrich Wilhelm IV., durch dessen gnädige Aufnahme meines schon im October 1833 vorgelegten Ausbauprojects die Hoffnungen erweckt wurden, welche wir gegenwärtig verwirklicht sehen. Hiedurch und durch das glückliche Gelingen der Herstellungarbeiten, an deren Fortschritten das hiesige Publicum und auch die vielen Reisenden immer lebhaftern Antheil nahmen, wurde endlich jene Idee des Dombaues Gemeingut von Kölns wackeren Bürgern, aus deren Mitte der Central-Dombauverein entstand. Und wie unter den Strahlen der Alles belebenden Sonne ein frischer Stamm immer weiter fruchtbringende Aeste treibt, so reihten sich unter der Aegide des königlichen Protectors an den Centralverein jährliche Hülfsvereine aus der Nähe und Ferne. Vereint, wie es sein muß, wirken nun König und Volk an diesem hehren deutschen Denkmale, in welchem seit einem halben Jahrtausend Dankgebete und Lobgesänge zur Ehre Gottes aufsteigen. Sein Segen möge auch ferner darüber walten und wir durch ihn in Kraft und Ausdauer an unserem gemeinsamen Bestreben erstarken.

„Denn wir befinden uns erst am Anfange desselben; die hier von der großen

Bauhalle abgetheilten südlichen Seitenschiffe sind einstweilen nur zum Durchgange nach dem hohen Chore bestimmt, damit die jetzt diesem Zwecke dienenden Seitenschiffe auf der Nordseite in ihren Wölbungen vollendet werden können. Aus königlichen Mitteln, zu welchen die Kathedralsteuer und Collectengelder, so wie die Beiträge des berliner Vereins hinzukommen, sind außer dem südlichen Kreuzgiebel diese Seitenschiffsgewölbe gefertigt worden; die getrennte Bauthätigkeit des Central-Dombauvereins und der ihm beigetretenen Hülfsvereine auf der Nordseite wurde seit einem Jahre ausgeübt und daselbst der Kreuzgiebel mit seinen Eingangshallen angelegt, die noch im Laufe dieses Jahres in ihren Wölbungen geschlossen sein werden. Auch am Thurme werden die bereits begonnenen Arbeiten bald sichtbar fortschreiten. Ringsum erblicken wir am Dome Baugerüste und Bauhütten, von rüstigen Werkleuten belebt, deren Ausbildung nun zu rascheren Fortschritten berechtigt. Dies hoffe ich unter Gottes Beistande Ihnen beim nächsten Erinnerungsfeste durch die That zu beweisen, und so schließe ich an die Bitte um Ihre fernere Theilnahme unsern Wahlspruch: Eintracht, Ausdauer!"

Hierauf trat Heinrich von Wittgenstein vor und sprach: „Zum ersten Male versammelt in dem wieder erstandenen Hallen unserer Kathedrale, welche die Wiederauffassung eines großen Gedankens der seit Jahrhunderten fortschreitenden Zerstörung abgerungen hat, in den Räumen, welche gestern noch vom Meißelschlage der schaffenden Hand ertönten und morgen schon den heiligen Verrichtungen des Gottesdienstes zurückgegeben werden sollen, fühle ich und gewiß Jeder von uns zunächst die Pflicht, den tiefgefühlten Dank, die innigste Verehrung dem königlichen Bauherrn darzubringen, dessen hochherzige Freigebigkeit uns in allen Theilen des erhabenen Bauwerkes, besonders aber hier, entgegentritt, wo bisher vornehmlich aus königlichen Mitteln der Ausbau gefördert wurde! Dann aber erkenne ich lebhaft den Beruf, im Namen des Vereins herzliche Worte des Dankes und der Anerkennung an den bewährten Meister und an die braven Werkleute zu richten, welche mit frommem Sinn, mit Eifer, mit mühevoller, aber freudiger Ausdauer in der Werkhütte geschafft und so erfolgreich zur Freude des heutigen Tages mitgewirkt haben.

„Es ist kein gewöhnliches Bauwerk, dessen Vollendung ihre Kräfte und unsere Bestrebungen gewidmet sind.

„Es ist die edelste Blüthe des menschlichen Geistes, emporgehoben aus der innersten Tiefe eines den höchsten Dingen zugewendeten Gemüthes.

„Nicht aus der Unruhe des Zweifels und Streites ist es hervorgegangen; nicht im eiteln Ringen nach Ehre und Gewinn, nicht in eifersüchtigen Ueberheben der Kräfte und Bestrebungen haben sich die bewundernswürdigen Hallen des Chores zur Vollendung geschlossen. Nein, in dem festen, unerschütterlichen Glauben an eine höhere Macht, die allein Stärke und Gedeihen verleiht, in der kindlich ergebenen Unterordnung aller menschlichen Dinge, in einer wahren, alle Schichten des Volkes durchdringenden Gottesfurcht und Verehrung wurzeln die Säulen, welche diese Himmel tragen, und, ein frommes Gebet, ist der Wunderbau aufgewachsen unter der kunstfertigen Hand der Werkleute.

„Wir wollen die Freude des Tages nicht mit der schmerzlichen Erinnerung trüben, daß die Kraft, der Muth zur Vollendung im Volke erlöschen konnte und daß Jahrhunderte kalt und theilnahmlos seinen Verfall gesehen haben. Es sei mir nur erlaubt, darauf hinzudeuten, daß die Zeit, wo das Interesse für das Gotteshaus sich auf die Sorge beschränkte, das Zusammenstürzen seiner Ruinen unschädlich für Leben und Eigenthum zu machen, auch die Zeit der tiefsten Erniedrigung für unser Vaterland war.

„Blicken wir lieber auf eine uns näher liegende Vergangenheit, wo das durch schwere Prüfung geläuterte Volk sich ermannte und seine Fesseln brach; wo mit dem Vertrauen auf Gott die Morgenröthe der Freiheit, des Friedens und Glückes über unser Vaterland wieder aufging; auf die Zeit, wo schamerfüllt der Blick sich dem Gotteshause wieder zuwandte, welches mit dem Glücke des Vaterlandes verfallen war, und durch Entschluß und That in der Wiederherstellung das Werk der Sühne begann.

„Daß seitdem die Kraft in uns zur schaffenden erstarkte, daß die Wiedererhebung unseres Vaterlandes die Höhe erstieg, auf welcher König und Volk sich in dem großen Entschlusse einigen konnten, das Gotteshaus als ein Denkmal deutscher Frömmigkeit und Eintracht zu vollenden, daß die Ohnmacht der Vereinzelung der Allmacht der Verbrüderung gewichen ist, das ist die Folie, welche dem Glanze und Jubel des heutigen Tages Sinn und Bedeutung verleiht.

„Vergessen wir nie, daß nur vor der Eintracht der böse Geist zurückweicht, welcher einst die Bauhütten schloß, daß nur in der Bewahrung einer echten vaterländischen Gesinnung, nur in dem Bewußtsein, ein gottgefälliges Werk auszuführen, der Muth und die Ausdauer zur Vollbringung gefunden werden kann.

„Auf der Erhaltung dieser Gesinnung unter uns und in der Bauhütte beruhen unsere Hoffnungen; auf den Ergebnissen unseres Vereins in der kurzen Zeit seiner Dauer, auf den erfreulichen Erfolgen der Bauthätigkeit, welche uns heute umgeben, beruht die Zuversicht, daß von nun an ununterbrochen der Meißelschlag ertönen werde bis zum Tage der Vollendung.

„In demselben festen Grunde ankert unsere Hoffnung für die Zukunft unseres Vaterlandes: — der vollendete Dom wird Deutschland einig und stark, frei und glücklich sehen."

Die General-Versammlung des Vereins fand unter freiem Himmel auf dem

Frankenplatz statt. Am Nachmittag fanden sich mehr als tausend Vereinsgenossen bei einem festlichen Banket auf dem Gürzenich zusammen. Am zweiten Festtage, dem Ehrentage der Dombau-Arbeiter, wurden die tüchtigsten Polierer, Steinmetzen, Lehrlinge, Dachdecker und Zimmerleute in Anerkennung ihres Fleißes und ihrer Pflichttreue durch Preismedaillen ausgezeichnet.

Nach dem Feste übersandte der Vereinsvorstand dem Könige den Rechenschaftsbericht über seine Wirksamkeit der verflossenen drei Jahre mit nachfolgender Adresse: „Froh bewegt durch den Besuch, womit Ew. Königliche Majestät das getreue Rheinland zu beglücken geruhen, nahet sich der Vorstand des Central-Dombauvereins, Allerhöchst den königlichen Protector so ehrfurchtsvoll als herzlichst zu begrüßen. Dieser Gruß gilt als ein Zeichen des innigsten, wärmsten Dankes für die Liebe, mit der Ew. Königliche Majestät in edler Auffassung der Idee, den kölner Dom fortzubauen und zu vollenden, das Unternehmen fördern; für den mächtigen Schutz, den Allerhöchstdieselben dem schönsten Bauwerke am deutschen Strome angedeihen lassen, für die großartige, wahrhaft königliche Betheiligung an dem Ausbaue des herrlichen und ehrwürdigen Tempels. Das lebendige Wort des vielgeliebten Königs zur Weihe des Werkes an dem ewig unvergeßlichen Feste der Grundsteinlegung ist ins Volk gedrungen und hat eine gleich lebendige Theilnahme hervorgerufen. Daß dieses Wort und das erhabene Beispiel Ew. Königlichen Majestät den höchsten Einfluß auf die Einigkeit der Genossen und die Entwicklung der großen Idee ausgeübt hat, davon geben außer der allgemeinen Theilnahme im Vaterlande auch die vielen besonderen Vereine Kölns, die ihre Huldigung heute mit uns darzubringen wagen, das sprechendste Zeugniß. Der Wetteifer, des hohen Schutzherrn würdig, das gemeinsame Ziel zu verfolgen, bekundet sich überall, und Ew. Königliche Majestät wollen darin den Ausdruck der lautern Gesinnung der Genossen und Dombaufreunde Allergnädigst erkennen. Ew. Königliche Majestät haben dem Feste zur Erinnerung an das dreijährige Bestehen des Vereins, am 27. und 28. Mai d. J., nicht beiwohnen können, und es ist dadurch die Freude dieser erhebenden Feier sehr getrübt, der Vorstand zugleich verhindert worden, dem königlichen Protector die schuldige Rechenschaft über die dreijährige Wirksamkeit des Vereins zu erstatten.

„Geruhen Ew. Königliche Majestät, diesen Rechenschaftsbericht jetzt noch huldreichst entgegen zu nehmen, und gestatten Allerhöchstdieselben die ehrerbietigst ausgesprochene Bitte: dem Vereine ein gnädiger Schutzherr, dem Dome eine kräftige Stütze bleiben zu wollen, mit der sich der aus der Tiefe des Herzens dringende Ruf vereinigt:

„Gott erhalte und beschütze den König!
„Lang lebe der königliche Protector!"

Auf diese Adresse antwortete der König unter dem 1. September: „Mit Freuden ersehe Ich aus dem Berichte die stete Vermehrung der hülfreichen Theilnahme für die große Sache des Vereins in den meisten Gauen des deutschen Vaterlandes und erkenne mit Wohlgefallen die Verdienste an, welche sich der Vereinsvorstand durch die umsichtige und kräftige Leitung der ihm anvertrauten Angelegenheit erworben hat. Für die zweckmäßige Verwaltung und Verwendung der zu seiner Verfügung gestellten Mittel zeugen die Leistungen des Vereins während der kurzen Dauer seines Bestehens. Dieselben entsprechen jeder billigen Erwartung und erhöhen die Zuversicht auf ferneren gedeihlichen Fortgang des heiligen und erhabenen Werkes, zu dessen Förderung nach allen Kräften und mit ungeschwächter Begeisterung fortzuwirken Mir stets eine Aufgabe Meines Lebens bleiben wird."

Mit dem Portalbau nahmen auch die Bauarbeiten am nördlichen Thurme ihren Anfang; das alte Mauerwerk seines südwestlichen, an die Mittelhalle gränzenden Pfeilers war in seinen äußern Quadern so verwittert, daß an seine Herstellung um so weniger gedacht werden konnte, als der innere Kern mit unregelmäßigen Bruchsteinen und kleinen Ziegelstücken ausgefüllt war. Demnach mußte dieser 7 Meter hohe Thurmpfeiler bis zur Erdgleiche ganz abgebrochen werden. Im Sommer 1843 wurden die ganze Südfront der südlichen Seitenschiffe und die Westfront des südlichen Querschiffes in der Höhe des ersteren vollendet, vier Gewölbe ausgeführt, zu zweien die Gurtbogen aufgesetzt, am Querschiff die beiden südwestlichen Pfeiler aufgebaut, desgleichen die von ihnen eingeschlossenen zwei Fenster. Der baierische kölner Dombauverein hatte sich bei der Uebersendung seines ersten Beitrages von 16,000 Thlrn. ausbedungen, daß dieser Betrag auf den Ausbau des nördlichen Theiles des Kreuz- und Mittelschiffes verwandt werde, und daß, sobald in dieser Abtheilung des Gebäudes künftig die Fensterpfeiler und Gewölbe zur Vollendung kommen, die Baubehörde die Kosten derselben zu berechnen und nach Maßgabe der von dem baierischen Vereine geleisteten Beiträge einzelne oder mehrere zusammenhangende Theile des nördlichen Kreuzschiffes dem baierischen Vereine anzuweisen verbunden sein solle, damit er dieselben durch Wappen und Inschriften oder andere Denkmale als sein Werk bezeichnen könne.

Im Anfange des Monats Juni 1844 wurde mit dem Aufbau der nördlichen Portalanlage begonnen. Bis zum Jahre 1845 waren die zerstörten Gewölbepfeiler und andere Mauerreste der Seitenschiffe wieder in Stand gesetzt, die neuen Gewölbe in diese Hallen eingezogen und die äußern Umfassungsmauern so weit ausgebaut, daß auch die Bedachungen über den neuen Gewölben aufgelegt werden konnten. In diesem Jahre erfolgte am südlichen Kreuzgiebelbau der Aufbau nach Maßgabe der Steinvorräthe; die Baldachinen zu den Eingangshallen wurden fast alle vollendet; die Einwölbung der Hallen erfolgte im Spätsommer. Im Spätherbst wurde in den nördlichen Seitenschiffen mit der Aufhöhung der Gewölbepfeiler begonnen und diese Arbeit so kräftig gefördert, daß noch vor dem Winter sämmtliche achtzehn Gewölbe-Gurtbogen aufgestellt werden konnten. Im darauf folgenden Frühjahre kamen die Spitzbogengewölbe der genannten Seitenschiffe zur Vollendung. Bei der Regulirung des Fundamentes für den nördlichen Thurm stellte sich heraus, daß das Fundament für einen Hauptpfeiler dieses Thurmes gänzlich fehlte, und dasselbe mußte von Grund aus neu angelegt werden. Im Jahre 1846 wurden auf der Südseite die drei Portalhallen sämmtlich in ihren Wölbungen geschlossen und über denselben die weiter aufsteigenden Mauertheile und Pfeiler bis zu einer Gesammthöhe von 13,8 Meter über der Terrain-Ebene gefördert. Ferner wurde die Fenstergalerie nebst Pfeilern nach der ganzen Länge des Mittelschiffes vom Thurm bis zum Querschiff vollständig aufgebaut und mit der Deckschicht versehen. Auf der Nordseite wurden die Arbeiten über den Seitenschiffen kräftig fortgesetzt, namentlich die sämmtlichen steinernen Wasserrinnen so wie die Strebepfeiler von den Gewölbekesseln bis über das nunmehr aufzulegende Dach hinaufgeführt. Das Steinwerk des großen Fensters, welches den nördlichen Kreuzgiebel mit dem Querschiff in Zusammenhang bringt, wurde im Sommer 1846 aufgebaut. Mit Ende dieses Jahres waren die Nebenschiffe auf beiden Seiten vollendet und über ihren Dächern erhob sich schon das Mittelschiff bis zur Oberkante der mittleren Chorgalerie bis zu einer Gesammthöhe von 26,3 Metern. Eine wackere, gleichmäßige Förderung des großen Werkes brachte es dahin, daß im Sommer 1848 die beiden Portale so wie die Umfassungsmauern des Lang- und Querschiffes bis zur Höhe des ebenfalls eingespannten Nothdaches vollendet waren, und am 14. August, bei der 600jährigen Jubelfeier der ersten Grundsteinlegung, die weiten Hallen des Langhauses dem Gottesdienste übergeben werden konnten. Am 21. August 1846 schrieb der Erzbischof bezüglich der Arbeiten am Dome: „Der Fortbau unseres herrlichen Domes gedeiht in einer höchst erfreulichen Weise und das Werk steigt fast wunderbar empor. Bereits sind die südlichen Seitenschiffe vollständig ausgebaut und eingewölbt, und die hergerichteten Fensterbogen harren ihres künftigen Schmuckes in den gemalten Fenstern, welche Ew. Königliche Majestät zu unserer Freude zugesagt haben. Diese ganze Partie des Domes in ihrer südlichen, dem vollen Sonnenlichte zugekehrten Seite, wird seiner Zeit in der That eine prachtvolle werden und dem Beschauer in ihrer reichen architektonischen Verzierung und dem Brillantschmucke der Glasfenster einen um so herrlicheren Anblick darbieten, als wir nunmehr die dicht an der Südseite des Domes gelegenen Privatgebäude um 8000 Thaler angekauft und mit deren Abtragung den ganzen südlichen Domhofplatz frei gemacht haben. Bezüglich der nämlichen Seite sind wir eben beschäftigt, einen Plan über die Standbilder, Statuetten und Basreliefs, welche das Südportal zieren sollen, und zu deren Ausführung des Prinzen von Preußen Königliche Hoheit uns 10,000 Thaler geschenkt hat, zu berathen und festzustellen, und wir sind gesonnen, nach Feststellung des allgemeinen Planes den berühmten Künstler Schwanthaler um die speciellere Prüfung und Anordnung dieses Planes bittlich anzugehen. Eben so ist auch das nördliche Seitenschiff theils in den alten schadhaften Theilen hergestellt, theils neu von Grund aus aufgebaut und überall eingewölbt, so wie das Nordportal in gleicher Höhe mit dem südlichen emporgeführt. Für das folgende Jahr bleibt uns sodann die Aufgabe, das Mittelschiff auszubauen und die beiden Seitenportale gänzlich zu vollenden." In einem Schreiben des Erzbischofs vom 26. December heißt es: „Mit unserem Dome sind wir in raschem Voranschreiten, und die Arbeiten werden selbst während der rauhen Winterzeit in Behauung der Säulen und Ornamente tüchtig gefördert. Wir haben die gewisse Aussicht, wenn uns die Beiträge aus der Provinz und aus Baiern, wie bisher, zugehen, bis zum Spätsommer 1848 das Mittelschiff mit den Seitenportalen bis zur Galerie und dem Kranzgesimse der Seitenfenster zu vollenden und sodann dasselbe in einer Höhe von 101 Fuß mit einem Holzdache provisorisch einzudecken, um so den ganzen Dom am 14. August, dem sechsten Säculartage der ersten Grundsteinlegung, dem Gottesdienste zurückgeben zu können. In diesen Tagen haben wir in öffentlichen Blättern gelesen, daß das erste der gemalten Fenster, mit welchen Ew. Königlichen Majestät Großmuth unsern Dom verherrlicht, bereits beendet ist, und diese Nachricht hat Alle mit lebhaftester Freude erfüllt. Wenn wir hoffen dürften, daß diese Fenster bis zum 14. August 1848 vollendet und bereits eingesetzt wären, so würde dieses das an jenem Tage abzuhaltende 600jährige Jubiläum in der herrlichsten Weise erhöhen, und der Anblick des neuen Schmuckes alle Dombaufreunde mit dem innigsten Danke gegen den hochherzigen königlichen Geber auf das lebhafteste beseelen. Ich bin gewiß, daß die Freude darüber eine ungemein große und allgemeine sein und nur von der noch größeren übertroffen würde, wenn Köln das hohe Glück haben könnte, Ew. Königliche Majestät an der Seite Allerhöchst Ihres Königlichen Schwagers und edlen Freundes, des Königs von Preußen Majestät, unseres erhabenen Protectors, bei jenem Jubelfeste selbst oder doch im Laufe des Jahres 1848 in seinen Mauern und in dem durch Allerhöchstdieselben mit so hochherziger Theilnahme geförderten und verschönerten Gotteshause auf das freundlichste begrüßen zu dürfen." Ueber den Fortgang der Dombau-Arbeiten schrieb der Erzbischof unter dem 19. August 1847 an den König: „Als ich das letzte Mal mir die Freiheit nahm, Ew. Königlichen Majestät allerunterthänigsten Bericht über den Fortgang unseres Dombaues zu erstatten, habe ich die Ehre gehabt, allergehorsamst darzulegen, wie wir auch während der rauhen Tage des letzten Winters die Vorbereitungs-Arbeiten in Behauung der Säulen und Ornamente zu fördern nicht verabsäumten, und habe zugleich die frohe Hoffnung ausgesprochen, daß es uns möglich werden dürfte, das ganze Mittelschiff mit den beiden Seitenportalen im Laufe dieses Sommers bis zu der Galerie und den Kranzgesimsen der Seitenfenster in der Art zu vollenden, daß wir dann in Stand gesetzt wären, im folgenden Jahre 1848 den ganzen Bau bis zu der Höhe von 101 Fuß zu erheben und das Ganze mit einem provisorischen Holzdache einzudecken, um so am 14. August 1848 die ganze Kirche wieder dem Gottesdienste zurückgeben zu können.

„Von dieser Hoffnung geleitet und das vorgesteckte Ziel mit Ausdauer verfolgend, haben wir denn auch bisher den Dombau nach Kräften gefördert. Bereits sind die Kreuzgewölbe der beiden Seitenschiffe vollständig geschlossen, und auch das Mittelschiff erhebt sich bis zu dem Kranzgesimse der allenthalben schon eingesetzten äußerst kunstreich gearbeiteten Fensterbogen. Eben so wurden die beiden Querschiffe des Süd- und Nordportals bedeutend gefördert. Ersteres erhebt sich bereits bis unter das Kranzgesims des Kreuzgiebels und zeigt zwei aufgerichtete und überwölbte Fensterbogen mit reichverzierten Spitzbogen-Rosetten. Das Nordportal ist in seinem Kreuzgiebel ebenfalls bis zur gleichen Höhe gediehen und trägt bereits in gleicher Vollendung die entsprechenden Fensterbogen mit den Rosetten, über denen eben die beiden Kreuzkappen eingewölbt werden. An das Nordportal schließt sich sodann, ebenfalls schon vollendet, die innere Auswölbung des auslaufenden Seitenschiffes, und die vier Pfeiler, welche diese Halle tragen, sind an ihren Capitälen mit dem baierischen Wappen — die Rauten in blauer und weißer Farbe darstellend — geschmückt. Es ist dies jener Theil des Nordportals, welcher auf Rechnung des baierischen Vereins ausgeführt wird, wovon jene viermal an den Pfeilern angebrachte Wappen ein sprechendes Zeugniß für die Mit- und Nachwelt ablegen.

„Ueberblicken wir nun alle diese Arbeiten, so sind wir im Ganzen allerdings auch in diesem Jahre erfreulich vorangeschritten; allein dennoch müssen wir mit Leidwesen gestehen, daß es nicht in dem Maße geschehen ist, wie unsere Hoffnung und unser Wunsch gewesen war. Leider erlitten wir in den bei den Voranschlägen in Aussicht genommenen Mitteln einen Ausfall, der uns fühlbar zurückgesetzt hat. Zwar gingen uns die Beiträge aus der Stadt Köln und aus der Rheinprovinz fast in derselben Höhe zu, wie dieses auch in früheren Jahren Statt gefunden hat. Allein aus den übrigen Theilen des Landes, namentlich in den nördlichen Provinzen bleiben die Beiträge empfindlich unter den früher von daher gespendeten Summen zurück. Die allenthalben in diesem Jahre herrschende Noth übte dort unstreitig auf die Sammlungen einen ungünstigen Einfluß. Es konnte wohl kaum anders kommen, als daß die warme Begeisterung für den Dom, welche in der Stadt Köln und in der Rheinprovinz sich so lebendig erhielt, daß sie selbst bei dem auch hier herrschenden großen Mangel nur geringen Abbruch erlitt, dagegen in den entfernten und hierfür nicht mehr so sehr interessirten Gegenden durch die herrschende Noth bedeutend

vermindert wurde, was die Folge hatte, daß uns von dorther ein viel geringerer
Beitrag, als in den Vorjahren, zuging. — Hierzu kam noch, daß auch der baierische
Verein seit dem Jahre 1845 uns eine weitere Mittheilung nicht mehr hat zugehen
lassen, so daß wir auch von dieser Seite um den so reichen uns früher so sehr
fördernden Beitrag, welchen wir in den Vorjahren aus Baiern zu erhalten so
glücklich waren, bis jetzt zurückgesetzt sind. Die Folge dieser Ausfälle in den
erforderlichen Summen war zu unserem Bedauern die, daß wir schon vor einiger
Zeit 50 Arbeiter entlassen mußten, da uns die Mittel, sie zu beschäftigen, zu fehlen
anfingen und wir uns genöthigt sahen, die Bauthätigkeit auf die Zahl von 300
Arbeitern zu beschränken, mit welchen wir seitdem in der Hoffnung, daß uns die
Beiträge aus Baiern baldigst eingehen werden, fortgebaut haben. Allein wir
gerathen nunmehr auf's Neue in die peinliche Verlegenheit, die projektirten Arbeiten
einstellen und nochmals einen Theil der Arbeiter entlassen zu müssen, da wir nicht
wissen, ob und welche Beiträge uns vom baierischen Vereine zukommen werden. —
In dieser Verlegenheit hat daher der Central-Dombauverein dahier, in dankbarster
Erinnerung der wahrhaft königlichen Huld und hochherzigen Theilnahme, welche
Ew. Königliche Majestät der Förderung unseres großen Werkes bisher zuzuwenden
die Gnade gehabt haben, mich ersucht, Allerhöchstdenselben diese Lage der Sache
mit der alleruntertänigsten Bitte vorzutragen, daß Allerhöchstdieselben geruhen
möchten, die Uebersendung der vom baierischen Vereine ohne Zweifel gesammelten
rückständigen Beiträge huldvollst veranlassen zu wollen.

„Dem Ansinnen des Central-Dombauvereins gemäß nehme ich mir daher die
alleruntertänigste Freiheit, Ew. Königliche Majestät ehrfurchtsvollst zu bitten, daß
Allerhöchstdieselben die Gnade haben wollen, den baierischen Centralverein dahin
veranlassen zu wollen, daß derselbe die Beiträge, welche wohl bisher unter Ew.
Majestät so großmüthigem Protectorate eingegangen sein werden, an den hiesigen
Vereinsvorstand in der früher Statt gefundenen Weise recht bald übersenden möge.
..... Es wird ja Ew. Königlichen Majestät nur ein Wort kosten, die in der letzten
Zeit, wie es scheint, in etwas eingeschlummerte Thätigkeit des münchener Vereins-
vorstandes wieder zu beleben und denselben zur Uebersendung der gesammelten
Beiträge, deren wir zum ununterbrochenen Fortbau so sehr bedürfen, allergnädigst
anweisen zu lassen." ..... Hierauf erfolgte schon am 24. August die Antwort:
„Bereits in München spornte ich zu erneuernder Thätigkeit den baierischen kölner
Dombauverein, und Ihr Schreiben vom 19. dieses empfangen, setzte ich abermals
die Sporen an. Es ist nicht nur eine Sache der Kunst, es ist eine teutsche Sache,
des kölner Domes Ausbau." .....

Der Erzbischof hatte dem Könige Ludwig die Anzeige gemacht, daß er sowohl
wie das Domcapitel und die Dombauverwaltung es für nothwendig erachtet hätten,

das Langschiff mit einem Nothdach zu versehen. Nachdem der König die für diese provisorische Einrichtung sprechenden triftigen Gründe geprüft, und vernommen hatte, daß die Ausgaben für das Nothdach aus den Fonden der Kirchenfabrik sollten bestritten werden, antwortete er am 24. Januar 1848: „Freudigen Eindruck in jeder Hinsicht gewährt mir Ihr Schreiben vom 20. December, aus welchem ich sehe, daß wohl gethan ist, ein Nothdach dem Dome zu geben; daß es nicht auf Kosten des Dombauvereins geschieht, ist mir sehr angenehm. Des Domes Ausbau liegt mir echt am Herzen. Das ist Ihnen bekannt, und daß Beharrlichkeit meinem Wahlspruch gehört. Der bewußten Fenster rechtzeitige Vollendung betreibe ich. Mit wahrer Freude vernahm ich, daß mein lieber Schwager, der hochherzige König, mein freundliches Andenken vor allen Tafelgästen ausgedrückt hat; er weiß, wie ganz vorzüglich Sie von mir geschätzt sind. Möge der Dom, der eigentliche Bau nebst den Thürmen so beendigt werden, daß aufgespart werden die Stellen, an welchen die Bildsäulen und alle Verzierungen, wie der ursprüngliche Entwurf sie enthält, später angebracht werden können."

Die traurigen Wirren des Jahres 1848 übten auch auf die Dombausache einen nachtheiligen, lähmenden Einfluß aus. Die Begeisterung für das herrliche Gotteshaus erkaltete in dem Brausen des politischen Sturmes, und die Gefahr trat nahe, daß der Zufluß zur Dombau-Vereinscasse gänzlich versiechen und der Dombaumeister sich gezwungen sehen werde, die Arbeiten einzustellen. „Wegen Fortsetzung des Dombaues selbst", schrieb Boisserée am 5. Juli an den General-Director von Olfers, „ist Zwirner in größter Besorgniß, da die königlichen Gelder nächstens erschöpft sind, und die seit drei Wochen in Köln veranstaltete Sammlung, obwohl sie über Erwartung gut ausgefallen, das Werk nur bis zur Mitte September im Gang erhalten kann. In Baiern, wo ich letzthin angefragt, ist der bei dem Verein vorräthige Ueberschuß früherer Sammlungen von keiner Bedeutung. Aber es wäre ein großer Jammer, wenn man gerade zur Feier des Jahresgedächtnisses der Grundsteinlegung die nahe Einstellung des Baues verkündigen, vierhundert geschickte Bauleute in dieser Zeit der Noth entlassen, alle die schönen, kostbaren Bauanstalten, Werkstätten u. s. w. dem Verfall übergeben müßte. Es handelt sich jetzt beim Dombau nicht mehr allein um Kunst- und Alterthumsliebe und um poetischen Patriotismus, sondern es ist nun auch eine Sache der Noth und des allerrealsten, auf das reine Bedürfniß gestellten Patriotismus geworden. Ihnen brauche ich nichts weiter zu sagen, ich weiß, wie sehr Sie sich diesen Gegenstand aus dem einen und dem anderen Gesichtspuncte zu Herzen nehmen."

Der Vorstand glaubte die drohende Gefahr abwenden zu können, wenn er sich mit einem warmen Aufruf an die Vereinsgenossen wende. Unter dem 9. Juni schrieb er: „Seit dem Tage, wo Eure Begeisterung für Gott, Vaterland und Kunst den Ausbau unseres seit Jahrhunderten unvollendeten Domes unternahm, ist eine Reihe von Ereignissen an uns vorübergegangen, welche Eure helfende Thätigkeit ununterbrochen und in außergewöhnlichem Maße in Anspruch nahmen und dadurch eine Verminderung der zum Dombaue fließenden Geldbeiträge zur Folge hatten. Konnten wir aus diesem Grunde nicht dem herrlich aufstrebenden Baue eine noch größere Förderung geben, so ist im gegenwärtigen Augenblicke selbst die Fortsetzung der bisherigen Bauthätigkeit bedroht: unsere Casse ist erschöpft, nur durch Vorschüsse aus den von des Königs Majestät auch in diesem Jahre bewilligten Fonds von 50,000 Thalern wird für Rechnung unseres Vereins gebaut, und der Baumeister erklärt, daß mit dem kommenden 1. August die Bauthätigkeit eingestellt werden müsse, wenn nicht sofort neue Hülfsmittel beschafft würden.

„Wir glauben, Euch, verehrte Vereinsgenossen, bloß diese Mittheilung machen zu dürfen, um die kräftigste Hülfe zu erwarten und die Gefahr abzuwenden, welche dem so herrlich fortschreitenden Unternehmen droht. Ihr wißt es, wie Euer Zusammentreten den Gedanken an Vollendung des Domes zur That werden ließ, und wie auch die fernere Ausführung desselben vorzugsweise auf dem Dombau-vereine beruht. Ihr habt es in feierlichen Momenten und an der geheiligten Stätte selbst ausgesprochen, nicht mehr ablassen zu wollen, bis das Werk vollendet sei, das Ihr Gott gelobet und auf welches der Ewige wohlgefällig niederschaut. Die Welt hat das Wort deutscher Männer vernommen und berechnet schon den Zeitpunct, wo der vollendete Dom von Köln die Thatkraft des gegenwärtigen Jahrhunderts bekunden und von der Ausdauer des deutschen Willens Zeugniß geben wird. Was bisher geleistet, rechtfertigt die kühnsten Erwartungen und begründet unser Vertrauen, daß bei dem jetzt so dringend gewordenen Bedürfnisse auch außerordentliche Leistungen erfolgen werden.

„Vereinsgenossen! So verdoppelt denn von nun an Euren Eifer, tretet öfter in größeren und kleineren Kreisen zusammen, um die heilige Sache des Dombaues zum Gegenstande Eurer gemeinschaftlichen Berathung zu machen; bringet schleunig Eure Beiträge und füget denselben, jeder nach seinen Kräften, in diesem Jahre eine besondere Gabe hinzu! Wohl wissen wir, daß es ein Opfer ist, welches wir von Euch fordern; aber wir haben den Muth, es zu fordern, und Ihr werdet es zeigen, daß bei aller Noth der Zeit der fromme Sinn noch immer eine Gabe findet, die er auf den Altar des Allerhöchsten niederlegt.

„Auf Euch, Ihr Mitbürger von Köln und Deutz, an die ein Hülferuf niemals vergeblich gerichtet ward, sehen wir das Vertrauen, daß Ihr auch hier wieder mit schönem Beispiele vorangehen werdet. Euer ist der Dom ganz besonders, — helft, daß die vielen hundert Hände in Bewegung bleiben, die sich in Eurer Mitte für seine Erbauung regen, daß die Dombauhütte, die Zierde und der Stolz der Stadt, uns erhalten werde. Legt Eure Gaben in Bereitschaft, wir werden unverzüglich die Einsammlung derselben beginnen."

Am 18. October 1848 schrieb Zwirner an Sulpiz Boisserée in Bonn: „Mit unserem Dombau sieht es traurig aus; die Fonds sind auf, die Vereine bleiben 14,000 Thaler unter dem Etat, und ich werde am Ende genöthigt sein, 1. November den Bau einzustellen. Für das nächste Jahr konnte der König nichts bewilligen; die National-Versammlung soll darüber beschließen, und die Sache nimmt so eine bedenkliche Wendung."

Die Geldverlegenheit wuchs der Art, daß Zwirner damals an den Ober-Präsidenten Eichmann den Antrag auf Bewilligung eines außerordentlichen Zuschusses von 10,000 Thalern richtete, um einer gänzlichen Stockung des Baues vorzubeugen. Auch der Central-Dombauverein wandte sich in einer Immediat-Eingabe an den König und bat um wirksame Hülfe. Der damalige Regierungs-Präsident v. Möller wies, um einer Zahlungsstockung und Sistirung der Bauarbeiten vorzubeugen, in anerkennenswerther Fürsorge für die Dombausache die Regierungs-Hauptcasse an, bis zum Eintreffen der königlichen Entscheidung einen etwa nöthigen Vorschuß zu leisten. Am 20. November 1848 bewilligte Se. Majestät der König den Betrag von 12,000 Thalern als einen außerordentlichen Zuschuß zum Staatsbeitrage für das Jahr 1848, und somit war der Fortbestand der Dombauhütte durch die Fürsorge des königlichen Protectors gesichert.

## VI.

Vielfach fürchtete man, die politische Bewegung des Jahres 1848 werde die schon seit dem November 1847 vorbereitete großartige Feier des sechsten Säculartages der Grundsteinlegung vereiteln. Sobald aber durch die Wahl eines Reichsverwesers der erste bedeutende Schritt zur Einigung des deutschen Vaterlandes gethan schien, entschloß man sich, dem bis dahin in Frage gestellten Feste neben dem kirchlichen auch einen politischen Charakter zu geben und dasselbe zu einer freudigen Inauguration der Wiedergeburt Deutschlands zu gestalten. Durch eigene Deputationen wurden der König-Protector, der Reichsverweser und die großen Corporationen der Volksvertretung in Frankfurt und Berlin, und durch den Erzbischof eine Menge preußischer und nichtpreußischer Bischöfe zur Theilnahme an dem Feste eingeladen. Auch der König von Baiern war vom Erzbischof von Geissel im Namen der Stadt Köln eingeladen worden, an der Feier der Dom-Grundsteinlegung Theil zu nehmen. „Die politische Gestaltung Deutschlands", hatte er geschrieben, „die lange Zeit hindurch unserer Feier hindernd entgegen zu treten schien, hat durch die von dem Volke wie bei den Regierungen freudig begrüßte Wahl des Reichsverwesers eine

Wendung genommen, die unserem Feste eine ganz besondere Erhebung zu geben verspricht." König Ludwig lehnte diese Einladung ab. Eine Vorfeier bildete die Einholung der vom Könige von Baiern geschenkten gemalten Fenster, welche am Tage der Säcularfeier selbst enthüllt werden sollten. Am 13. August langten der Reichsverweser in Begleitung des Präsidenten und vieler Mitglieder des deutschen Parlamentes in Köln an. Auf die Begrüßung des Oberbürgermeisters Steinberger erwiederte der Reichsverweser: „Meinen wärmsten Dank für den herzlichen Empfang! Sie haben den kölner Dom das Symbol der deutschen Einheit genannt — er ist es, er soll es sein! Das Werk, das wir zu Deutschlands, des Vaterlandes Heil zu bauen haben, ist ein großes, ein riesenhaftes, wie Ihr Dom selbst. Es bedarf da eines festen Willens und tüchtiger Werkleute, welche jeden einzelnen Stein bearbeiten, daß er genau passe, daß er sich füge zu dem großen einigen Ganzen. Wir wollen Gott den Herrn bitten, daß er uns die Kraft dazu verleihe, daß wir alle mit gleichem Eifer und thatkräftiger Ausdauer daran arbeiten, daß felsenfest, wie Ihr Dom, erstehe ein einiges, ein großes, ein glückliches Deutschland."

Am ersten Tage der Feier, am 14. August, hielt der Vorstand des Central-Dombauvereins im großen Rathhaussaale eine Sitzung, in welcher der stellvertretende Präsident, Justizrath Esser II., die anwesenden Deputirten der Hülfsvereine begrüßte und zur Theilnahme an dem vom Neumarkt ausgehenden Festzuge einlud. Sobald der Zug, welchem sich neben dem Erzbischof noch acht Bischöfe angeschlossen hatten, vor dem Westportal Aufstellung genommen hatte und der von 800 Sängern vorgetragene Psalm beendet war, sprach Namens des Vorstandes Dr. Eberhard von Groote folgende Worte: „Seien Sie uns gegrüßt, ehrwürdige Prälaten, willkommen Sie, Vertreter Deutschlands in seiner National-Versammlung, Vertreter Preußens in dem ersten Verfassungswerke, willkommen Sie, Genossen aller deutschen Stämme, Bewohner aller Gauen des Vaterlandes, seien Sie tausendmal uns willkommen! Haben Sie Dank für die freudige Bereitwilligkeit, mit welcher Sie der Ladung zu dem heiligen Jubelfeste, zu der großen Nationalfeier gefolgt sind, die wir an dieser Stätte zu begehen im Begriffe stehen.

„Wir haben Sie in unsere Mauern zu entbieten uns erlaubt, damit Sie Einsicht nehmen von dem Fortschritte des heiligen Monuments deutscher Kunst, Kraft und Frömmigkeit, wozu Sie Ihre Gaben uns anvertrauten, damit an dem Tage, wo sechs Jahrhunderte seit der Gründung des Werkes ablaufen, Sie sich überzeugen mögen, was sechs Jahre, seit wir brüderlich in diesen Hallen vereint standen, in Eintracht und Ausdauer zu wirken vermochten, und damit Sie mit uns die heiligen Bünde erneuern, auf dem betretenen Wege nicht stille zu stehen, sondern zu beharren bei dem großen Beschlusse der Vollendung.

„Was die Zwietracht und Zerrissenheit des deutschen Volkes seit den letzten drei Jahrhunderten nicht ausführen und vollbringen konnten, das hat der fromme Sinn und der entschlossene Wille der Genossen während der letzten sechs Jahre durchzuführen vermocht. Der ausharrenden Fürsorge des erhabenen Protectors dieses Bauwerkes, den reichen Gaben deutscher Fürsten, Baierns König vor Allen, dessen kostbare Spende Sie alsbald zu bewundern Gelegenheit haben werden, den nachhaltigen Beiträgen endlich der Vereinsgenossen verdanken wir das Glück, heute das bis über die Galerieen ausgebaute Schiff der Kirche zur Weihe und zur Ausübung des Gottesdienstes überweisen und für des Himmels Segen, der das Werk so weit leitete, ein Danklied anstimmen zu können.

„Hiermit würde allerdings der erste Theil unseres Festes sich schließen, keineswegs aber der Zweck und das Ziel unserer Versammlung vollständig erreicht sein. — Mit Recht glauben wir bisher den Dom zu Köln als das Symbol und das sprechende Monument deutscher Kunst und frommer Gottergebenheit betrachtet und in seinem Bilde die Erinnerungen an Deutschlands Vergangenheit, Gegenwart und Zukunft nachgewiesen zu haben. Der deutsche Dombau ist eine Nationalsache geworden und wird es, so Gott will, bleiben! Fürchten wir nicht, meine Herren, die Stimmen, die da zaghaft und abmahnend uns entgegentreten und uns belehren wollen, die Zeiten eignen sich zu solchen Werken der Kunst und des friedlichen Schaffens nicht; auf Anderes müsse in diesen ernsten Tagen die Thatkraft des Volkes gerichtet sein, und die Mittel würden mit Unrecht auf diese kalten Steinmassen verwandt werden, während erst der wahre große deutsche Dom, die Verfassung, die Sicherheit, die innere Gliederung des Vaterlandes seiner Vollendung entgegen harre.

„Ferne sei es von uns, so trüglichen Stimmen unser Ohr, unser Herz zu öffnen! Die Geschichte des deutschen Vaterlandes, die Geschichte des kölnischen Domes, die Culturgeschichte der Welt würde auf allen Blättern solche Behauptungen widerlegen.

„Wohlan, wann wurde denn der erste Plan zur Gründung dieser Riesenschöpfung entworfen? Es geschah bald nach jener Zeit, als der Hohenstaufe Friedrich I. Europa durch seine Thaten erschütterte und der Erzbischof von Köln, den Raugrafen Reinald von Dassel an seiner Seite, die lombardischen Städte züchtigte und dem treulosen Mailand den Schatz entriß, über welchem dieser Dom sich wölbte. Als am 14. August 1248 der erste Stein zu diesem Baue in Gegenwart des Kaisers, vieler Fürsten und Scharen deutschen Volkes gelegt wurde, es war die Zeit, als Friedrich der Andere kaum von dem Schauplatze des in seinem Innersten bewegten Europa abgetreten war und überall die schweren Gewölke noch blühend über dem Horizonte schwebten.

„Von da ging der Bau raschen Schrittes voran bis zur Vollendung des Chores und eines großen Theiles des Schiffes und der Thürme, obschon die Stadt während des ganzen Zeitraumes des Interregnums um ihre Freiheit kämpfen mußte und diese durch die Sühne, welche Albert der Große mühselig vermittelte, glücklich behauptete. — Mehr noch, meine Herren! War es nicht eben um die Zeit der gewaltigsten Fehden des 15. Jahrhunderts, als die lombardischen Städte ihre bewunderungswerthesten Bauwerke ausführten; als ein Buonarotti die Magna Rotunda auf die Peterskirche in Rom thürmte und als ein Benvenuto Cellini die künstlichsten Arbeiten der Bildnerei mit derselben Hand ausführte, mit der er die Büchse gegen die Feinde Roms richtete? Beispiele genug, daß die Kraft in allem Großen sich nur an der Kraft entzündet und stählet und daß der Kampf um Freiheit und Selbständigkeit zugleich Muth, Mittel und Männer darbietet, die in der Kunst Großes zu leisten vermögen, wie sie es im Leben zu gestalten wissen.

„Und stehen wir nicht eben heute in den Zeiten ähnlicher großer Entwickelung? Es tagen deutsche Männer in Frankfurt, es tagen Männer in Berlin und anderen Marken des Vaterlandes, alle zum gleichen Zwecke der deutschen, innigen Verbrüderung. Des Reiches Hort, Oesterreichs ehrwürdiger Erzherzog, Preußens König, der Schirmherr dieses Baues, zwei erhabene Gestalten, auf die das Auge Deutschlands mit Recht gerichtet ist, sie werden diese Räume vereint nach den großen Katastrophen, die wir erlebten, zum ersten Male betreten. Köln und sein Dom hat das Glück und die Ehre, Schauplatz dieses großen Momentes zu sein. Von diesem Momente kann es abhangen, ob die beiden erhabenen Thürme der deutschen Einheit ewig fest, ewig unerschütterlich an den Pforten des Vaterlandes stehen, ob der heilige Schild, den sie über dem Baue halten, nur ein Nothdach sein soll, wie das, welches wir über unseres Domes Hallen einstweilen zu legen genöthigt waren, oder ob seine Pfeiler, ob die deutschen Stämme muthig fortsprossen sollen, bis sie, und bald, sich in der herrlichsten Blüthenkrone über der vollendeten Wölbung ewig unzertrennlich umschlingen.

„Diesen großen Augenblick nun sollten wir festhalten und ihm ein Andenken stiften für ewige Zeiten. Wir sollten den Schwur erneuern, dieses heilige Sinnbild deutscher Tüchtigkeit und Glaubenstreue gleichzeitig mit dem Baue des deutschen Verfassungswerkes zu vollenden. Einigkeit macht stark! Dies sei unser Wahlspruch, und sehen wir uns nach abermals sechs Jahren an dieser Stätte wieder, so sei es nur, um dem Allerhöchsten in seinem Hause ein Danklied anzustimmen für die Kraft, die Er uns verliehen hat, Deutschlands Ruhm zu festigen für immerdar."

Nach dieser Ansprache öffneten sich die Thore des Domes, in welchem sich die Abgeordneten der National=Versammlung eingefunden hatten, und der Zug begab sich in das seiner ganzen Breite nach erschlossene Innere. In der Mitte des Baues trat der Baumeister den Eintretenden entgegen und sprach, zum Erzbischof gewendet, folgende Worte:

„Nach dem Schalle tausendfacher Meißelklänge durchweht zum ersten Male heute eine feierliche Stille diese nun erschlossenen Hallen des Domes, und als Dombaumeister wird mir die hohe Ehre zu Theil, Ew. Erzbischöflichen Gnaden so wie dem hochwürdigen Metropolitan-Capitel diese Kirchenräume zur heiligen Weihe und Einsegnung ehrerbietigst zu überantworten. Freilich erscheinen sie noch nicht vollendet und Vieles fehlt noch zur Ausführung des riesenhaften Wunderbaues, zu dem heute vor sechshundert Jahren der erste Grundstein durch den Erzbischof Grafen Konrad von Hochstaden feierlichst gelegt worden ist. Sechshundert Jahre! — welch ein unermeßlicher Raum in der Zeit, die in ihrem unaufhaltsamen Fluge über die großen Weltereignisse dahinschreitet und Völker und Geschlechter spurlos verschwinden läßt, bis auf das Andenken der Geschichte! Die einzigen Zeugen ihres Daseins bleiben aber die großen Denkmale, welche auf allen Erdtheilen noch anzutreffen sind, wo die Civilisation einst Wurzel geschlagen. Reich an solchen Zeugen des Mittelalters sind die Rheinlande, wo der Frommsinn unserer deutschen Vorfahren die herrlichsten Tempel zur Ehre Gottes errichtete, unter denen dieser Dom als der großartigste und kunstreichste prangen sollte. Mit großem Kraftaufwande begonnen, verhinderten bald hierauf die bekannten langwierigen Fehden der Erzbischöfe mit der Stadt den kräftigen Fortgang des Baues, und erst dem dafür sehr thätigen Erzbischofe Heinrich von Virneburg gelang es, den hohen Chor im Jahre 1322 zu vollenden und zu weihen. Von da ab wurde die Bauthätigkeit mit spärlichen Mitteln und mit mancherlei Unterbrechungen bis zum Anfange des 16. Jahrhunderts fortgesetzt, und als die letzte Hinzuthat können die herrlichen Glasgemälde in den Fenstern des nördlichen Querschiffes aus den Jahren 1507 und 1509 betrachtet werden, welche gleichsam die Blicke ablenken sollten von dem Trauerbilde der unvollendeten niedrigen Kirchenräume. Allgemein ist es bekannt, in welchem Zustande diese auf uns gekommen sind, und daß wir die Erhaltung des durch den Zahn der Zeit gefährdeten Hochchors nur dem nun in Gott ruhenden Könige Friedrich Wilhelm III. zu verdanken haben, unter dessen segensreicher Regierung die mühevolle Herstellung vollbracht wurde, welche seit dem 14. August 1833 meinen Händen anvertraut war.

„Eine neue Aera begann mit dem 4. September 1842, wo von unserem Allergnädigsten Könige und Landesherrn Friedrich Wilhelm IV. der Grundstein zu dem Fortbaue des Domes am neuen Südportal feierlichst gelegt und von dem hochwürdigsten Herrn Erzbischofe Johannes von Geissel eingesegnet worden ist. Mit freudigem Hochgefühle gedenken wir dieses ergreifenden Moments und der bedeutungsvollen Worte unseres königlichen Protectors, in welchen Er den Dombau als das Werk des Bruderfinnes aller Deutschen, aller Bekenntnisse, als

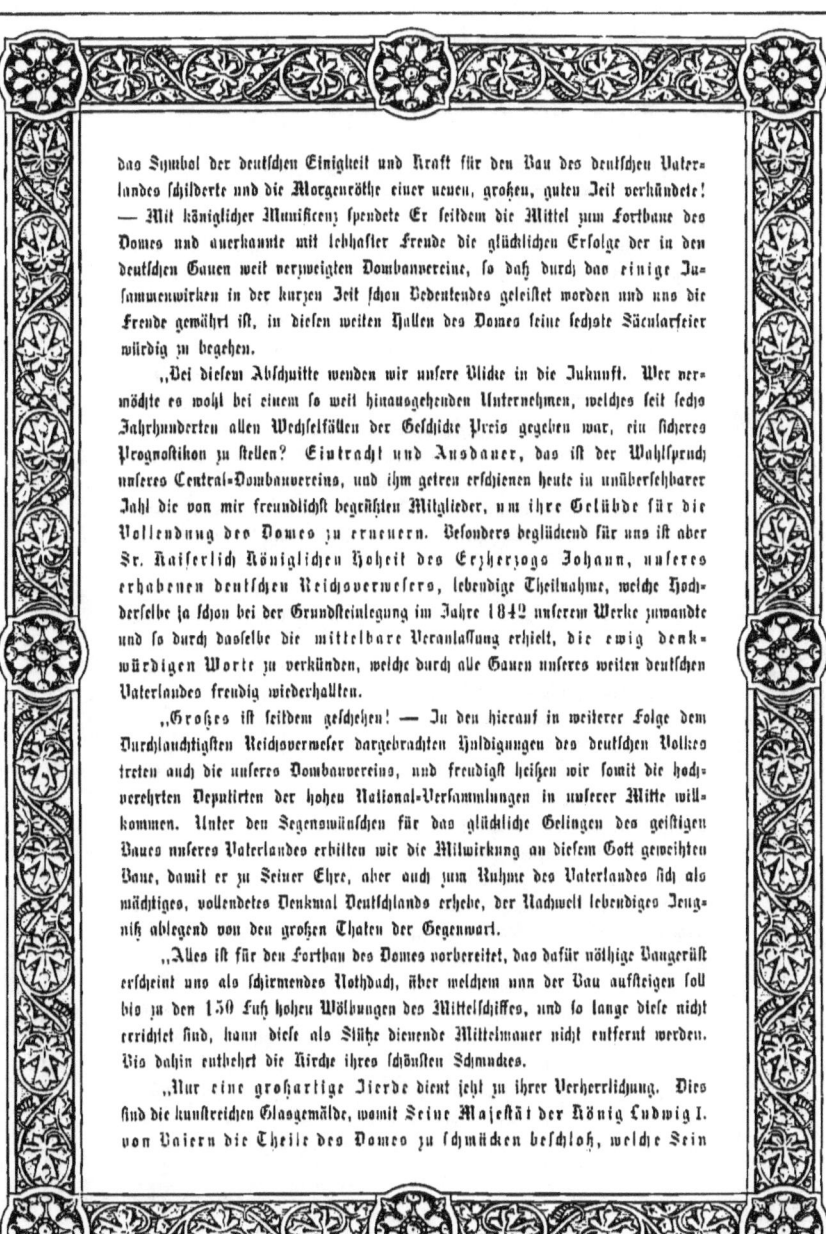

das Symbol der deutschen Einigkeit und Kraft für den Bau des deutschen Vaterlandes schilderte und die Morgenröthe einer neuen, großen, guten Zeit verkündete! — Mit königlicher Munificenz spendete Er seitdem die Mittel zum Fortbaue des Domes und anerkannte mit lebhafter Freude die glücklichen Erfolge der in den deutschen Gauen weit verzweigten Dombauvereine, so daß durch das einige Zusammenwirken in der kurzen Zeit schon Bedeutendes geleistet worden und uns die Freude gewährt ist, in diesen weiten Hallen des Domes seine sechste Säcularfeier würdig zu begehen.

„Bei diesem Abschnitte wenden wir unsere Blicke in die Zukunft. Wer vermöchte es wohl bei einem so weit hinausgehenden Unternehmen, welches seit sechs Jahrhunderten allen Wechselfällen der Geschichte Preis gegeben war, ein sicheres Prognostikon zu stellen? Eintracht und Ausdauer, das ist der Wahlspruch unseres Central-Dombauvereins, und ihm getreu erschienen heute in unübersehbarer Zahl die von mir freundlichst begrüßten Mitglieder, um ihre Gelübde für die Vollendung des Domes zu erneuern. Besonders beglückend für uns ist aber Sr. Kaiserlich Königlichen Hoheit des Erzherzogs Johann, unseres erhabenen deutschen Reichsverwesers, lebendige Theilnahme, welche Hochderselbe ja schon bei der Grundsteinlegung im Jahre 1842 unserem Werke zuwandte und so durch dasselbe die mittelbare Veranlassung erhielt, die ewig denkwürdigen Worte zu verkünden, welche durch alle Gauen unseres weiten deutschen Vaterlandes freudig wiederhallten.

„Großes ist seitdem geschehen! — Zu den hierauf in weiterer Folge dem Durchlauchtigsten Reichsverweser dargebrachten Huldigungen des deutschen Volkes treten auch die unseres Dombauvereins, und freudigst heißen wir somit die hochverehrten Deputirten der hohen National-Versammlungen in unserer Mitte willkommen. Unter den Segenswünschen für das glückliche Gelingen des geistigen Baues unseres Vaterlandes erbitten wir die Mitwirkung an diesem Gott geweihten Baue, damit er zu Seiner Ehre, aber auch zum Ruhme des Vaterlandes sich als mächtiges, vollendetes Denkmal Deutschlands erhebe, der Nachwelt lebendiges Zeugniß ablegend von den großen Thaten der Gegenwart.

„Alles ist für den Fortbau des Domes vorbereitet, das dafür nöthige Baugerüst erscheint uns als schirmendes Nothdach, über welchem nun der Bau aufsteigen soll bis zu den 150 Fuß hohen Wölbungen des Mittelschiffes, und so lange diese nicht errichtet sind, kann diese als Stütze dienende Mittelmauer nicht entfernt werden. Bis dahin entbehrt die Kirche ihres schönsten Schmuckes.

„Nur eine großartige Zierde dient jetzt zu ihrer Verherrlichung. Dies sind die kunstreichen Glasgemälde, womit Seine Majestät der König Ludwig I. von Baiern die Theile des Domes zu schmücken beschloß, welche Sein königlicher Freund Friedrich Wilhelm IV. hat bauen lassen. Der Dom gewinnt damit ein unschätzbares Kleinod! — Die Mosaikfenster im hohen Chore prangen seit einem halben Jahrtausend; in den nördlichen Seitenschiffen sehen wir die vollendetsten Leistungen aus der Blüthezeit der Glasmalerei des Mittelalters, diesen gegenüber treten die prächtigen Glasgemälde der neuen münchener Kunstschule, welche unter dem mächtigen Schutze Sr. Majestät des Königs Ludwig I. in allen Kunstzweigen so Großes geleistet und auch die Kunst der Glasmalerei an's Tageslicht gefördert hat, die wir seit Jahrhunderten verloren wähnten.

„Wir freuen uns, den darum besonders verdienten, biedern Künstler, Herrn Inspector Ainmüller, in unserer Mitte zu begrüßen, der in Gemeinschaft mit dem Director der Anstalt, Herrn Professor H. von Heß, und Maler Herrn Fischer auch diese Domfenster geschaffen hat. Indem ich nun die sie verhüllenden Schleier fallen lasse, wünsche ich innig, daß die in feuriger Gluth der Farben einströmenden Strahlen eine unversiegbare Flamme der Dankbarkeit in uns zünden lassen mögen gegen den königlichen Geschenkgeber, gegen unseren erhabenen Protector und gegen alle Wohlthäter des Dombaues.

„Und damit übergebe ich denn Ew. Erzbischöflichen Gnaden unter meinen, so wie den Glückwünschen der thätigen Baubeamten, Werkmeister und rüstigen Werkleute diese ihrem Fleiße entsprossenen Räume.

„Mögen fortan die frommen Gebete und feierlichen Lobgesänge aufsteigen zum Allmächtigen, damit Er Sein Haus und alle, die daran bauen, schirme und Segen verbreite über die ganze Christenheit."

Bei den letzten Worten dieser Rede sanken die Vorhänge nieder, welche die vom König Ludwig geschenkten Fenster verhüllt hatten. Sofort ergriff der Erzbischof das Wort und sprach: „Das Ziel, das man vor sechs Jahren kaum zu bezeichnen wagte, ist erreicht mit des Herrn Beistand und der Brüder liebevoller Hülfe. — Der erlauchte Protector, sein königlicher Bruder, sein königlicher Freund in Baiern förderten den Bau mit königlicher Freigebigkeit, und mit ihnen vereinte sich die zahllose Menge der Dombaufreunde, nicht bloß aus allen Gauen Deutschlands, sondern auch über Deutschlands Gränzen hinaus. Ihnen und Allen, die je ihr Scherflein zum Baue des Gotteswerkes dargebracht, sei innigster, wärmster Dank! — Ist auch der Dom bis hierher gebaut, so liegt doch noch eine Riesenhöhe über uns, die wir mit frischem, durch den Erfolg gehobenen Muthe von der Hochherzigkeit der Fürsten und der liebevollen Theilnahme der Brüder, gestärkt im Vertrauen auf Gottes Beistand erstreben wollen.

„So ist denn der Tag gekommen, den wir so lange gehofft, die Stunde ist genaht, die wir so heiß ersehnt haben! Als wir vor sechs Jahren, den erlauchten König-Protector an unserer Spitze, den kühnen Entschluß faßten, dieses seit Jahrhunderten unvollendete, altehrwürdige Gotteshaus auszubauen, da hätten wir kaum es gewagt, mit dem kühnsten Hoffnungsfluge alle die Hindernisse und Mühen, die vor uns lagen, zu überschreiten und das Ziel zu bezeichnen, das wir jetzt so schön erreicht haben. Aber Gott sei Preis und Dank! Wir gingen kühn an's Werk, und das Werk ist gelungen über alle Erwartung. Es ist uns gelungen mit des Herrn Beistand und der Brüder liebevoller Hülfe. Kaum war vor sechs Jahren die Kunde von unserem Entschlusse, daß wir den alten, lange darnieder liegenden Dom zu Köln zu Gottes Ehre und zu einem Denkmale des Vaterlandes ausbauen wollten, laut geworden, da wallte überall und in jeder Brust das deutsche Herz auf, und aus allen Gauen des Vaterlandes öffnete sich mit dem offenen Herzen auch die brüderliche Hand zu reichen Liebesgaben.

„Unser erlauchter Protector an unserer Spitze förderte mit königlicher Freigebigkeit unseren Bau. Sein königlicher Bruder sagte uns zu, das Südportal mit einem Kranze kunstreicher Standbilder auszuschmücken, zu denen bereits die Zeichnungen von Meisterhand entworfen sind. Sein königlicher Freund, König Ludwig, verherrlichte durch das kostbare Geschenk der unübertrefflichen Glasgemälde, die wir in dieser Feststunde enthüllen und zum ersten Male bewundern, und viele Fürsten, unter ihnen auch der erlauchte Reichsverweser, unterstützten unser Gotteswerk. Mit diesen erlauchten Gönnern vereinte sich die zahllose Menge der Dombaufreunde, nicht bloß aus allen Gauen Deutschlands, sondern auch über die Gränzen des Vaterlandes hinaus: von den Ufern der Seine und Themse, von der ewigen Weltstadt der sieben Hügel, und selbst aus der Sonnenstadt der Inka's, wo das südliche Sternenkreuz über einem anderen Welttheile erglänzt, ist uns die Gabe der Bruderliebe zugekommen und setzte sich und der Liebe zum Vaterlande ein unzerstörbares Denkmal in diesen Säulen und Mauern.

„Mit der herzlichsten Freude sprechen wir daher in dieser Feststunde allen Förderern dieses Baues unseren warmen und innigsten Dank: dem König-Protector, dessen Großmuth uns so freigebig gefördert in unserem Gotteswerke! Innigen Dank seinem königlichen Bruder, der uns den Schmuck kunstreicher Standbilder zugesagt! Innigen Dank dem Könige Ludwig, der unserem Baue hochherzig zugethan, ihn so reich und so herrlich geschmückt! Dank dem allgemeinen Dombauvereine und würdigen Präsidenten und Vorständen für alle die Mühen und Anstrengungen, die sie unserem großen Werke mit Eintracht und Ausdauer zugewendet haben! Dank den Filialvereinen von nah und fern! Dank auch unserem tüchtigen Dombaumeister, der des Baues Riesengedanken, wie der erste große Meister ihn zuerst gedacht, so vortrefflich ihm nachdenkt, mit ganzer Seele in ihm begeistert lebt, mit gleicher Sicherheit in des Baues Tiefen, wie auf dessen Zinnen, überall schaffend und ordnend, das Urbild mit seinen wackern Werkmeistern und Werkgesellen gleich herrlich ausführt und so dem großen Meister Gerhard, wie an Begeisterung und Eifer, so an Erfolg und Ruhm gleich würdig sich anreiht!

„Freudig begrüßen wir daher in dieser Feststunde die verehrten Abgesandten der Vereine und in ihnen alle Dombaufreunde. Könnte unsere Stimme zu allen denen dringen, die jemals auch nur das kleinste Scherflein in den Gotteskasten unseres Dombaues beigetragen, wir würden ihnen aus vollem Herzen zurufen: ‚Habet Dank, lohn's Euch Gott!' Könnten sie alle hier zugegen sein und sehen, was wir mit ihrer Hülfe geschaffen, wir würden ihnen sagen: ‚Sehet, wie Eure Gabe so herrliche Früchte getragen.' Doch wir können es im Geiste, mit dem geistigen Auge sehen wir sie Alle hier zugegen, und in dieser Feststunde reichen wir ihnen Allen die Bruderhand und rufen ihnen zu: ‚Ihr habt an einem Gotteswerke mit gebaut; habet Dank, lohn's Euch Gott!'

„Aber noch ist das Werk nicht vollbracht, noch ist Vieles zu thun, bis wir das letzte, das höchste Ziel unseres Strebens, gänzliche Vollendung, erreicht haben. Wie der Wanderer, der die Berghöhe ersteigt, nach langer Wanderung auf dem Abhange still steht und zurückblickt auf den Weg, den er zurückgelegt, und dann mit erneuter Anstrengung höher zu dem Gipfel emporsteigt, so auch wir an diesem Tage und in dieser Stunde. Wir blicken hinab zu der Tiefe, aus der wir unseren Dom bis hieher emporgebaut, und hinauf zu der Höhe, die der große Meister, der sein Urbild entworfen, uns vorgezeichnet. Wahrlich, eine Riesenhöhe liegt noch über uns! Aber unser Muth ist durch den Erfolg gewachsen, und unsere Brust hat sich erweitert in der reinen Gottesluft der Religion, zu deren Tempel wir den Bau erheben; und freudig vertrauend blickt unser Auge von den Zinnen des Hochschiffes, die wir bereits emporgeführt, hinaus in die Gaue des deutschen Vaterlandes, dem wir dieses Denkmal seiner Größe, seiner Macht und Ehre in einträchtigem Sinne errichten. Mit neuer Zuversicht gehen wir wieder frisch an's Werk; denn wir wissen, was wir, durch die Hochherzigkeit der Fürsten gehoben und durch die liebevolle Theilnahme der Brüder gestärkt, vermögen. Wir hegen das Vertrauen, daß sie uns in dem großen Werke nicht verlassen, sondern, wie bisher, mit der Liebe fördernden Gaben uns zur Seite stehen.

„Und so wollen wir denn fortbauen im Vertrauen auf Gottes Beistand, der Fürsten Theilnahme und unserer Brüder Beihülfe. Wir wollen Stein auf Stein legen, Bogen über Bogen schlagen, Säulen auf Säulen stellen, Zinne über Zinne emporführen, — höher, immer höher, bis zuletzt auf der Spitze der vollendeten Riesenthürme das Steinkreuz hinausblickt auf ein in allen Ländern durch Gottesfurcht und christliche Sitte, durch Eintracht in seinen Fürsten und Völkern eng verbundenes, durch Freiheit und Ordnung kräftiges, von allen Völkern der Erde hochgeachtetes, großes und glückliches Vaterland!"

Nach diesen Worten begab sich der Zug unter dem Gesange von 800 Sängern nach dem Chore, wo nach Beendigung einer Festcantate der erzbischöfliche Segen ertheilt wurde.

Am Abend langte der König Friedrich Wilhelm IV. nebst den Prinzen Wilhelm, Karl und Friedrich in Köln an. Nachdem Seine Majestät vom Oberbürgermeister Namens der Stadt Köln begrüßt worden, richtete Eberhard v. Groote Namens des Dombauvereins-Vorstandes an dieselben folgende Worte: „Ew. Majestät geruhen zur Begehung des Jubelfestes des kölnischen Domes an unsern Ufern zu landen. Vor sechs Jahrhunderten ward sein erster Stein gelegt; vor sechs Jahren legten Ew. Majestät den zweiten zum Fortbaue. Diese sechs Jahre wiegen sechs Jahrhunderte in der Geschichte Deutschlands auf. Allein die deutsche Treue, die deutsche Liebe und Ausdauer wird daran nicht wanken. Ew. Majestät bauen mit uns den Dom als heiliges Sinnbild des erstehenden Deutschlands. Fest wie seine Mauern, stark wie seine Pfeiler und Thürme möge das Vaterland sich erheben, Gott zur Ehre, den Fürsten zum Ruhme und dem Volke zu bleibender Wohlfahrt."

Gegen 9 Uhr bewegte sich ein imposanter Fackelzug vom Rathhause zum Absteigequartier des Reichsverwesers, dem Hause des Herrn v. Wittgenstein, dann nach dem Regierungsgebäude, wo der König verweilte, und von da zum erzbischöflichen Palais. Hier trat der vom Papste zu der Säcularfeier entsandte Nuntius Viale Prela auf den Balcon und sprach:

„Ihre Vorfahren haben den ersten Grundstein Ihres herrlichen Domes gelegt. Es war das Unternehmen eines lebendigen Glaubens, eines begeisterten Eifers, einer tiefen Frömmigkeit. Sechs Jahrhunderte haben den großartigen religiösen Gedanken bewundert und die Nachwelt wird ihn bewundern. Was Ihre Väter empfangen, haben Sie auszubauen unternommen, und Dank dem edelmüthigen Sinne Ihres erhabenen Königs, Dank Ihrem unermüdeten Eifer, wird die Stadt Köln ihren Dom einst vollendet besitzen.

„Der Geist Ihrer Vorfahren beseelt Sie in Ihrem Wirken, und diesen Geist legen Sie an den Tag durch das prächtige Fest, das Sie zur Erinnerung an die Grundsteinlegung des Domes veranstaltet haben. Glaube und Frömmigkeit bilden den Charakter dieser Feier; dies beweisen die vielen Bischöfe, die der ehrwürdige Oberhirt dieser Erzdiöcese von verschiedenen Gegenden zu dieser Feier eingeladen, dies beweisen die Gesinnungen, die Sie eben von mir, und diejenigen besonders, die Sie dem heiligsten Vater in Ihrer ehrfurchtsvollen Adresse ausgedrückt haben.

„Se. Heiligkeit ist Ihren frommen und kindlichen Gefühlen entgegen gekommen. Sie haben geruht, mir den hohen Auftrag zu geben, dieser Feier in Ihrem Namen beizuwohnen, und mir aufs ausdrücklichste befohlen, Ihnen die bestimmtesten Versicherungen Ihrer innigsten und zärtlichsten Vaterliebe zu geben.

„Der Heilige Vater wird sich mit Ihnen im Gebete vereinigen und zu Gott flehen, daß er Sie mit allen seinen Gnaden und Gaben erfülle, womit Sie ausgerüstet, unerschütterlich im katholischen Glauben und in allem Guten verharren und, indem Sie das große Werk des kölner Domes fördern, auch das viel wichtigere Ihres eigenen Heiles ausführen.

„In diesem Sinne und als Unterpfand Seiner väterlichen Liebe, hat der Heilige Vater von der Höhe des Quirinals bereits den apostolischen Segen über Sie, über Ihre Familien, über alles, was Ihnen theuer ist, über diese Stadt und die ganze Erzdiöcese ausgesprochen. Der Fürst der Hirten, Jesus Christus, wird gewiß den Segen seines Stellvertreters auf Erden bekräftigen und vollenden."

Am 15. August fand die Consecration der neuen Bautheile des Domes mit den im Rituale vorgeschriebenen Ceremonien Statt. Nach der Beendigung derselben begab sich der Festzug, an dessen Spitze der König, der Reichsverweser nebst den anwesenden Prinzen und hohem Gefolge in die Nähe des Domes getreten waren, durch das Hauptportal in die neugeweihte Kirche. Die hohen Herrschaften wurden von dem Erzbischof, dem päpstlichen Nuntius und den übrigen Prälaten zu ihren Sitzen in der Mitte des Langschiffes geleitet, um hier den mit einer glühenden Begeisterung gesprochenen, von innigstem Glauben, den edelsten patriotischen Gefühlen und der höchsten Verehrung gegen Papst, Reichsverweser und König und von reinster Vaterlandsliebe zeugenden Worten des Erzbischofs zu lauschen.

Nach dieser Rede unterzeichneten der König und der Reichsverweser die über die Consecration aufgenommene Urkunde und begaben sich alsdann mit der hohen Geistlichkeit in das Chor. Nach dem feierlichen Hochamte stimmte der Erzbischof den ambrosianischen Lobgesang an, der, von mehreren Tausend Stimmen gesungen, einen überwältigenden Eindruck machte. Die Glocken der ganzen Stadt stimmten in diese Danksagung ein. Die kirchliche Feier endete damit, daß der Erzbischof, vom Papste hierzu besonders bevollmächtigt, den Segen ertheilte, wie denselben in Rom das Oberhaupt der Kirche der Stadt und dem Erdkreise spendet.

Den Schluß der Festlichkeiten bildete ein im großen Gürzenichsaale gehaltenes, von mehr als 1100 Theilnehmern besuchtes, glänzendes Banket, an welchem 250 geladene Gäste und Vereinsgenossen Theil nahmen. Während dieses Festmahles belustigten auf dem Neumarkte Seiltänzer und ein stark besetztes Orchester das Volk. Auf dem Appellhofsplatz war Baumklettern und auf dem Perlengraben gab das kölner Hänneschen eines seiner beliebten volksthümlichen Spiele. Am Abend fand eine allgemeine Beleuchtung Statt, deren Glanzpunct der in bengalischem Feuer strahlende Dom bildete. Die Schlußfeier bildete am 17. August die Versammlung des Dombauvereins mit den Deputirten der Hülfsvereine zur Entgegennahme des Rechenschaftsberichtes und zur Vollziehung des Wahlactes. In Vertretung des

Präsidenten hielt der Vereinssecretär Justizrath Esser II. eine begeisterte Ansprache an die Vereinsgenossen. Nach Absingung eines von Dr. Pfarrius gedichteten Festliedes trat der Dombaumeister Zwirner auf und begrüßte die Werkmeister und Polierer, die Steinmetzen und sonstigen Werkleute, die am Dome gearbeitet, ihre Verdienste um das hohe Werk in schlichten Worten hervorhebend, lobend und anerkennend die umsichtige Thätigkeit der Werkmeister und Polierer und den beharrlichen Fleiß der Werkgesellen. Dann schritt er zur Preisvertheilung an die Tüchtigsten und Fleißigsten. Nach der Einleitung des Wahlactes wurde das Werkgesellenlied von Busso von Hagen gesungen, womit die Feier selbst schloß. Gegen 5 Uhr versammelte ein unter Leitung der Musikdirectoren Dorn und Weber von den vereinten musicalischen kölner Kräften aufgeführtes Fest=Concert etwa 1300 Personen in der festlichst erleuchteten Halle des Gürzenich. Nach dem Concerte fand noch ein Festball der Vereinsgenossen im Gürzenichsaale Statt. Damit erhielten die großartigen, allen Theilnehmern unvergeßlichen Festlichkeiten ihren Abschluß.

Seiner Theilnahme an dem für die Stadt Köln und die kölner Erzdiöcese so wichtigen Ereignisse gab der Papst durch Uebersendung einer kostbaren, im sogenannten Jesuitenstil ausgeführten Monstranz besonderen Ausdruck.

Beim Schluß des Jahres 1848 drohte große Gefahr, daß der Bau wegen Verminderung der Beiträge werde eingestellt werden müssen. Das Vereinsjahr 1849 bot keine erfreulicheren Ergebnisse: nur in der Stadt Köln hielten sich die Beiträge annähernd auf der alten Höhe. Dagegen blieben die zahlreichen Hülfsvereine noch mehr als vorher mit ihren Spenden zurück, viele derselben stellten die Sammlungen gänzlich ein. Die Beiträge des Jahres 1849 betrugen nur 17,000 Thaler. Die Bauthätigkeit mußte darum wesentliche Beschränkungen erfahren; ein großer Theil zugehauener Steine konnte nicht versetzt werden, weil es an weiter aufsteigenden Baugerüsten fehlte. Die Anzahl der beim Dombaue beschäftigten Arbeiter ging von 400 auf 221 zurück. Die geringen Geldmittel gestatteten nicht, den Betrieb des Fortbaues auf allen Puncten zugleich im Gange zu halten.

In einem unter dem 29. December 1848 an den König Ludwig gerichteten Antwortschreiben auf eine Anfrage über den Stand der Dombausache berichtete der Erzbischof unter Anderem: „Seit der Feier unseres Dombaufestes ist nun unser altehrwürdiges Gotteshaus zu neuem Glanze erhöht, dessen Brennpunct die prachtvollen Glasfenster bilden. Sie sind mit dem Dome ein neuer anziehender Wallfahrtsort von nah und fern geworden, der ungemein besucht wird. Es vergeht kein Tag und keine Stunde, in welcher nicht stets eine Anzahl Durchreisender aus allen Ländern im Dome vor den Glasfenstern sich einfinden und stundenlang ihre reiche Farbenpracht bewundern, so daß der Ruf dieses Tempelschmuckes bereits überall verbreitet ist. Noch in der vorigen Woche hat auch Se. Königliche Hoheit, der Prinz von Preußen diese Fenster nicht bloß längere Zeit bei Tage, sondern auch bei der Nacht, wo wir sie von außen durch bengalisches Feuer beleuchten ließen, betrachtet und sich über deren Vortrefflichkeit wiederholt mit lautem Beifall geäußert. Und in der That, diese Fenster sind ungemein schön und wunderherrlich mit ihrem Reichthum an kunstvollen, in reinster Zeichnung ausgeführten Figuren, ihren im höchsten und edelsten Stile gelungenen Darstellungen, ihrer so mannigfaltig abwechselnden Ornamentik und ihrer überall glanz- und prachtvoll hervortretenden Farbengluth. Ew. Königliche Majestät haben in diesen Prachtfenstern sich ein lautsprechendes Denkmal gestiftet, welches sich den hohen Kunstschöpfungen, welche Allerhöchstdieselben in München und anderen baierischen Städten hervorgerufen haben, würdig anreiht. Die kölner Domfenster werden den fernsten Zeiten ein dreifaches Zeugniß ablegen von König Ludwig's kunstliebendem, religiösem und deutschem Sinne, mit welchem er so hochherzig das erhabenste Gotteshaus auf deutscher Erde zu Gottes Ehre so überaus lieblich und herrlich ausgestattet hat. Dies ist schon jetzt das feststehende Urtheil Aller, welche diese Fenster sehen und sie zu bewundern nicht müde werden. Mir gereicht es stets zur herzlichsten Freude, eine solche den hohen Sinn Ew. Königlichen Majestät so verdienter Maßen würdigende Anerkennung zu vernehmen, und so oft ich besuchende Freunde zur Betrachtung dieser herrlichen Fenster in unsern Dom führe, oder auch allein dieselben mit immer neuer Freude bewundere und mich an ihrer Farbenpracht ergöße, gedenke ich mit den dankbarsten Gefühlen ihres erlauchten Stifters und bitte den Herrn, dessen Haus er so schön geschmückt, daß er Ihm dafür mit seinem reichsten Segen vergelten wolle. Ich habe dabei nur den einen Wunsch, daß es mir einmal gegönnt sein möge, Ew. Königliche Majestät zur Betrachtung dieser Fenster begleiten und in Ihrem Angesichte an der gottgeweihten Stelle meine Segenswünsche wiederholen zu können.

„Was nun den Fortbau unseres Domes betrifft, so sind wir mit demselben nicht still stehen geblieben. Bis zu dem genannten Zeitpuncte hatten wir die vier Abseiten des Langschiffes vollständig eingewölbt, und eben so das bis zur Höhe von 96 Fuß erhobene Mittelschiff, so wie die beiden Süd- und Nordportale mit einem hölzernen Dache mit Zinkplatten eingedeckt. Es ist dieses zwar nur ein Nothdach, allein dasselbe ist im Basilikenstile und nimmt sich recht gefällig aus. Dadurch ist es uns möglich geworden, den ganzen inneren Raum des Domes schon jetzt zum Gottesdienste zu benutzen und des Ueberblickes und Durchblickes nach allen Richtungen zu genießen, was wirklich einen ungemein großartigen Eindruck macht. Seit dem Einweihungsfeste haben wir mit ausdauerndem Muthe nach Kräften fortgebaut, wobei die Bauthätigkeit hauptsächlich auf die äußeren Stützpuncte gerichtet werden mußte, um später zwischen dieselben die leichten und

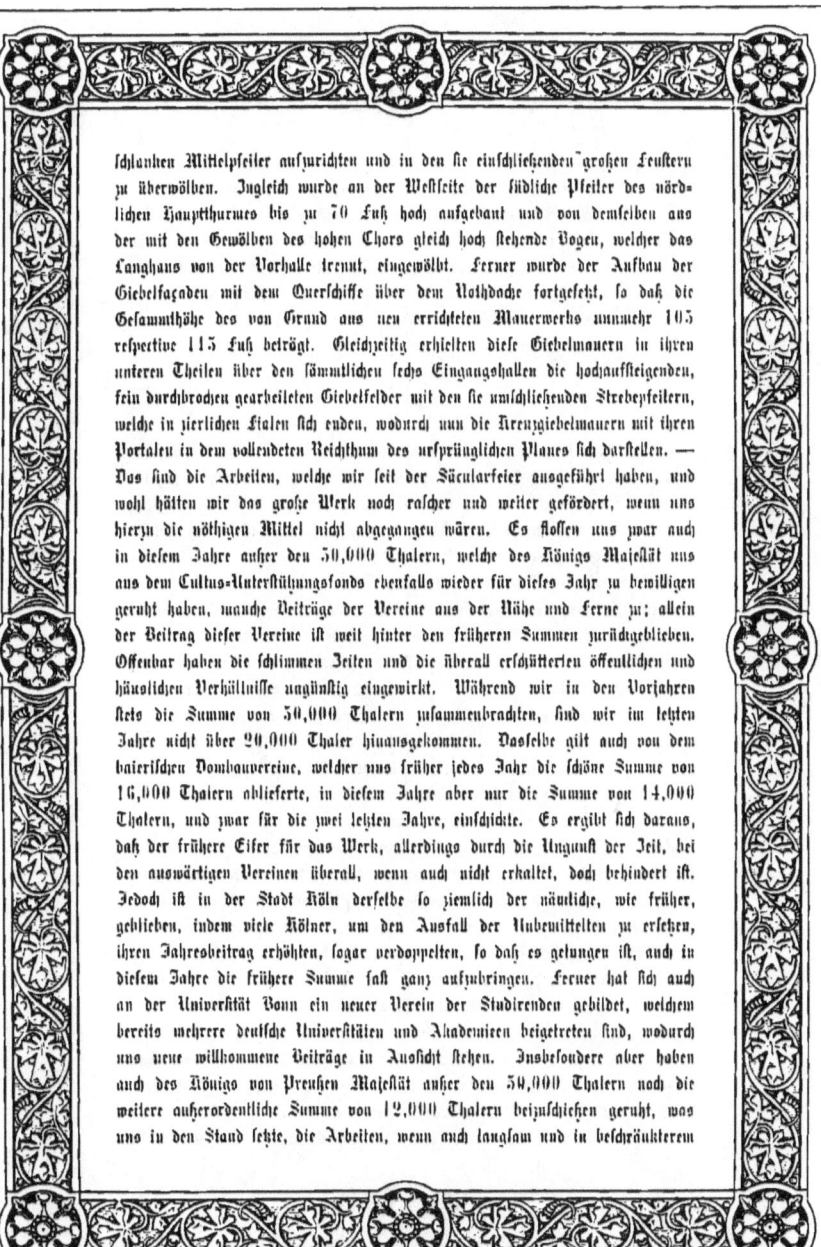

schlanken Mittelpfeiler aufzurichten und in den sie einschließenden großen Fenstern zu überwölben. Zugleich wurde an der Westseite der südliche Pfeiler des nördlichen Hauptthurmes bis zu 70 Fuß hoch aufgebaut und von demselben aus der mit den Gewölben des hohen Chors gleich hoch stehende Bogen, welcher das Langhaus von der Vorhalle trennt, eingewölbt. Ferner wurde der Aufbau der Giebelfaçaden mit dem Querschiffe über dem Nothdache fortgesetzt, so daß die Gesammthöhe des von Grund aus neu errichteten Mauerwerks nunmehr 105 respective 115 Fuß beträgt. Gleichzeitig erhielten diese Giebelmauern in ihren unteren Theilen über den sämmtlichen sechs Eingangshallen die hochaufsteigenden, fein durchbrochen gearbeiteten Giebelfelder mit den sie umschließenden Strebepfeilern, welche in zierlichen Fialen sich enden, wodurch nun die Kreuzgiebelmauern mit ihren Portalen in dem vollendeten Reichthum des ursprünglichen Planes sich darstellen. — Das sind die Arbeiten, welche wir seit der Säcularfeier ausgeführt haben, und wohl hätten wir das große Werk noch rascher und weiter gefördert, wenn uns hierzu die nöthigen Mittel nicht abgegangen wären. Es flossen uns zwar auch in diesem Jahre außer den 50,000 Thalern, welche des Königs Majestät uns aus dem Cultus-Unterstützungsfonds ebenfalls wieder für dieses Jahr zu bewilligen geruht haben, manche Beiträge der Vereine aus der Nähe und Ferne zu; allein der Beitrag dieser Vereine ist weit hinter den früheren Summen zurückgeblieben. Offenbar haben die schlimmen Zeiten und die überall erschütterten öffentlichen und häuslichen Verhältnisse ungünstig eingewirkt. Während wir in den Vorjahren stets die Summe von 50,000 Thalern zusammenbrachten, sind wir im letzten Jahre nicht über 20,000 Thaler hinausgekommen. Dasselbe gilt auch von dem baierischen Dombauvereine, welcher uns früher jedes Jahr die schöne Summe von 16,000 Thalern ablieferte, in diesem Jahre aber nur die Summe von 14,000 Thalern, und zwar für die zwei letzten Jahre, einschickte. Es ergibt sich daraus, daß der frühere Eifer für das Werk, allerdings durch die Ungunst der Zeit, bei den auswärtigen Vereinen überall, wenn auch nicht erkaltet, doch behindert ist. Jedoch ist in der Stadt Köln derselbe so ziemlich der nämliche, wie früher, geblieben, indem viele Kölner, um den Ausfall der Unbemittelten zu ersetzen, ihren Jahresbeitrag erhöhten, sogar verdoppelten, so daß es gelungen ist, auch in diesem Jahre die frühere Summe fast ganz aufzubringen. Ferner hat sich auch an der Universität Bonn ein neuer Verein der Studirenden gebildet, welchem bereits mehrere deutsche Universitäten und Akademieen beigetreten sind, wodurch uns neue willkommene Beiträge in Aussicht stehen. Insbesondere aber haben auch des Königs von Preußen Majestät außer den 50,000 Thalern noch die weitere außerordentliche Summe von 12,000 Thalern beizuschießen geruht, was uns in den Stand setzte, die Arbeiten, wenn auch langsam und in beschränkterem

Maßstabe gegen früher, dennoch angemessen zu fördern. Darum haben wir auch den Muth nicht verloren, sondern gehen mit neuer Ausdauer der Zukunft entgegen. Mit der zurückgekehrten politischen Ruhe und dem wiedererwachten Leben in Handel und Gewerbe hoffen wir auch für das nächste Jahr wieder ein Steigen der Beiträge der auswärtigen Vereine, deren Eifer hier und da bereits jetzt schon zu neuer und gesteigerter Thätigkeit sich ermuntert hat, um uns zu helfen, das große Werk immer weiter seiner Vollendung entgegenzuführen. Gebe Gott, daß unsere Hoffnungen sich erfüllen......"

## VII.

Die kölner Bürgerschaft, welche vergeblich gehofft hatte, den König von Baiern bei der Einweihung der Domkirche innerhalb der städtischen Mauern zu begrüßen und demselben ihren tiefgefühlten Dank für die hochherzige Förderung des kölner Dombaues darzubringen, entschloß sich nun, auf eine andere Weise den Gefühlen Ausdruck zu geben, von welchen sie gegen den edlen Dombaufreund beseelt war. Durch einen eigenen Deputirten sollte dem Könige eine prachtvoll ausgestattete Bürgeradresse durch eine eigene Deputation überreicht werden. Nach dem Empfang dieser Adresse schrieb der König unter dem 15. April an den Erzbischof: „Dank, innigen Dank für der Kölner herrliche Inschrift (Adresse) an mich. Ist es wohlthuend zu jeder Zeit, so nun gar in der nusrigen, Dankbarkeit zu finden — und wie schön! In jeder Hinsicht drückt das kunstreiche, prachtvolle Werk sie aus, das die Abordnung einer der vorzüglichsten Städte unseres großen Gesammt-Vaterlandes mir überreichte. Daß eine solche gesendet wurde, weiß ich zu schätzen. Der Werth von Allem, was die Kölner mir bewiesen, wird sehr erhöht dadurch, daß keine Krone ich mehr trage, also reines Dankbarkeitsgefühl sie dazu bewog. Ich wünsche, daß Sie, von mir hochverehrter Herr Erzbischof, dieses den Betheiligten ausdrücken möchten. Was ich einstens schrieb, daß mir des kölner Domes Ausbau am Herzen läge, Herzenssache wäre, wiederhole ich hiermit, und lebhaft betreibe ich die Wiederbelebung des Dombauvereins in Baiern; ob mit Erfolg? Die Zeit, in der so Viele beträchtliche Minderung in ihren Einkünften erlitten, ist keine günstige. Eine teutsche Sache ist des kölner Domes Vollendung. Gleich am Tage, nachdem ich das so ausgezeichnet schöne Werk bekommen, ließ ich es in den Kunstverein legen, wo es auch noch diese Woche bleibt, damit der Kölner Dankbarkeit gesehen werde, ihre Kunst und Pracht. Mit erneuertem Ausdruck meiner Anerkennung." Am 9. October schrieb König Ludwig: „Wie geht es mit dem kölner Dombau, geht er oder steht er? Wenn in Teutschland wieder Einigkeit sein wird, kömmt hoffentlich neuer Schwung in dieses herrliche Werk, was nur durch teutsche

Beharrlichkeit vollendet werden kann." Als er zu seinem Leidwesen erkannte, daß die Theilnahme des Volkes zu erlahmen begann, schrieb er am 24. Juni 1850 an den Bürgermeister von München, er möge doch auf Mittel und Wege sinnen, den Dombauverein wieder zu beleben. „Des kölner Domes Vollendung ist Ehrensache Teutschlands, nur teutsche Beharrlichkeit kann sie bewirken." Die gleiche Bitte richtete er auch an den Cultusminister Ringelmann; denn nichts liege ihm so am Herzen, als „die Förderung dieser Befestigung der nationalen Eintracht Teutschlands wie für Verherrlichung der Religion hochwichtigen Angelegenheit."

Der Cardinal schrieb dem Könige am 4. December 1850: „Mit unserem Dombaue geht es allerdings nur langsam voran, da wir in den letzten zwei Jahren in verschiedenen Theilen Deutschlands einen bedeutenden Ausfall erlitten und so namentlich aus Baiern nicht die Hälfte der früheren Beiträge bezogen haben. Allein dennoch gehen wir verhältnißmäßig ziemlich vorwärts, indem im Rheinlande und in der Stadt und im Erzbisthum Köln der Eifer für den herrlichen Bau auch jetzt noch so warm und lebendig, wie früher, fortwirkt, so daß wir bis jetzt immerhin alljährlich recht erfreuliche Summen verwenden konnten. So hat unter Anderem das neuliche Fest einen neuen besonderen Verein hervorgerufen, welcher zum Andenken an meine Erhebung zum Cardinal das große Bogenfenster des von dem Vereine und aus baierischen Beiträgen erbauten Nordportals mit Glasgemälden auszuschmücken beschlossen hat. Für dieses große Fenster sind von diesem besonderen Vereine bereits 4000 Thaler zusammengebracht. In dieser Weise wird hier am Rheine der Bau recht lebhaft unterstützt. Auch geben wir die Hoffnung nicht auf, daß auch in anderen Theilen Deutschlands, namentlich in Baiern, der frühere Eifer wieder erwachen werde, wenn, wie jetzt zu hoffen ist, der Friede gesichert bleibt und Eintracht und Einigkeit in unser seither so sehr bewegtes Vaterland zurückkehren."

Wie am Rhein, hatte auch in Baiern die Begeisterung für den kölner Dom viel an ihrer früheren Intensität verloren. Der König Max II., welcher es als eine Ehrensache ansah, den von seinem Vater ins Leben gerufenen baierischen kölner Dombauverein nicht gänzlich einschlafen zu lassen, that Schritte, das Interesse an dem kölner Dombaue in seinem Königreiche wieder zu wecken und werkthätig zu machen. Auf seinen Befehl veröffentlichte das königliche Staatsministerium des Innern für Kirchen- und Schul-Angelegenheiten in München am 7. Juli 1851 einen Erlaß, wodurch die Theilnahme für den kölner Dombau wieder geweckt und das Interesse an diesem großen Unternehmen wieder angeregt und lebendig erhalten werden sollte. In Bezug auf den vom Könige Max gegebenen Anstoß schrieb der Cardinal von Geissel am 6. Januar 1852 an König Ludwig: „Die neuesten Nachrichten, welche uns mittheilen, daß Seine Majestät König Max der Dombau-

Sache einen neuen Impuls zu geben geruht und daß in dessen Folge sich neue Vereine constituirt haben, geben uns indessen die erwünschte Aussicht, daß wir von dort her eine erneuerte Mithilfe und eine wieder gesteigerte Unterstützung zu erhoffen haben. Unter diesen Umständen vertrauen wir deßwegen, daß es uns bei der allenthalben wieder erwachten Theilnahme gelingen werde, das Hauptschiff mit den beiden Kreuzschiffen in den nächsten drei Jahren zu vollenden und auch den nördlichen Thurm bis zu einer mit dem Schiffe in Einklang stehenden Höhe aufzuführen. . . . .

„Große Freude hat es hier erregt, als die Kunde vernommen wurde, daß Ew. Königliche Majestät die öffentliche Ausstellung des für das Siegesthor zu München gegossenen, auf dem Transporte aus England zurück eben hier befindlichen Löwen zum Besten des Dombaues bis Ende März dieses Jahres allergnädigst zu gestatten geruht haben. Die Stadt Köln hat in dieser Erlaubniß und in der an ihre Ertheilung geknüpften königlichen Aeußerung: ‚daß Ew. Königliche Majestät des Domes Ausbau lebhaft wünschen', einen neuen hocherfreulichen Beweis gefunden, wie Allerhöchstdieselben unabläßlich fortfahren, unserem großen vaterländischen, der Religion und Kunst geheiligten Werke Allerhöchst Ihre großmüthige Theilnahme zuzuwenden.

„Höchst glücklich aber würden alle Dombaufreunde unserer Stadt Köln sich schätzen, wenn es denselben einmal gegönnt wäre, den Dank für alles das, was Ew. Königliche Majestät an unserem Dome so hochherzig gethan haben, hier am Orte selbst, an der durch Allerhöchst Sie verschönerten Stätte, unmittelbar darbringen zu können. Es würde ein wahres Fest für uns sein, wenn uns Gelegenheit gegeben würde, Ew. Majestät Ihr herrliches Geschenk der Glasgemälde in den sie einnehmenden großartigen Fensterbogen an Ort und Stelle zeigen zu dürfen. Ich erlaube mir daher das allergehorsamste Geständniß, daß ich die mir so frohe Hoffnung nicht aufgegeben habe, einmal den Tag zu erleben, daß Ew. Majestät unsere Stadt Köln und unseren Dom zu besuchen geruhen, und ich spreche dabei nicht bloß meine, sondern die Hoffnung aller Dombaufreunde aus. Ich bin fest überzeugt, daß Ew. Majestät mit allgemeiner Freude und den offensten Zeichen dankbarer Huldigung würden begrüßt werden. Möchte unserer Hoffnung bei einem wieder eintretenden Sommer-Aufenthalte Ew. Königlichen Majestät in Aschaffenburg oder auf der Villa Ludoviciana in der Pfalz durch einen von den genannten Orten aus so leicht nach Köln zu machenden Ausflug eine glückliche Verwirklichung gewährt werden."

Die Aussicht, welche König Ludwig auf einen Besuch in Köln eröffnete, gab dem Dombauvereins-Vorstande Veranlassung, den zu Ludwigshöhe in der Pfalz weilenden König Ludwig zu einem Besuche des Domes nach Köln durch eine Deputation einzuladen. Unter Vortritt des Cardinals und Erzbischofs von Geissel erschien die aus dem Präsidenten Esser II., A. Reichensperger, Zwirner und Eisen bestehende Deputation in Ludwigshöhe. Präsident Esser sprach den Dank des Dombauvereins in folgenden Worten aus: „Majestät! Wir sind gekommen im ausdrücklichen für uns so ehrenvollen Auftrage des Vorstandes des Central-Dombauvereins zu Köln, um Ew. Majestät im Namen aller Dombaufreunde wiederholt, wie es sich ziemt, mündlich und persönlich den bestgemeinten Dank ehrerbietigst auszusprechen für das kostbare Geschenk der herrlichen Glasgemälde, womit Allerhöchst Sie den gottgeweihten Tempel, unseren einzigen Dom, geschmückt haben. Und nicht bloß dieses wahrhaft königliche Zeichen der Theilnahme an unserem Dombaue ist es, das uns verpflichtet, den Tribut des Dankes, des innigsten, herzlichsten Dankes zu entrichten; es ist die Liebe und Gunst, womit Ew. Majestät unsere Bestrebungen für den Ausbau des kölner Domes beurtheilt und eine allgemeine Begeisterung dafür insbesondere auch in Baiern hervorgerufen haben, das uns bereits so bedeutende Spenden zugewendet und noch ferner in Aussicht gestellt hat.

„Köln besitzt in seinem Dome seine schönste Zierde. Was Ew. Majestät daher für den kölner Dom gethan, das ist recht eigentlich für Köln geschehen, und die Kölner werden es nicht vergessen. Allerhöchst Ihr Name ist dafür in die Herzen und auch in das Buch der Geschichte Kölns eingetragen, und der Dom zu Köln wird der Nachwelt ein Zeugniß mehr geben von dem Kunstsinn Königs Ludwig. Ew. Majestät haben die Fortschritte am Dombaue seit der wiederaufgenommenen Bauthätigkeit im Jahre 1842 noch nicht gesehen, den Eindruck noch nicht empfunden, den die Prachtfenster an heiliger Stätte hervorrufen.

„Geruhen Ew. Majestät daher unsere Bitte zu erhören, die Stadt Köln mit einem persönlichen Besuche zu beehren. Es ist der natürliche Wunsch aller Dombaufreunde, Ew. Majestät, dem hohen Förderer und Beschützer der Kunst, am Dome selbst den schuldigen Dank ausdrücken zu können. Erzeigen Ew. Majestät uns die Gnade, diesen Wunsch zu erfüllen." Mit Bezug auf diese Einladung schrieb der König am 14. August 1852 an den Cardinal: „Wie mich Ew. Eminenz verließ, bekiel mich ein Zahnübel, das mich bis vor einigen Stunden im Zimmer zurückhielt, und nun, da ich bereits am 18. dieses meine Tochter, die Erzherzogin Hildegard, erwarte, mangelt mir die Zeit, der so freundlichen und erfreulichen Einladung nach Köln Folge leisten zu können, hoffe aber, daß bei meinem nächsten hiesigen Aufenthalte es geschehen, wo ich den Dom, Teutschlands herrlichstes Gebäude, durch des Königs großherziges Wirken noch näher seiner Vollendung gebracht, sehen werde. Möge unser großes teutsches Gesammtvaterland diesem Beispiele folgen, sich den Ausbau thätig wieder recht zum Herzen nehmen. Wohl-thuend wird mir immer die Erinnerung an die Abordnung des kölner Dombauvereins, an deren Spitze Ew. Eminenz sich stellten, meinem Herzen sein, und ein Fest für mich, in Köln mich zu befinden."

Bezüglich des Fortganges der Arbeiten am Dome schrieb der Cardinal unter dem 20. December 1852 an den König Ludwig:

„Der Ausbau des Mittelschiffes im Langhause und in den beiden Querflügeln ist durch das ganze Jahr bis jetzt ununterbrochen betrieben worden. Insbesondere hat dieses auf der Südseite des Langschiffes Statt gefunden. Das Steinwerk der Fenster auf dieser Seite ist ganz vollendet und wurden dieselben mit den mit reichem Laub= werk ornamentirten Gurtbogen abgeschlossen. Die Höhe des Baues beträgt an dieser Stelle 143 Fuß über dem Boden der Kirche. Eben so ist auch im südlichen Querschiffe der Bau bereits bis zu der Höhe von 131 Fuß emporgestiegen, und auch die Bearbeitung der Steine zu den Fenstern ist so weit vorgerückt, daß sie in Kurzem können eingesetzt werden. Diese ganze also geförderte Südseite ist aus dem von des Königs von Preußen Majestät genehmigten jährlichen Staatsbeiträge von 50,000 Thalern bestritten worden. Dagegen ist die auf Kosten des Dombau= vereins aufgeführte Nordseite nicht bis zu gleicher Höhe vorgerückt, jedoch immerhin verhältnißmäßig gefördert worden. Es ist nämlich auch auf dieser Seite der Bau bis zur Höhe von 117 Fuß über dem Boden der Kirche emporgewachsen, und im nördlichen Querschiffe sind die Fensterpfeiler bis zu den Anfängen des Spitzbogen= werkes aufgeführt. Von diesem letzteren ist aber bis jetzt noch nichts vorbereitet. Nach den in der letzten Sitzung des Dombauvereins=Vorstandes vorgelegten Anzeigen haben die freiwilligen Beiträge der Vereine in dem laufenden Jahre 1852 die Gesammtsumme von 30,000 Thalern eingetragen. — Hiernach können wir durch= schnittlich das Vorrücken unseres Dombaues als ein unter den gegebenen Umständen befriedigendes bezeichnen. Aber verhehlen können wir es uns nicht, daß die Beiträge der Vereine nicht in dem Maße, wie in den Vorjahren, geflossen sind. Namentlich vermissen wir schmerzlich jene so erfreuliche Beihülfe, welche früher unter der hoch= herzigen Obsorge Ew. Königlichen Majestät aus Baiern uns zuging. Wir sind jedoch guten Muthes und vertrauen, daß es uns unter Gottes Beistande gelingen werde, das ihm geheiligte große Werk, wenn auch langsam, seiner Vollendung immer näher zu führen."

Im Sommer 1852 konnte der Schlußstein am ersten Bogen des Hauptportales eingesetzt werden. Als um diese Zeit der König=Protector die Rheinlande, namentlich auch die Stadt Köln besuchte, wurde derselbe auf Veranlassung des Dombaumeisters ersucht, diese Einfügung eigenhändig vorzunehmen, und es wurde mit dieser Hand= lung eine Feier verbunden, welche ein sprechendes Zeugniß ablegte, wie von der allgemeinen Theilnahme für das große Werk, so auch von der Liebe der Vereins= genossen zum hohen Protector des Dombaues. Um den neuen Pfeiler des nördlichen

Thurmes führte eine bequeme Treppe zu dem für die feierliche Handlung aufgeschlagenen Gerüste, welches den Bogen umgab. Vor dem Eingange wurden Seine Majestät, in Begleitung des Prinzen von Preußen, vor dem Hauptportale, wo auch der Vereinsvorstand, so wie viele Mitglieder des Officier-Corps, der königlichen Regierung, der Gerichtshöfe, des Gemeinderathes u. s. w. sich versammelt hatten, vom Cardinal in Begleitung des Domcapitels mit folgender Ansprache empfangen:

„Allergnädigster König und Herr!

„Wiederum ist es uns vergönnt, Ew. Königliche Majestät an dieser uns allen so theueren Stätte ehrfurchtsvoll zu begrüßen. So oft wir Ew. Majestät an der Schwelle dieses Gotteshauses bewillkommen durften, geschah es allezeit mit gesteigerter Freude und erhöhter Dankbarkeit; denn unseres hohen Protectors Gegenwart war für uns stets der bedeutungsvolle Markstein einer glücklich zurückgelegten Bauperiode und die Besiegelung einer neuen, unserem Dome zugewendeten königlichen Huld. So ist es auch diesmal wieder. Seit wir zum letzten Male die Ehre hatten, Ew. Königliche Majestät an dieser Pforte zu empfangen, ist unser Gotteshaus in seinem Baue erfreulich vorangeschritten; seine Hallen und Gewölbe haben sich erweitert und befestigt, und seine Pfeiler, Mauern und Firsten sind höher emporgestiegen. Unser Dom wächst immer mehr seiner raschen Vollendung entgegen, ein immer schöneres, immer prachtvolleres Haus Gottes, immer würdiger des Herrn, zu dessen Ehre es erbaut wird. — Heute stehen wir an einem neuen Bau-Abschnitte; die Gegenwart Ew. Majestät bezeichnet ihn uns mit einem neuen Marksteine, und wir sinnbilden ihn in dem Bogen, welcher, die beiden Thürme verbindend, die Hauptpforte des heiligen Tempels zu überwölben bestimmt ist. Darum dieses Bogens Schlußstein einfügen zu wollen, erlauben wir uns, von Ew. Königlichen Majestät ehrfurchtsvoll zu erbitten, damit so dieser Bogen ein Denkmal sei des Dankes, den wir Ew. Königlichen Majestät schulden, ein Ehrenbogen für unseren erhabenen Protector und zugleich ein Friedensbogen, ausgespannt über die Metropole und das ganze Rheinland, unter welchem die kommenden Geschlechter zum Hause des Friedens wallen werden und Frieden finden, geschützt unter dem Scepter Ew. Majestät und Ihrer königlichen Nachfolger, will's Gott, bis in die fernsten Zeiten! — Von diesem Marksteine aber, welcher uns eine zurückgelegte Bauperiode abschließt, wenden wir den Blick mit neuem Muthe der Zukunft zu. Vieles ist noch an dem heiligen Baue zu schaffen, Großes noch zu leisten! Aber wir hegen das Vertrauen, wir werden den Dom vollenden. Wir hoffen das unter dem Segen Gottes und unter dem Schutze und Beistande unseres erhabenen Protectors. Mögen Ew. Majestät auch ferner uns und unserem Gotteshause Ihre königliche Huld, wie bisher, zuwenden! Das ist unsere innige, ehrfurchtsvolle Bitte. Dafür werden wir fortfahren, in dem Heiligthume zum Allmächtigen zu flehen, daß er seines Segens reichste Fülle herabsendend auf Ew. Königliche Majestät und Ihr königliches Haus immerdar. Domine salvum fac regem!"

Nach einigen herzlichen Worten der Erwiderung wurde der Präsident des Dombauvereins-Vorstandes, Justizrath Eller II., dem Könige vorgestellt und redete Seine Majestät in folgender Weise an:

„Ew. Majestät wollen mir gnädigst gestatten, Namens der Vereinsgenossen ein Wort der Freude und des Dankes auszusprechen für den Allerhöchsten Schutz, dessen das gemeinsame Werk sich erfreut. Die kurze Vergangenheit beweist den Werth dieses hohen Schutzes; die Betheiligung Ew. Majestät an dem heutigen Feste ist ein neues Zeichen der Liebe, womit Allerhöchst Sie zum Werke halten. Diese Liebe beseelt den Muth der Genossen, diese Liebe sichert die Zukunft unseres Domes. Aber auch wir haben in unerschütterlicher Liebe und Treue zu dem König-Protector gestanden und wir halten fest darin. Nehmen Ew. Majestät diese Versicherung, wie sie von Herzen kommt, wohlwollend auf. Möge der allmächtige Gott Ew. Majestät ein langes Leben schenken, um das begonnene herrliche Werk ganz zu vollenden! Dies ist der innigste Wunsch der Genossen, und unser Ruf: Heil dem König-Protector!"

Dieser Ruf wurde tausendstimmig wiederholt und Se. Majestät erwiderte: „Ich freue mich, den heutigen Tag mit Ihnen zu verleben; der Himmel giebt seine Zustimmung dazu."

Se. Majestät begaben sich dann, geführt von dem Dombaumeister, mit Ihrem glänzenden Gefolge auf das Gerüst, um den Act der Schlußsteinlegung vorzunehmen, während der Männergesang-Verein in anerkannt tüchtiger Weise den Choral: „Macht auf das Thor der Herrlichkeit", vortrug.

Der Dombaumeister leitete die Einladung an Se. Majestät zur Einfügung des Schlußsteines mit folgenden Worten ein: „An die lange, seltsame Geschichte des Dombaues schließt sich das erste Jahrzehend mit neu belebter Bauthätigkeit, welche mit der von Ew. Königlichen Majestät Allerhöchst vollzogenen Grundsteinlegung am 4. September 1842 ins Leben trat. Unter dem sichtbaren Schutze des Allmächtigen ist seitdem dort der Bau des großartigen Südportales ohne alle Störung, ohne Unfall bis zu seinem Kranzgesimse gefördert worden. Die mächtigen, 150 Fuß hohen Steinmassen, in kunstreich durchgebildeten architektonischen Formen, verkünden für immer die Munificenz des königlichen Bauherrn.

„In gleicher Weise und in regem Wetteifer haben die unter dem hohen Protectorate Ew. Majestät und unter dem Ehrenpräsidio Seiner Eminenz des hochwürdigsten Erzbischofs Cardinals von Geissel thätig wirkenden Dombauvereine das Nordportal aufsteigen lassen und so die Dankbarkeit gegen ihren erhabenen Protector durch die That bekundet.

"Von Süd nach Nord, von Ost nach West erheben sich die kühnen Umfassungswände des Mittel- und Kreuzschiffes bis zu den zierlichen Verschlingungen der reichen Fensterrosen, und nicht fern ist der Zeitpunct, wo das in Eisen projectirte Hauptdach die große, seit vielen Jahrhunderten bestehende Lücke, zwischen dem Hochchor und den Thürmen, schließen wird. An letzteren konnte ohne Schwächung jener Hauptthätigkeit bisher nur wenig geschehen. Aber gegenwärtig erfordert die Construction hier eine kräftige Stütze des hohen Abschlußbogens am Langschiffe und bald wird auch hier über den ruinenartigen Anfängen des nördlichen Thurmes der gedeihliche Fortgang des Baues sich Bahn brechen.

"Heilverkündend dafür ist der heutige Tag, an welchem — im stetigen Fortgange des Baues ein glücklicher Zufall — nein, eine höhere Fügung es will, daß an diesem erhabenen Gotteshause der Schlußstein im ersten Bogen seines Hauptportals durch Ew. Majestät Allerhöchstselbst eingefügt und befestigt wird.

"Dieser neue Beweis der Huld und der Liebe zu diesem hehren Werke erfüllt die Herzen der Dombauvereins-Genossen mit dankbarer Rührung. Sie umgeben hier den schönsten Triumphbogen, welcher zur Ehre Gottes errichtet wird. Möge er prangen Ew. Königlichen Majestät zum Ruhme, der Stadt zur Zierde, den treuen Rheinpreußen zum Heile und Segen bis in die spätesten Zeiten!

"Und so, wackere Werkleute, lasset uns schließen den Bogen unter dem Beistande Gottes und unter dem Rufe: Heil unserem Allergnädigsten Könige und Herrn! Er lebe hoch!" Ein dreimaliges freudiges Hoch ertönte darauf von den zahlreich versammelten Dombauvereins-Genossen, während dessen Seine Majestät den durch eine sinnreich construirte Maschinerie aufgeförderten Schlußstein eigenhändig einfügte. Der König that dann die drei Schläge, wie es der Brauch will, mit silbernem Hammer auf den Stein und nahm den ihm nach altem Herkommen von den Werkleuten gebotenen Blumenstrauß entgegen. Se. Königliche Hoheit der Prinz von Preußen, jetzt der ruhmgekrönte Kaiser von Deutschland, führte auch die drei Schläge, und seinem Beispiele folgten mehrere der Anwesenden.

Im Jahre 1854 sollte endlich die Hoffnung der kölner Bürgerschaft, den König Ludwig innerhalb ihrer Mauern begrüßen zu können, in Erfüllung gehen. Der König schrieb dem Cardinal am 9. Juni: "Der vor zwei Jahren mir gewordenen freundlichen Einladung des Dombauvereins und dem ganz vorzüglich freundlichen Anerbieten von Ew. Eminenz, im Erzbischöflichen Palaste zu wohnen, habe ich vor, Folge zu geben, Montag den 26. dieses, in einem Tage von hier nach Köln auf dem Dampfschiffe reisend, bringe einen Herrn und zwei Bedienten mit. Nicht König Ludwig von Baiern, sondern der Graf von Spessart kömmt, ersuche darum, sollte allenfalls mit Empfang von Civil- und Militärbehörden und deren Aufwartung zugedacht gewesen sein, all' diesem vorzubeugen. Werde auch keinen

Waffenrock bei mir haben; ein Graf kommt nur, aber ein warmer, inniger Dombaufreund. Es wird wohl 10 Uhr Abends werden, bis das Dampfschiff anlangt. Den 27. bleibe ich in Köln. Wünsche auf der Rückreise, den Apollinarisberg zu sehen, wenn solches mit dem gewöhnlichen Gang des Dampfschiffes vereinbar ist. Den 28. Abends will ich wieder hier sein ....."

In Köln wurde dieser Entschluß mit Jubel aufgenommen, und die Bürgerschaft hielt sich für verpflichtet, dem Fürsten, der durch Wort und That das große Werk in so hervorragender Weise gefördert hatte, ein glänzendes Fest zu bereiten. Bei seiner Ankunft empfing ihn der Jubel der zahllosen Menge, ein Musikcorps spielte das Prinz-Eugen-Lied, seine Lieblingsweise, alle Kirchenglocken läuteten zum feierlichen Gruß. Als der Dampfer „Schiller", welcher den König trug, vor dem Trankgassenthor landete, erstrahlte plötzlich der majestätische Dom in leuchtendem Feuermeer. Ludwig rief vor Entzücken: „O, wenn das nur die Königin sehen könnte!" Am nächsten Morgen fuhr er wieder durch die festlich geschmückten Straßen zum Dome. Mehrere Stunden lang wurde Alles und Jedes besichtigt bis zur höchsten Chorgalerie. An dem Fackelzuge, welcher ihm am Abende gebracht wurde, betheiligte sich Alles, was nur irgend ein Gefühl für die große Opferwilligkeit des kunstbegeisterten Fürsten hatte. Gerührt schrieb Ludwig in das Dom-Gedenkbuch: „Einzig wie dieser Dom ist der Kölner Dankbarkeit!" An seinen Secretär Riedl schrieb er am 1. Juli 1854: „Worte habe ich keine, die Freude über meinen Aufenthalt in Köln auszudrücken."

Die ungeheuchelte Liebe und freudige Begeisterung, womit König Ludwig in Köln aufgenommen wurde, war ein sprechendes Zeugniß für das Gefühl des tiefsten Dankes, welches die ganze kölner Bürgerschaft für den Fürsten hegte, der mit so großer Beharrlichkeit und Opferwilligkeit sich für den Fortbau des Domes bemüht hatte. Im Gefühle der vollsten Befriedigung über den ihm gewordenen Empfang, schrieb der König am 30. Juni an den Cardinal: „Dank, innigsten Dank für Alles, was Ew. Eminenz für mich thaten während meinem Aufenthalte in Köln, so wie dem Dombauverein und sämmtlichen Kölnern. Eine solche Aufnahme erwartete ich nicht, konnte ich nicht erwarten. Ich kann nur wiederholen: ,Einzig wie ihr Dom ist der Kölner Dankbarkeit.' Was von Herzen kommt, geht zum Herzen; in meines drang die Aeußerung ihrer Gefühle, und so lange es schlagen wird, bleibt dieser Eindruck: es ist ein erhebender, ein beglückender! Von dieser Empfindung erfüllt Ew. Eminenz auf's Neue dankender Ludwig." Darauf erwiderte der Cardinal am 30. December: „Ew. Königliche Majestät haben uns Allen, die wir für den Ausbau des altehrwürdigen Münsters der hh. drei Könige zu Köln ein Herz haben, das entschwundene Jahr 1854 durch Allerhöchst Ihren Besuch dahier zu einem Freudenjahre in den Annalen des Dombaues gemacht.

Die Freude über des gefeierten Königs Ludwig Besuch war groß und allgemein. Ew. Königliche Majestät haben deren ungeschminkte Wahrheit und herzliche Innigkeit unter uns wahrnehmen können. Und heute noch lebt das Andenken an jene Festtage in allen Kölnern fort; noch redet man mit Verehrung und Liebe von König Ludwig, dem unser Gotteshaus die wirksamste Förderung seines Fortbaues und den prachtvollen Schmuck der Fenster verdankt."

Der Dombaumeister förderte das große Werk in der Weise, daß im Jahre 1854 sämmtliche Umfassungsmauern im Lang- und Querschiffe vollendet da standen und am 3. October des folgenden Jahres der Dachgiebel des neuen Südportales in Gegenwart des königlichen Protectors mit der Kreuzblume geschlossen werden konnte. Im Anfange des Jahres 1855 wurden auf der Südseite im Querschiffe die Fialen über der oberen Dachgalerie und die Kreuzblumen über den Wimbergen daselbst errichtet. Auf der Nordseite wurden die noch fehlenden Einzelheiten in den Krönungsverzierungen eingesetzt und die nordöstliche Flügelmauer neben dem hohen Chor aufgeführt. Der Hauptbau des Lang- und Querschiffes war so in seinen Umfassungsmauern bis zum Dachstuhl vollendet und es fehlten nur noch die Gewölbe mit den zu ihrer Stütze erforderlichen äußeren Strebewänden. Die hochaufsteigenden Baumassen, aus zierlich gemeißelten Steinen kunstreich zusammengefügt, füllten nunmehr die große Lücke, welche zwischen dem hohen Chor und dem westlichen Thurme während eines halben Jahrtausends bestanden hatte.

Als am 3. October 1855 der Grundstein zu der ersten festen Rheinbrücke gelegt und eine neue Aera für den Verkehr zwischen dem linken und rechten Rheinseite eröffnet wurde, konnte der Dachgiebel des Südportals in Gegenwart des königlichen Protectors mit der Kreuzblume gekrönt werden. Hiermit war ein wichtiger Abschnitt in der Vollendung sämmtlicher kunstreichen Umfassungsmauern in Lang- und Querschiff herbeigeführt. Die für diese Festlichkeit entworfene Urkunde wurde vom König unterzeichnet und in raschem Flug durch einen Adler zur obersten, 71 Meter hoch stehenden Knospe der Kreuzblume getragen und hier eingesenkt. Es war dies das letzte Mal, daß der königliche Protector Friedrich Wilhelm IV. sich persönlich von dem stetigen Fortschreiten des Baues, an welchem sein Herz mit so großer Liebe hing, überzeugen konnte.

Am 6. December 1855 wurde die oberste Kreuzblume auf dem Nordportal errichtet und hiermit ganz in derselben Weise und Größe wie das Südportal vollendet. Diese großartigen Prachtbauten in ihrem reichen Gewande architektonischer Gliederungen und Ornamente von der Sohle bis zur höchsten Spitze der Kreuzblume traten nun dem Blicke des Beschauers in ihrer ganzen überwältigenden Pracht und Großartigkeit entgegen.

Von außen erhielt der eigentliche Rumpf der Kirche seine Vollendung durch

Aufführung des Mittelthurmes auf der Vierung und die Eindeckung des eisernen Dachgerüstes über dem Lang- und Querschiffe des Domes. Lange hatte man geschwankt, ob überhaupt ein Mittelthurm, als ein integrirender Theil zum Profil des großen Ganzen gehörig, über der Kreuzvierung als deren organischer Ausläufer errichtet werden solle. Diese Frage wurde endlich vom architektonisch-ästhetischen Standpunct aus und mit Rücksicht auf die Analogie ähnlicher Bauwerke aus derselben Kunst-Epoche bejahend entschieden.

Zwirner verlegte bei Construction des nördlichen Thurmes die Wendeltreppe in den großen Eckpfeiler, anstatt dieselbe, wie dies bei Anlage des südlichen Thurmes im Mittelalter geschehen, in einem vorgebauten Treppenthurme aufzuführen.

Wenngleich in Folge dieser Aenderung die theilweise Verdeckung der Thurmfenster vermieden und eine nicht unbedeutende Ersparung an Kosten erzielt wurde, so stieß die Abweichung von der mittelalterlichen Bauanlage doch mehrfach auf Widerspruch; jedoch fand ein Antrag des Herrn August Reichensperger, gegen die Abweichung vom ursprünglichen Plane geeigneten Ortes Verwahrung einzulegen, im Dombauvereins-Vorstande nicht die geneigte Zustimmung, und die Arbeiten wurden am Nordthurm mit Genehmigung des Königs nach Maßgabe des Zwirner'schen Planes fortgesetzt.

Am Ende des Jahres 1858 schrieb der Cardinal an den König Ludwig: „Mit unserem Dombau schreiten wir in der alten gedeihlichen Weise voran. Die jährlichen Beiträge der Dombaufreunde halten sich ziemlich auf der früheren Höhe, und auch der jährliche Staatsbeitrag bleibt uns gesichert, indem der Prinz-Regent, Allerhöchst welchem wir schon früher eine persönliche Gabe von 10,000 Thalern zur Ausschmückung des Südportals mit Statuen verdanken, die Gnade gehabt hat, die Aufnahme der seitherigen jährlichen Summe in das Staatsbudget zu befehlen." Am 2. Januar des folgenden Jahres antwortete Ludwig darauf: „Mit Zufriedenheit vernehme ich, da ich fortwährend innigen Antheil nehme an dem Ausbau des Kölner Domes, von Ew. Eminenz, daß es gut damit gehe, leid aber ist mir, daß aus Baiern die Zuschüsse sich verringert haben."

In einer außerordentlichen Vorstandssitzung vom 8. Mai 1860, welcher außer dem Cardinal von Geissel der Fürstbischof von Breslau und die Bischöfe von Trier, Paderborn, Münster, Hildesheim und Osnabrück beiwohnten, wurde darüber berathen, auf welche Weise die Mittel für die Eindeckung des Daches und des Mittelthurmes, welche nur auf außerordentlichem Wege aufgebracht werden konnten, beschafft werden sollten. Es wurde beschlossen, eine Collecte mit dem bestimmt ausgesprochenen Zweck „zur Aufbringung der Kosten der Eindeckung des Daches und Mittelthurmes" zu veranstalten. Der Aufruf, durch welchen diese Collecte den Dombaufreunden besonders empfohlen wurde, lautet:

„Der Dom zu Köln, der Wunderbau, dessen Herrlichkeiten sich, Dank der unausgesetzten Theilnahme und Opferwilligkeit der Genossen, in unerwartet raschen Fortschritten täglich mehr und mehr entfalten, verlangt heute die Zuwendung einer besonderen Gunst.

„Die Bauthätigkeit ist bis zu dem Puncte gelangt, in ganz naher Zeit die Kirche nach außen und im Innern als ein vollendetes Ganzes abzuschließen. Nur der Ausbau der beiden Thürme bleibt alsdann noch der dauernden Hingebung und Liebe der Genossen und der Begeisterung einer jüngeren Generation vorbehalten.

„In diesem Augenblicke wird das eiserne Dachgerippe auf dem Lang- und Querschiffe bereits aufgesetzt; zugleich mit ihm verbunden wird sich der die First des Daches um 150 Fuß überragende Mittelthurm erheben. Der Errichtung des Dach- und Thurmgerippes muß die Eindeckung und Ausschmückung auf dem Fuße folgen, damit gleich nach ihrer Vollendung die Einwölbung des Mittel- und Querschiffes beginnen kann.

„Bei der feierlichen Grundsteinlegung am 4. September 1842 versprach uns der Dombaumeister, die Domkirche, ohne Hauptthürme, binnen zwanzig Jahren zu vollenden, wenn hierzu die dafür veranschlagten Geldmittel überwiesen würden; er versichert dies auf's Neue, und die bisherigen Leistungen bestätigen es, daß dieses Ziel bis dahin erreicht werden kann.

„Sehr bald also wird der Anblick der fertigen Kirche die Vereinsgenossen zur Freude und Bewunderung hinreißen; sehr bald werden sie in den weiten, hochgewölbten, nach allen Seiten freien Hallen des erhabenen Tempels ihren innigen Empfindungen im Dankgebete für den Beistand Gottes, der ihrem Muthe, ihrer Ausdauer und Zuversicht diese Erfolge bereitet hat, Ausdruck geben können.

„Die Erreichung dieses Zieles erfordert aber neue, ganz außergewöhnliche Anstrengungen. Für die Periode, in welche der Bau gegenwärtig getreten ist, reichen die bisherigen Baumittel nicht aus. Die Zuschüsse aus Staatsfonds, unter Zuziehung der regelmäßigen Beiträge der Vereinsgenossen, müssen ausschließlich zur Erhaltung und Fortsetzung der gewöhnlichen Bauthätigkeit am Steinbau des Domes benutzt werden. Es ist nicht statthaft, jetzt die kunstgeübten Steinmetzen zu entlassen, wo gerade die kunstvollsten Steinmetz-Arbeiten in größester Ausdehnung an den fein gegliederten Thürmelungen der Strebepfeiler, so wie an den zierlichen und dabei kühnen Strebebogen auszuführen bleiben.

„In diesem Jahre muß daher noch nebenbei eine besondere Verwendungs-Summe für das Dach und den Mittelthurm beschafft werden. Für die Eisen-Constructionen, welche jetzt aufgebaut werden, sind im diesjährigen Verwendungsplane die Kosten vorgesehen; es fehlen aber noch sämmtliche Kosten für die Bedeckung und Ornamentirung des Mittelthurmes und Daches, so wie die Dachrinnen und

Wasserableitungen. Soll daher das Bauwerk mit seinem ausgedehnten Dachgerippe nicht länger unbedeckt und so den höchst nachtheiligen Einwirkungen der Witterung ausgesetzt bleiben, so müssen die Eindeckungen noch vor dem Herbste vorgenommen und die hierzu erforderlichen Geldmittel baldmöglichst verfügbar gemacht werden. Die Nothwendigkeit dieser schnellen Eindeckung ist um so mehr vorhanden, als auch das sehr hohe, gefährliche Baugerüst während des Winters nicht stehen bleiben kann, und schon der Feuersgefahr wegen, je eher, je besser entfernt werden muß.

„Die Kosten für die Bedeckung und Ornamentirung, um deren Aufbringung durch außerordentliche Beisteuer es sich handelt, werden nach dem Anschlage 30,927 Thaler betragen.

„Mit schuldiger Offenheit theilen wir den Vereinsgenossen dieses vorwaltende Bedürfniß mit; voll Vertrauen wenden wir uns an sie mit der Bitte um ihre Mithülfe, die uns in ähnlichen Fällen schon öfter gern und reichlich gewährt worden ist; mit der begründeten Hoffnung auf einen günstigen Erfolg kündigen wir ihnen eine außerordentliche Collecte ‚zur Bestreitung der Kosten für die Eindeckung und Ornamentirung des Mittelthurmes und Daches' an, die durch Mitglieder unseres Vorstandes, die Vorstände der Hülfsvereine oder durch Bevollmächtigte abgehalten werden soll. Auch werden wir in Rundschreiben bewährte und bekannte Freunde und Förderer alles Guten und Schönen um directe Einsendung besonderer Spenden ersuchen.

„Es gilt dem schönsten Denkmale der Gottesverehrung und deutscher Kunst, an dem wir unter der Aegide des königlichen Protectors vor achtzehn Jahren mit dem Gelöbnisse treuen Ausharrens bis zur Vollendung zusammengetreten sind; es gilt dem kölner Dome, der sich ein deutscher Dom im deutschen Rheine spiegelt, ein Hort der an seinem Fuße heute unlöslich verbundenen Ufer des deutschen Stromes!

„Wessen Gemüth immer einer edlen Regung empfänglich ist, der kann und wird nicht zurückbleiben wollen, zu dem jetzt angekündigten Zwecke nach Kräften mitzuwirken. Das religiöse Gefühl wird dadurch befriedigt, denn der Beitrag dient dem herrlichen Gotteswerke. Dem Sinne für Kunst, dem Nationalgefühle wird dadurch genügt; denn die Mithülfe wird dem großartigsten Werke deutsch-vaterländischer Baukunst gewährt.

„Wir Rheinländer bauen insbesondere an der altehrwürdigen Metropole des Rheinlandes.

„Bekunden wir daher Alle in christlicher Liebe und brüderlicher Eintracht die Gefühle, die uns bewegen, durch reiche Spenden!"

Am 28. December desselben Jahres berichtete der Cardinal dem Könige Ludwig: „An unserem Dome haben wir auch im laufenden Jahre wacker und rüstig fortgebaut. Insbesondere ist es dem Dombaumeister, Geheimerath Zwirner, gelungen, den Thurm über der Vierung, aus Eisen gefertigt, in der Höhe von 360 Fuß zu errichten. Dabei sind die Strebepfeiler und anderen Bautheile ununterbrochen fortgesetzt worden. Wir hegen die Hoffnung, so Gott seinen Segen dazu gibt, den herrlichen Dom immer weiter seiner Vollendung entgegenzuführen. Freilich sind wir deßhalb nicht ohne Besorgniß. Die Zeiten sind trüb und schwer. Das Jahr 1861 droht ein verhängnißvolles zu werden, vielleicht doppelt verhängnißvoll für uns am Rhein und dann auch für unseren Dom." Die Arbeiten am Nordthurme waren bis zum Jahre 1860 so weit gefördert worden, daß durch diese kolossalen Mauermassen das nach der Seite noch nicht gesicherte Langschiff verstrebt wurde, um die vorzunehmende Wölbung des Mittelschiffes unwandelbar zu erhalten.

Durch den Tod des König-Protectors Friedrich Wilhelm IV. wurde die Dombausache von einem harten Schlage betroffen. Diesem kunstsinnigen, hochherzigen Monarchen allein war es zu verdanken, daß der kühne Entschluß, den Fortbau des Domes zu unternehmen, von glücklichem Erfolge gekrönt wurde. Der Vereinsvorstand richtete nachfolgende Beileids-Adresse an den König Wilhelm I.: „Dem schmerzlichen Mitgefühle glücklicher Unterthanen in den leidenvollen Tagen Seiner Majestät folgt heute der allgemeine Klageruf des Landes über den Verlust eines geliebten Königs. Ein durch Herz und Geist gleich ausgezeichneter Herrscher ist dahingegangen, und obgleich diese Trauerkunde keine ungeahnte war, so wird sie doch in allen Gauen des preußischen Staates tief empfunden werden; denn die Erinnerung an das Streben des verstorbenen Königs, das Wohl des Landes zu begründen, und an die Wärme und Liebe, womit der Höchstselige dieses Ziel verfolgt hat, ist überall lebendig. Wir beklagen zugleich den Hintritt eines Freundes der vaterländischen Kunst, des hohen Gönners, dem die Rheinprovinz und die Stadt Köln den Ausbau des herrlichen Domes verdankt; wir haben den königlichen Schutzherrn des Dombaues und des Dombauvereins verloren.

„Unter dem Eindrucke der Trauer erhebt sich der Blick des Volkes zu Ew. Majestät, dem Thronerben, und das Land bringt, einstimmig in Vertrauen und fester Zuversicht, Ew. Königlichen Majestät die freudige, ungeheuchelte Huldigung.

„Wir wagen es, uns dem Ausdrucke der allgemeinen Verehrung tiefehrerbietigst anzuschließen und die treugehorsamste Bitte auszusprechen:

‚Ew. Majestät wollen, im Andenken an den höchstseligen König, dem kölner Dombaue fortan ein gnädiger Beschützer bleiben, und huldvoll das Protectorat des verwaisten Central-Dombauvereins übernehmen, damit der Dom unter Allerhöchst Ihrem mächtigen Schutze mit Gottes Hülfe zu einer glücklichen Vollendung gelange.'"

Unter dem 20. Februar 1861 erklärte sich König Wilhelm bereit, das

Protectorat über den Dombauverein zu übernehmen: „Wie Mein in Gott ruhender Herr Bruder, des hochseligen Königs Majestät," schrieb er, „dem Ausbaue des Domes zu Köln unausgesetzt eine lebhafte Theilnahme zuwandte, so habe auch Ich demselben immer schon ein reges Interesse gewidmet und nehme daher das Protectorat über den Central-Dombauverein hierdurch gern an, mit dem Wunsche, daß derselbe, in dem hohen Geiste und Sinne seines erhabenen Schutzherrn fortwirkend, in nicht zu ferner Frist sein großes und schönes Ziel erreichen möge."

Die erste Vorstandssitzung nach dem Tode des Königs eröffnete der Präsident Esser mit einer Ansprache an den Vorstand, in welcher er des hohen Verstorbenen als eines christlichen Königs, eines echten deutschen Fürsten und treuen Landesvaters, eines begeisterten Kunstfreundes und Beförderers alles Großen und Guten in tiefster Rührung gedachte; dann, zu den glücklichen Beziehungen übergehend, in welchen der Vorstand zu dem hohen Protector des Dombauvereins gestanden, die Ueberzeugung aussprach, daß in Aller Herzen ein Andenken in inniger Liebe und Verehrung dem Dahingeschiedenen gesichert bleibe, der den großen Gedanken, den kölner Dom auszubauen, in seine für Religion, Kunst und Vaterland begeisterte Seele aufgenommen und bis zu seinem Ende mit der ganzen Wärme seines Gefühles, am meisten aber dadurch gefördert habe, daß er zu dem großen Werke das Volk herangezogen habe, damit er nicht allein, sondern gemeinschaftlich mit seinem Volke ihn vollende, auf daß der vollendete Dom der Nachwelt ein lautredendes Zeugniß gebe von den edlen Bestrebungen und der Kunstfertigkeit unserer Zeit, von dem einträchtigen Zusammenwirken des Volkes mit seinem Herrscher zur Vollbringung des großen, Gott zur Ehre, dem deutschen Vaterlande zum Ruhme gereichenden Werkes. — Zum Schlusse forderte er die Vereinsgenossen auf, ihre Verehrung, ihre Dankbarkeit gegen den hohen Dahingeschiedenen dadurch zu bethätigen, daß sie in seinem Geiste fortfahren möchten, in einträchtiger Ausdauer ihre ganze Kraft dem großen Werke bis zur Vollendung zu widmen, daß sie die Liebe zum deutschen Vaterlande lebendig erhalten und sich immer fester und inniger an dasselbe anschließen und die treueste Anhänglichkeit an das hohenzollern'sche Herrscherhaus auf Seine Majestät den jetzt regierenden König Wilhelm übertragen möchten.

Im Sommer des Jahres 1860 war die Dachconstruction über dem Langund Querschiffe vollendet und eben so im Herbste der auf der Kreuzvierung errichtete Dachreiter, welcher einen Durchmesser von 8,8 Meter hat und vom Boden der Kirche ab gerechnet, eine Höhe von 110 Metern erreicht. Am 15. October, dem Geburtstage des für den Dom so warm begeisterten Königs Friedrich Wilhelm IV., setzte der Baumeister den vergoldeten Morgenstern auf der Spitze dieses kühnen Mittelthurmes auf. Es war dies das letzte Mal, daß Zwirner das Werk, dessen Vollendung der sehnlichste Wunsch seines Lebens gewesen, überschauen sollte. Am 22. September 1861, noch nicht drei viertel Jahre nach dem Hinscheiden des Königs Friedrich Wilhelm IV., wurde er von dem Werke, an dem er 28 Jahre lang mit so bewundernswerther Umsicht und so tiefer Sachkenntniß gearbeitet, durch den Tod abberufen.

Von gothischen Bauwerken hat Zwirner die St. Apollinariskirche zu Remagen, die Kirche zu Mülheim am Rhein, die Schloßcapelle zu Schwerin, die Schlösser zu Herdringen und Argenfels erbaut.

Unter Zwirner's Bauleitung waren beim Dombaue thätig: Vincenz Statz, seit 1840, Domwerkmeister von 1844 bis 1854, später Diöcesanbaumeister, Baurath ic.; Friedrich Schmidt, seit 1843, Domwerkmeister von 1854 bis 1858, dann Professor zu Mailand, Dombaumeister zu St. Stephan in Wien, Oberbaurath ic.; Matthias Schmitz, seit 1839, Domwerkmeister seit 1849; Ludwig Becker, seit 1839, Maurermeister und Bau-Controleur seit 1862; Joseph Baudewin, Domzimmermeister 1842 bis 1868; Ferdinand Wierobitzky, Bauaufseher, 1846 bis 1870; die Architekten Wilhelm Hoffmann, später in Paris als Architekt; Friedrich Augustini, Anton Meder, Albert Dietrich; der Dombildhauer Professor Christian Mohr, von 1845 bis 1871 thätig; die Oberpoliere Anton Steegmeyer, Julian Marchand, Michael Staubesand, Karl Biemüller, Peter Reul, Joseph Leisten; die Steinhauermeister Adam Pauly im Domsteinbruch zu Vorkum; die Glasmaler Peter Graß und Ludwig Schmidt; der Glasermeister Joseph Düssel.

An Zwirner's Stelle wurde der seit dem 3. April 1855 beim kölner Dombaue als Stellvertreter des Dombaumeisters Zwirner mit der speciellen Bauleitung beauftragte Baumeister, jetzige Regierungs- und Baurath Karl Eduard Richard Voigtel, geboren zu Magdeburg am 31. Mai 1829, zum Dombaumeister ernannt.

Unter Voigtel's energievoller Leitung wurden die beiden gewaltigen Thürme vollendet. Dieser Meister löste die von ihm übernommene äußerst schwierige und großartige Aufgabe mit Glück und Geschick. Sein Name vereinigt sich mit der Fertigstellung des großen Bauwerkes und wird in Ehren gehalten werden, so lange die kolossalen Domthürme auf die Stadt Köln herniederschauen.

Der neue Dombaumeister richtete zunächst seine Hauptthätigkeit auf die Einziehung der Gewölbe. Die Strebepfeiler der Querschiffe wurden auf eine Höhe von 20,4 Metern über dem Hauptgesims der Seitenschiffe aufgeführt. Die schlank aufsteigenden Fensterpfeiler der Umfassungswände, unwandelbar zwischen Gewölbe und Strebesystem eingespannt, konnten nun mit Sicherheit die gewaltige Last der Steindecke tragen. Der ganze Seitenschub, den die fertigen Gewölbe auf die verhältnißmäßig schwachen Seitenwände ausübten, konnte unmittelbar auf die Strebesysteme übertragen werden. Die zwölf großen Glasfenster des Langschiffes, deren Ausführung bereits im Jahre 1859 in Auftrag gegeben war, um gleichzeitig mit der Einspannung der Gewölbe auch die Fensteröffnungen durch eine definitive, im Stil der vorhandenen mittelalterlichen Chorfenster gehaltenen bunten Mosaikverglasung schließen zu können, wurden mit einer Gesammtfläche von 520 Quadratmetern eingesetzt. Nach allseitiger Abschließung des Langschiffes konnte nun die Beseitigung des 1847 eingezogenen Interims-Daches erfolgen. Im Jahre 1863 wurde die Trennungsmauer zwischen Chor und Langschiff, welche im Anfange des 14. Jahrhunderts als Abschluß des vollendeten Hochchores zwischen den beiden östlichen Transeptpfeilern errichtet und seit fünf Jahrhunderten den wechselnden Einflüssen der Witterung ausgesetzt war und sowohl dem großen Gurtbogen über den Tragpfeilern und dem darüber errichteten massiven Giebel des Chordaches als eine dauernde Stütze gedient, als auch die Transeptpfeiler selbst in ihrer ganzen Länge gegen seitliche Durchbiegung nach innen zu ausreichend geschützt hatte, abgebrochen. Am 15. Juli wurde mit dem Abbruch dieser Mauer begonnen und am 12. September wurde der letzte Stein am Fußboden der Kirche beseitigt, und hiermit war der ganze gewaltige imposante innere Kirchenraum bis zur Thurmhalle völlig fertig gestellt.

Aus Anlaß der Beseitigung der Scheidemauer, welche seit der Fertigstellung des Hochchores dieses vom Langschiff getrennt hatte, sang Karl Simrock:

> Gefallen ist die böse Wand, gefallen,
> Die Chor und Schiff zu lange hielt geschieden,
> Und wie er taucht in diesen tiefen Frieden,
> Durchmißt Ein Blick die weiten Säulenhallen.
>
> Dies ist ein Wald, und willst du ihn durchwallen,
> So fesselt Staunen dir den Fuß, hienieden
> Schon wähnst du dir die Seligkeit beschieden,
> Hörst vom Altar das Dreimalheilig schallen.
>
> Und hinter ihm ist Engelbert erstanden,
> Sein Werk zu zeigen Vätern und Propheten,
> Er, der zuerst dies achte Wunder dachte:
>
> „Ein Abbild ist's, das Menschen nicht erfanden,
> Der lichten Höh'n, die wir mit Ehrfurcht treten;
> Ein Engel war's, der mir den Aufriß brachte."

Der 15. October des Jahres 1863, der Geburtstag des ersten Protectors, des hochseligen Königs Friedrich Wilhelm IV., wurde gewählt, um in einer würdigen Feier die Freude über die Erreichung dieses so lang und heiß ersehnten Zieles kund zu geben, dem Höchsten zu preisen für den Schutz, den er dem großen Werke zugewendet, und Allen, welche sich in irgend einer Weise um dieses National=werk verdient gemacht, den gebührenden Dank auszusprechen. An dem Feste betheiligten sich der Cultusminister von Mühler, die höchsten Verwaltungsbeamten der verschiedenen Ressort=Ministerien, so wie die Spitzen der Verwaltungsbehörden der Rheinprovinz und die Bischöfe Rheinlands und Westfalens. Durch das reich=geschmückte Hauptportal des Domes, an dem die Devise des Dombauvereins: ‚Eintracht und Ausdauer' prangte, betrat der Zug die erhabenen Hallen der Kathedrale, die sich in ihrer ganzen Pracht vor den begeisterten Blicken der Dombaufreunde aufthaten. Der Herr Cardinal und Erzbischof celebrirte das feierliche Pontifical=Amt, dem ein Te Deum folgte. Die von Seiner Majestät dem Könige zwei Tage vorher vollzogene Urkunde, von der ein Exemplar zur Einfügung in den Schlußstein des großen Mittelgewölbes der Kreuzvierung und das andere zur Aufbewahrung in dem Archive des Domes bestimmt war, wurde nun von sämmtlichen hervorragenden Persönlichkeiten, welche am Feste Theil genommen, unterzeichnet. Der Text derselben ist dem von Ihrer Majestät der Königin Augusta verfaßten und dem Dombau gewidmeten Gedenkblatt entnommen; die Urkunde ist kunstreich auf Pergament geschrieben und mit allegorischen Illustrationen geziert. Der Wortlaut ist folgender:

„Köln besitzt in seinem Dom das ehrwürdigste Denkmal seiner Vergangenheit und die Bürgschaft einer segensreichen Zukunft. Auf dem Boden römischer Vorzeit, welcher die Colonia Agrippina ihre Entstehung verdankt, dort, wo die unter Ludwig dem Frommen 833 vollendete, aber nach wenigen Jahrhunderten durch Feuer zerstörte Hauptkirche stand, wurde dieses dem Apostel St. Petrus geweihte Gotteshaus in feierlicher Stunde vom Erzbischof Konrad von Hochstaden am 14. August 1248, in Gegenwart des wider Friedrich II., den Hohenstaufen, neu gewählten Gegenkaisers Wilhelm von Holland gegründet und hierdurch der Gedanke Erzbischofs Engelbert des Heiligen († 1228) ausgeführt, dessen Gebeine in dem, seinem Sinne gemäß, von Meister Gerhard geförderten und bis zum 16. Jahrhundert langsam aber mächtig emporgewachsenen Dome ruhen. Das im Jahre 1322 vollendete und vom Erzbischof Heinrich von Virneburg eingeweihte, jetzt sinnig geschmückte Chor, welches sich bis zur Höhe von 200 Fuß erhebt, umgeben heilige Reliquien und edle Denkmäler der Vorzeit, sowohl in der Schatzkammer verwahrt, als in zahlreichen Capellen vertheilt. Hinter dem Hochaltare die Gebeine der hh. drei Könige, von Friedrich Barbarossa dem Erzbischof Reginald von Dassel im Jahre 1162 geschenkt, in einem mit Edelsteinen gezierten Behältnisse; links das berühmte, meisterhaft vollendete Dombild, ein Werk aus dem Jahre 1410 und seines Malers Stephan würdig; rings herum kunstreiche Grabmäler vieler Erzbischöfe, die sich um Kirche und Stadt verdient gemacht. Hier ruht der Gründer des Domes, Konrad von Hochstaden († 1261), dort der Erbauer von Kölns Mauern, Thürmen und Thoren, Philipp von Heinsberg († 1191) und nahe dabei hat auch das Herz von Maria von Medici das letzte Asyl gefunden. Als nach den letzten zwei Jahr= hunderten der unter Ungunst der Zeiten gehemmte Bau dem gänzlichen Verfalle Preis gegeben schien, erwachte neues geistiges Leben im Rheinlande. Nachdem Friedrich Wilhelm III. im Jahre 1824 die Wiederherstellung des Domes begonnen hatte, begünstigt durch Boisserée's umsichtige Forschungen, erfolgte siebenzehn Jahre später, durch Friedrich Wilhelm IV. hochherzigen Entschluß veranlaßt, unter begeisterter Theilnahme ganz Deutschlands, nach Zwirner's Plan und von ihm geleitet, Fort= setzung und Ausbau des großartigen Werkes. Schon 1842 am 4. September konnte der Grundstein zum Südportal gelegt und am 14. August 1848 das Langschiff durch den Erzbischof von Köln, Cardinal Johannes von Geissel, eingeweiht werden. Bald sah man die Farbenpracht der durch König Ludwigs von Baiern freigebige Hand gestifteten Glasgemälde mit der ernsten Einfachheit der im Jahre 1508 ausgeführten Kirchenfenster wetteifern. Seitdem ist fast der ganze Dom in seiner ursprünglichen Kreuzesform, von mehr als hundert Pfeilern getragen, mit seinen Lang= und Querschiffen, mit der Krönung des Daches in seiner ganzen Länge von 500 und Breite von 200 Fuß, bis auf die beiden Thürme, welche einst die meisten Bauwerke Europa's überragen werden, vollendet, und Dombauhütte und Dombau= verein wirken dem bewährten Ruf der alten deutschen Reichsstadt in Sinn und That entsprechend. — Der hohe Schirmherr und Wohlthäter des Domes und seines neuen Baues kunstgeübter Meister, beide ruhen im Grabe, aber unter dem forterbenden mächtigen Schutze der Könige von Preußen schreitet das erhabene Werk rüstig weiter, zur Ehre Gottes und zum unvergänglichen Ruhme des gesammten Vaterlandes. — Zum ewigen Gedächtnisse an die Vollendung des Kirchenschiffes des Domes zu Köln und unter den Segenswünschen für die glückliche und ungestörte Fortsetzung des Baues bis zur Fertigstellung der 500 Fuß sich erhebenden großen Westthürme, ist diese Urkunde von Seiner Majestät dem Könige Wilhelm I. bereits den 13. October 1863 bei Allerhöchst Seiner Anwesenheit im Dome zu Köln unterzeichnet und dem= nächst am 15. desselben Monats, dem Geburtstage des in Gott ruhenden königlichen Schirmherrn des Dombaues, König Friedrich Wilhelm IV. von Preußen, in den Schlußstein des großen Transsept=Gewölbes niedergelegt worden." Die Inauguration wurde durch ein vom Cardinal=Erzbischof celebrirtes Pontifical=Amt, bei welchem die anwesenden Bischöfe in ihrem amtlichen Ornat assistirten, gefeiert.

Mit der feierlichen Eröffnung des Gottesdienstes in der vollendeten Domkirche war wieder ein Hauptabschnitt in der Geschichte des Dombaues zum Abschluß gekommen. Im Jahre 1322 war das Hochchor für den Gottesdienst eingeweiht worden; 541 Jahre später nahmen endlich Erzbischof und Domcapitel auch von dem Langhaus und den Querflügeln für gottesdienstliche Handlungen Besitz. Die Baukräfte, welche zweiundzwanzig Jahre hindurch hauptsächlich für den Ausbau der Kirchenschiffe thätig gewesen waren, konnten von nun an für andere Aufgaben verwendet werden. Die gewiesene Aufgabe war jetzt die Förderung der Arbeiten am Nordthurme. Der Einfluß der Witterung und die durch den Einbau der Küsterwohnung verursachten Arbeiten hatten für diesen aus dem Anfang des 16. Jahrhunderts stammenden Mauerstumpf eine solche Verwitterung und Verstümmelung herbeigeführt, daß der Abbruch des nordwestlichen Eckpfeilers bis zur Sockelschicht am Boden der Kirche nothwendig wurde und die Fensterpfeiler der Westfaçade mit einer Verblendung von Quadern allseitig umgeben werden mußten. Der südliche Thurm, bis zum dritten Stockwerke vollendet und durch den Krahnen theilweise abgedeckt, war Behufs Conservirung des daselbst befindlichen Glockenstuhles vor dem Eindringen der Nässe und der Zunahme des Verfalls im Laufe der Jahrhunderte ausreichend geschützt gewesen, so daß bei Fortsetzung der Bauarbeiten nur die Fortnahme der letzten Hausteinschichten nothwendig war, um eine völlig sichere Grundlage für den Weiterbau zu gewinnen. In den Jahren 1861 bis 1863 wurde die östliche Außenfläche des Südthurmes in allen Theilen mit einem Kostenaufwande von 21,500 Thalern hergestellt.

Der Wunsch aller Freunde und Förderer des Dombaues, die Vollendung des kölner Domes, einschließlich der beiden Westthürme, nicht den wechselnden Zufällen und Ereignissen innerhalb eines Zeitraumes von 25 bis 30 Jahren nochmals anheim zu geben, welche Zeitdauer bei einer jährlichen Bausumme von etwa 300,000 Mark in Aussicht genommen werden mußte, rief zu verschiedenen Zeiten Vorschläge einzelner Mitglieder des Dombauvereins und Anträge auf Genehmigung einer Finanz-Operation zur Sicherung einer festen jährlichen Bausumme hervor, denen die Allerhöchste Genehmigung jedoch versagt wurde. Im Jahre 1851 hatte der Professor Ferdinand Walter aus Bonn ein sorgfältig ausgearbeitetes Lotterie-Project eingereicht; es war aber bei der Abstimmung über seinen Plan unterlegen. Anfangs der sechsziger Jahre wurde das Lotterie-Project neuerdings vom Ehrenmitgliede Abraham Oppenheim und dem Vereins-Präsidenten Esser II. aufgegriffen. Es gelang, die gegen eine Geldlotterie geltend gemachten Bedenken zu überwinden, und den Vereinsvorstand zu bestimmen, durch eine Immediat-Eingabe vom 10. December 1863 die königliche Genehmigung zu einer Dombau-Lotterie, welcher man den Namen „Dombau-Prämien-Collecte" gab, zu erbitten. Die im Jahre 1865 vom Könige versuchsweise genehmigte Prämien-Collecte hatte einen so günstigen Erfolg, daß der Vorstand sich ermuthigt fühlte, um die Bewilligung einer

Anzahl weiterer Collecten zu bitten. Zuerst erhielt der Vorstand auf seine Immediat=
Eingabe vom 21. September 1863 die Concession einer Prämien=Collecte vorläufig
für ein Jahr, bald darauf für die Dauer von acht Jahren. Es wurde bestimmt,
daß der Reinertrag, welcher sich auf die Summe von etwa einer halben Million
Mark belief, lediglich zum Fortbaue und zur Vollendung der beiden Thürme
verwendet werden dürfe. Nachdem im Jahre 1874 die Concession abgelaufen
war, wurde dieselbe auf weitere sieben nach einander folgende Jahre ertheilt, mit
der Maßgabe, daß das Privileg jedes Jahr widerrufen werden könne. Die der
Dombaucasse durch diese Lotterie zugeflossene Summe beziffert sich bis jetzt auf
mehr als acht Millionen Mark. In der Concessions=Urkunde war die Bestimmung
getroffen, daß der Vereinsvorstand von den Erträgen der Collecte 60,000 Mark
den deutschen Künstlern dadurch zu Gute kommen lassen solle, daß er diese
Summe auf den Ankauf von Kunstwerken, namentlich Gemälden, verwende. Die
Commission, welche sich mit der Auswahl der für die Verloosung zu bestimmenden
Kunstwerke zu befassen hatte, besteht aus 28 Mitgliedern, wovon zehn aus dem
Vorstande des Central=Dombauvereins und sieben aus dem Ausschusse des Kunst=
vereins gewählt sind; die übrigen eilf sind die Mitglieder des verstärkten Ver=
waltungs=Ausschusses.

Durch die nun dem Dombaue in reicherem Maße zufließenden Geldmittel
wurde es ermöglicht, den Bau kräftiger und energischer zu fördern, und schneller,
als man hoffen zu dürfen geglaubt hatte, stiegen die kolossalen Steinmassen des
Nordthurmes in die Höhe. Nachdem am 12. März 1864 die letzte Krone des
Strebesystems versetzt worden, wendete sich die Materialbeschaffung wie der Bau=
betrieb in den Steinmetzhütten ausschließlich dem Ausbaue des nördlichen Thurmes
zu, der im Jahre 1864 bis zum ersten Hauptgesimse in einer Höhe von 19,77
Metern über der Plattung der Kirche aufgeführt wurde. Einen schmerzlichen
Verlust erlitt die Dombausache durch den am 8. September 1864 erfolgten Tod
des Cardinals von Geissel. Er wird immer neben den kunstsinnigen Königen
Friedrich Wilhelm und Ludwig als einer der eifrigsten Förderer des Dombaues
genannt und gepriesen werden. Bis zum letzten Athemzuge hing sein Herz mit
der wärmsten Liebe und edelsten Begeisterung an dem großen Werke.

Mit Rücksicht auf die großen Erfolge, deren sich die Wirksamkeit des Dombau=
vereins zu erfreuen hatte, wollte der Vorstand den Tag des 25jährigen Vereins=
Jubiläums nicht ohne besondere Feier vorübergehen lassen. Er beschloß, nach dem
Bestande eines Vierteljahrhunderts die Erinnerung an den für Köln und den
Dombauverein bedeutungsvollen und unvergeßlichen Tag des 4. September 1842
in besonders festlicher Weise zu begehen. Auf die Einladung, welche an den König
Ludwig ergangen war, antwortete dieser am 22. August: „Kann ich auch von der

Einladung keinen Gebrauch machen, so danke ich Ihnen doch freundlichst für Ihre Aufmerksamkeit und glaube auch nicht, Sie mit vielen Worten versichern zu müssen, daß ich stets mit warmer Theilnahme dem Vorwärtsschreiten des Riesenbaues folge."

Namens Seiner Majestät des Königs Wilhelm I. erschien Seine Hoheit der Kronprinz zum Feste.

Die Feier wurde am 4. September eingeleitet durch ein Pontifical=Amt, welches der Erzbischof celebrirte. Nach Beendigung desselben hielt dieser eine der hohen Feier entsprechende Ansprache. Dann ordnete sich der Festzug und bewegte sich durch das Südportal nach der Estrade vor dem Westportal. Hier nahm der Vereins=Präsident das Wort, um den Kronprinzen als Stellvertreter Seiner Majestät des Königs zu begrüßen. Er sprach:

„Königliche Hoheit!

„Der Schmerz, den wir empfinden, Seiner Majestät unserem Allergnädigsten Könige, dem erhabenen Schirmherrn unseres Domes, den Ausdruck unserer Liebe und Treue nicht kund geben zu können, wird durch die Freude gemildert, Ew. Königliche Hoheit als Stellvertreter Seiner Majestät ehrerbietigst begrüßen zu dürfen, wofür wir den aufrichtigsten Dank aussprechen.

„Die Gefühle, welche beim Anblick dieses Wunderbaues die Herzen aller Dombaufreunde bewegen, entsprechen dem Ernste dieser Stunde, welche dem Andenken an den Förderer dieses Baues, dem Andenken an den hochseligen, für alles wahrhaft Schöne und Große empfänglichen König Friedrich Wilhelm IV. geweiht ist.

„Sein war der Gedanke, das schönste und prachtvollste Gotteshaus auf deutscher Erde auszubauen! Sein die That, als Allerhöchstderselbe nach dreihundertjähriger Unterbrechung der Bauthätigkeit heute vor 25 Jahren, am 4. September 1842, den Grundstein zum Weiterbaue am Südportale legte! Sein war die Kraft, an diesem Denkmale einstiger deutscher Größe und Herrlichkeit mit dem Worte der edelsten Begeisterung zündend das nationale Bewußtsein zu entflammen, und mit der Sehergabe eines überlegenen Geistes die Wiederkehr dieser Größe zu verkünden! Es war ein Act von welthistorischer Bedeutung, zu dem viele Fürsten und Edeln als Zeugen standen und der mit dem Jubelrufe der Söhne aus allen Gauen des deutschen Vaterlandes besiegelt wurde.

„Weiter und weiter hat seitdem das begonnene Werk den unermeßlichen Reichthum seiner Schönheit entfaltet, auf dem das Auge des hochseligen Königs noch mehrmals mit Freude geruht hat. Da, als die Glocken dieses Domes die Trauer verkündeten, welche das Land erfüllte, haben des jetzt regierenden Königs Majestät den Schutz übernommen, dessen der Bau nicht entbehren kann: den Schutz der Könige, unter denen die Rheinlande und ihr Dom die schönsten Blüthen getrieben, wie sie nur eine weise und wohlwollende Regierung zu erzeugen vermag.

"Der ruhmgekrönten Regierung Seiner Majestät des Königs war es vorbehalten, den Grundstein zum Ausbaue des Vaterlandes zu legen; möchte er mit dem Ausbaue dieser Thürme glücklich weiter schreiten, und möchte es Seiner Majestät dem Könige durch Gottes gnädige Fügung gestattet sein, diesen deutschen Dom, dessen Bau vor mehr als sechs Jahrhunderten unter dem Hohenstaufen Friedrich II. begonnen wurde, zu vollenden.

"Ew. Königliche Hoheit bitten wir, unsere heißesten Wünsche für das Wohl Seiner Majestät am Throne niederzulegen. Mit Bedauern erfüllt es uns auch, der Landesmutter, unserer allverehrten Königin, am heutigen Tage den Ausdruck unserer Liebe und tiefen Verehrung nicht entgegen tragen zu können. Aber der Gedanke beglückt uns, daß die Majestäten die Versicherungen unserer Anhänglichkeit und Treue durch Ew. Königliche Hoheit huldvoll entgegen nehmen werden.

"Gott erhalte und beschütze den König, die Königin und das königliche Haus! Heil Ihren Majestäten! Sie leben hoch!"

Seine Königliche Hoheit erwiderte darauf in folgenden Worten:

"Im Namen Seiner Majestät des Königs spreche ich Ihnen Allen die freudige Theilnahme aus, welche mein Königlicher Vater für das heutige Fest empfindet. Es ist Ihnen bekannt, wie Seine Majestät von dem Augenblicke an, wo sein in Gott ruhender Bruder König Friedrich Wilhelm IV. mit hochsinnigen Worten den Grundstein zum Weiterbau des Domes legte, an dessen Weiterförderung und Vollendung den lebhaftesten Antheil nimmt; auch Ihre Majestät die Königin, meine erhabene Mutter, drückt Ihnen durch mich ihre lebhafte Freude aus, das schöne Werk gemeinsamer deutscher Thätigkeit bis hieher gefördert zu sehen, — und ihr Bedauern, an diesem Tage nicht unter Ihnen sein zu können. Nicht minder hegt die Kronprinzessin, meine Gemahlin, das lebendigste Interesse an diesem wunderbar großartigen Baue und vereint ihre Wünsche mit den meinigen, daß in wenigen Jahren dieses größte und schönste deutsche Gotteshaus seine vollständige Vollendung erreicht haben möge. Mit Freude und Stolz verlebe ich diesen heutigen festlichen Tag in Ihrer Mitte, der ein Zeugniß gibt, was deutscher Fleiß, deutsche Kraft, deutsche Ausdauer in kurzer Jahre Frist zu erringen vermochten; und nicht allein diese mächtigen Mauern sind seit 25 Jahren gewaltig gefördert worden, auch das Werk, für das sie gern als Symbol betrachtet werden, ist gewachsen und einen großen Schritt dem langerstrebten Ziele entgegengeführt worden. Lassen Sie uns Alle daraus die Mahnung entnehmen, weiter zu bauen mit eiserner Consequenz, bis auch der letzte Stein zum Ganzen gefügt, — nicht eher zu ruhen, bis weithin die Thürme den Ruhm deutschen Namens verkünden. Das walte Gott!"

Darauf erfolgte von Seiten des Dombaumeisters Voigtel die Verlesung der

Urkunde, welche nach geschehener Unterzeichnung in eine Kapsel geschoben und an der Spitze des großen Wimbergs über dem westlichen Mittelportale eingesetzt wurde. Diese Urkunde lautet:

„Das ehrwürdigste Denkmal deutscher Baukunst, durch Erzbischof Konrad von Hochstaden am 14. August 1248 gegründet, gedieh unter dem mächtigen Schutze geistlicher und weltlicher Fürsten bis zur Vollendung des Chorbaues, der seine Weihe im Jahre 1322 durch Erzbischof Heinrich von Virneburg erhielt. Deutschlands Macht und Wohlstand lief erschütternde Ereignisse hemmten demnächst zwei Jahrhunderte hindurch den kühn begonnenen Bau über dem Grabe der hh. drei Könige.

„Verlassen und dem Verfalle Preis gegeben, ragte seit dem Anfange des 16. Jahrhunderts der alte Domkrahnen auf dem bis zur Höhe von 150 Fuß geförderten südlichen Thurme über Köln hinaus, ein Wahrzeichen gesunkener Macht und Größe.

„Mit dem Erwachen eines neuen geistigen Lebens in den Rheinlanden, unter dem mächtigen Scepter der Hohenzollern, begann König Friedrich Wilhelm III. im Jahre 1824 den Wiederherstellungsbau des Domchors.

„Die begeisterten Worte König Friedrich Wilhelm's IV.: ‚Hier, wo der Grundstein liegt, dort, mit jenen Thürmen zugleich', am Tage der Grundsteinlegung zum Fortbaue des kölner Domes, den 4. September 1842, gesprochen, riefen die Begeisterung für den Ausbau des Gott geweihten Tempels in allen Gauen Deutschlands von Neuem wach, kunstsinnige Fürsten und reiche Gaben spendende Dombauvereine wirkten vereint und mit Ausdauer an des Domes Vollendung.

„Johannes von Geissel, Erzbischof von Köln — nachmals Cardinal, weihte am 15. August 1848 das dem Gottesdienste übergebene Langschiff, und erhielten die durch Zwirner erbauten Portale der Seitenschiffe ihren Abschluß durch Aufsehen der Kreuzblumen in Gegenwart König Friedrich Wilhelm's IV. am 3. October 1855, am Tage der feierlichen Grundsteinlegung der ersten festen Rheinbrücke zwischen Köln und Deutz.

„Am 13. October 1863 sah Köln den hohen Schirmherrn und Protector des Dombaues, König Wilhelm I., in seinen Mauern, um der Inauguration der in allen Theilen, mit Ausschluß der Westthürme, vollendeten und durch die Wegnahme der seit dem Jahre 1322 bestehenden Trennungsmauern zwischen Chor und Langschiff zu einem Raume vereinigten Domkirche beizuwohnen, so wie den in Schlußsteine des großen Transseptgewölbes demnächst niedergelegte Urkunde zu vollziehen.

„Nach 25jährigem gesegneten Wirken am Dombaue feiert die durch Handel und Gewerbe zu neuem Glanze aufgeblühte Metropole der Rheinlande am 4. September 1867 das 25jährige Jubiläum der feierlichen Grundsteinlegung zum Fortbaue des Domes und gleichzeitig des Bestehens des Central-Dombauvereins zu Köln.

„Zum ewigen Gedächtniß dieses für die Stadt Köln und die Geschichte des Dombaues so bedeutungsvollen Tages ist diese Urkunde von Seiner Königlichen Hoheit dem Kronprinzen Friedrich Wilhelm von Preußen bei seiner Anwesenheit zu Köln am Rhein, im Beisein des Erzbischofs von Köln, Dr. Paulus Melchers, und der gesammten Vertreter geistlicher und weltlicher Behörden unterzeichnet und in die Bekrönung des großen Wimbergs über dem Hauptportale zwischen den West=thürmen niedergelegt worden."

Unterdessen trug der Männergesang-Verein ein von A. Pütz gedichtetes Festlied vor, wonach der Festzug sich zu einem Rundgang um den Dom auf der neuen Terrasse wieder in Bewegung setzte. Nachmittags fand ein großes Festmahl auf dem Gürzenich Statt. In einer prachtvollen allgemeinen Beleuchtung gab am Abend die gesammte Bürgerschaft Zeugniß von der regen Theilnahme, welche sie an dem Feste und an der Dombausache nahm. Der Dom in seiner erhabenen Pracht bildete den Mittelpunct des Ganzen. Von innen erleuchtet und von außen durch den Widerschein zahlreicher bengalischer Flammen wie in rothem Feuer erglühend, strahlte der kolossale Bau durch die finstere Nacht.

Es lag der Gedanke nahe, bei dem fünfundzwanzigjährigen Jubiläum des Vereins, 1867, durch ein bleibendes Denkmal den Dank der Vereinsmitglieder gegenüber dem damaligen Präsidenten des Vereins angemessenen Ausdruck zu geben. Kaum angeregt, fand dieser Gedanke in der Bürgerschaft den allgemeinsten Anklang. Man entschloß sich zu einer Stiftung, welche, im Namen des Gefeierten von seinen Mitbürgern gemacht, einen neuen Baustein zur Vollendung des Werkes bildete, dem er in so hervorragender Weise seine Thätigkeit zugewandt. Am 3. September wurde dem Geheimen Justizrath Ferdinand Esser II., der seit Gründung des Vereins Mitglied des Vorstandes und seit beinahe zwanzig Jahren Präsident desselben gewesen, durch eine Bürger-Deputation die Stiftungs-Urkunde für das erste Fenster im nördlichen Querschiff überreicht. Die bezügliche Schenkungs=Urkunde lautet:

„Hochgeehrter Herr! Als nach dreihundertjähriger Unterbrechung des Dom=baues, vor fünfundzwanzig Jahren, der erste Stein zum Fortbau unseres herrlichen Domes durch die mächtige Hand des hochseligen Königs Friedrich Wilhelm IV. gelegt wurde, und der Central-Dombauverein unter dessen segensvollem Protectorate seine Wirksamkeit entfaltete, da ahnte Niemand, daß das erhabenste und kunst=reichste Baudenkmal deutschen Geistes und deutscher Kraft in einer so kurzen Bauperiode so weit seiner Vollendung entgegengeführt werden könne, als wir solches heute an dem Jubelfeste mit Ihnen, hochgeehrter Herr, das Glück haben, in seiner

Schönheitsfülle mit entzückten Blicken zu schauen. Aber alles dies konnte nur durch das Zusammentreffen günstiger Umstände, durch die glückliche Verbindung vieler sich gegenseitig ergänzenden Kräfte in gemeinsamer, begeisterter Anstrengung, und vorzüglich mit dem hülfreichen Willen Seiner Majestät des Königs Wilhelm I. unter dem allmächtigen Schutze Gottes gefördert werden. Daher fühlt denn auch jeder Dombaufreund bei dem heutigen 25jährigen Jubelfeste sich doppelt freudig aufgefordert, mit dankerfülltem Herzen himmelwärts zu schauen und allen denjenigen anerkennungsvoll geistig näher zu treten, die durch Stellung, Beruf, Neigung und Ausdauer Hervorragendes zur Förderung des großen Werkes geleistet haben. Und unter diese gehören Sie, verehrter Mitbürger, in so ausgezeichneter Weise durch Ihre 25jährige Angehörigkeit als Vorstandsmitglied des Vereins und durch Ihre 20jährige Thätigkeit als Präsident desselben, während welcher Zeit Sie die vielen mühevollen und oft schwierigen Geschäfte mit einer so seltenen Umsicht, mit einer so beharrlichen, aufopferungsfreudigen Hingebung und begeisterten Liebe für das große Werk leiteten, daß die Unterzeichneten für sich und im Namen ihrer Mitbürger sich zu den lebhaftesten Dankes-Aeußerungen gedrungen fühlen und es für eine Ehrenpflicht erachten, solche durch ein bleibendes sichtbares Zeichen zu bekunden.

„Wir erlauben uns zu diesem Zwecke Ihnen, hochgeehrter Herr Präsident, das erste Fenster im nördlichen Querschiffe des hohen Domes, geschmückt mit den Bildern der Propheten Sophonias, Aggaeus, Zacharias, Malachias, und versehen mit der Dedication:

‚Die Bürger der Stadt Köln dem Geheimen Justizrath Herrn Ferdinand Esser II., dem hochverdienten Präsidenten des Central-Dombauvereins, bei Begehung des 25jährigen Jubiläums des Vereins am 4. September 1867', hiermit ganz ergebenst als Geschenk anzubieten.

„Ihr geehrter Name ist und bleibt hierdurch auch sichtbar für ewige Zeiten mit dem Werke verbunden, dem Sie so viele treue Hingebung während 25 Jahren gewidmet haben und auch in der Folge bewahren werden, und unser lebhaftester Wunsch geht dahin, daß es dem Allmächtigen gefallen möge, Sie als Präsident des Central-Dombauvereins den Tag erleben zu lassen, wo die Kreuzblumen die beiden Thürme des schönsten und größten Gotteshauses, unseres Domes, schmücken werden.

„Gottes Segen walte über Ihnen, walte über unserm Dom fort und fort bis an das Ende der Tage!

„Köln, den 4. September 1867." (Folgen die Unterschriften.)

Sobald im Jahre 1868 die Nachricht in Köln anlangte, daß König Ludwig in Nizza gestorben sei, that der Vorstand, was aufrichtige Verehrung und Dankbarkeit gegen den hohen Verstorbenen ihm auferlegten; er sprach dem regierenden

Könige sein tiefes Beileid aus und wohnte der im Dom durch den Cardinal von Geissel begangenen Todtenfeier für den Entschlafenen bei.

## VIII.

In den Jahren 1864 bis 1868 wurde der Nordthurm bis zu der gleichen Höhe mit dem südlichen aufgeführt. Im Jahre 1869 kamen namentlich die Wölbungen der acht Fenster der zweiten Thurm-Etage, die Wimbergsanfänge daselbst und der Blumenfries unter dem großen Hauptgesimse, dann die reichverzierten Fensterwimberge des ersten Thurmgeschosses, die Galerieen und Fialen zur Vollendung. Bis zu Anfang des Jahres 1869 war der Nordthurm bis zu einer Höhe von 47,07 Metern allseitig vollendet.

Am 23. Mai 1871 wurde auf der südöstlichen Ecke des Südthurmes der Stein in den Pfeiler eingefügt, welcher am 4. September 1842 auf Befehl des Königs Friedrich Wilhelm IV. mit dem alten Domkrahnen als erster Stein zum Fortbaue auf die Höhe des Thurmes aufgewunden wurde. In einer Aushöhlung des Steines wurden, in eine Bleicapsel eingeschlossen, die an dem genannten Tage vom König gesprochenen denkwürdigen Worte gelegt. Beigefügt wurde eine auf Pergament geschriebene Urkunde über die für die Geschichte des kölner Dombaues so bedeutsame Feier folgenden Inhalts:

„Seh' ich immer noch erhoben
Auf dem Dom den alten Krahn,
Denk' ich, daß das Werk verschoben,
Bis die rechten Meister nah'n.

M. v. Schenkendorf anno 1814.

„Nachdem im Jahre des Heils 1842 am 4. September in Gegenwart Seiner Majestät des Königs Friedrich Wilhelm IV., des Prinzen von Preußen und vieler Fürsten Deutschlands und deutscher Männer aus allen Gauen des Vaterlandes des Fortbaues Grundstein von dem Cardinal Johannes von Geissel, Erzbischof von Köln, damals Coadjutor und apostolischer Administrator dieser Erzdiöcese, feierlich eingeweiht und in die Fundamente des Südportals eingefügt worden, wurde auf Geheiß des König-Protectors mittels des alten Domkrahnens, welcher drei Jahrhunderte hindurch geruht, dieser Stein als Sinnbild und sichtbares Zeichen des Fortbaues bis zur Vollendung emporgehoben und auf der Höhe des Südthurmes eingefügt.

„Als aber unter dem mächtigen Protectorate unserer Könige, durch unermüdliche Thätigkeit der Dombauvereine, unter begeisterter Beihülfe deutscher Fürsten und Stämme, insbesondere Baierns und seines kunstsinnigen Königs Ludwig I., die Schiffe des Domes in ihrer ganzen Höhe und Ausdehnung vollendet waren und im Jahre 1868 der Fortbau des Südthurmes mit dem Abtragen der oberen, durch die Witterungs-Einflüsse baulos gewordenen Pfeiler begann, mußte dieser Stein gleichzeitig mit dem alten Wahrzeichen Kölns herabgenommen werden und wurde am heutigen Tage, nach Wiederaufbau des Südthurmes bis zur Höhe von 33 Fuß über dem zweiten Hauptgesimse, durch Dampfkraft emporgehoben, wieder an seine frühere Stelle eingefügt.

„Also geschehen zu Köln am Tage der General-Versammlung aller Dombauvereine, dem 23. Mai 1871, im 25. Jahre des Pontifikats des Papstes Pius IX., im 10. Jahre der glorreichen Regierung des deutschen Kaisers und Königs Wilhelm I. von Preußen, im 1. Jahre des wieder hergestellten deutschen Kaiserreiches, im 6. Jahre seit Erhebung des Erzbischofs Paulus Melchers auf den erzbischöflichen Stuhl von Köln." (Folgen die Unterschriften.)

Auf drei Seiten im Aeußeren des Steines ist ferner eine Inschrift eingehauen, um auf die Bedeutung des Steines für alle Jahrhunderte des Bestehens des Domes aufmerksam zu machen. Dieselbe lautet:

1. Seite.

Pluribus enarrant hujus lapidis usum litterae a tergo immissae.

2. Seite.

In memoriam continuatae aedificationis positus A. D. MDCCCXLII, die IV. Sept.

3. Seite.

Carchesio versatili remoto in suum nunc locum vaporum ope repositus A. D. MDCCCLXXI, die 23. Maji.

Mit Beginn des Frühjahrs 1872 wurde der südliche Thurm von den Capitälen der Fenster aufwärts nebst den daselbst beginnenden Uebergangsbogen zur Anlage des Achtecks im Innern der Thürme stetig fortgeführt. Nachdem die beiden Thürme die Höhe von 69 Meter erreicht hatten, wurde der Ausbau der Mittelhalle nebst Wimberg und Dachgiebel 1873 in Angriff genommen und glücklich zu Ende geführt.

Im Jahre 1873 beschränkte sich die Bauthätigkeit auf den Fortbau der beiden Thürme, welche bis zur Vollendung des Blumenfrieses, der Verdachung und der Sockelanlage zum Achteck des vierten Thurmgeschosses aufgeführt wurden.

Im Anschlusse an den Fortbau des nördlichen Domthurmes wurde die das Langschiff gegen Westen abschließende Portalwand im Jahre 1864 bis zur Oberkante des ersten Horizontalgesimses ausgeführt. Das in dieser Höhe beginnende große Westportalfenster mit der doppelten Triforium-Galerie und dem doppelten Fenstermaßwerke, dessen Breite 6,3 Meter bei 14,5 Meter Höhe beträgt, konnte erst nach Vollendung des zweiten Stockwerkes des nördlichen Thurmes eingewölbt und übermauert werden, da ein zu schnelles Einfügen des großen Portalbogens zwischen dem im 16. Jahrhundert vollendeten Widerlager am südlichen Thurme und dem innerhalb dreier Jahre bis zur Kämpferhöhe aufgeführten Nordthurme eine erhebliche Senkung der Wölbung nothwendig veranlaßt hätte.

Bezüglich des Maßwerkes im großen Westportalfenster blieb die Frage zu entscheiden, ob demselben ein doppeltes Maßwerk, gleich den Fenstern der Thürme, oder ein einfaches, analog den Constructionen der Portalfenster in den Giebelwänden des Süd= und Nordportales zu geben sei. Nach längeren Verhandlungen, an denen der Erzbischof, das Domcapitel und der Dombauvorstand Theil nahmen, entschied sich die Baubehörde für die Belassung des doppelten Maßwerks, wie solches am südlichen Thurme in der mittelalterlichen Anlage vorhanden war.

Die Einwölbung des Westportalfensters wie die Ausführung des Fensterwimbergs, der Galerie und des Dachgiebels mit der großen Kreuzblume wurde aus technischen Rücksichten bis zum Erhärten des Mörtels im Mauerwerke des nördlichen Thurmes verschoben und von Mitte des Jahres 1873 bis zum Jahresschlusse beendet.

Mit Ausfüllung des Raumes zwischen den Thürmen durch Einfügung der 48 Meter hohen Portalwand innerhalb weniger Monate langte die im Plane des kölner Domes so formenschön und harmonisch angeordnete Westportal=Façade zur überraschenden Totalwirkung und verlieh der Domkirche das Gepräge der allseitigen Vollendung.

Bevor jedoch die Einwölbung und Uebermauerung des Westportalfensters zur Ausführung gelangen konnte, bedurfte es noch einer durchgreifenden Erneuerung der seit 300 Jahren der Verwitterung ausgesetzten Widerlager und Wartesteine am südlichen Thurme, die im Mittelalter in Aussicht auf die baldige Vollendung der Thürme ausgekragt, bei der geringen Widerstandsfähigkeit des Drachenfelser Trachyts einer allseitigen Verwitterung anheimgefallen waren. Dieses zeitraubende und mühsame Aushauen einzelner Steine und die kunstgerechte Erneuerung solcher weit ausgekragten Widerlager beschäftigte die Versetzarbeiter längere Zeit ausschließlich und verzögerte den Aufbau der Westthürme. Vor Abbruch der Baugerüste mußte auch die Erneuerung der baulos gewordenen Fensterwimberge und Galerieen des zweiten Geschosses am südlichen Thurme zum Abschluß gelangen, und gab der milde Winter Veranlassung, diese Arbeiten in den Monaten November und December 1873 zur Ausführung zu bringen.

Wie der Aufbau des Westportalgiebels die Vollendung der Domkirche im Aeußeren sichtlich gefördert hat, so brachte die Einfügung des großen Sterngewölbes als erster massiver Abschluß der Thürme im Innern die bedeutenden Abmessungen der großen Hallen des dritten Geschosses zur vollen Geltung.

Das große Sterngewölbe, aus reich profilirten Rippen von Haustein und sorg=

fällig ausgeführten Kappen von behauenen Tuffsteinen construirt, überdeckt bei einer diagonalen Spannweite von 15 Metern einen Flächenraum von 50,4 Quadrat=
metern. Die Gesammthöhe der Halle bis zum Schlußsteine beträgt circa 22 Meter.

Während die Thürme des kölner Domes bis zur Höhe von circa 70 Metern außen und innen viereckig emporsteigen, beginnt mit dem dritten Hauptgesimse das Octogon, welches, bis zur Höhe von circa 94 Metern hinaufreichend, aus dem Achteck construirt ist. Auf den durch die Achtecklösung frei gewordenen vier Ecken der Thürme erheben sich vom dritten Hauptgesimse ab die vom Octogonbau völlig abgelösten Eckfialen, die, bei kleineren Kirchen aus einzelnen Fialenschäften bestehend, am kölner Dome zu Thürmen von 33 Metern Höhe und 6 Metern Durchmesser heranwachsen und in drei Geschossen, mit überreicher Ornamentik und Figurenschmuck versehen, bis zu den Anfängen des durchbrochenen steinernen Thurmhelmes emporragen.

Zur Herstellung der bedeutenden Anzahl von 1310 Stück Fialen, Kreuz=
blumen, Riesen und Capitälen, die als allseitig freistehende Ornamente den Kern der acht Eckthürme im Bereiche des Octogons beider Thürme umgeben, bedurfte es einer mehrjährigen ausschließlichen Beschäftigung der geübtesten Verzierungs=Arbeiter, und wurden diese Bildhauer=Arbeiten von 1872 bis zum Ende des Jahres 1875 ausgeführt.

Während des Baujahres 1874 wurde die Umfassungswand des vierten Ge=
schosses des südlichen Thurmes von der Oberkante des Sockels bis zur Oberkante der Fenstercapitäle in einer Höhe von 16 Metern aufgeführt. Nach Einfügung des im nördlichen Thurme noch fehlenden großen Sterngewölbes im dritten Geschoß und des darüber befindlichen Entlastungs=Gewölbes, welches den Fußboden des vierten Thurmgeschosses trägt, begann auch am nördlichen Thurm der Weiterbau des Octogons und gestattete der vermehrte Hüttenbetrieb die Vollendung der Um=
fassungsmauern bis zu den Fenster=Verdachungen in der Höhe von 5,5 Metern über der Sockellage. Einen bedeutenden Aufwand von Arbeitskräften erforderte die Herstellung des Treppengehäuses und der Fialen der großen Thurmtreppe am südlichen Thurme, deren reich gegliederte Profilirungen, Fronten und Fialen sich zu einer Höhe von 19 Metern über das dritte Hauptgesims erheben. Im Innern des Domes gelangte das Kirchenschiff durch Einziehung der beiden Gewölbe=Com=
partimente zwischen den Thürmen zur gänzlichen Vollendung. Diese im Anschluß an die im Jahre 1863 beendeten Wölbungsarbeiten des Hochschiffes ausgeführten beiden Kreuzgewölbe von ungefähr 12,5 Metern diagonaler Spannweite überdecken die Vorhalle zwischen den beiden Westthürmen, und bald darauf gelangte die Fort=
führung des Domdaches zwischen den Thürmen zu dem im Jahre 1873 errichteten massiven Dachgiebel der Westfaçade zur Ausführung.

Zu Anfang des Jahres 1876 wurde der theilweise Abbruch des alten Glocken=
stuhles im zweiten Geschosse des südlichen Thurmes angeordnet, um dem für die
Anlage des im Mittelalter unausgeführt gebliebenen Centralpfeilers nothwendigen
Raum frei zu legen. Im Laufe des Jahres 1876 wurde der Aufbau des 25 Meter
hohen Centralpfeilers im zweiten Geschosse des südlichen Thurmes nebst den vier
großen Gurtbogen und die Einfügung der Gratbogen zu den vier Kreuzgewölben
daselbst begonnen und vollendet, und bis Ende Juli 1877 wurden die Gewölbe=
kappen wie die Entlastungsgewölbe darüber, welche den Fußboden der Thurmhalle
tragen, ausgeführt. Der Schlußstein des südwestlichen Kreuzgewölbes erhielt eine
lichte Weite von 3,60 Metern für den Aufzug der 3,44 Meter am Schlagringe
messenden Kaiserglocke, und das entsprechende Kreuzgewölbe wurde im Erdgeschosse
des südlichen Thurmes mit einem gleich großen Schlußsteine versehen, damit das
Ablassen und Aufziehen der großen Domglocke in Zukunft ohne Beeinträchtigung
der Wölbung geschehen kann.

Nach Vollendung des Fußbodens im dritten Stockwerke des südlichen Thurmes
gelangte der eiserne Glockenstuhl und dessen Subconstruction, welche auf dem neu
errichteten Centralpfeiler ruht, zur Ausführung.

Am 3. Februar 1877 wurde nach Vollendung des Laufganges und der Gale=
rieen auf der Höhe des südlichen Thurmes die Sockelschicht zum Steinhelme versetzt,
und erhielt der nördliche Thurm den gleichen Ausbau gegen Ende des Monats
März. Mit Schluß des Jahres 1876 gingen auch die noch fehlenden sechs großen
Eckfialen am südlichen und nördlichen Thurme ihrer Vollendung entgegen und wurden
innerhalb vier Monaten circa 150 steigende Meter dieser reich profilirten, mit
Engelfiguren, Baldachinen und zierlichem Maß= und Stabwerk geschmückten Eck=
thürme versetzt.

Nach Vollendung der Umfassungswände der Octogone beider Thürme und der
das vierte Hauptgesims überragenden Galerieen und Eckfialen zu Anfang des Jahres
1877 wandte sich der Dombaubetrieb dem Aufbaue der mächtigen Steinhelme zu,
deren reich profilirte Gräte und Gurtungen nebst den in aufsteigender Höhe sich ver=
jüngenden Rosetten die Thätigkeit der Bauhütten ausschließlich in Anspruch nahmen.

Dem Betriebsplan entsprechend, wurden im Laufe des Jahres 1877 die Stein=
helme beider Thürme bis zur Höhe von 13,25 Metern über dem Hauptgesims, ein=
schließlich der 96 Kantenblätter, versetzt und wurde im Frühjahr 1878 zunächst der
Helm des südlichen Thurmes um zwei Rosetten erhöht und hierdurch bis zur Höhe
von 20,50 Metern fertig gestellt.

Während der Aufbau der Umfassungswände der Thürme die Herstellung und
das Versetzen einer großen Anzahl glatter Quadern und einfacher Profilsteine er=
forderte und somit auch ungeübtere Werkleute eine angemessene Beschäftigung fanden,

beschränkte sich mit Beginn des Ausbaues der Steinhelme die Thätigkeit in den Werkhütten ausschließlich auf die Bearbeitung der reich profilirten Gräte, Horizontal= gurtungen und Maßwerkstücke zu den Rosetten und auf die Ausführung der Kanten= blätter, mit welchen Arbeiten nur die geübtesten Steinmetzen betraut werden konnten.

Wie ausgedehnt und umfangreich die Arbeitsleistung zur Herstellung der beiden Thürme war, ergibt sich aus der Größe der nachstehend verzeichneten Maße und Zahlen: Die durch Horizontal=Uebertragungen einzelner Werksteinschichten von circa 1,4 Quadratmetern Fläche construirten Gratprofile beider Thurmhelme messen zusammen circa 800 laufende Meter. Die Zahl der großen Kantenblätter, welche im Verbande mit den Schichten zu arbeiten und einzufügen waren, beträgt 448, wovon jedes Stück bei einer Ausladung von 0,80 Metern, einschließlich des Ma= terialwerthes, 238 Mark kostet. Für die Beschaffung sämmtlicher Kantenblätter ist mithin die Summe von 106,624 Mark verausgabt worden. Die Quadratfläche des durchbrochen gearbeiteten, reich profilirten Maßwerks der Rosetten zwischen den Gräten, mißt bei einer Profildicke von 0,63 Metern im Ganzen ca. 1800 Quadrat= meter. Die sämmtlichen Maßwerke zu den Rosetten beider Thürme würden, zu= sammengelegt, eine Fläche bedecken, welche einem Drittel der gesammten Oberfläche der Fußbodenplattung im Innern der Domkirche annähernd gleich kommt.

Man traf Vorsorge, daß die Erneuerung der allseitig verwitterten Ornamente der unteren beiden Geschosse des Südthurmes durch geschickte Hände in Angriff genommen wurde, damit dieselben gleichzeitig mit der Vollendung der Thurmhelme ihren Abschluß finde. Die Neufertigung der zahlreichen Architektur=Details zur Restauration dieses Thurmes wurde im Laufe des Winters 1876 und 1877 in den Werkhütten in Arbeit genommen, und kam für die vom Mauerwerk der Umfassungswände frei abgelösten Ornamente der sehr harte und schwer zu be= arbeitende, aber durchaus wetterbeständige Obernkirchener Sandstein zur Verwendung. Diese Restaurations=Arbeiten begannen am zweiten Hauptgesims und wurden sach= gemäß von oben nach unten fortgeführt. Durch die seit Jahrhunderten ungehindert eindringende Feuchtigkeit hatten auch die Profilirungen, Sockel, Fensterverdachungen und namentlich die Fenstermaßwerke im Innern der Thurmhallen allseitig gelitten, auf welche Bautheile sich daher die Restaurations=Arbeiten gleichfalls ausdehnen mußten, bevor die Einwölbung und die Beseitigung der Abschlußmauern zwischen den Thurmhallen und dem Schiffe der Kirche erfolgen konnte.

Die Arbeiten zur Restauration der Außenfläche des südlichen Thurmes im Bereiche der beiden unteren Etagen, einschließlich der Wandflächen der Thurmhallen im Erdgeschosse und ersten Stockwerke, deren Vollendung gleichzeitig mit dem Ausbau der Westthürme zum Abschluß gebracht werden sollte, begannen im Jahre 1877 mit der Erneuerung des Thurmsockels.

Die Steinhelme beider Thürme, bis zur Höhe von 32,05 Metern über das Deckgesimso der Octogone versetzt, wurden im Laufe des Monats Mai 1879 bis zur Hälfte ihrer Gesammthöhe aufgebaut. Nach Vollendung der zwischen den Horizontalgurten eingefügten Maßwerke der Helmrosetten verblieb als Hauptarbeit für die Verzierungs-Arbeiter in den Werkhütten die Ausführung von 192 Kantenblättern der Helmgräte und die Bearbeitung der 8 Meter hohen, die Helme krönenden Kreuzblumen, während von den Profil-Arbeiten noch 368 laufende Meter der Helmgräte fertig zu stellen blieben. Nachdem im Winter 1877—78 der Sockel am Fuße des südlichen Thurmes erneut und die Construction des 50 Meter hohen Baugerüstes an der West- und Südseite des südlichen Thurmes im Frühjahre 1878 vollendet war, begannen die Restaurations-Arbeiten daselbst in der Höhe des zweiten Stockwerkes mit dem Aushauen der durch die Witterungs-Einflüsse vollständig zerstörten Fialen, Gesimse und Maßwerke. Wenngleich der hohe Grad der Verwitterung des im Mittelalter zu den Dombauten ausschließlich verwandten Drachenfelser Gesteins, namentlich an der Westseite des südlichen Thurmes, durch den Augenschein erkennbar war, so fand sich nach Errichtung der Gerüste und bei der genauen Untersuchung des baulichen Zustandes eine so ausgedehnte und gleichmäßige Verwitterung der gesammten Ornamentik, daß von einer theilweisen Erhaltung derselben Abstand genommen werden mußte und sich die Nothwendigkeit ergab, sowohl die frei abgelösten Fialen, Wimberge und Kreuzblumen, Fenstermaßwerke und Fensterrippen, wie auch die dem Mauerwerk der Thurmpfeiler angearbeiteten Gesimse, Maßwerke, Profilstäbe und Krönchen sämmtlich auszuhauen beziehungsweise abzunehmen und in dem jeder Verwitterung widerstehenden, sehr harten Obernkirchener Stein zu erneuern. So zeitraubend und kostspielig die Restaurations-Arbeiten am südlichen Domthurme durch diese allseitige Verwitterung der Ornamentik auch geworden sind, so wenig ist die Standfähigkeit der Thurmpfeiler selbst hiervon berührt, da die glatten Blendquadern den atmosphärischen Einflüssen während dreier Jahrhunderte einen ungleich besseren Widerstand leisteten, und die etwa 2 Centimeter betragende Abarbeitung der Köpfe der Blendquadern bis auf den völlig gesunden Stein, bei einer Dicke der Umfassungswände der Thürme daselbst von etwa 4 Metern, für die Stabilität des Thurmmauerwerks ohne jede Bedeutung war.

Zu Anfang März 1879 begann nach Errichtung der Lehrgerüste die Einwölbung der Thurmhalle im Erdgeschosse des südlichen Thurmes mit der Construction des für den Durchzug der Glocken bestimmten Kreuzgewölbes, das bei einer Grundfläche von sieben Metern im Quadrat um einen Schlußstein von 3,60 Metern lichter Weite gewölbt ist. Nachdem die Einwölbung dieser Thurmhallen vollendet und der Fußboden darüber auf den Entlastungsgewölben ver-

Ansicht des kölner Domes
mit dem vollendeten Thurmgerüste.

legt war, konnte die Aufstellung der neuen, in der Mannhardt'schen Fabrik zu München gefertigten Thurmuhr im ersten Stockwerke des südlichen Thurmes erfolgen.

Das Aufziehen der sämmtlichen Domglocken mittels hydraulischer Presse kam in der Zeit vom 13. Juli bis zum 7. August 1878 durch die Kölnische Maschinenbau-Actiengesellschaft zu Bayenthal ohne jeden Unfall zur Ausführung, und die 540 Centner schwere Kaiserglocke gelangte am 7. August auf die Höhe des 55 Meter über dem Fußboden der Kirche belegenen neuen eisernen Glockenstuhles. Nach mehrfachen Probeläuten, wobei sich die Stabilität des neuen Glockenstuhles allseitig bewährt hatte, indem eine Uebertragung von Stößen weder auf die Blechbalken des Unterbaues, noch auch auf die Umfassungswände des südlichen Thurmes bemerkt wurde, erklang am 26. September 1878, gelegentlich der Feier der Enthüllung des Standbildes König Friedrich Wilhelm's III. beim Einzuge Ihrer Majestäten des Kaisers und der Kaiserin in die Stadt Köln, zum ersten Male wieder seit dem im Jahre 1876 erfolgten Abbruche des alten hölzernen Glockenstuhles das nunmehr nach Einhängung der Kaiserglocke aus fünf großen Glocken bestehende Domgeläute. Die gewaltige Kaiserglocke, die größte in Deutschland, wurde aus 22 eroberten französischen Bronze-Kanonen, welche Seine Majestät der Kaiser auf die Bitte des Vereinsvorstandes zu diesem Zwecke huldvollst überwiesen hatte, vom Glockengießer Hamm in Frankenthal gegossen. Sie erhielt ihre Stelle mit den beiden vorhandenen großen Glocken von 220, bezw. 120 Centnern Gewicht, in dem dritten Stockwerke des südlichen Thurmes. Das Domgeläute besteht nun aus den sechs Glocken: Kaiserglocke, Preciosa, Speciosa, Dreikönigen-Glocke, Ursula- und Capitel-Glocke, die sämmtlich in einem Glockenstuhle vereinigt sind. Außerdem werden noch die zwei Uhrglocken in dem Glockenstuhle befestigt werden, während das Uhrwerk im zweiten Geschosse des südlichen Thurmes unterzubringen ist.

Neben der Ausführung der Steinconstruction zu den Thurmhelmen und den großen Kreuzblumen war die rechtzeitige Vollendung der Thürme wesentlich von der Aufstellung der letzten drei Gerüst-Etagen abhängig. Diese umfangreichen und in einer Höhe von 160 Metern über dem Erdboden den Sturmwirkungen in erhöhtem Maße ausgesetzten Baugerüste erforderten eine besonders solide und sorgfältige Construction und Ausführung. Für die Ausführung dieser Gerüst-Arbeiten nahm die Bauleitung die Sommermonate von Mai bis September in Aussicht und blieb es somit die Aufgabe der Bauleitung, im Laufe des Sommers 1879 die fünfte und sechste Gerüst-Etage zu vollenden, um dann im Jahre 1880 nach Errichtung der siebenten und achten Gerüst-Etage die Krone beider Helme zu versetzen.

Unter Voigtel's Bauleitung waren als Werkmeister u. s. w. beim Dombaue thätig: Matthias Schmitz, Domwerkmeister seit 1845; Franz Schmitz, Domwerk= meister von 1863 bis 1868; Jakob Marchand, Steinmetzmeister und Vorsteher des Zeichnenbureau's seit 1868; Ludwig Becker, Maurermeister und Baucontroleur seit 1862; von Amelen, Domzimmermeister 1864 bis 1873; Gottfried Busch, Domzimmerpolier seit 1873; die Bau=Aufseher Franz Vianden, Anton Kamp, Peter Roggendorf; die Architekten und Zeichner Karl Hoitz, Julius Flügge, Joseph Cristen, Karl Kühn, Theodor Hoßdorf; die Oberpoliere Wilhelm Heiler, Joseph Stang, Andreas Goudy, Karl Reinhardt; die Poliere Peter Biemüller, Georg Schmalz, Christian Hardenberg, Adolf Xylander, Dommeldinger, Albert Remling, Oskar Wandte, Joseph Gassenschmidt, Franz Blume, Franz Herzog, Ludwig Eichberg, Wilhelm Berschel; Peter Fuchs, Dombildner seit 1865; die Dachdecker= meister Gottfried Esser und Anton Röseler; die Schlossermeister Aloys Degenhardt und Gottfried Jungbluth; die Glasmaler Fritz Baudry und Gebrüder Melchior, so wie Glasermeister Grosse; Maschinist der Domfördermaschine Ludwig Rosenthal seit 1869.

Sobald am 15. Mai 1878 die erschütternde Kunde nach Köln gelangt war, daß das theure Leben des vielgeliebten Kaisers Wilhelm durch die Mordwaffe eines verruchten Verbrechers in schwerer Weise bedroht, aber durch Gottes gnädige Fügung unversehrt geblieben sei, trat der Vorstand sofort zusammen, um dem hohen Protector durch eine Adresse die Gefühle kund zu thun, von welchen er bei der Nachricht von dem schenßlichen Verbrechen erfüllt worden. „Ew. Kaiser= liche und Königliche Majestät als Protector des Central=Dombauvereins", schrieb er, „wollen Allergnädigst zu gestatten geruhen, den Ausdruck unseres Dankes und unserer Freude an den Stufen des Thrones niederzulegen. Gott hat Ew. Majestät in allen entscheidenden Augenblicken wunderbar geleitet und sichtbar behütet, und auch jetzt wieder gnädig beschirmt vor dem Anschlage eines ruchlosen Verbrechers. Möge Er auch fernerhin Ew. Majestät beschirmen und uns und dem deutschen Vaterlande noch recht lange erhalten. Die binnen nur wenigen Jahren in Aussicht stehende Vollendung unseres Domes, zu dessen Fortbau Ew. Kaiserlichen und Königlichen Majestät in Gott ruhender Herr Bruder, Seine Majestät der König Friedrich Wilhelm IV. von Preußen, den Grundstein gelegt hat, erfüllt uns schon jetzt mit der frohen Hoffnung, daß es uns vergönnt sein möge, Ew. Kaiserliche und Königliche Majestät bei der Feier jenes frohen Ereignisses hier in Köln begrüßen zu dürfen. Ew. Kaiserlichen und Königlichen Majestät verharren wir treu gehorsamst Der Vorstand des Central=Dombauvereins Namens desselben: Der Verwaltungs=Ausschuß."

Kaum waren die durch das verabscheuenswerthe Verbrechen auf's tiefste erschütterten Gemüther wieder einiger Maßen zur Ruhe gekommen, als ein neuer

Mordanschlag gegen das theure Leben des geliebten Landesvaters verübt wurde. Unter dem schweren Drucke dieses schandvollen Attentates, welches alle Herzen auf das tiefste und schmerzlichste bewegte, wurde am 4. Juni die General- und Wahlversammlung des Dombauvereins abgehalten. Der Vorsitzende, Consul Oswald Schmitz, gab einerseits den Gefühlen des tiefsten Schmerzes und der höchsten Entrüstung über das ruchlose Attentat auf das Leben des allgeliebten Kaisers, andererseits den Empfindungen der Freude und des Dankes gegen den Allerhöchsten, der das theure Leben auch diesmal gnädig gerettet hatte, Ausdruck. Der Vorschlag, an Seine Majestät ein Telegramm abzusenden, in dem die Gefühle des Abscheues über den gegen das Allerhöchste Leben gerichteten Angriff, so wie die Freude darüber, daß das Schlimmste von dem allverehrten Haupte des deutschen Vaterlandes abgewendet worden, Worte verliehen wurden, erhielt die allgemeine Zustimmung der Versammlung. „Nach gemeinsamem Gebete", lautete das Telegramm, „eben aus dem hohen Dom zur Generalversammlung des Central-Dombauvereins im Gürzenich angelangt, fühlen die zahlreich aus allen Gauen der Rheinlande vereinigten Dombauvereins-Mitglieder sich auf's lebhafteste gedrungen, den Gefühlen des Schmerzes und des Abscheues ehrerbietigst Ausdruck zu verleihen, welche auf und ab am Rheine alle Herzen ob der Greuelthat erfüllen, die Ew. Majestät theures Leben in so unerhörter Weise wiederum bedroht, aber, Gott sei Dank! nur bedroht hat! Unser Aller innigste Wünsche für die baldige Wiederherstellung Ew. Majestät steigen als Gebet zu dem Geschicklenker empor und werden laut in dem Rufe: ‚Heil, Heil dem Kaiser, Heil dem König-Protector!'"

Die heißen, innigen Gebete des treuen Volkes für die Erhaltung und Genesung des geliebten Kaisers blieben nicht unerhört. In voller Rüstigkeit und Gesundheit war es Seiner Majestät vergönnt, im Jahre 1879 an der Seite der erlauchten Kaiserin die Feier der fünfzigjährigen Jubelhochzeit zu begehen. Der Vorstand des Dombauvereins konnte sich es nicht versagen, dem hohen Paare bei diesem freudigen Anlaß seine innigste Theilnahme zu bekunden und die tiefgefühlten Glückwünsche zu diesem Jubelfeste an den Stufen des Thrones niederzulegen und des Himmels reichsten Segen auf das Kaiserpaar herabzuflehen. Die bei dieser Gelegenheit unter dem 11. Juni Ihren Majestäten übersandte Adresse lautet: „Allerdurchlauchtigster, großmächtigster Kaiser und König! Allergnädigster Kaiser, König und Herr! Allerdurchlauchtigste, großmächtigste Kaiserin und Königin! Allergnädigste Kaiserin, Königin und Frau! Die verehrungsvollen Gefühle, die in den Herzen Ew. Kaiserlichen und Königlichen Majestäten Unterthanen wohnen und als Gebete zu dem Allmächtigen emporsteigen, verlangen heute, am Tage Ew. Kaiserlichen und Königlichen Majestäten goldenen Hochzeitsfeier, nach einer äußeren Kundgebung. Durch ganz Deutschland tönt festliches Geläute, jedes Auge strahlt Freude, und jeder Mund ruft laut: „Glück und Segen dem erlauchten Jubelpaare!"

„So nahen dem Throne auch wir am heutigen Freudentage, um den erhabenen Protector unseres Vereins und die geliebte Landesmutter so ehrfurchtsvoll als herzlich zu beglückwünschen.

„Dieser Glückwunsch soll als ein Zeichen des innigsten, wärmsten Dankes gelten für die Liebe, mit der Ew. Kaiserlichen und Königlichen Majestäten den hehren Gedanken, den kölner Dom, das prächtigste Baudenkmal deutscher Kunst, zu vollenden, verwirklicht haben.

„Dankerfüllt gegen die Vorsehung, erblickt das ganze deutsche Volk Ew. Kaiserlichen und Königlichen Majestäten rüstig trotz der Bürde der Jahre und der Regentensorgen in voller Lebensfrische, beschützt von Gottes gnädiger Hand und umgeben von einem blühenden hohen Geschlecht.

„Es erkennt darin tiefbewegt die Gnade des Allmächtigen, der Ew. Kaiserlichen und Königlichen Majestäten noch lange erhalten möge.

„In tiefster Ehrfurcht Ew. Kaiserlichen und Königlichen Majestäten allerunterthänigster Vorstand des Central-Dombauvereins."

## IX.

Im Herbst 1865 wurde der Entwurf zur Anlage einer prächtigen Terrasse um den Dom und zur Erbauung großer Treppen an der Nord- und Ostseite desselben der zuständigen Behörde eingereicht. Nach erfolgter Genehmigung wurde zuerst die Freitreppe nebst Futtermauer an der Nordseite angelegt und vollendet. Darauf ging man 1868 dazu über, an der Ostseite eine Doppeltreppe von je 5,02 Metern Stufenbreite bei einer Gesammtsteigung von 4,40 Metern nach dem obern Umgang zu errichten. Zwischen den beiden Flügeln der Treppe wurde ein Wasserbassin angelegt, in dessen Mitte sich ein öffentlicher Brunnen mit der Statue des h. Petrus befindet.

Weil die an der Nordseite des Chors angebaute Sacristei reparaturbedürftig war und nach Norden um 3,76 Meter vor das Nordportal vorrückte und die in der Mitte 15,70 Meter breite Domterrasse auf 4,40 Meter einschränkte, entschloß man sich, das dritte und vierte vor das Nordportal vorgebaute Compartiment der Sacristei abzubrechen und nach Osten um eine gleiche Dimension auszudehnen.

Die Ausschmückung des Domes in seinem Innern wie im Aeußern an den Portalen und an der Westfaçade hielt mit dem Fortgang des Ausbaues der Kirche und der Thürme gleichen Schritt. Diese Ausschmückung bezieht sich auf Mobilar, Fenster und plastischen Schmuck.

Der Ausbau im Innern des Domes erhielt im Jahre 1865 durch Restauration der massiven Chorschranken, in so weit dieselben durch die Anbringung der Orgel an der beseitigten Abschlussmauer beschädigt waren, und durch Wiederherstellung der Chorbänke in der ursprünglichen Anlage einen definitiven Abschluss. Nach Entfernung der Abschlussmauer zwischen Chor und Langschiff und nach der provisorischen Aufstellung der Orgel im Nordportal, wurde auf Anordnung der erzbischöflichen Behörde die Anbringung eines Chorabschlusses in Verbindung mit einem Pfarraltar für nothwendig erachtet. Dieser Altar von Holz, der sich zu beiden Seiten auf einer aus Holz geschnitzten Chorschranke an die Transeptpfeiler anschliesst, wurde nach den speciellen Angaben der hierzu eigens von dem Domcapitel bestellten Commission ausgeführt. Es wurde dabei die Absicht ausgesprochen, das Provisorium so lange bestehen zu lassen, bis über die Stellung der Orgel und des Pfarraltars definitiver Beschluss gefasst sein werde.

Die neu geschaffenen Räume der Dom-Sacristei, bestehend aus der früheren Sacristei, dem Capitelsaale und dem Bibliothekzimmer, erhielten im Laufe des Jahres 1870 den inneren Ausbau und wurden demnächst der Benutzung übergeben.

In die Fenster der Sacristeiräume wurden die sehr werthvollen alten Glasgemälde, welche aus den zu Anfang des Jahrhunderts supprimirten Kirchen durch Wallraf's Fürsorge gerettet worden waren, eingefügt; desgleichen sind die Sacristeiräume mit reich geschnitzten Ankleideschränken, Bücher- und Archivschränken, so wie einem Altare versehen, welche Arbeiten von den Holzbildhauern Gebrüder Klein, Moest und Eschenbach ausgeführt sind.

Auf den Thüren der Wandschränke im Capitelsaale wurden die Wappen und Namen der in der Geschichte des Erzstiftes Köln hervorragenden Kurfürsten, Erzbischöfe, Dompröpste und Capitulare angebracht, und sämmtliche Utensilien mit reich verzierten und getriebenen Beschlägen versehen, welche der Ciseleur Friedgen hierselbst mit grosser Sorgfalt und Sauberkeit ausgeführt hat.

Die Glasgemälde der Südwand sind, wie schon angegeben, ein Geschenk des verstorbenen Königs Ludwig I. von Baiern. Sie wurden nach der Idee von H. von Hess und den Cartons von Fischer und Hellweger in München von 1844 bis 1848 angefertigt und im Sommer 1848 eingesetzt. Die Hauptdarstellungen dieser fünf Fenster, drei ganze und zwei halbe, sind, vom Thurme beginnend: Johannes, der Vorläufer Christi, die Menschwerdung des Gottessohnes, das Erlösungswerk durch den Opfertod des Heilandes, die Gründung der Kirche, die ersten Blutzeugen für den christlichen Glauben.

Das erste südliche Halbfenster im südlichen Querschiffe wurde am 26. Juni 1856 mit Glasgemälden geschmückt, welche in der königlichen Glasmalerei-Anstalt zu München angefertigt worden. Die Kosten wurden von einer Anzahl von Verehrern des coblenzer Kindes, Joseph von Görres, bestritten. Die obere Abtheilung zeigt die h. Jungfrau mit dem Jesuskinde, und ihr zur Seite kniet Görres und neben ihm steht der h. Joseph als sein Namenspatron. In der untern Abtheilung befindet sich unter der h. Maria die Gestalt Karl's des Großen, unter Görres die des h. Bonifacius. Das südlich vom Görresfenster befindliche große Fenster, ein Geschenk der Direction der Rheinischen Eisenbahngesellschaft, und ausgeführt in der königlichen Glasmalerei-Anstalt zu München, wurde im Frühjahr 1879 eingesetzt. Dasselbe stellt die Geschichte des Apostels Petrus dar. Das diesem gegenüberstehende ganze Fenster in der Ostwand ist eine Stiftung der Directoren der Köln-Mindener Eisenbahngesellschaft, und stellt die Bekehrung des Apostels Paulus dar. Das nördlich daneben befindliche Halbfenster ist eine Stiftung der Familie Göbbels, und verherrlicht das Martyrium des Papstes Sixtus. Das große Fenster des Südportals ist ein Geschenk des jetzigen Kaisers und 1863 eingesetzt worden. Es ist in der königlichen Glasmalerei-Anstalt zu Berlin angefertigt worden und enthält in seinen oberen Theilen ein Teppichmuster und die Mosaikverglasung des eine große Fensterrose umschließenden Couronnements. Unter den reich verzierten Baldachinen sind als figürlicher Schmuck sechs Heiligenfiguren angebracht, den Kaiser Karl den Großen, Kaiser Heinrich II., Siegismund König von Burgund, die Erzbischöfe Anno und Engelbert den Heiligen und den Bischof Otto von Bamberg darstellend.

Die Glasfenster in der Johanniscapelle in ihren unteren Partien wurden vom Glasmaler Peter Graß angefertigt; eben so die Fenster in der Michaelscapelle. Das große Fenster des Westportals, eine Stiftung des kronprinzlichen Paares, das jüngste Gericht darstellend, wurde von Milde in Lübeck ausgeführt. Ein Theil der prachtvollen Glasgemälde in dem nördlichen Seitenschiffe wurde in den letzten Jahren in sorgfältiger Weise restaurirt.

Auf der Westseite des nördlichen Querschiffes wurden in der unteren Umfassungsmauer ein halbes und ein ganzes Fenster mit alten Glasgemälden aus verschiedenen, jetzt abgebrochenen kölner Kirchen und Kloster-Umgängen angebracht. Die Administrativ-Commission des öffentlichen Unterrichts ließ auf Befehl der Municipalität im Jahre XIII. der Republik (1802) die gemalten Fenster in den supprimirten Kirchen und Klöstern ausheben und in das alte Jesuitencollegium zur Aufbewahrung bringen. Es waren die gemalten Glasfenster aus der Pfarrkirche von St. Lorenz, aus der Kirche von Herrenleichnam, aus der Pfarrkirche von St. Brigida, aus der Kirche des Klosters Sion. Ein Theil der Chorfenster aus der Dominicanerkirche, die Leidensgeschichte Jesu aus dem Umgange von St. Cäcilien, die Geschichte des h. Bernard aus der St. Apernkirche waren schon von Professor Wallraf erworben worden. Auch diese wurden in das Jesuitencollegium gebracht. Später wurden diese Reste alter kölner Herrlichkeit in einem Gewölbe des Domes in sicheren

Verwahr gebracht. In dasselbe Gelaß wurden auch die Fenster geschafft, welche sich früher in der nördlichen Kirchenmauer befanden. Dieses Depot lieferte die Glasgemälde, welche in den unteren Fenstern des Nordquerschiffes, der Sacristei, des Capitelsaales und des Archivs bleibende Einfügung erhielten.

Das große Fenster des Nordportals wurde zum Andenken an die Cardinals-Erhebung des verstorbenen Erzbischofs Johannes von Geissel gestiftet und in der Glasmalerei-Anstalt von Fr. Baudri angefertigt. Es sind darin dargestellt: Moses, Josua, David, Melchisedech, Aaron und Samuel. Mit der Einsetzung der gemalten Fenster im Hochschiffe sowohl wie im Lang- und Querschiffe wurde im Laufe des Jahres 1865 begonnen. Es befinden sich im nördlichen Querschiffe: 1. Sophonias, Aggäus, Zacharias, Malachias; 2. Jonas, Michäus, Nahum, Habakuk; 3. Oseas, Joël, Amos, Abdias; 4. Jesaias, Jeremias, Ezechiel, Daniel; 5. Adam, Abel, Henoch, Noe; 6. Abraham, Isaak, Jakob, Judas; 7. Joseph Aegypt., Kaleb, Barak, Gedeon; 8. Johannes Baptist., Zacharias, Simeon, Anna; — im südlichen Querschiffe: 9. Petrus, Paulus, Andreas, Johannes; 10. Jakobus Maior, Philippus, Bartholomäus, Matthäus; 11. Thomas, Jakobus Minor, Simon, Judas Thad.; 12. Mathias, Barnabas, Markus, Lukas; 13. Linus, Clemens I., Agilolphus, Evergislaus; 14. Gregor von Spoleto, Ewaldi, Johannes Nepom., Laurentius; 15. Sebastianus, Gereon, Pantaleon, Georgius; 16. Ursula, Columba, Cäcilia, Agatha; — im Langschiffe: 17. Eleazar, Heli, Nathan, Jadock; 18. Jesse, Salomon, Josaphat, Josias; 19. Helkias, Tobias der Aeltere, Tobias der Jüngere, Zorobabel; 20. Nehemias, Esdras, Mathathias, Judas Mac.; 21. Eleazar, Zwei der Makkabäischen Brüder, Jes. Sirach; 22. Deborah, Mirjam, Judith, Susanna; 23. Maternus, Severinus, Cunibertus, Suitbertus; 24. Stephan König von Ungarn, Eduard König von England, Ludovicus, Ferdinand III.; 25. Liborius, Paulinus, Ludgerus, Willibrordus; 26. Bernardus, Thomas von Aquin, Bonaventura, Albertus Magnus; 27. Benedictus, Franciscus von Assisi, Dominicus, Ignatius; 28. Helena, Monica, Elisabeth, Mathildis.

Eine für das Auge angenehme Unterbrechung der hohen schlanken Pfeiler bilden die an den Binnenseiten derselben in einer Höhe von 10 Metern angebrachten 1,93 Meter hohen Steinfiguren. Es sind dies in der Vorhalle: 1. Adam, 2. Eva, 3. Abraham, 4. Moyses, 5. Melchisedech, 6. Aaron, 7. David, 8. Elias, 9. Jesaias, 10. Jeremias, 11. Daniel, 12. Ezechiel, 13. Johannes Baptist, 14. Joseph, 15. Zacharias, 16. Elisabeth, 17. Anna, 18. Simeon; — im Mittelschiffe: 19. Thomas von Aquin, 20. Anno, 21. Ludgerus, 22. Bonifacius, 23. Suitbertus, 24. Martin von Tours, 25. Helena, 26. Gereon, 27. Maternus, 28. Ursula; — im Transept: 29. Lucas, 30. Johannes, 31. Marcus, 32. Matthäus, 33. Hieronymus, 34. Augustinus, 35. Ambrosius, 36. Gregorinus; — im südlichen Kreuzschiffe: 37. Basilius, 38. Athanasius, 39. Severin, 40. Heribert, 41. Laurentius, 42. Stephanus; — im nördlichen Kreuzschiffe: 43. Chrysostomus, 44. Gregor von Nazianz, 45. Cunibert, 46. Liborius, 47. Bernard, 48. Engelbert; — an der inneren Wand des Südportals: 49. Benedictus, 50. Dominicus, 51. Franciscus, 52. Bruno, 53. Ignatius, 54. Theresia.

  Die im Mittelalter unausgeführt gebliebenen Schlußfialen zur Bekrönung der Baldachine über den großen Figuren an den Säulen des Mittelschiffes im Lang- und Querschiffe wurden 1877 in Angriff genommen und die Aufstellung dieser aus französischem Kalkstein gearbeiteten zierlichen Fialen begann im Anfange des Jahres 1878.

  An den Außenseiten der Thürme wurden unter großen Baldachinen in der dritten Etage die kolossalen Figuren der Schutzpatrone des Domes, der Stadt Köln und der Rheinlande, die hh. drei Könige Caspar, Melchior, Balthasar, die Jungfrau Maria, der h. Joseph, der Erzengel Michael, der h. Suitbertus, der h. Gereon, der h. Petrus und die h. Ursula aufgestellt. Im Laufe des Jahres 1878 wurden die großen Figuren nebst Baldachinen und Consolen in der Vorhalle zwischen den Westthürmen, die Reliefs so wie die kleinen sitzenden Heiligenfiguren in den Bogenlaibungen der Seiteneingänge im Nordportale in den Bildhauer-Ateliers aufgestellt.

  Als plastischer Schmuck für die acht frei stehenden Eckpfeiler beider Thürme wurden für die 32 Figurenlauben eine entsprechende Anzahl von Engelfiguren mit Musikinstrumenten und den Werkzeugen der Passion aus französischem Kalksteine angefertigt.

  Die Eingangshallen, die einen großen Reichthum an architektonischen Gliederungen, zierlichem Blattwerk, reizenden Baldachinen zeigen, prangen im herrlichsten bildnerischen Schmuck. Im Tympan des Südportalgiebels befinden sich die 1,88 Meter hohen Standbilder des Heilandes und der vier Evangelisten; im Portalbogenfeld in Hautrelief eine Darstellung der Leidensgeschichte des Heilandes, nach einer Zeichnung Schwanthaler's in geistvoller und charakteristischer Weise nach eigenen Ideen durchgebildet und ausgeführt von Professor Christian Mohr. Die ganze, in vier Abtheilungen getheilte Composition hat 72 Figuren in halber Lebensgröße. In den großen Hohlkehlen sind 58 Figuren angebracht, von denen die dem Hautrelief am nächsten befindlichen zwölf Passionsengel, die in der zweiten Hohlkehle vierzehn Verkündigungs- und Schutzengel, die in der dritten Hohlkehle sechszehn lobpreisende und anbetende, und die in der vierten äußersten Reihe die apokalyptischen und Scriptur-Engel darstellen. Am Eingange zwischen dem Mittelportal und dem Priesterthor befindet sich das Standbild des heiligen Petrus; an der Stirn des Westpfeilers dieses Einganges steht der heilige Gereon; dann folgen der Reihe nach Papst Cornelius, Katharina, Cosmas, Bonifacius, Margaretha,

Laurentius; am östlichen Pfeiler, zunächst an der Thür, Stephanus, dann Agnes, Apollinaris, Pantaleon, Barbara, Papst Clemens, und an der Stirn des Pfeilers Mauritius. Der West-Eingang oder das Frauenthor zeigt im Tympan ein Relief, welches in zwei Abtheilungen das Martyrium der h. Ursula und ihrer Genossinnen darstellt; in den Bogen befinden sich 30 Figuren, theils sitzende Frauen aus der Ursula-Legende, theils Friedensengel. Um den Eingang befinden sich, von Westen anfangend, die Standbilder der Heiligen Georg, Sebastian, Ursula, Felix, Cäcilia, Engelbert, Hildegar, Columba, Unbor, Cordula, Fabian. Der Ost-Eingang oder das Männerthor zeigt im Tympan das Martyrium des h. Gereon in zwei Abtheilungen. In den Bogen befinden sich 30 Figuren, theils die vierzehn Nothhelfer, theils Genossen der thebaischen Legion. Um die Pforte erblicken wir, von Westen beginnend, die Standbilder der Heiligen Johann von Nepomuk, Agatha, Agilolphus, Gregor von Spoleto, Victor, Cassius, Evergislus, Eliphius, Albanus, Blasius und Quirinus; letzterer steht an der Stirn des dem Ost-Eingang östlich abschließenden Pfeilers.

Bei dem figuralen Schmuck des Südportals spricht sich als dominirende Idee die Vollbringung der Erlösung, der Kampf und Sieg über die Sünde aus. Diese große göttliche That ist der Mittelpunct der ganzen Weltgeschichte und findet darum auch ganz angemessen ihre Darstellung an der Mittagseite des Domes. Alles, was vor ihr liegt, bereitete sie vor; alle Geschichte nach ihr ist die Geschichte der Zuwendung dieser Erlösung an die Menschheit. So ergibt sich naturgemäß für das Hauptportal der Westseite die Darstellung der Vorbereitung der Erlösung bis zum Leiden, für das der Nordseite die der Verwirklichung der Erlösung in der regenerirten Menschheit durch Christus und seine Kirche.

Demgemäß kommen in den Hohlkehlen des Hauptportals an der Westseite in der äußersten Reihe die geistige und materielle Schöpfung in den Figuren der verschiedenen Engelchöre, so wie von Sonne, Mond und Erde zur Darstellung; in der zweiten Reihe die kleineren Propheten und zwei Sibyllen, eine Hinweisung auf die Erhaltung der Kunde von dem künftigen Erlöser im Juden- und Heidenthume; die dritte und vierte Reihe enthalten, von Jesu beginnend, Stammväter des Erlösers dem Fleische nach).

Die Reliefs dieses Portals zeigen die Hauptmomente aus der Geschichte der Erlösung in der vorchristlichen Zeit und die Jugendgeschichte des Erlösers, so wie sein öffentliches Auftreten bis zu seinem Leiden: Der Sündenfall mit der Verheißung des Erlösers; die Sündfluth mit der Arche; die Gesetzgebung auf Sinai; die Geburt Christi; Christus unter den Lehrern im Tempel; die Taufe im Jordan; die Bergpredigt. Die Standbilder stellen die Stamm-Eltern unseres Geschlechts und solche alttestamentliche Personen dar, welche in hervorragender Weise Vorbilder Christi waren oder in besonderer Beziehung zu seiner Menschwerdung standen: Johann Baptist, Joseph, Joachim, Anna, Elias, Elisäus, David, Salomon, Moyses, Samuel, Noe, Abraham, Adam, Eva. An dem Mittelpfeiler steht das Bild des göttlichen Kindes auf den Armen seiner jungfräulichen Mutter, in dem Giebel über dem Portale zwischen den vier großen Propheten Jesus Christus, der Schöpfer, Erlöser und Richter der Welt, mit dem Buche des Lebens. An den vorspringenden Zwischenpfeilern sind die Statuen Constantin's, Karl's des Großen, Kaiser Heinrich's II. und König Stephan's von Ungarn aufgestellt; in ihnen ist die Vertheidigung dargestellt, welche den moralischen Gütern gegen materielle Gewalt durch äußeren Schutz zu Theil wird.

Was die Nebenpforten betrifft, so sind die des Südportals der Geschichte der h. Ursula und des h. Gereon, unserer Stadtpatronen, gewidmet. Entsprechend sind die Nebenpforten der Westseite den Patronen des Domes, nämlich die südliche dem h. Petrus, die nördliche den hh. drei Königen, geweiht. In der Peterspforte sind die Reliefs aus dem Leben des Apostelfürsten und die Hohlkehlen bereits aus alter Zeit vorhanden, eben so der größte Theil der Standbilder, die Apostel darstellend, welche nur durch Hinzufügung der fehlenden zu ergänzen sind. An der nördlichen, der Dreikönigenpforte, zeigen die Reliefs die Geschichte der hh. drei Könige: die drei Könige sehen den Stern im Morgenland, die drei Könige vor Herodes, die Anbetung zu Bethlehem; die Standbilder ihrer Statuen und die ihrer Vorbilder in der vorchristlichen Zeit: Caspar, Melchior, Balthasar, Josias, Ezechias, David, Königin von Saba, Wittwe von Sarepta, Job, Melchisedech, Japhet, Enos, Abel, Seth; die 34 Figuren in den Hohlkehlen Heilige, welche gleich ihnen die Erstlinge des Christenthums in den verschiedenen Ländern der alten und neuen Welt gewesen oder dasselbe dort besonders verbreitet haben.

In dem Hauptportal der Nordseite kommt die Verwirklichung des Erlösungswerkes in der Menschheit durch Christus und seine Stiftung der Kirche zur Darstellung. Darum erscheint in dem oberen Giebelfelde Christus als der Auferstandene mit der Siegesfahne zwischen den vier großen Kirchenlehrern Hieronymus, Ambrosius, Augustinus und Gregor dem Großen; in den Reliefs die Hauptmomente der Gründung und ersten Ausbreitung der Kirche: Uebergabe des Hirten-Amtes an Petrus, Sendung der Apostel, Himmelfahrt Christi, Sendung des h. Geistes, Bekehrung des h. Paulus, Divisio Apostolorum, Concil zu Jerusalem; in den Hohlkehlen das Lamm, die Symbole der vier Evangelisten und die 24 Aeltesten der Geheimen Offenbarung; an dem Mittelpfeiler der Beschützer der Kirche, der h. Erzengel Michael; zur Seite als Standbilder hh. Päpste, Bischöfe, Priester und Ordensstifter als Repräsentanten der Personen, welche um die Ausbreitung und Erhaltung des Christenthums in besonderer Weise thätig gewesen: Leo der Große, Athanasius, Antonius Abt, Benedictus, Franciscus Assis, Ignatius S. J., Karl Borromäus, Vincentius a Paulo.

Von den beiden Nebenpforten ist die westliche nach dem h. Maternus, dem ersten Bischofe Kölns, die östliche nach dem h. Bonifacius, dem Apostel Deutschlands, benannt. Die Maternuspforte zeigt in den Reliefs Scenen aus dem Leben dieses Heiligen: Der h. Maternus wird mit den hh. Eucharius und Valerius nach Deutschland entsendet, der h. Maternus wird mit dem Stab des h. Petrus von den Todten erweckt, der Leib des h. Maternus fährt in einem Nachen von Eyskirchen den Rhein hinauf; in den Standbildern seine und anderer heiligen Bischöfe Kölns Statuen: Maternus, Valerius, Suitbertus, Severinus, Cunibertus, Bruno, Heribertus, Anno. In der Bonifaciuspforte sind die Reliefs aus dem Leben dieses Heiligen entnommen: Fällung der Donner-Eiche, Bonifacius wird vom h. Gregor II. zum Bischof geweiht, Martyrtod des h. Bonifacius; die Standbilder stellen ihn und heilige Bischöfe oder Patrone derjenigen Diöcesen dar, welche Suffragan-Bisthümer von Köln sind oder früher waren: Bonifacius, Eucharius, Servatius, Lambertus, Willibrordus, Ludgerus, Ansgar, Liborius. Die 30 Figuren der Hohlkehlen sind aus den deutschen Heiligen so ausgewählt, daß sämmtliche Gaue unseres Vaterlandes darin ihre Vertretung finden.

Die umfangreichen Bildwerke zum West- und Nordportale und die überlebensgroßen Heiligen- und Engelfiguren an der Außenseite der Domthürme bis zum Octogon hinauf sind in den Jahren 1865 bis 1880 von dem Dombildhauer Peter Fuchs nach eigenen Entwürfen modellirt und in französischem Kalkstein ausgeführt worden.

Zur Anfertigung eines Mobilars, welches mit den Bauformen des Domes in schöner Harmonie stehe, wurde im Jahre 1872 eine beschränkte Concurrenz ausgeschrieben. Es sollten Entwürfe zu einem Lettner, einem erzbischöflichen Thron, Sedilien und Beichtstühlen eingereicht werden. Sechs Architekten erhielten Einladungen, sich an der Concurrenz zu betheiligen. Zwei der Eingeladenen lehnten die Betheiligung ab; die übrigen vier, Aug. Rinklake, Franz Schmitz, W. Schneider und Vincenz Statz lieferten Entwürfe ein. Ein Preis wurde nicht ertheilt, sondern die für die Preise bestimmte Summe wurde zu gleichen Theilen unter die Concurrirenden vertheilt.

Unter dem 26. August 1879 wurde von Seiten der Dombau-Verwaltung eine Concurrenz für die Reliefs zu den Bronzethüren des Hauptportals ausgeschrieben. In den Darstellungen dieses plastischen Schmuckes wurden Figuren und Scenen aus der heiligen Geschichte des alten und neuen Testamentes in Aussicht genommen. Im Ganzen gingen 30 Entwürfe ein, von welchen vier wegen mangelnder Modelle und einer wegen verspäteter Absendung des Modells von der Concurrenz ausgeschlossen wurden. Zur engeren Wahl wurden dreizehn Arbeiten ausgeschieden, und aus diesen wurden nach nochmaliger eingehender Prüfung fünf Entwürfe für die engste Concurrenz bestimmt. Bezüglich der Zutheilung des ersten Preises waren sämmtliche Schiedsrichter darin einverstanden, daß keines dieser zur engsten Wahl gestellten Modelle „als zur Ausführung geeignet" zu erachten sei, mithin nach dem Wortlaut des Concurrenz-Ausschreibens keinem der Bewerber der erste Preis von 5000 Mark zuerkannt werden könne. Als die zwei besten Projecte, welchen, wenngleich dieselben nicht zur Ausführung geeignet erschienen, die im Concurrenz-Ausschreiben ausgesetzten zwei weiteren Preise von je 2000 Mark zuzuerkennen wären, bezeichnete das Preisgericht nach nochmaliger sorgfältiger und allseitiger Prüfung und Abwägung der Vorzüge und Mängel die Entwürfe des Bildhauers W. Mengelberg aus Köln, zur Zeit in Utrecht, und des Bildhauers August Schwenzer aus Löwenstein in Würtemberg.

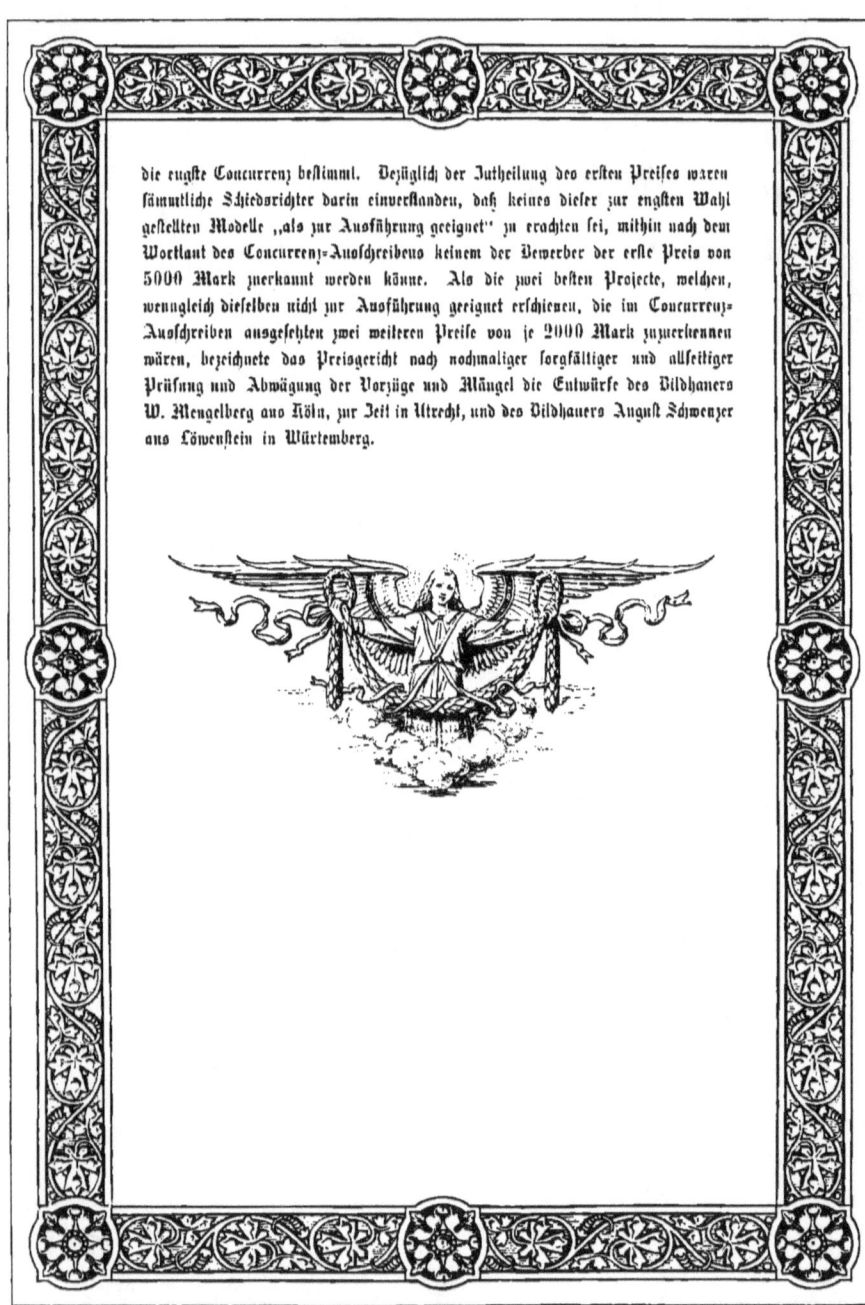

# Fünftes Capitel.

Wohlthäter und Förderer des Dombaues; Material und aufgewandte Kosten; Schlußwort.

I. — III.

usbau des Domes! war das Losungswort und der Sammelruf für alle diejenigen geworden, welche sich für alles wahrhaft Große in der Kunst und für die Verwirklichung eines hohen nationalen Gedankens zu begeistern gelernt hatten.

Schon der Gedanke an den Ausbau des kölner Domes schien in das Gebiet des Ungeheuerlichen zu gehören, so sehr hatte man sich daran gewöhnt, die Ausführung des ursprünglichen Bauplanes für eine völlige Unmöglichkeit und die technischen Schwierigkeiten für unbesiegbar zu halten. Nach dem Berichte einer im Munde des Volkes gehenden Sage hatte der Teufel durch seinen Pact mit dem ersten Baumeister Gewalt über das Werk erhalten und er werde niemals den Ausbau des großartigen Gotteshauses dulden. Wenn man den ruinenartigen Bau des Domes nur gegen völligen Verfall schützen und die schadhaften Theile in leidlicher Weise herstellen wollte, bedurfte es nicht unbedeutender Mittel, und diese zu beschaffen, war kein leichtes Beginnen. Sollte aber weiter gegangen und der völlige Ausbau des Riesenwerkes unternommen werden, so konnte dieses Ziel nur bei der höchsten Kraftanstrengung, der zähesten Ausdauer und dem kühnsten Muthe derjenigen erreicht werden, welche sich die Durchführung der hohen, schwierigen Aufgabe zum Ziele setzten. Die Geldmittel begannen reichlich zu fließen, als zwei hochherzige und opferwillige Könige, welche von hoher Begeisterung für die Vollendung des bedeutendsten Werkes deutscher Baukunst erfüllt waren, dem Dombau reiche Summen zuwendeten und durch ihr leuchtendes Beispiel der Dombausache eine stattliche Reihe von Förderern und Wohlthätern gewannen. In erster Reihe ist unter solchen Wohlthätern für den Dom neben den Königen Friedrich Wilhelm III. und Friedrich Wilhelm IV. der frühere Prinz von Preußen, jetzigen Kaisers Majestät Wilhelm I. zu nennen, welcher durch zwei prachtvolle Stiftungen sprechendes

Zeugniß ablegte von seinem Kunstsinne sowohl wie von seinem Streben, die Domkirche durch schönen plastischen Schmuck und stilvolle Glasgemälde in würdiger Weise auszustatten zu helfen. Der Freigebigkeit dieses hohen Gönners verdankt der Dom den reizenden bilduerischen Schmuck des Südportals und des in der Höhe dieses Portals befindlichen großen Fensters. Das große Fenster des Südportals, welches im Herbst 1863 eingesetzt wurde, ist in der königlichen Glasmalerei-Anstalt in Berlin angefertigt worden und enthält unter reich verzierten Baldachinen die Bildnisse Karl's des Großen, Kaiser Heinrich's II., Sigismund's von Burgund, des Erzbischofs Anno, des Erzbischofs Engelbert des Heiligen und des Bischofs Otto von Bamberg.

Das kronprinzliche Paar setzte seinem Kunst- und Frommsinne ein herrliches Denkmal in dem von Milde in Lübeck ausgeführten großen Mittelfenster in der Westfaçade zwischen den beiden Thürmen. Die Darstellungen dieses Fensters beziehen sich auf das jüngste Gericht.

Von anderen fürstlichen Wohlthätern sind zu nennen: Der Kaiser Franz Joseph von Oesterreich, der Prinz Friedrich Karl von Preußen, der König Ernst August von Hannover, der König Johann von Sachsen, die Königin Victoria von England, der König Wilhelm der Niederlande, der Kronprinz, jetziger König Humbert von Italien, der Großherzog Leopold von Baden, der Reichsverweser Erzherzog Johann von Oesterreich, der Großherzog Friedrich Franz von Mecklenburg-Schwerin, die Fürstin von Liegnitz, der Fürst zu Liechtenstein, der Fürst Anton von Hohenzollern-Sigmaringen, der Herzog Prosper Ludwig von Arenberg, die Reichsgräfin Auguste von Salm-Reifferscheid-Krautheim, der Fürst Wilhelm Florentin zu Salm-Salm, der Rheingraf und Fürst Wilhelm Florentin zu Salm-Horstmar, der Fürst zu Solms-Lich, der Fürst von Metternich, der Fürstbischof von Breslau. Unter dem 18. October 1842 schrieb der Herzog von Arenberg an den Vereins-Präsidenten: „Jur definitiven Regulirung meiner Beiträge zum Fortbaue des kölner Domes, dem Sie sich mit so löblichem Eifer widmen, habe ich meinen Hofkammerrath Landschütz in Recklinghausen dahin angewiesen, daß er jährlich eine Summe von Tausend Thalern Preuß. Cour. in die Dombau-Casse einzahle, nämlich 500 Thaler für den recklinghauser Verein als Antheil von meinen Besitzungen in Westfalen, und die anderen 500 Thaler von meinen Besitzungen in den Rheinlanden. Wegen der Art und Weise der Einzahlung hat Herr Landschütz den Auftrag, das Nähere mit Ihnen einzuleiten." Beim Tode dieses edeln Dombaufreundes drückte der Vereinsvorstand dem Sohne des hohen Verstorbenen am 20. März 1861 seinen tiefen Schmerz über den Verlust eines hohen Gönners und Freundes der Dombausache aus, der seit dem Bestehen des Centralvereins zu den kräftigsten Stützen des Dombaues gerechnet werden mußte.

Unter dem 23. Juli 1845 schrieb der Großherzog Leopold von Baden an den Vorstand des Dombauvereins: „Gleich mehreren meiner verehrten Bundesgenossen und in übereinstimmender Gesinnung mit Seiner Majestät dem Könige von Preußen, dem mächtigen Beschützer und Förderer des großen Unternehmens, wünsche auch ich meine rege Theilnahme an der Vollendung des Domes in Köln zu bethätigen, den die Vergangenheit unserem Vaterlande als das herrlichste Denkmal religiösen Sinnes und erhabener deutscher Kunst, aber auch als Bruchstück hinterlassen hat. Es gereicht mir daher zum Vergnügen, Sie in Kenntniß zu setzen, daß ich als Geschenk zu jenem schönen Zwecke die Summe von zweitausend Gulden angewiesen habe. Meine Wünsche werden stets den Fortgang des Unternehmens begleiten, und ich verbleibe mit vollkommener Achtung Ihr wohlgeneigter Leopold."

Einzelne Dombaufreunde wandten dem Domban den Ertrag literarischer Publicationen zu und so wurden zum Besten des Domes veröffentlicht: von J. Görres der Dom zu Köln und das Münster zu Strahburg, von Major Beniken in Erfurt das Gedicht „Der Dom zu Köln", von Dr. Ed. Duller und Ferd. Freiligrath das Gedicht „1842", von A. Lewald „Dombausteine deutscher Dichter und Schriftsteller", vom Coadjutor von Geissel der Hirtenbrief für 1842, von Caplan Neukirchen in Aachen eine Predigt, von Dr. Ernst Weyden „Die neuen Domfenster", von Levi Elkan ein Erinnerungsblatt an die Wahlversammlung von 1842, von K. Simrock „Die Legende der hh. drei Könige", von Domcapitular Dr. Broix das „Firmungsbüchlein", der Zeitungsverleger Joseph DuMont ließ den Ertrag des Extra-Abonnements des Domblattes dem Dombauverein zufließen. Zum Besten des Dombaues ließ Frau Fischbach in Wallerfangen ein von ihr gemaltes Oelbild verloosen. Mehrere Verloosungen von Kunstwerken, Stickereien und anderen Gegenständen wurden für den Domban in Köln, Dortmund und Obladen veranstaltet.

Die Stadt Köln konnte nicht zurückbleiben, wo es galt, den Ausbau des Gotteshauses zu fördern, in welchem die städtischen Schutzheiligen ruhen, und sich an der Ausschmückung und Vollendung der Perle aller deutschen Kirchen, des edelsten Kleinods deutscher Baukunst, zu betheiligen. Nachdem sie durch Stiftung eines eigenen Fensters, durch Erlaß eines großen Theiles der jährlichen Hafengebühren bei der Abfuhr des Steinmaterials für den Dom, durch bedeutende Beiträge zum Ankauf des im Interesse des Domes niedergelegten Lagerhauses auf dem Domhofe und des Krahamp'schen Hauses am Domkloster, durch Schenkung von 15,000 Thalern für die Bleibedachung und durch bedeutende Zuschüsse zu den einzelnen Domfenstern von ihrem lebhaften Interesse für die Sache des Dombaues rühmliches Zeugniß abgelegt hatte, da entschloß sie sich zu einem Opfer von mehr als 50,000 Thalern, um die allseitige Freistellung des Domes zu ermöglichen. Schon in den vierziger Jahren war damit begonnen worden, die An- und Einbauten, wodurch der Dom eingeengt und verunstaltet worden, niederzureißen. So waren namentlich an der Nordseite die Kirche zum Pesch und das Capitelhaus, neben und in dem Nordthurm die Küsterwohnungen, an der Südseite die Seminarkirche, das ehemalige hohe Gericht, zwei Vicariehäuser, ein Zins- und ein Lagerhaus abgebrochen worden. Es erübrigte noch an der Nordseite die alte Dompastorat, das Verwaltungsgebäude der Colonia und ein der Köln-Mindener Eisenbahn-Gesellschaft zugehöriges altes Haus und endlich auf dem Domhofe das alte erzbischöfliche Seminar, später Local der Schulverwaltung, niederzulegen. Dem Ernst und Tact des damaligen Oberbürgermeisters Geheimen Regierungsraths Stupp und des Präsidenten von Wittgenstein gelang es, die desfallsigen schwierigen Unterhandlungen zum glücklichen Ziele zu führen. Es verpflichteten sich durch Vertrag vom 23. December 1864 das Domcapitel: das alte Dompfarrhaus auf der Ecke der Lilch und der Trankgasse, dann das sogenannte alte Archiv östlich von dem Zugange zum Nordportal nebst der alten Treppe und dem Vorbau des Domkellers; die Direction der Feuer-Versicherungs-Gesellschaft Colonia: sämmtliche Gebäulichkeiten des Hauses Trankgasse Nr. 6; die Direction der Köln-Mindener Eisenbahn-Gesellschaft: die Gebäulichkeiten des Hauses Trankgasse Nr. 8; und die Verwaltung der Gymnasial-Fonds und Stiftungen beziehungsweise die Stadt Köln: sämmtliche Gebäulichkeiten des auf dem Domhofe gelegenen Verwaltungs-Gebäudes abbrechen und bis zur Terrainhöhe niederlegen zu lassen. Das hierdurch gewonnene Terrain soll zu einem mit verschiedenen Treppen-Anlagen versehenen Umgange zur Benutzung des Publicums umgeschaffen werden. Die Schulverwaltung erhielt für die Abtretung ihres Verwaltungs-Gebäudes einige Theile des ehemaligen Jesuiten-Collegiums und eine Entschädigung von 52,000 Thalern. Nach Niederlegung der angegebenen Realitäten wurde ein von allen Seiten freier, ungehinderter Anblick der herrlichen Domkirche ermöglicht.

Unter den Männern aus allen Kreisen und Ständen, welche den Dombau durch ansehnliche Beiträge förderten, ist vor Allen der Graf von Fürstenberg-Stammheim zu nennen. Derselbe ließ im Sommer 1842 sämmtliche, dem kölnischen Waisenhause angehörigen fünfhundert Zöglinge zu wirklichen Mitgliedern des Central-Dombauvereins aufnehmen und bezahlte für dieselben die Beiträge. Ehrenmitglieder des Vorstandes wurden in Folge eines einmaligen oder wiederholten Jahresbeitrages von mindestens 300 Mark: Der Erzbischof von Geissel, Banquier Simon Freiherr von Oppenheim, Landrath Max Freiherr von Loe-Allner, Geheimer Regierungsrath und Kammerherr Freiherr von Münch-Bellinghausen, Kaufmann Friedrich Gieseler, Director G. W. Drory zu Gent, Rentner Chr. Cornille, Kaufmann J. F. Hinck zu Hamburg, Fürst Wilhelm Florentin zu Salm-Salm in Horstmar, Fürst W. F. zu Salm-Horstmar, Banquier Abr. Freiherr von Oppenheim,

Rath J. F. H. Schlosser zu Frankfurt a. Main, Advocat=Anwalt von Hontheim, Arzt Dr. Cießem, Architekt M. Gau in Paris, Rittergutsbesitzer Boismard, Kaufmann F. A. Janoli, Großherzog Friedrich Franz von Mecklenburg=Schwerin, Fürstin von Liegnitz zu Berlin, Advocat G. A. Doedter, Kaufmann P. Michels, Weinwirth M. von Theuen, Prinz Friedrich Karl von Preußen, Rentner F. H. U. Franck, Domcapitular Dr. H. Filz, Kaufmann Ph. Engels, Geheimer Cabinets= rath Stock in Brüssel, Kaufmann J. H. Richartz, Domcapitular Dr. J. J. Droir, Kaufmann J. Verhagen, Melchior Boisserée in Bonn, Landgerichtsrath P. Wech= becher in Düsseldorf, Domcapitular Dr. P. U. Schweitzer, Rentner A. Menser, Kaufmann Matthias Neven, Sallandrouze de Lamornaix in Paris, John Mont= gomery Traber in Cordriglan, Kaufmann D. Leiden, Kaufmann Matthias Kringo in Wesseling, Geheimer Regierungsrath Professor Corbell in Bonn, C. G. Rolffs in Siegfeld, Ober=Forstinspector Joh. Haack in Schleiden, Rentner J. B. Krier, Graf Gisbert von Fürstenberg=Stammheim, Rentner C. Schülgen, Rentner C. Mertens, Baurath M. Biercher, Freiherr Ludwig von Elverfeld, Frau Wwe. Schnaffhausen, Frau Witwe De Noël, Kaufmann J. A. Plasman, Frau Witwe J. DuMont, Gustav Mertens in Paris, Zimmermeister M. H. Schippers in Lindenthal, König Johann von Sachsen, Frau Oberst von Heineken zu Schönwölkan.

Einen Steinmetzen besoldeten: Arnold Menser, Joseph Verhagen, Matthias Neven, Philipp Engels, Peter Michels.

Von den übrigen Schenkgebern seien genannt: Graf Spiegel zum Desenberg, Klenz von Neapel, der Generallieutenant von Pfuel, Hoffmann in London, Franz Henser, Witwe De Noël, Graf Beissel von Gymnich zu Frenz, Geheimer Commercien= rath Deichmann, Joseph von Görres in München, J. M. von Themer, Villeroy und Boch in Mettlach, Rentner Franz H. U. Franck, Peter Leven, Eberhard von Groote, Freiherr von Kempis, Schmitz=Löhnis, C. G. Rolffs in Siegfeld, Chirurg Melchior Baudevin, die Directoren der Köln=Mindener Eisenbahn=Gesellschaft: von Wittgenstein, Dagobert Oppenheim, G. Henser, W. Joest, C. Windscheid, A. Sartorius.

Dem Verleger der Kölnischen Zeitung gebührt ein besonderer Dank für die nicht unerheblichen Opfer, welche er durch kostenfreien Druck des Domblattes während eines Zeitraumes von 38 Jahren gebracht hat.

Ein hohes Verdienst um die Dombausache erwarb sich der Kölner Männer= gesang=Verein durch Veranstaltung mehrerer Concerte zum Besten des Dombaues. Reiche Erträge lieferte dessen Sängerfahrt nach London, so wie das am 13. Sep= tember 1842 im Tempelhause gegebene Concert für die Casse des Dombauvereins. Auch der Musikdirector Dorn, der Musikdirector Fr. Weber, die Aachener Lieder= tafel, die Concert=Gesellschaft, eine Concert=Gesellschaft in Brühl, die Liedertafel in

Crefeld veranstalteten musicalischen Unterhaltungen zum Besten des Dombaues. Der Theaterdirector Spielberger überwies dem Dombauverein die Einnahme einer Theatervorstellung. In Rom wurde der Ertrag einer Ausstellung von Gemälden und Bildhauer-Arbeiten dem Dombaue zugewiesen. Die Herren Villeroy und Boch in Mettlach ließen den sogenannten Domhumpen anfertigen, welcher zum Besten des Dombaues verwerthet wurde.

Durch Stiftung von gemalten Fenstern innerhalb des Domes machten sich um den Dombau verdient: eine Anzahl von Dombaufreunden, welche ein Fenster zum Andenken an den Vereins-Präsidenten, Geheimen Justizrath Esser II. schenkten, Frau Maria Theresia Schaaffhausen geb. de Maes zu Köln, Regierungs-Präsident a. D. von Wittgenstein zu Köln, Commercienrath Damian Leiden zu Köln, Director Faustner zu München, der Kölnische Kunstverein, Johann Baptist Harperath zu Köln, Geheimer Regierungsrath Steinberger zu Köln, Ober-Forstinspector Haach zu Köln, Franz Merkens zu Köln, Frau Merkens geb. Elsingh zu Köln, Familie Boisserée, Commercienrath Seydlitz und Frau Commercienräthin Seydlitz geb. Verkenius zu Köln, Freiherr von Elz-Rübenach auf Haus Wahn, Freiherr von Waldbott-Bassenheim-Bornheim zu Coblenz, Graf von und zu Hoensbroech auf Schloß Haag bei Geldern, Freiherr von Dalwigk-Lichtenfels zu Boisdorf bei Düren, Familie der Grafen von Spee, Familie der Grafen von Wolff-Metternich, Graf Loë auf Wissen, Kreis Geldern, Freiherr von Fürstenberg zu Borbeck bei Essen, Graf Wilhelm von Mirbach zu Schloß Harff bei Bedburg, Freiherr von Nagel-Doornick zu Vornholz bei Münster-Warendorf, Ingenieur Wesels zu Köln, Domcapitular Dr. Dill zu Köln, Michael DuMont zu Köln, Frau M. DuMont geb. Püz zu Köln, die Elementar- und Privatschulen der Stadt Köln, die akademischen Dombauvereine, Geheimer Medicinalrath Professor Dr. Schaaffhausen in Bonn, die Grafen Rudolf und Julius von Schaesberg zu Kridenbeckt bei Grefrath, die Familie Farina zu Köln, Frau Baronin Abr. von Oppenheim zu Köln, Commercienrath J. Wegeler und Frau zu Coblenz, A. Jordan zu Coblenz, Freiherr Simon von Oppenheim zu Köln, Geheimer Commercienrath Gustav Mevissen zu Köln, Dombau-Hülfsverein zu Trier, Rheinische Volksbank in Verbindung mit der Hypothekenbank zu Köln, Actien-Gesellschaft Piusbau in Verbindung mit der Katholischen Casino-Gesellschaft im Piusbau zu Köln. Statuen in die Langkirche beziehungsweise die Seitenschiffe stifteten: der Banquier Karl Stein zu Köln, Frau Wwe. Karl Stein zu Köln, Peter Küppers zu Köln, Fräulein von Hartmann zu Köln, Kaufmann Th. Wolff zu Köln, Rentner Ant. Franz Cassinone zu Köln, die Kaufleute August und Michael Braubach zu Köln, Kaufmann Barth. Haanen zu Köln, Kaufmann Wilh. Haesen zu Köln, Frau Wwe. Maria Jansen geb. Pfennigs zu Köln, Advocat G. Schenk zu Köln, Kaufmann Peter

Michels zu Köln, Fräulein Philomena Schülgen zu Köln, Dr. Joseph van Endert und Caplan P. van Endert zu Köln, D. Leonardi zu Köln, Familie des Freiherrn von Geyr zu Bonn, der Fürst Anton von Hohenzollern-Sigmaringen, Sanitätsrath Dr. König zu Köln, Graf von Westerholt-Gysenberg auf Schloß Arienfelo, Fräulein Wilhelmine Agnes Zehnpfennig zu Köln, Rentner Wilh. Andr. Zehnpfennig zu Köln, Rentner Wilh. Bartman zu Köln, Kaufmann W. Tilmes zu Köln, Rentner O. Fischer zu Königswinter, Wwe. Auguste von Groote geb. Schaaffhausen, Fräulein Bertha und Fräulein Henriette von Groote, Wwe. Ignatz Seydlitz zu Köln, Rentner Karl Glasmacher zu Köln, Richard Graf Beissel zu Gymnich auf Schloß Frenz, Geheimer Justizrath Forst zu Köln, Fräulein Theod. Berghaus zu Köln, Ober-Präsident von Möller zu Straßburg, Familie Theodor Metz zu Köln, die Familie des Vereins-Präsidenten Dr. J. B. Haass zu Köln, Frau Maria Weißem zu Köln, Joh. Bapt. Harperath zu Köln, Commercienrath J. Seydlitz zu Köln.

Durch größere oder kleinere Vermächtnisse machten sich um die Dombausache verdient: der Pfarrer Johann Anton Tholen zu Bonsdorf, Dompropst und Weihbischof Freiherr Karl Adalbert von Beyer zu Köln, Pfarrer Christian Albert Raab zu Broichhausen, Rentner Ignaz Felix von Welter zu Köln, Rentner Franz Joseph von Herwegh zu Köln, Landgerichts-Assessor Joseph Steinberger zu Köln, Kaufmann Joh. Fr. Karl Neumayer zu Köln, Dr. theol. und Domcapitular Joh. Jos. Müller zu Köln, Rittergutsbesitzer Nilo Ferdinand von Bilow zu Grichow, Rentnerin Witwe Gerh. Adam Fischer zu Köln, Rentner früher Notar Arnold Offermann zu Köln, Dr. theol. Domcapitular und Professor Joh. Mart. Aug. Scholz zu Bonn, Pfarrer und Landdechant Eberhard Schulte zu Hagen bei Allendorf, Rentnerin Witwe Ursula Seefahrer geb. Veith zu Köln, Rentner Franz Karl Claren zu Köln, Rentnerin Maria Magdalena von Schiller geb. Pfingsten zu Köln, Rentner Joh. Peter Broich zu Köln, Fräulein Auguste Steinberger zu Köln, Geh. Hofrath Dr. Sulpiz Boisserée zu Bonn, Dr. med. Joh. Jakob Georg Horst zu Köln, Rentner Wilh. Theodor Burgmer zu Honnef, Rentnerin Witwe J. H. Stein geb. Peill zu Köln, Rentnerin Elise Sugg zu Köln, Rentnerin Christina Stegen zu Köln, Vicar Fisch zu Garbeck bei Arnsberg, Dr. theol. Domcapitular und Dompfarrer Johann Heinrich Filz zu Köln, Kaufmann Joh. Heinrich Claren zu Köln, Rentnerin Witwe A. W. Christ. Hopfensack geb. Overmann zu Düsseldorf, Rentner Philipp Moriz Gottfried Hubert de Berghes zu Köln, Pfarrer Heinrich Joseph Routen zu Glenel, Dr. juris und Rittergutsbesitzer Friedrich Hohenschuh zu Köln, Anna Sophia Nagel geb. Braun zu Köln, Buchbinder Paul Eckert zu Köln, Kaufmann Friedr. Ignaz Haan zu Köln, Rentner Hubert Pütz zu Köln, Pfarrer Johann Joseph Baumgarten zu Hillensberg, Dr. theol. und Domcapitular Johann Lambert Severin

Weiß zu Köln, Gutsbesitzer Johann Adam Jansen zu Weiß-Haus bei Köln, Rentnerin Fräulein Elisabeth Deuth zu Berlin, Rechnungsrath und Steuerempfänger a. D. Constantin de Berghes zu Köln, Fräulein Helena Lugino zu Köln, Rentnerin Witwe Bernard Boisserée geb. Cornille zu Köln, Rentner Franz Joseph Leven zu Köln, Rentnerin Witwe Leist geb. Maria Henriette von Geyr zu Köln, Caplan Georg Wilh. Fuhrmann zu Beeck, Rentner F. H. U. Frandi zu Köln, Fräulein Therese Schneider, Mühlenbaumeister Fr. Schippers zu Köln, Rentner Johann Rosen zu Köln, Dr. theol. und Stiftspropst J. U. H. J. Grosman zu Aachen, Agnes Steinberger geb. Rauhlen zu Köln, Fräulein Therese Abendroth zu Hamburg, Commercienrath Johann Heinrich Richartz zu Köln, Rentnerin De Noël geb. Anna Maria Juliana von Hauel zu Köln, Kaufmann Bern. Arnold Joseph Schmitz zu Köln, Rentnerin Witwe Schiefter geb. Anna Catharina Buchholz zu Köln, Rentner Chr. Anton Cornille zu Köln, Josephine Esser geb. Krey zu Köln, Geheimer Regierungsrath a. D. und Kammerherr Freiherr Franz Theodor von Münch-Bellinghausen zu Köln, der Handlungs-Commis Johann Winand Etzweiler zu Köln, Rentnerin M. Anna Biermann geb. Freiin von Siegenhoven genannt von Anstel zu Köln, Kaufmann Johann Maria Farina zu Köln, Rentner Heinrich Clermont zu Dürwiß, Rentner Wilhelm Wexler zu Köln, Geheimer Commercienrath Eduard Schnitzler zu Köln, Rittergutsbesitzer Dr. Eberhard von Groote zu Köln, Rentner Heinr. Jos. Becker zu Köln, Rentner Heinr. Züllessen zu Erpel, Johannes Cardinal von Geissel und Erzbischof von Köln, Rentnerin Fräulein Anna Maria von Thenen zu Köln, Rentnerin Fräulein Isabella Meyer zu Düsseldorf, Advocat-Anwalt Joseph Korschilgen zu Köln, Kaufmann Karl Colbrun zu Bielefeld, Rentnerin Witwe Valder geb. Anna Kleinsorg zu Köln, Kanzleidiener Hubert Richartz zu Köln, Rentnerin Anna Catharina Offermann zu Köln, Rentner Louis Mertens zu Köln, Zeugschmied und Eisenhändler Caspar Joseph Schmitz zu Köln, Rentner Wilhelm Hundgeburth zu Köln, Rentnerin Witwe Christina Schemmer zu Köln, Kaufmann Heinr. Karl Cunz zu Viersen, Witwe Christ. Wallraf geb. Junggeburth zu Bonn, Domcapitular Pet. Hyac. Trost zu Köln, Advocat-Anwalt Joseph Nückel zu Köln, Lehrer a. D. Heinrich Dickopp zu Köln, Dechant und Pfarrer Jakob Schlebusch zu Innkerodorf, Regierungs-Haupt-Cassen-Buchhalter a. D. Matth. Joseph Goebbel zu Coblenz, Rentnerin Gertrud Carolina Birkenstock zu Köln, Königlicher Geheimer Regierungsrath und Oberbürgermeister a. D. Adolph Steinberger zu Köln, Witwe Maria Theresia Jos. Walp. Fuchs geb. Plasman zu Köln, Justizrath Michael Schenk zu Köln, Justizrath Herm. Jos. Gormans zu Erkelenz, Rentnerin Philomena Schülgen zu Köln, Rentner Adam Franchen zu Köln, Peter Theodor Joseph Weyer zu Köln, Rentner Nik. Jos. Boisserée zu Köln, Rentner Matthias Firmenich zu Düsseldorf (früher zu Köln), Professor Dr. Ferd. Deycks zu Münster, Rentnerin

Witwe Th. Schaaffhausen zu Köln, Pfarrer P. J. Ditscheid zu Arnoldsweiler, Director Jakob Mussard zu Köln, Domküster Hubert Balian zu Köln, Banquier Karl Stein zu Köln, Rentnerin Margaretha Weber zu Köln, Pfarrer Adam Maria Schervier zu Boslar, Pfarrer Martin Joseph Schiffers zu d'Horn, Regierungs-Präsident a. D. Heinr. von Wittgenstein zu Köln, Witwe Giersberg geb. Anna Elisabeth Müngersdorf zu Köln, Baurath a. D. Mollh. Biercher zu Köln, Wechsel-Agent Max Haas zu Köln, Rentner Friedrich Gicoler zu Schloß Falkenlust, Commercienrath und Banquier Ignaz Seydlitz zu Köln, Zimmermeister Magnus Heinrich Schippers zu Lindenthal, Oberpfarrer und Definitor Franz Anton Nikolaus Neukirchen zu Aachen, J. J. Bernigen zu Köln, Josephine Farina geb. DuMont zu Köln, Rentner Matthias Menn zu Köln, Geheimer Justizrath und Advocat-Anwalt Ferdinand Joseph Esser zu Köln, Kaufmann Maximilian Heinrich Herriger zu Köln, Hotelbesitzer Johann Baptist Harperath zu Köln, Kaufmann Johann Schemmer zu Köln, Rentnerin Witwe Therese Boisserée zu Köln, Pfarrer Johann Bernard Prömper zu Gevelsdorf, Beneficiat Anton Heinrich Freytag zu Braunsberg, Rentner Johann Caspar Kneuhgen zu Köln, Kaufmann Robert Sulde zu Deutz, Kaufmann Bruno Molinari zu Köln, Rentnerin Witwe Ursula Herriger zu Köln, Rentner Wilhelm Illig zu Köln, Director J. J. Gronewald zu Köln, Kaufmann Anton Franz Cassinone zu Köln, Pfarrer Michael Coenen zu Flammersheim, Rentnerin Maria Bluff zu Köln, Rentnerin Christina Becker zu Remagen, Geheimräthin Witwe Boisserée geb. Mathilde Rapp zu Bonn, Rentner Joseph Mahlberg zu Köln, die Dienstmagd Luise Plüger zu Köln, Landgerichtsrath Christian Maus zu Bonn, Rentnerin Witwe Bender geb. Gertrud Boisserée zu Köln, Rentnerin Fräulein Emilie Böcker zu Köln, Rentnerin Anna Gertrud Schlebusch zu Köln, Banquier Joh. Heinr. Stein zu Köln.

In den Verwaltungen der vielen anonymen industriellen Gesellschaften der Stadt Köln fand der Dom einen warmen Fürsprecher an Heinrich von Wittgenstein, welcher Präsident der Feuerversicherungs-Gesellschaft Colonia und der Direction der Köln-Mindener Eisenbahn-Gesellschaft und Verwaltungsraths-Mitglied mehrerer anderer Gesellschaften war. Vornehmlich ist es dem Einfluß dieses Begünstigers und Förderers des Dombaues zu verdanken, daß die meisten anonymen Gesellschaften die Bemühungen des Dombauvereins durch erhebliche Geldbeiträge, so wie durch Stiftung einzelner prachtvoller Fenster unterstützten. Die anonymen Gesellschaften, welche sich um den Dombau verdient gemacht haben, sind: die Kölnische Feuerversicherungs-Gesellschaft Colonia, die Bonn-Kölner Eisenbahn-Gesellschaft, die Lebensversicherungs-Gesellschaft Concordia, die Versicherungs-Gesellschaft Agrippina, die Aachen-Münchener Feuerversicherungs-Gesellschaft, die Kölnische Dampfschifffahrts-Gesellschaft, die Imperial Continental Gas-Association, die

Hagelversicherungs-Gesellschaft, die Kölnische Privatbank, der Schaaffhausen'sche Bankverein.

## II.

An Material wurde zum Dombaue verwendet: von 1824 bis 1842 ungefähr 2328 Cubikmeter und von 1842 bis zum Juli 1879 ungefähr 54,415 Cubikmeter Steine. Nimmt man das Quantum von Steinen, welches bis zur Vollendung des Baues noch zur Verwendung kommen wird, zu 1000 Cubikmeter an, so beträgt die Gesammtmasse der zum Dombaue verbrauchten Steine 57,743 Cubikmeter. Die alten Bautheile bestehen aus Trachyt, der am Fuße des Drachenfels im Siebengebirge gewonnen wurde. Der bildnerische Schmuck innerhalb des Domes besteht aus dem sogenannten Weiberstein, herkommend aus der Nähe des Dorfes Weibern, unweit des Laacher See's. In den Fundamenten wurde Basalt von Obermintler, Tuff und Krahenstein aus der Gegend von Pleit und Ochtendung verwendet. Zum Baue des Lang- und Querschiffes wurde von 1842 bis 1868 ausschließlich der würtembergische Keuper-Sandstein von Schlaitorf verwendet. Die Thürme wurden aus Oberkirchner Sandstein erbaut, und wurde im Innern der Thurmhallen der Nahe-Sandstein von Standernheim verwendet. In Galerieen und Gesimsen kam theilweise Stenzelberger Trachyt des Siebengebirges, theilweise der zur Gruppe der Laacher Vulkane gehörende Stein vom Perlenkopf bei Hannebach zur Verwendung. Füllsteine wurden aus dem Dombruche zu Verkum, aus dem Nahethal und Moselthal bezogen. Zur Herstellung des plastischen Schmuckes der Portale wurde der französische Kalkstein von Savonnières und Caen benutzt. Für die Restaurations-Arbeiten wurde der schon genannte Hannebacher Stein und der poröse Basalt oder die sogenannte Mühlstein-Lava von Niedermendig verwendet. Zum Dachstuhl über der Langkirche und den Querschiffen sind 180,500 Kilogramm Eisen und zur Bleibedeckung 136,500 Kilogramm Blei, und für den Dachreiter 214,000 Kilogramm Eisen verwendet worden.

Die Einnahmen der Dombaucasse setzten sich zusammen aus dem Zuschusse des Staates, jährlich 150,000 Mark, der Kathedralsteuer, jährlich etwa 19,000 Mark, aus besonderen Geschenken und aus den Sammlungen des Dombauvereins, später aus den Erträgen der Domban-Prämien-Collecte.

Die Gesammt-Ausgaben für den Dombau beliefen sich vom Jahre 1824 bis 1841 einschl. auf 349,998 Thlr. 9 Sgr. 10 Pfg. oder rund 1,050,000 Mark.

Verausgabt wurden vom Jahre 1842 bis 1851 einschl.: 3,015,216 Mark, bis 1856 einschl.: 4,441,131 Mark; im Jahre 1857: 300,785 Mark; 1858: 240,400 Mark; 1859: 298,026 Mark; 1860: 370,452 Mark;

1861: 400,530 Mark; 1862: 345,000 Mark; 1863: 332,184 Mark; 1864: 287,901 Mark; 1865: 432,192 Mark; 1866: 436,407 Mark; 1867: 529,233 Mark; 1868: 766,082 Mark; 1869: 733,698 Mark; 1870: 450,000 Mark; 1871: 597,846 Mark; 1872: 749,511 Mark; 1873: 726,327 Mark; 1874: 825,990 Mark; 1875: 1,011,578 Mark; 1876: 1,190,090 Mark.

Im Jahre 1877 und bis 1. April 1878: 1,113,729 Mark; 1878: 780,842 Mark; 1879 bis zur Fertigstellung noch etwa 1,000,000 Mark. Im Ganzen also 20,409,520 Mark.

Der Zuschuß des Staates belief sich von 1824 bis 1841 auf 645,252 Mark; von da ab bis zum Jahre 1879, 38 Jahre, jährlich 150,000 Mark, macht 5,700,000 Mark. Im Ganzen also 6,345,252 Mark.

Aus den Prämien-Collecten flossen in die Casse des Dombauvereins:

I. 495,318 Mark;    II. 567,430 Mark;    III. 563,239 Mark;
IV. 583,188 Mark;    V. 509,726 Mark;    VI. 658,618 Mark;
VII. 604,468 Mark;   VIII. 602,301 Mark;   IX. 631,501 Mark;
X. 582,956 Mark;    XI. 623,826 Mark;    XII. 546,060 Mark;
XIII. 557,000 Mark;   XIV. 557,000 Mark.

Im Ganzen also 8,162,731 Mark.

Der Dombauverein gab zum Dombau:

1843: 120,000 Mark; 1844: 90,000 Mark; 1845: 90,000 Mark; 1846: 108,000 Mark; 1847: 123,000 Mark; 1848: 90,000 Mark; 1849: 45,600 Mark; 1850: 60,000 Mark; 1851: 90,000 Mark; 1852: 90,000 Mark; 1853: 120,000 Mark; 1854: 90,000 Mark; 1855: 90,000 Mark; 1856: 108,000 Mark; 1857: 108,000 Mark; 1858: 120,000 Mark; 1859: 99,000 Mark; 1860: 138,000 Mark; 1861: 138,000 Mark; 1862: 159,000 Mark; 1863: 117,000 Mark; 1864: 126,000 Mark; 1865: 138,000 Mark; 1866: 360,000 Mark; 1867: 487,000 Mark; 1868: 615,000 Mark; 1869: 675,000 Mark; 1870: 432,000 Mark; 1871: 420,000 Mark; 1872: 570,000 Mark; 1873: 585,000 Mark; 1874: 720,000 Mark; 1875: 542,000 Mark; 1876: 529,000 Mark; 1877: 880,000 Mark; 1878 in 1879: 630,000 Mark. Im Ganzen also bis 1879: 10,757,000 Mark.

## III.

Nächst der Hülfe Gottes ist es der von warmer Begeisterung für den Ausbau der kölner Domkirche getragenen Thatkraft und Opferwilligkeit der hohen Protec=

toren, des Königs Friedrich Wilhelm IV. und des Kaisers Wilhelm I., des Königs Ludwig von Baiern, des Geheimeraths Dr. Sulpiz Boisserée, der Erzbischöfe Johannes und Paulus, der Baumeister Zwirner und Voigtel und des kunstliebenden deutschen Volkes zu verdanken, daß der Torso des Domes, dieser stumme und zugleich beredte Ankläger der durch innere Zerrissenheit und äußere Drangsale geschwächten deutschen Nation, vor völligem Verfalle bewahrt und das ganze Gotteshaus in der Weise ausgebaut werden konnte, wie es dem Geiste der ersten Dombaumeister vorgeschwebt hat. Alle die genannten Freunde und Förderer des Dombaues reichten einander die Hand, um in edlem Wettkampf die alte Rheinmetropole mit einem Wunderbau zu schmücken, der an Großartigkeit des ganzen Werkes sowohl wie an künstlerischer Vollendung seiner Einzelheiten die gepriesensten kirchlichen Bauwerke des ganzen Erdenrundes hinter sich zurückläßt. Der Dom in seiner jetzigen Vollendung ruft in überzeugender Weise dem staunenden Geschlechte zu, wie das unmöglich Scheinende erreicht werden kann, wenn die Bevölkerung eines mächtigen Staatswesens in dem Streben nach einem großen Ziele von einer kräftigen Regierung unterstützt wird, wenn Fürst und Volk vereint der Verwirklichung eines großen Gedankens zustreben, wenn jede politische, confessionelle und gesellschaftliche Meinungsverschiedenheit vor der Gewalt einer großen Idee in den Hintergrund tritt. Das Ziel, welches der Dombauverein sich gesteckt und dessen Erstrebung durch die Protectoren, Bischöfe und Baumeister kräftig unterstützt wurde, ging dahin, Gott einen Tempel von bewundernswerther Pracht und Schönheit zu errichten, den Kunstfreunden den Anblick einer Schöpfung zu bieten, welche sich als die vollendetste Leistung künstlerischen Wirkens bekundet. Die Namen aller derjenigen, welche durch geistige Anregung, materielle Mittel, künstlerisches Schaffen das große Werk gefördert, sind untrennbar mit dem kölner Dome verbunden; sie stehen unverlöschbar in den Annalen des Wunderbaues eingetragen. Seit dem Tage, an welchem des hochseligen Königs Majestät die ersten drei Hammerschläge auf den Grundstein zum Weiterbau that und die denkwürdigen Worte sprach, daß er im Dome das Werk des Brudersinnes aller Deutschen, aller Bekenntnisse sehe, daß er wünsche, es möge durch die Thore des Domes, die schönsten Thore der ganzen Welt, mit Gottes Gnade eine neue, große, gute Zeit einziehen und der Dom selbst möge über die Stadt Köln, über Deutschland, über Zeiten ragen, reich an Menschenfrieden, reich an Gottesfrieden bis an das Ende der Tage, bis zu dem Augenblick, in welchem in Anwesenheit der fürstlichen Gönner und Förderer des Dombaues und unter dem Jubel des freudig bewegten Volkes die Krönung des großen Werkes durch Enthüllung der die höchsten Thürme der Welt schmückenden Kreuzblumen Statt findet, war die Opferfreudigkeit für den Prachtbau in unserem erhabenen Königshause stets in gleichem Maße lebendig und für die Untergebenen anfeuernd. Wie König

Die Kreuzblume der Domthürme.

Friedrich Wilhelm IV., so haben dessen Nachfolger, des jetzt regierenden Kaisers und Königs Majestät, die Kaiserin und Königin Augusta, der Kronprinz, die Kronprinzessin und die übrigen Prinzen des preußischen Königshauses durch nachhaltige Unterstützung des großen Werkes bewiesen, daß sie eine der schönsten Aufgaben ihrer bevorzugten Lebensstellung in der Bethätigung einer opferwilligen Liebe zur Kunst erkennen. Die Nachwelt wird mit innigem Dank die Namen der hochherzigen Protectoren und der Familienglieder derselben nennen, so oft sie des kölner Domes Erwähnung thut. Mit nicht geringerer Verehrung wird sie sich des Königs Ludwig von Baiern erinnern, der bis zu seinem letzten Athemzuge nicht müde wurde, dem kölner Dome die glänzendsten Beweise seiner Kunstliebe und Großmuth durch reiche Gaben zu bethätigen. Mit Dank und Verehrung wird von jedem Freunde des kölner Domes der Name des Geheimen Rathes Dr. Sulpiz Boisserée genannt werden, welcher die Aufmerksamkeit des deutschen Volkes wieder auf dieses bewundernswerthe Bauwerk hinleitete und das Verständniß seiner herrlichen Formen den Freunden der Kunst vermittelte. Fürsten und Volk fanden das freudigste Entgegenkommen und die kräftigste Beihülfe bei den beiden Erzbischöfen Johannes und Paulus, welche während der achtunddreißigjährigen Bauzeit an der Spitze der kölner Kirche gestanden haben. Der Cardinal-Erzbischof Johannes von Geissel hat insbesondere das Verdienst, den Einfluß, welchen er beim Könige Ludwig von Baiern besaß, benutzt zu haben, um die Großmuth dieses Fürsten dauernd dem kölner Dome zugewendet zu erhalten. Das scharfe Auge Schinkel's hatte in dem jungen Architekten Zwirner den Mann erkannt, welcher der Riesenaufgabe, den Dom auszubauen, gewachsen war. Mit freudiger Begeisterung ging dieser Meister an die Lösung der ihm gestellten hohen Aufgabe, und er schuf eine Bauhütte, deren Mitglieder sich bald in den Geist und die Kunstfertigkeit der mittelalterlichen Steinmetzen einzuleben verstanden. Durch einen leider zu frühen Tod abberufen, blieb es seinem Nachfolger Voigtel vorbehalten, dem nahezu vollendeten Kirchenschiffe die beiden Riesenthürme hinzuzufügen und durch die Kreuzblumen zu krönen. Das Interesse an dem Baue in den für die große Sache gewonnenen Dombaufreunden dauernd rege zu halten, der Baucasse die erforderlichen Geldmittel zuzuleiten und Sorge zu tragen, daß im deutschen Volke die Begeisterung für den Dombau nicht erkalte, erkannte der Central-Dombauvereins-Vorstand als seine Hauptaufgabe, und seiner rastlosen Thätigkeit ist es zu verdanken, daß diese Bestrebungen mit dem glücklichsten Erfolge gekrönt wurden.

Alle Gönner und Förderer der Dombausache haben sich bei Mit- und Nachwelt ein ehrenvolles Andenken gesichert. Jeder, der sich in irgend einer Weise, sei es durch aufmunterndes Beispiel oder durch materielle Opfer, oder durch geistiges und künstlerisches Schaffen, oder durch Werbung von Freunden für die Dombausache um die Förderung des großen Werkes verdient gemacht und das Seinige zur endlichen

Vollendung des herrlichen Baues beigetragen hat, wird sich in dem warmen Danke, den ihm alle Kunstfreunde zollen, und in dem Bewußtsein, Theil an der Vollendung einer der größten Kunstschöpfungen der Welt zu haben, hinreichend belohnt finden.

Sichtbar hat auf dem Bemühen aller derjenigen, welche ihre geistigen oder materiellen Kräfte im Interesse der Dombausache anspornten, von dem Beginne des Weiterbaues und bis zur Fertigstellung des großen Werkes, helfend, schützend die Gnade Gottes geruht. Für diesen göttlichen Segen, von welchem der Vereinsvorstand sein Wirken in so reichem Maße begleitet gesehen, steigen jetzt nach glücklicher Erreichung des so heiß ersehnten Zieles innige Dankgebete aus Aller Herzen zum Himmel empor.

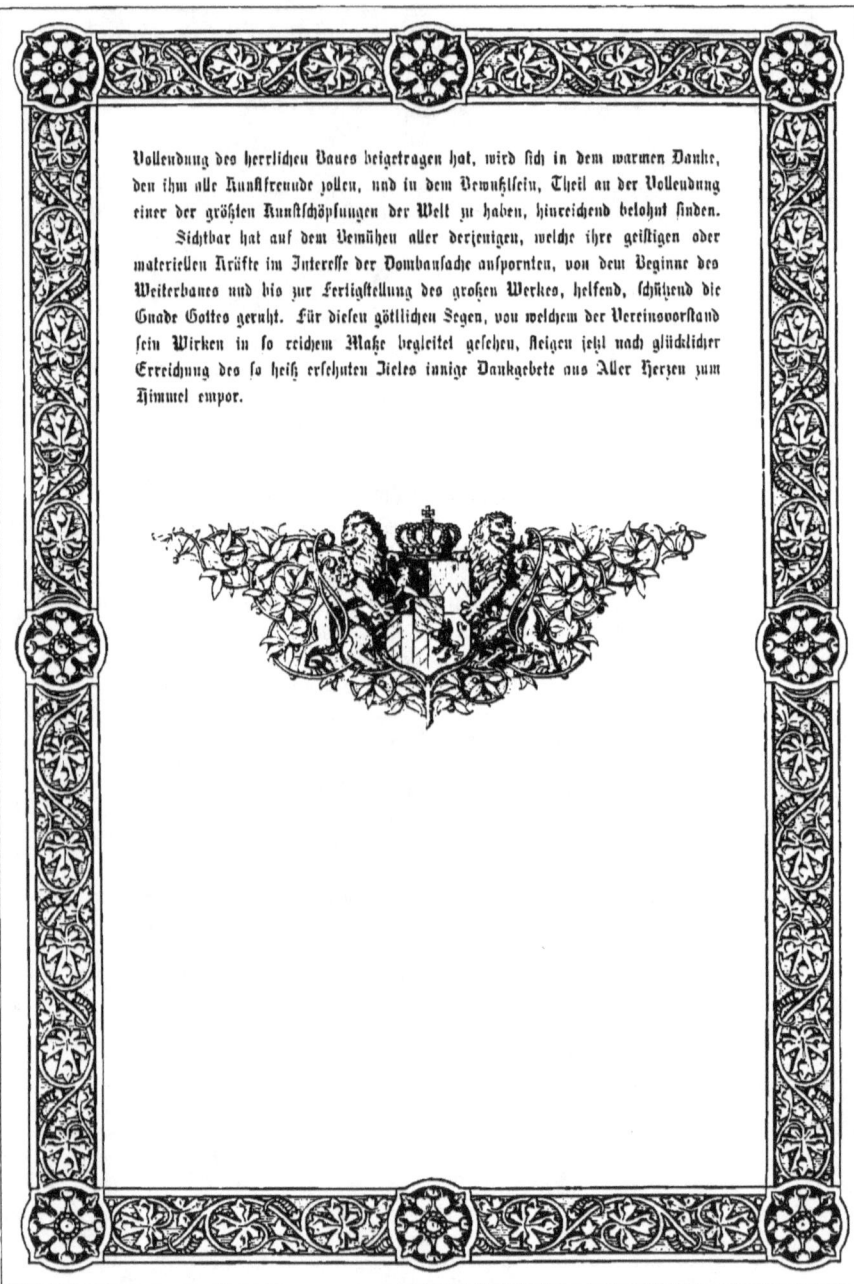

# Sechstes Capitel.

## Literatur des Domes.

In der Zeit, in welcher mit rüftiger Hand am Dome gearbeitet wurde, kannte man auf dem Gebiete der Wiffenfchaft noch nichts von äfthetifchen und kunfthiftorifchen Studien. Erft der Humanismus fchuf die Aefthetik und Kunftgefchichte als eine neue und eigene Wiffenfchaft, aber nicht auf dem Boden der deutfchen, fondern der antiken, der griechifchen und römifchen Kunft. Erft als von einer Reihe humaniftifch gebildeter Männer die Geographie und Kosmographie in Pflege genommen und die bildliche Darftellung bedeutender Städte und hervorragender Gebäude zum Gegenftand befonderer kosmographifcher Werke gemacht wurde, fand eine Reihe romanifcher und gothifcher Baudenkmale eine ihrer hohen künftlerifchen Bedeutung und ihrer überwältigenden Baupracht entfprechende Würdigung. Solchen befchreibenden geographifchen Werken, die meift guten Theils mit prächtigen Illuftrationen, Stadtplänen und Abzeichnungen bedeutender Bauwerke gefchmückt waren, ift es zu verdanken, daß der kölner Dom in der Literatur nicht gänzlich außer Acht gelaffen wurde. Der Männer, welche im 16., 17. und 18. Jahrhundert ihrer Bewunderung diefes ftolzen Bauwerkes Ausdruck gaben oder gar fich für die Wiederaufnahme der Arbeiten an diefem Gotteshaufe ausfprachen, find äußerft wenige zu verzeichnen; aber diefe wenigen verdienen wegen des Muthes, mit welchem fie gegen den Gefchmack und die Richtung ihrer Zeit entweder ihren Anfchauungen Worte liehen oder ihre Wünfche äußerten, unfere ganz befondere Achtung. Es find dies Georg Braun, Quad von Kinkelbach, Eberhard Winheim und Hermann Crombach.

Zuerft wurde der Dom in dem 1572 von Georg Braun herausgegebenen großen Städtebuche, welches mit Plänen und Zeichnungen von Franz Hopenberg, Simon Novellanus und Abraham Hopenberg ausgeftattet ift, in feiner wahren Bedeutung gewürdigt. „Es ift allhie", heißt es in diefem Werke, „eine unübertreffliche grosse Kyrch (der Thumb), mag wol in der Wahrheit und mit Nam summum templum, das ist die größte Kyrch heissen, ist auch lebendigen gehawenen Steinen mit wunderbarlicher Kunst in die Luft geführt und dem Apostel St. Peter zugeeignet; welche Kyrche, so sie biß zum verordnelen End vollenzogen were, würde sie leichtlich ihrer zierde und größe halben alle Gotteshäuser des ganzen Teutschlands übersteigen und nicht unbillig den hochwunderbarlichsten Dingen des ganzen Europä zugezellt werden." Der magister liberalium artium und licentiatus theologiae Georg Braun war ein Sohn des Theodor Braun und der Ursula Urbach und in der Kirche von St. Alban getauft. Im September 1575 überreichte er dem Rath ein Exemplar seines Städtebuches: „Als der wohlgeborene Dominus Georgius Braun", sagt das Protocoll vom 9. September, „meinen Herren ein opus civitatum etc., herrlich gemacht und gebunden, dediciret, haben meine Herren befohlen, ihm 50 Reichsthaler zu verehren und Vertröstung zu thun, ihm in vorfallender Gelegenheit mit einer Präbende zu bedenken." Es war ein Canonicat in St. Georg, was ihm zu Theil wurde. Als im Jahre 1585 Jakob Middendorp wegen seiner Anhänglichkeit an den entsetzten Erzbischof Gebhard Truchses der Dechantenwürde im Stifte St. Maria ad gradus verlustig erklärt wurde, erhielt Georg Braun diese Stelle aus der Hand des apostolischen Legaten, des Bischofs von Vercelli. „Hätte gern ein canonicatum ad gradus dazu gehabt, konnte daselbe aber noch nicht propter extinctionem decem praebendarum erhalten."¹) In seiner Eigenschaft als Dechant von Maria ad gradus war er Archidiakon von Dortmund. Seinen Official, den Pastor Schmalbein von Büderich, beauftragte er, alles aufzubieten, um dem Umsichgreifen der Reformation in seinem Archidiakonate zu steuern. Außer seinem Städtebuche und einigen kleineren theologischen Schriften schrieb er noch: Catholicorum Tremoniensium adversus Lutheranae ibidem factionis praedicantes defensio. Handschriftlich hinterließ er: Historia collegiatae ecclesiae B. Mariae virginis ad gradus Coloniae.²) Braun, der auch mit dem königlich spanischen Geographen Abraham Ortelius in enger Beziehung stand, war dem Professor Stephan Brölmann bei der Aufnahme der für seine Commentare über die Römisch-Kölnische Geschichte bestimmten Karten, namentlich der Karte von Europa zur Zeit der Völkerwanderung, behülflich.

Der Karthäuser Eberhard Winheim sagt in dem 1607 gedruckten sacrarium Agrippinae,³) daß der Dom in seinem unvollendeten Instande schon das Staunen aller derjenigen, die diesen Bau anschauten, erweckte; die Majestät des Baues

---

1) Weinsberg, Gedenkbuch.
2) Die Handschrift war um die Mitte des 18. Jahrhunderts im Besitze der Brüder von der Ketten.
3) Sacrarium Agrippinae, fol. 26.

würde überwältigend geworden sein, wenn das Werk bis zur höchsten Spitze fertig geworden wäre.

Quad von Kinkelbach bedient sich in seinem bekannten, 1609 gedruckten Werke: „Der Deutschen Nation Herrlichkeit", an der Stelle, an welcher er über den Dom spricht, in ganz wörtlicher Wiedergabe der eben bezogenen Sätze aus dem Braun'schen Städtebuche.

Wenn Braun, Winheim und Quad sich damit begnügten, einfach auf die Pracht und Schönheit des kölner Domes hinzuweisen, so ging der Jesuit Pater Hermann Crombach einen Schritt weiter und stellte am Schluß seines gelehrten Werkes an die deutschen Fürsten, vor Allen aber an den damaligen Erzbischof Maximilian Heinrich, das Ansuchen, den prachtvollen Bau zu Ehren der katholischen Kirche und zum Ruhme des deutschen Namens fortzusetzen.

Hermann Crombach war 1598 zu Köln geboren und ein Sohn des Steinmetzen-Amtsmeisters Johann Crombach, der 1612 vom Rathe mit der Leitung der Demolirungs-Arbeiten an der neuen Stadt Mülheim beauftragt wurde. Er besuchte das dreigekrönte Gymnasium der Jesuiten, erwarb hier den Grad eines Magisters der freien Künste und trat 1617 in den Jesuitenorden. Nachdem er die vier Gelübde abgelegt hatte, wurde er in seinem Collegium mit der Professur der Moraltheologie betraut. Außerdem wirkte er segensreich im Beichtstuhl. Seine Mußezeit verwendete er auf das Studium der kölner Kirchen- und Profangeschichte. In seinen desfallsigen Arbeiten zeigt sich ein Anflug von historischer Kritik. Er ließ sich besonders angelegen sein, seinen Gegenstand pragmatisch zu behandeln und seine Behauptungen durch authentische Urkunden zu begründen. Handschriftlich hat er hinterlassen: Annales Metropolis Coloniae Agrippinensis a prima origine deducti usque ad seculum Christi XVII..... Das Werk schließt mit dem Jahre 1675. Bezüglich dieser Chronik sagt das Rathsprotocoll vom 15. Mai 1648: „Hermann Crombach, dem zu dieser Stadt Ehre, Lob und Ruhm eine Chronik zusammen zu richten und in Druck gehen zu lassen erlaubt, hat von den Brölmann'schen Erben die collectanea erhandeln zu lassen und ihm zum Gebrauch zu vergünstigen gebeten. Darauf der Rath der Mittwochs-Rentkammer-Commission aufgetragen, von den Erben die collectanea ex aequo ac bono zu erhandeln, damit dem Vorgange fernere Verfügung geschehen könne."[1]) Wiederholt erhielt er von Seiten des Rathes, während er an dieser Chronik arbeitete, eine Gratification. Den Stadtsyndiken wurde die Entscheidung überlassen, ob die in das Syndicats-Archiv abgelieferte Handschrift gedruckt werden solle oder nicht. Das bezügliche Urtheil sprach sich gegen den Druck aus. Die Arbeit, drei dicke

1) Rathsprotocolle, Nr. 92.

Folianten, ruht noch jetzt im Stadtarchiv. Von seinen gedruckten Schriften sind zu nennen: Primitiae gentium seu historia ss. trium regum magorum.[1]) Die erste Ausgabe ist von 1647. In diesem Jahre überreichte er dem Rath ein Exemplar des Buches selbst und jedem Mitglied des Rathes ein Exemplar der Abzeichnung der Domthürme nach ihrer Vollendung. Dafür erhielt er hundert Rathszeichen und sein Verleger Kinckius ein Schutzprivileg auf zwanzig Jahre;[2]) eine andere Ausgabe ist von 1654. — Leben des heiligen Gerolde Cremonensischen Martyrers und kölnischen Bürgers, 1652; Vita et martyrium s. Ursulae et sociarum undecim millium virginum, 1674; Idea sacerdotum sive vita Jacobi Merlo-Horstii parochi Coloniae ad hortum B. M. V.; auctuarium Ursulae vindicatae, 1672. Außer diesen Druckschriften hinterließ er ein Manuscript: „Vitae fundatorum, qui provinciae Rhenanae inferioris soc. Jesu collegia, novitiatus, missiones fundarunt;" „Vita venerandi servi dei Mauritii de Buren soc. Jesu presbiteri." Als Crombach im Jahre 1654 dem Rath ein Exemplar seiner Geschichte der hh. drei Könige überreichte, stellte er das Ansuchen, „ihm zur Vollführung der historischen Jahrbücher aus den Schreinen und Archiven allen Beistand zu leisten." Der Rath beauftragte den Syndicus, sich davon zu überzeugen, ob das Werk der gewünschten Unterstützung werth sei. Das Gutachten fiel günstig aus, und als Crombach mit seinem Werke fertig war, entschloß sich der Rath, das Manuscript anzukaufen, die inserirten Urkunden mit den Originalen vergleichen zu lassen und sich später darüber schlüßig zu machen, ob das Ganze nicht dem Druck übergeben werden solle. Am 18. April 1672 beschloß der Rath, „zu vorhabendem Drucke der von Crombach perficirten und durch den Syndicus von Wedig durchgesehenen Chronik die Hälfte desjenigen, was von Seiten des Magistrates zur Beibringung der Brölmann'schen Collectaneen vorhin offerirt, zu entrichten." Zur rheinischen Kirchengeschichte enthält es manche äußerst schätzenswerthe Beiträge. Die historia trium regum zeigt auf dem Titel des dritten Theiles eine Abbildung der Dreikönigen-Capelle in dem Zustande des Jahres 1654. In der Vorrede spricht sich eine hohe Begeisterung für die Pracht und Schönheit des Domes aus. In dem dritten Theile[3]) handelt Crombach vom Brande des alten Domes, von der Grundsteinlegung zum neuen, von der Form und den einzelnen Theilen des Domes, von den Gönnern des Domes, von der

---

1) Der vollständige Titel lautet: Primitiae gentium seu historia ss. Trium Regum Magorum evangelicorum, et encomium quibus praerogativae eorum, genus, patria, et exspectatio sideris ac Messiae, profectio, stella duce, Hierosolymam, et adoratio Christi in Bethlehem etc. . . . . Autore Hermanno Crombach. Coloniae Agrippinae, ap. Joannem Kinckium. 1654.
2) Rathsprotocolle, Nr. 93.
3) Tom III, cap. 48, pag. 697.

Petri-Bruderschaft, von den Fürsten, welche den Dom besucht und beschenkt haben, von den Wallfahrten zu den hh. drei Königen. Mit Sorgfalt, Sachkenntniß und einem für seine Zeit bemerkenswerthen Verständniß für die Formen der gothischen Bauweise hat Crombach alles zusammen getragen und verarbeitet, was ihm für die Geschichte des Domes von Interesse und Wichtigkeit schien. Die genannten Capitel bieten für die Geschichte des Domes eine Fülle zuverlässigen und schätzenswerthen Materials.

Aus dem 18. Jahrhundert sind uns nur vier Schriften bekannt, welche über den Dom handeln. Die eine ist vom bonner Hofkammerrath Vogel, die andere von Schallenbach, die dritte von einem Unbekannten, die vierte von dem feurigen mainzer Republicaner Georg Forster. Die erstgenannte Schrift führt den Titel: „Sammlung der prächtigen Edelgesteinen, womit der Kasten der dreyen heiligen Weisen Königen in der hohen Erz-Domkirche zu Köln ausgezieret ist, nach ihrem ächten Abdrucke in Kupfer gestochen. Nebst einer vorläufigen geschichtmäßigen Einleitung, durch J. P. N. M. V. Collection des pierres antiques dont la chasse de Ss. Trois Mages est enrichie dans l'église métropolitaine à Cologne. Gravées après leurs empreintes avec un discours historique analogue par J. P. N. M. V. — Bonn, gedr. i. d. kurfürstl. Hofbuchdruckerey. 1781." — Deutsch und französisch in zwei getrennten Bänden, mit je 12 Tafeln. — Auf dem Titel dieses Werkchens sowohl wie auf den Titeln der andern von ihm herausgegebenen Schriften nennt der Verfasser bezw. der Herausgeber nicht seinen vollen Namen, sondern nur die Buchstaben J. P. N. M. V. (Johannes Philippus Nerius Maria Vogel). Er erscheint schon im Jahre 1760 als kurfürstlicher Rath der Finanzkammer, Hofsonrier, Burggraf des Schlosses zu Bonn und Herold des Ordens vom h. Michael. Bis zum Jahre 1794 gab er den Bonner Hofkalender heraus. Die meisten dieser Kalender enthalten gründliche historische Arbeiten über Bonn, Neuß u. s. w.; sie erschienen in deutscher und französischer Sprache. Im Jahre 1784 gab er in zwei Foliobänden eine geschätzte Sammlung der kurkölnischen Verordnung heraus. Die Arbeit über den Dreikönigenkasten gibt als Einleitung eine kurze Erzählung, auf welche Weise Mailand und darauf Köln in den Besitz der Reliquien gekommen ist; dann folgt eine Beschreibung des Domes, darauf eine Beschreibung des Dreikönigenkastens und eine Aufzählung und kurze Kennzeichnung der 226 an diesem Prachtwerk angebrachten edeln Steine. Die Illustrationen stellen den Grundriß des Domes, den Aufriß der Thürme, die Dreikönigencapelle, den Dreikönigenkasten von vorne und von hinten, so wie von beiden Seiten und sämmtliche Steine dar. Das andere Werkchen führt den Titel: „Historische Beschreibung der stadtköllnischen Kollegiatstifter ic.;" zweiter Titel: „Historische Beschreibung der weltberühmten stadtköllnischen hohen Domkirche, samt ihrem heil. Schatz, Denckmalern und dem itzt darinnen befindlichen neuen und sehr prächtigen hohen Altar. Köllen am Rhein, bei Friedrich Hochmuth an der St. Columbakirche, 1771." Diese schwache Schrift, welche über die Geschichte des Domes nur einige dürftige Nachrichten aus Winheim, Gelen und Crombach gibt, wurde vielfach dem Baron von Dehlen, genannt Rosenpaff, zugeschrieben; der Verfasser ist aber Schallenbach, der in der Hämergasse beim Maler Rann wohnte. Derselbe Verfasser schrieb auch eine kleine Beschreibung der Ordenskirche St. Michael zur Weidenbach und „Vertheidigung der catholischen Laien wider eine für die Klerisei an's Licht getretene Schutzschrift, erstes und zweites Stück, 1770." Auf Antrag des Erzbischofs wurde letztgenannte Schrift vom Rathe confiscirt. Schallenbach steht in ästhetischer Beziehung ganz auf dem Standpunct der Vandalen, welche das prächtige gothische Sacramentohäuschen zerstörten. Die dritte der genannten Schriften ist die „Mahlerische Reise am Nieder-Rhein." Das erste Heft dieses Werkes enthält auf acht Quartblättern eine für ihre Zeit bemerkenswerthe Arbeit über „den hohen Dom zu Köln am Rhein". Diese Arbeit beweist, daß es in den achtziger Jahren des vorigen Jahrhunderts doch noch immer einzelne Männer gab, welche Sinn und Verständniß für die Wunderwerke der gothischen Baukunst hatten. Der Aufriß der Westfaçade und der Grundriß der ganzen Kirche sind nach den damals noch im Dom-Archiv ruhenden Originalplänen gezeichnet vom kurkölnischen Artillerie-Lieutenant und Cabinetszeichner Düpnis. Die vierte über den Dom handelnde Schrift aus dem vorigen Jahrhundert ist von Georg Forster.

Georg Forster schrieb im Sommer 1790 in seinen „Ansichten vom Niederrhein": „Wir gingen in den Dom und blieben darin, bis wir im tiefen Dunkel nichts mehr unterscheiden konnten. So oft ich Köln besuche, gehe ich immer wieder in diesen herrlichen Tempel, um die Schauer des Erhabenen zu fühlen. Vor der Kühnheit der Meisterwerke stürzt der Geist voll Erstaunen und Bewunderung zur Erde; dann hebt er sich wieder mit stolzem Fluge über das Vollbringen hinweg, das nur eine Idee eines verwandten Geistes war. Je riesenmäßiger die Wirkungen menschlicher Kräfte uns erscheinen, desto höher schwingt sich das Bewußtsein des wirkenden Wesens in uns über sie hinaus. Wer ist der hohe Fremdling in dieser Hülle, daß er so in mannigfaltigen Formen sich offenbaren, diese redenden Denkmäler von seiner Art, die äußeren Gegenstände zu ergreifen und sich anzueignen, hinterlassen kann? Wir fühlen, Jahrhunderte später, dem Künstler nach und ahnen die Bilder seiner Phantasie, indem wir diesen Bau durchwandern. — Die Pracht des himmelan sich wölbenden Chors hat eine majestätische Einfalt, die alle Vorstellung übertrifft. In ungeheurer Länge stehen die Gruppen schlanker Säulen da, wie die Bäume eines uralten Forstes. Nur am höchsten Gipfel sind sie in eine Krone von Aesten gespalten, die sich mit ihren Nachbarn in spitzen Bogen wölbt, und dem Auge, das ihnen folgen will, fast unerreichbar ist. Läßt sich auch schon das Unermeßliche des Weltalls nicht im beschränkten Raume versinnlichen, so liegt gleichwohl in diesem kühnen Emporstreben der Pfeiler und Mauern das Unaufhaltsame, welches die Einbildungskraft so leicht in das Gränzenlose verlängert. Die griechische Baukunst ist unstreitig der Inbegriff des Vollendeten, Uebereinstimmenden, Beziehungsvollen, Erlesenen, mit einem Worte: des Schönen. Hier indessen an den gothischen Säulen, die, einzeln genommen, wie Rohrhalme schwanken würden und nur, in großer Anzahl zu einem Schaft vereinigt, Masse machen und ihren geraden Wuchs behalten können, unter ihren Bogen, die gleichsam auf nichts ruhen, luftig schweben, wie die schattenreichen Wipfelgewölbe des Waldes, hier schwelgt der Sinn im Uebermuth des künstlerischen Beginnens. Jene griechischen Gestalten scheinen sich an alles anzuschließen, was da ist, an alles, was menschlich ist; diese stehen wie Erscheinungen aus einer anderen Welt, wie Feenpaläste da, um Zeugniß zu geben von der schöpferischen Kraft im Menschen, die einen einzelnen Gedanken bis auf das Aeußerste zu verfolgen und das Erhabene selbst auf einem mahßlosen Wege zu erreichen weiß. Es ist sehr zu bedauern, daß ein so prächtiges Gebäude unvollendet bleiben muß. Wenn schon der Entwurf, in Gedanken ergänzt, so mächtig erschüttern kann, wie hätte nicht die Wirklichkeit uns hingerissen!"

Diese Worte des genialen Mannes waren für den kölner Dom gleichsam die erschütternden Worte des Rufenden in der Wüste, durch welche diesem Werke die nahe Erlösung angekündigt wurde.¹) Aber was von Forster über die künstlerische Bedeutung, die Pracht und Großartigkeit des kölner Domes geschrieben worden, verklang bald wieder und wurde vergessen oder fand keinen Widerhall in deutschen Herzen oder drang nicht in die Kreise, in welchen ein kräftiges Wort für das größte Wunderwerk gothischer Baukunst mit Aussicht auf Erfolg hätte zünden können. Erst im Anfange unseres Jahrhunderts wurde von Friedrich von Schlegel eine Reihe von mehr oder weniger bedeutenden literarischen Erscheinungen eröffnet, welche sich mit der gothischen Baukunst, speciel mit dem kölner Dome befaßten. Schlegel trat mit Muth und Begeisterung gegen den noch allmächtigen Classicismus für die Romantik in den Kampf. Er eröffnete die Bahn der strengen Kunstkritik in den Reflexionen über die Erzeugnisse der altdeutschen Kunst. Den akademischen Stil wollte er verbannen und die deutsche Baukunst wie Malerei wieder mit ihren Motiven und Formen auf nationalen Boden verpflanzen. Nur auf deutscher Grundlage sollte die Kunst ihren eigenthümlichen Charakter retten und sich zur Idealität emporschwingen. Im Hinblick auf die hervorragenden Geister des katholischen Mittelalters, die äußere Pracht des katholischen Cultus, den hohen Einfluß der Kirche auf die Baukunst, Malerei und Bildhauerei stellte er das katholische Kirchenthum

---

1) Blömer, Zur Literatur des kölner Domes.

als den eigentlichen Träger und Förderer der künstlerischen und menschlichen Bildung hin und wollte dasselbe zum Mittelpunct alles Lebens und Strebens erhoben wissen. Die nothwendige Consequenz solcher Anschauungen war sein Uebertritt zur katholischen Kirche, der im Jahre 1805 in Köln erfolgte. Geistreich und von einer ungezügelten Phantasie, ergriff er jede Idee mit Feuer und suchte mit aller Gewandtheit der Dialectik, mit allen Mitteln seiner reichen Einbildungskraft, mit Hülfe seiner umfassenden Kenntnisse dieselbe als Mittelpunct und Grundlage des geistigen Lebens zu entfalten.[1]) In dem Studium der Kunstschätze, welche die französischen Eroberer in unermeßlicher Fülle nach Paris zusammengeschleppt hatten, fand er reichliche Nahrung für sein Streben. Um dem trostlosen Wirrwar der deutschen Kleinstaaterei zu entfliehen und um die Sammlungen des Louvre aus unmittelbarer Anschauung zu studiren, begab er sich im Jahre 1802 nach Paris. Von Natur mit einer hervorragenden Anlage für das Urtheil über das Kunstschöne ausgestattet, hatte er durch die Betrachtung der reichen Kunstschätze Dresdens seinen Geschmack gebildet. Er hatte der freudigen Hoffnung gelebt, daß in Paris durch den ersten Consul die Herrlichkeit des großen karolingischen Reiches sich erneuern werde. Bitter sah er sich getäuscht. Dagegen fand er in der napoleonischen Sammlung die trostvolle Ueberzeugung, daß der deutsche Geist auf dem Gebiete der Kunst das Uebergewicht, welches er vor Jahrhunderten besessen, wiedergewinnen könne.[2])

In Paris bildete Schlegel einen kleinen Kreis von deutschen Gelehrten und strebsamen Männern, und es gelang ihm bei der Universalität seines Wissens, die Anerkennung deutschen Geistes und deutscher Gelehrsamkeit unter den Franzosen anzubahnen, welche im Verlauf unseres Jahrhunderts so erfreuliche Fortschritte gemacht hat. Auch das, was das christliche Mittelalter auf dem Gebiete der verschiedenen Kunstzweige geleistet, fand an ihm in gleicher Weise den beredtesten und begeistertsten Verehrer und Fürsprecher, und wurde von ihm in seinem hohen, fast allgemein verkannten Werthe der erstaunten Welt überzeugend vorgeführt. In Paris schlossen sich drei Kunstfreunde aus Köln, die beiden Brüder Boisserée und Bertram, junge, kunstbegeisterte Männer, welche lediglich der Drang, ihren geistigen Blick zu erweitern und ihre ästhetischen und kunsthistorischen Anschauungen zu läutern, nach der französischen Hauptstadt getrieben hatte, an Schlegel an. Der am 2. August 1783 geborene ältere der Brüder Boisserée, Sulpiz, dessen Name später mit dem kölner Dome unlösbar verknüpft wurde, hatte in seiner Vaterstadt eine gute Vorbildung erhalten und war im Jahre 1798 nach Hamburg geschickt worden, um die Kaufmannschaft zu lernen. Von entscheidendem Einfluß für seine ganze spätere Richtung

---

1) Kurz, Geschichte der deutschen Literatur, Bd. III, 156.
2) Blömer, im Domblatt, Nr. 25 ff.

war die väterliche Aufnahme, welche er in dem Hause des Dr. Reimarus und in der mit diesem befreundeten Familie Sieveking fand. In seiner freien Zeit nahm er Privatlectionen in der Mathematik und im Architekturzeichnen, besuchte Handelscollegien und hörte Physik. Seine Liebe zu wissenschaftlichen Beschäftigungen wurde gepflegt und genährt durch den freundschaftlichen Umgang mit dem Buchhändler Perthes. Noch ehe seine Lehrjahre um waren, kehrte Sulpiz Ende 1799 in seine Vaterstadt zurück. Das Kaufmannsleben war ihm verleidet, und er beschloß, sich höheren Studien zu widmen. Bestärkt wurde er in diesem Entschluß durch einen etwa sieben Jahre älteren Freund, Bertram mit Namen, der eben von der Universität Erlangen in sein Vaterhaus nach Köln zurückgekehrt war und hier seine philosophischen und ästhetischen Studien mit großem Eifer fortsetzte. Mit besonderer Vorliebe betrieb Sulpiz die Lectüre lateinischer Classiker und das Studium der Philosophie. Schon früh durch den täglichen Anblick des kölner Domes so wie der in einzelnen Kirchen befindlichen hervorragenden altdeutschen Bilder für die mittelalterliche Kunst eingenommen, wurde er in dieser Vorliebe durch eine Reise nach Antwerpen in hohem Grade bestärkt. Es erwachte in ihm der heiße Wunsch, die nach Paris zusammengeschleppten Schätze der mittelalterlichen Kunst zu sehen und zu studiren. Sein Bruder Melchior und sein Freund Bertram theilten diesen Wunsch, und im September 1803 begaben sich die drei begeisterten Kunstfreunde nach Paris. Hier machten sie, wie eben angegeben, die Bekanntschaft Schlegel's. Sie entschlossen sich, den ganzen Winter in Paris zu bleiben, als Schlegel sich bereit erklärt hatte, ihnen Privatvorlesungen zu geben und sie in sein Haus aufzunehmen. Den vor der Reise nach Paris gefaßten Plan, die Universität Jena zur weiteren Ausbildung seiner philologischen und philosophischen Kenntnisse zu besuchen, gab Sulpiz jetzt auf. Durch die drei kölner Freunde wurde Schlegel veranlaßt, nach Köln überzusiedeln und sich um eine Lehrerstelle für Geschichte und Literatur an „höherer Schule" zu bewerben. Ende April 1804 begleitete er die jungen Männer durch Belgien, über Aachen und Düsseldorf nach Köln. Er erhielt bald eine provisorische Anstellung an einer höheren Lehranstalt, und ärntete durch seine öffentlichen Vorträge über Geschichte und Literatur großen Beifall. Ueber den Dom schrieb er: „Alle ergreift das Große dieses erhabenen Bruchstückes mit Erstaunen, und besonders der Blick in die Höhe des Chorgewölbes erfüllt jede Brust mit Bewunderung. Was aber dem, der mehrere Denkmale der gothischen Baukunst mit Aufmerksamkeit zu beobachten Gelegenheit hatte, am meisten auffällt, ist die Schönheit der Verhältnisse, die Einfalt, das Ebenmaß bei der Zierlichkeit, die Leichtigkeit bei der Größe. Den Eindruck fühlt jeder, der Gefühl für so etwas hat; beschreiben aber oder erklären läßt sich dieses Gefühl weiter nicht, nur genaue Abmessungen, im Vergleiche mit anderen Gebäuden ähnlicher Art, würden lehrreiche Aufschlüsse über das Geheimniß jenes, dem zarteren Gefühle so merklichen Ebenmaßes geben können. Gewiß ist es, daß die meisten, auch sehr berühmten und ruhmwürdigen gothischen Kirchen gegen diese, theils noch etwas roh und schwerfällig, theils aber überladen, spielend und weniger zweckmäßig erscheinen. Nur das löwener Rathhaus könnte ihr in kleinerem Maßstabe in Rücksicht auf diese edle Einfalt und Schönheit des Stiles an die Seite gesetzt werden. In der allgemeinen Anlage ist der Dom, wie die eigentlich gothischen oder altdeutschen Kirchen zu sein pflegen, nachdem der noch präcisirende Stil der älteren christlichen Bauart durch eine größere Künstlichkeit ganz umgestaltet worden war... Die Thürme, ein Gebäude unzähliger schlanker Säulen, aus immer höher und höher steigenden bogenförmigen Fenstern und Knospenthürmchen wie zusammengewachsen, sollen fünf Geschosse haben; das oberste, ein durchbrochener Obelisk von durchsichtigen Ranken und großen Knospen, die endlich in einer einzigen großen Blume sich endigen; aber nur zwei Geschosse des einen Thurmes sind fertig. Sind solche Thürme gleichsam unermeßliche Gewächse von lauter Schnitzwerk zusammengewunden und stolz in die Höhe schießend, so sind die Menge der weitläufigen Träger mit allen ihren Schwibbogen, ihren Verzierungen, ihren Knospen, Spitzen und Thürmen einem Walde zu vergleichen.... Alles ist gestaltet und gebildet und verziert und immer höhere und mächtigere Formen und Zierden steigen auf aus den ersteren und kleineren. Diese Formen und Zierrathen aber sind fast alle aus der Pflanzenwelt entlehnt, weil hier die Gestaltung nur in entfernterer Beziehung auf den nützlichen Zweck und das bloße Bedürfniß wirklich steht, oder doch wenigstens in der Erscheinung gar nicht daran erinnert, welches für diesen Zweck dasselbe gilt. Die Gliederung der thierischen Wesen dagegen erinnert jederzeit bestimmt an ihren Zweck, zu dem sie als Werkzeuge gebildet wurden. Darum ist die thierische Gestalt, vom Ausdruck weggesehen, an sich nicht so schön als die der Gewächse; die Blume ist der Gipfel und selbst die wesentliche Form der Pflanze, welche, als der Schmuck der Natur, das Urbild für alle Zierrathen, auch der menschlichen Kunst, geworden ist".

Joseph Görres erblickte im kölner Dome das Symbol deutscher Kraft und Einheit, und malte im Anfang des Jahres 1815 die Verwirklichung des Gedankens an den Ausbau dieses Wunderwerkes dem deutschen Volke als die Grundlage für die Erreichung der allgemein angestrebten nationalen Einigung und Wiedergeburt in markigen Zügen aus. „Es sind der Reden viel", schreibt er, „gegenwärtig in gemeinem Umlaufe von großen Denkmälern, die der Zeit errichtet werden sollen. Die Riesensäule soll, aus ihrer tausendjährigen Ruhe aufgerüttelt, nach dem Schlachtfelde an der Elbe wandern. Zierliche Tempelhallen sollen sich dort erheben, und große Wasserwerke Deutschland durchziehen; der Rhein soll auf allen seinen Inseln Bilder und Säulen hegen. Der Wille ist gut und der Vorsatz lobenswerth, aber wenn wir nun unsere Armuth zusammengetragen, ihn auszuführen, dann haben wir doch zuletzt wieder nur den Franzosen nachgeahmt, wie wir auch unbewußt gethan, als wir die Plätze unserer Städte und unsere großen Männer im besten Willen, sie zu ehren, jüngst umgetauft. Wollen wir deutsch verfahren, dann wenden wir vorerst die Kraft, die eitel nach außen sich verbreiten möchte, gegen uns selbst zurück; wir lassen die Idee, die in uns hineingetreten, mehr und mehr durchleuchten unser Inneres und es durchwärmen; wir reichen Einer dem Andern die Leuchte hin, daß auch er sein Licht daran entzünde; wir legen selber Hand an uns, wie der Künstler sie an Erz und Steine legt, und wenn wir es dann zu einer rechten Gestalt gebracht und uns in Einem Willen an einander schließen, dann ist unser Volk selber eine leuchtende Ehrensäule, wie noch keine in der Geschichte gestanden hat. Und hat das Innere erst sein Recht erlangt, dann mag es auch dem Aeußern wohl zu Theil werden, und das Leben kann sich fröhlich offenbaren in Formen und Bildungen, die es spielend der Natur abgewinnt, während es jetzt noch mit ihr ängstlich und knechtisch darum ringen muß. Am liebsten wird es dann der Vergangenheit sich zuwenden, eben weil es seine Eitelkeit nicht sucht, und was sie Großes wegen allzu mächtiger Gewaltthätigkeit der Idee unvollendet zurückgelassen, ergänzen und vollenden wollen, indem es dasselbe wie ein heiliges Vermächtniß betrachtet, den späten Enkeln zur Vollziehung hingegeben.

"Ein solches Vermächtniß ist der Dom zu Köln, und ist auch in uns die deutsche Ehre aufgerichtet; wir können nicht mit Ehren ein ander prunkend Werk beginnen, bis wir dieses zu seinem Ende gebracht und den Bau vollends ausgeführt haben.

"Ein ewiger Vorwurf steht der Bau vor unseren Augen, und der Künstler zürnt aus ihm hervor, daß so viele Menschenalter nicht zur Wirklichkeit gebracht, was er allein, ein schwacher, sterblicher Mann, in seines Geistes Gedanken getragen hat.

"Auch ist ein Fluch darauf gesetzt gewesen, als die Bauleute sich verliefen, und also hat der zürnige Geist gesucht: so lange soll Deutschland in Schande und Erniedrigung leben, preisgegeben eigenem Hader und fremdem Uebermuthe, bis sein Volk sich wieder der Idee zugewendet, von der es sich, der Eigensucht nachjagend, losgesagt und bis es durch wahrhaftige Gottesfurcht, gründlich treuen Sinn, festes Zusammenhalten in gleicher Begeisterung und bescheidener Selbstverleugnung wieder tauglich geworden, solche Werke auszuführen, wie es sie jetzt in seiner Versunkenheit aufgegeben. Die Nächsten haben der wahrsagenden Stimme gelacht und bei sich überlegt, wie sie es wohl selbst durch eigenen Verstand abwenden und zu einem guten Ende bringen wollten; aber Jahrhunderte haben den Fluch getragen, und an uns ist er zur Vollziehung gekommen. Und weil wir darüber uns wieder auf uns selbst besonnen haben, darum ist auch der Ruf an uns ergangen, zu vollenden, wo jene es gelassen, und auszuführen, was ein Geschlecht, dem wir wieder gleich werden wollen, angefangen. Wahrlich, H. von Kotzebue, Weinbrenner, Wiebeking und wie sie alle heißen, die mit Plänen zu Monumenten sich abgegeben: Schöneres, Tüchtigeres, Herrlicheres werden sie nicht ersinnen, als dieses in höchster Künstlichkeit einfachste Werk, das uns in jenem Dome vor Augen steht. In seiner trümmerhaften Unvollendung, in seiner Verlassenheit ist es ein Bild gewesen von Deutschland, seit der Sprach- und Gedankenverwirrung; so werde es denn auch ein Symbol des neuen Reiches, das wir bauen wollen."[1])

Durch Boisserée wurde auch Goethe in das Verständniß der deutschen Baukunst, namentlich des kölner Domes, eingeführt. Wie Görres glaubte auch Goethe, es sei an der Zeit, dem Gedanken, dieses Gotteshaus in der Wirklichkeit zur Vollendung zu führen, näher zu treten. Im Jahre 1816 schrieb er: „Sind wir nun durch Bemühungen von Privatpersonen dazu gelangt, uns einen deutlichen Begriff von jenem unschätzbaren Gebäude zu machen, so daß wir es als ein Wunderwerk, gegründet auf die höchsten christlich-kirchlichen Bedürfnisse, so genial als verständig gedacht, durch vollendete Kunst und Handwerk ausgeführt, in der Einbildungskraft fassen und seine wirklich vorhandenen Theile einsichtig genießen können, so wird man sich nicht verwehren, jene kühne Frage nochmals aufzuwerfen, ob nicht jetzt der günstige Zeitpunct sei, an den Fortbau eines solchen Werkes zu denken." Ein abgesagter Feind aller Täuschungen, verbirgt er sich die Schwierigkeiten eines solchen Unternehmens keineswegs. Er spricht sie im Gegentheil aus, um sie scharf ins Auge zu fassen und an der Innersicht seines Geistes zu messen. „Das erste vor allen Dingen", sagt er, „ist eine Stiftung zu vollkommener Erhaltung des Gebäudes. Erhaltung ist aber nicht zu bewirken, wenn man den Vorsatz des Fortbaues gänzlich aufgibt. Was aber auch geschieht, so ist ein solcher Gegenstand mit Großheit zu behandeln, zu welcher man nur gelangt, wenn man sich die Schwierigkeiten nicht verbirgt noch verleugnet. Auf alle Weise aber steht der Dom schon jetzt als fester Mittelpunct; er und die vielen anderen Gebäude der Stadt bilden im engen Kreise eine ganze Kunstgeschichte."

Das höchste Interesse nahm Goethe an den Bemühungen der Brüder Boisserée, um die Rettung der bedeutendsten, mit völliger Vernichtung bedrohten Schöpfungen der mittelalterlichen kölner Malerschulen und um die Wiederbelebung der christlichen Kunst, so wie an dem großartigen historisch-artistisch-architektonischen Werke, durch welches Sulpiz die Kunstfreunde in ein richtiges Verständniß der Bauformen des kölner Wunderbaues einzuführen versuchen wollte.

Sulpiz Boisserée gehört zu den wenigen deutschen Männern, welche durch den Dom, der in seinem damaligen Zustande ein trauriges Zeugniß von der Ver-

---

[1]) Rheinischer Merkur, 20. November 1814, Nr. 151. Wieder abgedruckt in: Der Dom von Köln und das Münster von Straßburg, S. 1 ff.

kommenheit und der Zerfahrenheit auf dem Gebiete der Kunst gab, sich darauf hinweisen ließen, was die deutsche Kunst gewesen und wie tief sie gesunken, welche hohe und gewaltige Gedanken sie im Mittelalter erzeugt und in Stein verkörpert hatte, und bis zu welcher Gedanken-Armuth die Gegenwart verkommen war, welcher anregende poetische Geist aus den herrlichen Pracht- und Riesenbauten des Mittelalters wehe, und welche nüchterne, verflachte Auffassung in allen Werken der neueren Architektur sich kund gebe. Es bedurfte einer äußerst warmen Begeisterung für die Sache, welcher er seine Kraft und Kenntnisse widmete, wenn er nicht durch die großen Schwierigkeiten, womit er zu kämpfen hatte, so wie durch die Indolenz, die Vorurtheile und alle Spöttereien, wodurch ihm jeder Schritt auf der betretenen Bahn erschwert wurde, entmuthigt und von seinem Plane abgebracht werden sollte. Er bot Schlegel und Wallraf die Hand, um Köln zum Centralpunct zu machen, von wo aus eine neue Richtung in Kunst und Architektur ausging. „Seit 1808", schrieb er im Jahre 1812 an den späteren Vonrath und Gemäldesammler Hausmann in Hannover, „wo ich angefangen, mich mit der deutschen Baukunst zu beschäftigen, führe ich so ziemlich ein fahrendes Leben; nach vierjähriger einsamer Ruhe in Köln, lehrreich durch den Unterricht und den Umgang mit Friedrich Schlegel, angenehm durch die Entdeckung und Sammlung der kölnischen Kunstschätze, aber qualvoll durch fortwährende Kränklichkeit und trübselige Umgebung, machte ich eine Reise nach Straßburg, Freiburg, Basel, München u. s. w., hauptsächlich um mir die Anschauung der dortigen Werke altdeutscher Baukunst und Malerei zu verschaffen. Ich kam mit dem Entschluß zurück, das Werk über den kölnischen Dom auszuführen, den ich nun vollends als das Vollkommenste erkannt hatte, was irgend in der Art besteht." Der Domkirche wendete er seine Neigung und seine Studien in ganz besonderer Weise zu. Ein besonderer Reiz lag für ihn darin, sich eine klare Vorstellung von der überwältigenden Majestät und Schönheit des Domes zu machen, wenn derselbe in der Vollendung, in welcher der Plan desselben in dem Geiste des ersten Baumeisters entstanden war, vor den Augen seiner Zeitgenossen stände. Der Hoffnung, den Anbau dieses Riesenwerkes jemals unternommen zu sehen, wagte er kaum im Ernste Raum zu geben. Es schien ihm „ein dem Ruhme der Vorfahren gebührendes, allen wahren Kunstfreunden willkommenes Unternehmen, wenn er wenigstens im Bilde auszuführen suchte, was das Mißgeschick der Zeiten in der Wirklichkeit nicht hatte zu Stande kommen lassen".

Im Jahre 1810 kam bei ihm der Entschluß zur Reise, den Dom in seinem derzeitigen Bestande sowohl wie in der vom ersten Baumeister projectirten Vollendung zum Gegenstand eines großen, beschreibenden architektonischen Werkes zu machen. Er glaubte, einzig und allein auf diese Weise zur Beantwortung der so oft aufgeworfenen Frage nach dem Ursprung, dem System und der Ordnung der gothischen

Baukunst eine sichere Grundlage zu legen. Er war überzeugt, daß es nur dann, wenn man eines der Hauptdenkmale dieser Kunst bis in alle einzelnen Theile auf das genaueste untersucht und alle bei der Aufführung desselben befolgten Grundsätze erforscht habe, gelingen könnte, einerseits den Ursprung der hier gefundenen Grundsätze zu entdecken, andererseits die weitere Entwickelung derselben bis zum Verfall, mithin das System in seinem ganzen Umfange sammt seinen verschiedenen Abweichungen und Veränderungen nachzuweisen. Zu diesem Zweck machte er selbst die sorgfältigsten Messungen, ließ dieselben zur größeren Sicherheit und Genauigkeit von tüchtigen Baumeistern wiederholen, entwarf die Risse nebst den nöthigen Ergänzungen und unterzog sich den ausgedehntesten, auf seinen Zweck bezüglichen historischen und antiquarischen Forschungen. Es lag ihm daran, ein Werk herzustellen, welches auch bezüglich der äußeren Ausstattung des Baues, zu dessen Verherrlichung es dienen sollte, würdig erscheine. Die Zeichnungen ließ er von den hervorragendsten Architekturzeichnern Deutschlands, Quaglio, Fuchs, Moller u. A., unter seinen Augen ausführen. Ein erfahrener Baumeister, Schantz, besorgte den Grundriß. Die Ausführung der Kupferplatten übernahmen die durch viele vorzügliche Arbeiten rühmlichst bekannten Kupferstecher Darnstädt, Duttenhofer, Haldenwang, Sellier, Reville, Leisnier und Vigant. Die ersten Blätter erschienen erst, als die Brüder Boisserée schon einige Jahre in Stuttgart wohnten, 1822. Die ganze Sammlung, die aus 18 Blättern in größtem Atlas=Folio besteht, wurde 1831 vollendet. Im Jahre 1842 veranstaltete Sulpiz eine kleinere Ausgabe in Royal=Folio.

Boisserée war es, der zuerst der erstaunten Welt eine genaue Zeichnung des Domes bot, wie derselbe in seiner Vollendung dem Künstlerauge des ersten Meisters vorgeschwebt hatte und wie er nach dem Wunsche des Erzbischofs Konrad hätte ausgeführt werden sollen. Bezüglich dieser Zeichnung schrieb er am 8. Mai 1810 an Goethe: „Auffallend und erwünscht ist an diesem großen Bruchstück, daß überall, wo sich ein Theil des Gebäudes mit dem anderen verbinden sollte, die einzelnen Glieder zu Fenstergeländern, Simsen u. s. w. deutlich gestaltet hervorragen und gleichsam zur Weiterbildung zu streben scheinen; dies und die genaue Messung des Vollendeten, wie Sie davon in dem Grundriß und Durchschnitt Beweise haben, machte es mir möglich, mit einer alten, wiewohl schlechten, in Kupfer gestochenen Copie des Originalrisses der Thürme, den ganzen Entwurf des Gebäudes, wie ihn der unbekannte Meister gedacht hat, treu und zuverlässig herzustellen. Bloß bei den Seiten=Eingängen und ihren Giebeln, am meisten aber bei dem mittleren Thurm, fehlten mir die einzelnen Vorbilder und Verhältnisse; bei dem Eingange half mir noch einiger Maßen ein an der Nordseite schon zu einer gewissen Höhe aufgeführtes Thürgewände und dann, was von dem Haupt=Eingange schon fertig oder in jenem Kupferstiche enthalten war. Den mittleren Thurm mußte ich aus den allgemeinen

Verhältnissen des Ganzen nach den von dem Meister entworfenen Hauptthürmen bilden; ich habe dabei, was ich immer von Gebäuden ähnlicher Art erhalten konnte, zu Rathe gezogen. Alles bestätigt, wie die vier großen Säulen in der Mitte und die ganze Anlage des Gebäudes selber, die Nothwendigkeit dieses dritten Thurmes. Aber von Gestalten und Verhältnissen erhielt ich kaum die allgemeinste brauchbare Nachweisung. Glücklicher Weise sind die Verhältnisse an dem kölnischen Dome so bestimmt und rein, und das Gesetz der Gestalten, so mannigfaltig sie auch sein mögen, so fest und einfach, daß ich mir daraus strenge Grundsätze für mein Verfahren herleiten konnte." In den Heidelberger Jahrbüchern Nr. 60, 1824, besprach Joseph Görres das Boisserée'sche Werk eingehend. Er begann seine Abhandlung mit folgenden Worten:

„Begonnen mit jugendlichem Eifer in einer trüben Zeit, wo es schien, als sei der Geist, der alle diese Denkmale hervorgetrieben, alt und lebensmüde auf immerdar davon gewichen, und die Hülle würde nun, der Verwesung hingegeben, bald zerfallen und zerstieben; fortgeführt mit Muth und Beharrlichkeit, unbekümmert um das wüste, wilde, verworrene Treiben, welches nun die verödeten Hallen lärmte; kämpfend ohne Unterlaß mit tausend Schwierigkeiten und Hindernissen, die, wenn überwältigt und abgewiesen, immer mit wechselnden Formen auf's Neue in den Weg getreten, hat das Werk doch endlich so vielfach ungünstige Verhältnisse überwunden und tritt nun siegreich an das Licht hervor. Alles in demselben ist gründlich, tüchtig und gut gemacht; Jedem ist sein Recht geschehen; nichts ist übereilt, nichts mit gleißender Lüge übertüncht, Alles wahr, wie die Natur in ihren Werken. Darum ist das Abbild würdig in seiner Art, wie das Urbild in der seinigen; es darf sich ihm in Ehre beigesellen, und wie die Künstler, die zur Vollführung beider Kunstgebilde mitgewirkt, jeder in seiner Art, ausgezeichnete Virtuosität bewährt, so hat auch von den Urhebern, der, so später nachgekommen, dessen, der früher vorhergegangen, nicht unwerth sich bewiesen. Sollte Meister Gerhard, oder wer sonst der Schöpfer des wundersamen Werkes gewesen, dies wohlgelungene Conterfei erblicken, es würde ihn in innerster Seele freuen und er würde in seines Geistes Kind mit froher Ueberraschung, wie es in ihm gelebt, ein Ebenbild gewahren, und den Urheber desselben mit dem üblichen Handwerksgruße als seinen Geistesverwandten und seinen Freund begrüßen. Das ist das höchste und das größte Lob, mit dem wir unseren Freund und Landsmann ehren, das der beste Dank, den wir ihm für das, was er gethan und gesorgt, erkannt und gebildet hat, zuzuerkennen vermögen."

Ueber dasselbe Werk schrieb Goethe: „Wenn wir aufrichtig sein wollen, so macht uns der Dom inwendig zwar einen bedeutenden, aber doch unharmonischen Effect; nur wenn wir ins Chor treten, wo das Vollendete uns mit überraschender

Harmonie anspricht, da erstaunen wir fröhlich, da erschrecken wir freudig und fühlen unsere Sehnsucht mehr als erfüllt." — Im ersten Heft der von 1816 bis 1836 erschienenen, von Goethe in Verbindung mit den Brüdern Boisserée und anderen Gesinnungsgenossen gegründeten Zeitschrift „für Kunst und Alterthum" schrieb er weiter: „Vor Allem und ehe der Fremde die mannigfaltigen Merkwürdigkeiten Köln's mit Ruhe genießen kann, wird er unwiderstehlich nach dem Dome gezogen. Hat er nun dieses leider nur beabsichtigten Weltwunders Unvollendung von außen und innen beschaut, so wird er sich von einer schmerzlichen Empfindung belastet fühlen, die sich nur in einiges Behagen auflösen kann, wenn er den Wunsch, ja, die Hoffnung nährt, das Gebäude völlig aufgeführt zu sehen. Denn vollendet, bringt ein groß gedachtes Meisterwerk erst jene Wirkung hervor, welche der außerordentliche Geist beabsichtigte: das Ungeheure faßlich zu machen. Mit diesem leidigen Gefühl, welches einen Jeden drückt, kämpften zu unserer Zeit in Köln eingeborene Jünglinge, welche glücklicher Weise den Muth faßten, eine Vollendung des Domes nach der Absicht des ersten Meisters, wenigstens in Zeichnungen und Rissen, zu Stande zu bringen. Durfte auch ein solches bildliches Unternehmen gegen die wirkliche Ausführung gering scheinen, so gehörte doch hierzu schon so viel Einsicht als Unternehmungsgeist, so viel That als Beharren, so viel Selbständigkeit als Einwirkung auf Andere, wenn die Gebrüder Boisserée zur ungünstigsten Zeit ein Kunst- und Prachtwerk so weit fördern sollten, daß es von nun an heftweise wird erscheinen können. Der Grundriß hat sich glücklicher Weise im Original gefunden, so wie auch der Aufriß, später entdeckt, der bisherigen Bemühung, Ausmessung und Vermuthung glücklich zu Hülfe kam. In gehöriger Größe werden also Grundriß, Aufrisse, Durchschnitte, perspectivische Zeichnungen nach und nach erscheinen, wodurch ein Werk gebildet wird, das vermöge seines Inhalts, wie durch die Künstler, die es gearbeitet, den lebhaftesten Antheil verdient. Denn daß die Zeichnungen vortrefflicher deutscher Männer, Moller, Fuchs, Quaglio, auch in Deutschland gestochen werden konnten, dazu gehörte von Seiten der Unternehmer jene stille, unverwüstliche Vaterlandsliebe, die in den schlimmsten Zeiten dasjenige zu erhalten und zu fördern weiß, was glücklichen Tagen unentbehrlich ist; und so sind die trefflichen Kupferstecher, die Herren Duttenhofer in Stuttgart, Darnstädt aus Dresden zur Theilnahme an dieser wichtigen Arbeit berufen worden." Im Jahre 1823 schrieb er: „Jetzt, da die Boisserée'sche Arbeit sich ihrem Ende naht, Abbildung und Erklärung in die Hände aller Liebhaber gelangen werden, jetzt hat der wahre Kunstfreund auch in der Ferne Gelegenheit, sich von dem höchsten Gipfel, wozu sich diese Bauweise erhoben, völlig zu überzeugen, da er denn, wenn er gelegentlich als Reisender jener wundersamen Stätte sich nähert, nicht mehr der persönlichen Empfindung, dem trüben Vorurtheil, oder, im Gegensatz, einer übereilten Abneigung sich hingeben, sondern als ein Wissender und in die Hüttengeheimnisse Eingeweihter das Vorhandene betrachten und das Vermißte in Gedanken ersetzen wird. Ich wenigstens wünsche mir Glück zu dieser Klarheit, nach fünfzigjährigem Streben, durch die Bemühungen patriotisch gesinnter, emsiger, unermüdeter junger Männer gelangt zu sein."

Mit dem großen Werke Boisserée's über den kölner Dom wurde eine auf diesen Wunderbau bezügliche reiche Literatur inaugurirt. Die einzelnen, mehr oder weniger bedeutenden Erscheinungen finden sich in nachfolgendem alphabetischen Verzeichnisse zusammengestellt:

Bayerle, B. G. Der kölner Dom in seiner Bedeutung für die Erzdiöcese, für das christliche Deutschland und für die ganze christliche Welt. Eine Predigt am Jahrgedächtnisse der Metropolitan-Kirchweihe, gehalten in der Pfarrkirche zum h. Lambertus in Düsseldorf. Düsseldorf, Woschütz & Comp., 1846. 8°.

Benicken, F. W. Der Dom zu Köln. Historisches Gedicht. Erfurt, gedruckt bei J. J. Uckermann, 1842. 8°.

Benzenberg, J. Fr. Der Dom in Köln. Ein Meisterwerk der gothischen Bauart. 1. Heft. Mit 2 Kupf. Dortmund, 1810. Schulz in Hamm. (Mehr scheint nicht erschienen zu sein.)

Beschreibung der neuen Domfenster am Südportale, des königlichen Geschenkes Ludwig's I. von Baiern; die Glasmalereien der Fenster an der Nordseite. Mit 5 Abbildungen. Köln, Creiner Sohn, 1848.

Beschreibung, Historische, der berühmten hohen Erz-Domkirche zu Köln am Rhein. Köln, 1821. J. M. Heberle.

Beschreibung, Versuch einer historisch-topographischen, der kaiserlichen und des h. Röm. Reichs freyen Stadt Köln am Rhein. (Darin: Die hohe Erz-Domkirche). In: Kölnische gemeinnützige Anzeigen aus dem Reiche der Gelehrsamkeit, von einer Gesellschaft Literaturfreunden. 1. Jahrgang, 4. Quartal, S. 481 ff.

Binzer, A. von. Der kölner Dom, ein Denkmal deutscher Baukunst in vier Stahlstichen erläutert. Mit 5 Stahlstichen (!). (Kayser: Mit lithogr. Grundriß.) Köln, Ludw. Kohnen und J. E. Renard, 1840. gr. 4°. n. ℳ 7,00. (Vergl. Kayser, VII, 225, 1.)

— La Cathédrale de Cologne, ou description de ce monument d'architecture germanique du moyen age. Ouvrage trad. de l'Allemand par M. Adler-Mesnard. Avec IV gravures sur acier et 1 plan ichnographique (sic!). Cologne, Kohnen, 1840. Imp.-4°. n. ℳ 7,00. (Nach Kayser, VII, 168, 1.)

Blankenburg, E. D. Der Dom zu Köln. Kurze historisch-architektonische Beschreibung. Berlin, 1842.

Blömer. Zur Literatur des kölner Domes. Köln, 1847.

Bock, Franz. Das heilige Köln. Beschreibung der mittelalterlichen Kunstschätze in seinen Kirchen und Sacristeien. Aus dem Bereiche des Goldschmiedegewerkes und der Paramentik. Leipzig, T. O. Weigel, 1858. 3. Theil: Schatzkammer des kölner Domes. 4°.

— Der Kunst- und Reliquienschatz des kölner Domes, mit vielen Holzschnitten erläutert und mit beschreibendem Text versehen. Herausgegeben von dem Vorstande des christlichen Kunst-Vereins zu Köln. Köln und Neuß, Schwann, 1870.

Beschreibung, historische, der stadtkölnischen Collegialstifter ꝛc. Zweiter Titel: Historische Beschreibung der weltberühmten stadtkölnischen Hohen Domkirche, samt ihrem heil. Schatz, Denkmalern und dem ißt darinnen befindlichen neuen und sehr prächtigen Hohen Altar. Köllen am Rhein, bei Friedrich Hochmuth an der St. Columbakirche, 1771.

Boecker, W. L. Geschichte der Ueberbringung der durch die Kriegsgefahren 1794 veranlaßten Wegführung und nachherigen Zurückkunft der Reliquien der hh. drei Könige in die Domkirche zu Köln. Köln, 1810, Erben Schauberg.

Boisserée, Sulpiz. Ueber den Anfang des jetzigen und den Grund des älteren Domes zu Köln, in den Jahrbüchern des Vereins von Alterthumsfreunden im Rheinlande. Heft 12, S. 128 ff.

— Ansichten, Risse und einzelne Theile des Domes zu Köln, mit Ergänzungen nach dem Entwurf des Meisters, nebst Untersuchungen über die alte Kirchenbaukunst ꝛc. 4 Lieferungen mit 18 Kupfern. Stuttgart, Cotta, 1822—31, gr. Atlas-Format (quer folio). — Text dazu: Geschichte und Beschreibung des Domes von Köln, nebst Untersuchungen über die alte Kirchenbaukunst. Stuttgart, 1823. Groß Folio.

— Ansichten, Risse und einzelne Theile des Domes von Köln, mit Ergänzungen nach dem Entwurf des Meisters, nebst geschichtlichen Untersuchungen und einer Beschreibung des Gebäudes. 2. veränd. Auflage. 1.—4. Lief. Mit 4 Kupfertafeln. München, literar.-artistische Anstalt., 1843, 44. Imp.-Fol. u. ℳ 84,00. (Nach Kayser, VIII, IX, 126, 1.)

— Geschichte und Beschreibung des Domes zu Köln. 2. Aufl. Mit 5 Abbildungen. München, liter.-art. Anstalt, 1842. 4°. (Vergl. Kayser, IX, 126, 1.)

— Histoire et description de la Cathédrale de Cologne. Nouv. édit. refaite et augm. Accompagné de 5 planches. München, liter.-artist. Anstalt, 1843. Imp.-4°. u. ℳ 8,00. (Nach Kayser, IX, 126, 1.)

Crombach, Herm., soc. Jes. sac. Primitiae gentium seu historia ss. trium regum magorum evangelicorum et encomium, quibus praerogativae eorum, genus, patria et expectatio sideris ac Messiae illustrata etc. Coloniae Agrippinae, apud Joannem Kinckium sub monocerote veteri, 1654.

Daly, César. Du projet d'achèvement de la cathédrale de Cologne. (Extrait de la Revue générale de l'architecture et des travaux publics.) Paris, aux bureaux de la Rev. gén. de l'archit. etc., 1842. gr. 8°.

De Noël, M. J. Der Dom zu Köln. Historisch-archäologische Beschreibung. 2. Aufl. Mit 4 Abbildungen. Köln, M. DuMont-Schauberg, 1837. 8°. 1. Aufl. 1834, 2. Aufl. 1837.

Devora, Peter Joseph. Festgabe zur sechshundertjährigen Jubelfeier der Grundsteinlegung des Domes zu Köln, am 16. August 1848. Aus einem noch ungedruckten Gedichte: „Der Dom zu Köln, zweiter Gesang". Limburg, Druck von G. A. Schlinck [1848?]. 8°.

Dom. Ueber den Dom zu Köln. Ein Beitrag zum Fortbau. Von G. und J. Mit Abbild. 12°.

— Der kölner Dom und Deutschlands Einheit. 2. Aufl. Magdeburg, Emil Baensch. Von J. (1. Aufl. verzeichnet in Kayser, Bd. IX, S. 223). Ibid. 1842. 8°.

Dombauschule. Herausgegeben von einem Vereine deutscher Dichter und Künstler, 1843. Als Beitrag zum Ausbau des kölner Domes.

Domblatt, Kölner. Amtliche Mittheilungen des Central-Dombauvereins, mit geschichtlichen, artistischen und literarischen Beiträgen. Herausgegeben vom Vorstande. Die erste Serie hat 132, die zweite bis jetzt 322 Nummern. Köln, M. DuMont-Schauberg'sche Buchdruckerei, 1842 bis 1880. Die interessanteren und wichtigeren Arbeiten der ersten Serie sind: Zwirner: Vergangenheit und Zukunft des Dombaues (Nr. 1, 2, 3, 4, 5, 6). — Reichensperger: Artistisches und Literarisches, den Dom betreffend (Nr. 6). — Reichensperger: Der Baumeister des kölner Domes, ein Belgier (Nr. 10). — Paul Frank: Der Dom von Köln und das Münster von Straßburg, von J. Görres (Nr. 13, 14). — Wilh. von Waldbrühl: Der wahrscheinliche Domplan-Erfinder (Nr. 14). — A. Reichensperger: Die Kathedrale von Beauvais und der Dom zu Köln (Nr. 17). — Nöggerath: Dombausteine (Nr. 39, 43). — Geschichtliches (Nr. 40, 41). — A. Reichensperger: Die für den Domchor bestimmten Wandgemälde, von E. Steinle (Nr. 42). — Fahne: Bemerkungen ꝛc. über den Erfinder des Domplanes (Nr. 50). — Prikat: Ueber die St. Peters-Bruderschaft (Nr. 55). — Fahne: Das Grabmal des Dombaumeisters Conrad Kuhn (Nr. 64). — Blömer: Ueber den Plan zum kölner Dom (Nr. 71). — Weyden: Zur Geschichte der St. Peters-Bruderschaft (Nr. 73, 74, 75). — S. Boisserée: Ueber die beiden Kreuzportale (Nr. 89). — Fahne: Schlußbemerkungen über den ersten Dombaumeister Heinrich (Nr. 93, 94, 95). — Blömer: Zur Portalfrage (Nr. 98). — Zweite Serie: Weyden: Die alten Wandgemälde des kölner Domchores (Nr. 12, 13, 15). — Blömer: Ueber den Plan des kölner Domes (Nr. 14). — Boisserée: Ueber das Verhältniß des Domes von Amiens zu dem kölner Dom (Nr. 15). — Reichensperger: Der kölner Dom und die Kathedrale von Amiens (Nr. 16, 17). — Blömer: Ueber den Plan und den Meister des kölner Domes (Nr. 19). — Reichensperger: Ueber den Plan und Meister des kölner Dombaues (Nr. 20). — Boisserée: Der erste Stein zum kölner Dom soll nicht im Jahr 1248 gelegt sein (Nr. 21). — Zur Geschichte der Wiederaufnahme des Dombaues (Nr. 24). — Blömer: Zur Literatur des kölner Domes (Nr. 25, 28, 30, 31, 32). — G. Imhoff: Heinrich Sunere, auch Soynere (Nr. 55). — Fahne: Heinrich Sonnerer und die Forschungen des Herrn G. Imhoff (Nr. 60). — Imhoff: Nochmals Heinrich Sunere (Nr. 61). — Fahne: Ueber die Art, wie die Beiträge für den Dombau gewonnen wurden (Nr. 66). — Merlo: Die Glocken des Domes zu Köln (Nr. 74). — Lieven: Wo sind die früheren Domschätze geblieben? (Nr. 93). — J. Philippo: Das Grabmal des Erzbischofs Theoderich von Möro (Nr. 103). — Eltester: Die Stiftungen der gemalten Fenster im Dom zu Köln (Nr. 131). — Ennen: Sulpiz Boisserée, seine Beziehungen zum kölner Dom und einige seiner Briefe (Nr. 311 ff.).

**Duller,** Eduard, und **Freiligrath,** Ferdinand. 1842. Gedicht von Eduard Duller und Ferdinand Freiligrath. Darmstadt, Gustav Jonghaus, 1842. 8°.

**Dünker,** Dr. H. Die Chroniken der niederrheinischen Städte, in den Jahrbüchern des Vereins von Alterthumsfreunden im Rheinlande, Heft 63, Seite 147 ff.

— Der Domhof und das römische Forum in Köln. Jahrbücher des Vereins von Alterthumsfreunden im Rheinlande. Bd. XLIII, S. 107 ff.

— Das Capitol, die Marienkirche und der alte Dom zu Köln, in den Jahrbüchern des Vereins von Alterthumsfreunden im Rheinlande, Heft 39, 88 ff. — Der Domhof und das römische Forum in Köln, ibid. Heft 43, 107 ff. — Die Chroniken der niederrheinischen Städte, ibid. Heft 57, 162 ff.

**Eckertz,** Dr. G. Die Verdienste der Erzbischöfe Hermann von Hessen und Philipp von Dhaun um den Dom. Domblatt, 2. Serie, Nr. 146.

**Eisen,** F. C. Neueste Beschreibung des Domes zu Köln, mit Benutzung der Quellenwerke und des Archivs des Central-Dombauvereins, so wie nach eigener Anschauung zusammengestellt. Mit einem Grundrisse des Domes. 2. Aufl. Köln, F. C. Eisen. 1857. 12°.

Eltester, Leopold. Die Stiftungen der gemalten Fenster im hohen Chore und nördlichen Seitenschiffe des Domes zu Köln. Domblatt, Nr. 129, 130, 131, 132.

Ennen, Dr. L. Das Capitol, die Marienkirche und der alte Dom zu Köln. Annalen des historischen Vereins für den Niederrhein, Heft 18, S. 289 bis 300. (Entgegnung auf den gleichtitelingen Artikel von Dünker, f. S. 289.)

— Der Dom zu Köln, ein nothwendiger Führer für die Freunde und Besucher des Domes. Mit 5 Abbildungen. Köln, 1872. M. DuMont-Schauberg.

— Führer durch die Stadt Köln, für Einheimische und Fremde, mit einem Stadtplane. Köln, Verlag von M. DuMont-Schauberg, 1877. S. 63 bis 72, Geschichte und Beschreibung des Domes.

Fahne, Anton. Diplomatische Beiträge zur Geschichte der Baumeister des kölner Domes und der bei diesem Werke thätig gewesenen Künstler. Mit Urkunden, architekton. Abbild. und 1 Karte. 2. Aufl. Düsseldorf, Schreiner, 1849. Köln, M. DuMont-Schauberg, 1843. 8°.

Fastenrath, Joh. La catedral de Colonia. (Bildet das 21. Capitel des 4. Bandes des Werkes: La Walhalla y las glorias de Alemania. Madrid, Aribau y callo, 1878, Seite 392 bis 431). Inhalt: Geschichte des Dombaues und Beschreibung der einzelnen künstlerischen Schönheiten des Domes.

Frenken. Das Schicksal der im Jahre 1794 über den Rhein geflüchteten Werthgegenstände des kölner Domes, insbesondere die Zurückführung der Manuscripten-Bibliothek. Actenmäßige Denkschrift. Köln und Neuß, L. Schwann, 1868. 8°.

Füßli, Wilhelm. Die wichtigsten Städte am Mittel- und Niederrhein, mit Bezug auf alle und neue Werke der Architektur, Sculptur und Malerei charakterisirt. Zürich und Winterthur, 1843. 2 Bände. (Ueber den Dom im 2. Bde., S. 377 bis 422.)

Gaillard, Karl. Zum kölner Dom. Berlin, Challier & Comp., 1843. M. 8°.

Geissel, Johannes von, Cardinal. Festgedicht auf die Grundsteinlegung zum Fortbau des kölner Domes. Aus dem Nachlasse des hochseligen Herrn Erzbischofs von Köln Johannes Cardinal von Geissel, nebst einem Lebensabriß und dem Bilde des Verewigten. Köln. J. P. Bachem, 1868. 8°.

Gerhardt, E., und Levy-Elkan, D. Erinnerung an den Dom zu Köln. Eine Sammlung seiner merkwürdigsten Denkmale und der sich in der berühmten Schatzkammer befindenden kunstvollen Ornamente und kostbaren Gefäße. Gezeichnet und lithographirt von E. Gerhardt und D. Levy-Elkan. Souvenir de la Cathédrale de Cologne. Une collection etc. Remembrance no (sic!) the Cathedral of Cologne. A collection etc. Köln, F. C. Eisen [1845]. (Das Schmutzblatt hat nur den französischen Titel). Titel und 10 Platten. (Stimmt mit Kayser, Bd. IX. S. 257, welcher „11 lith. Tafeln" aufführt; Jahreszahl 1845, ebenfalls nach Kayser).

Görres, J[oseph] von. Der Dom von Köln und das Münster von Straßburg. Regensburg, Manz, 1842. 8°.

Gründung, Die, des Domes zu Köln, im 17. Bde. der historisch-politischen Blätter, S. 4 bis 35.

Guhl, Ernst. Der Dom zu Köln. Seine Geschichte, Beschreibung und gegenwärtiger Zustand. Besonders abgedr. aus der 8. Lief. der „Denkmäler der Kunst zur Uebersicht ihres Entwicklungsganges von den ersten künstlerischen Versuchen bis zu den Standpunkten der Gegenwart." Stuttgart, Ebner & Seubert, 1851. 4°.

d'H\*\*\*, J. E. Historische Beschreibung der berühmten Hohen Erz-Domkirche zu Köln am Rhein nebst ihren Denkmälern und Merkwürdigkeiten, mit vaterländischen Geschichten der Vorzeit begleitet. Mit Abbildungen. Köln, gedr. bei J. M. Heberle, 1821. 8°.

Haas, Dr. J. D. Die kölner Dombibliothek. Domblatt, II. Serie, Nr. 259 und 260.

Harleß, Dr. Waldemar. Urkunden und Regesten zur Geschichte des kölner Dombaues, in Lacomblet's Archiv für die Geschichte des Niederrheins, der neuen Folge 1. Bds. 1. Heft. Köln, 1867, Verlag von Heberle (H. Lempertz).

Hauschild, Eduard Ferdinand. Der Dom zu Köln. Gedicht in 3 Hymnen. Dresden, gedr. auf Kosten des Verf. bei Ernst Blochmann [1842]. 4°.

Hegel. Zur Geschichte der Verfassung der Stadt Köln, als allgemeine Einleitung zu den Chroniken der niederrheinischen Städte, Köln, Bd. I, S. 1 ff. und Bd. III, S. 1 ff. Auf S. CCXLIX ff.: Ueber den alten Dom von Köln und die kölner Synoden, von 870 und 873.

Hocker, N. Dom-Album oder der kölner Dom im Munde der deutschen Dichter. Köln, Mermet (1848).

Kaufmann, Philipp. Dombaulieder. Berlin, 1843. Kl. 8°.

Klesch, A. W. Der Dom in Köln. Frankfurt a. M., Druck von J. F. Bach, o. J. Kl. 8°.

Klein. Der Dom zu Köln. Historische Mittheilungen über seine Entstehung und seinen Fortbau, so wie Beschreibung seiner einzelnen Theile. Ein nothwendiges Handbüchlein für jeden Besucher desselben. Köln, Friedrich Greven. s. a.

Köln und seine Sehenswürdigkeiten. Ein Führer für Fremde. Mit Plan und Abbild. Köln, Comm.-Verl. von J. & W. Boisserée, 1874. (S. 21—54: Geschichte und Beschreibung des Domes.) 8°.

Kreuser, J. Dreikönigenbuch. Zur siebenhundertjährigen Feier der Einbringung der hh. Dreikönige. Bonn, Max Cohen & Sohn, 1864. 8°.

— Kölner Dombriefe oder Beiträge zur altchristlichen Kirchenbaukunst. Berlin, Duncker & Humblot, 1844. Lex.-8°.

Kugler, Franz. Kleine Schriften und Studien zur Kunstgeschichte. Mit Illustrationen und anderen artistischen Beilagen. Stuttgart, Ebner & Seubert, 1854, 3 Bände. (Ueber den kölner Dom, in Band II, S. 40, 46, 51, 123, 152, 233, 263, 272 ff., 323, 385, 407. Bd. III, S. 332 ff.)

— Ueber den kölner Dom. Geschichte und Beschreibung des Domes von Köln, von Sulpiz Boisserée. Zweite umgearbeitete Ausgabe mit 5 Abbildungen. (Kunstblatt 1842, Nr. 89 ff., und Vermischte Schriften, Bd. II, S. 385 ff.)

Lacomblet, Dr. Theod. Joh. Die Baugeschichte des Domes zu Köln nach den Ergebnissen der Urkunden. Im 2. Bde. des Urkundenbuches für die Geschichte des Niederrheins.

Löwenigh, B[arto] von. Der Dom zu Köln. Ein Rheinlied für König und Volk. Aachen, J. J. Beaufort. 8°.

Lützow, Dr. Carl F. A. von. Die Meisterwerke der Kirchenbaukunst. Mit Holzschnitten. Zweite Auflage. Leipzig, Seemann, 1881. Darin ist enthalten S. 258 bis 282: Der Dom zu Köln, eine auf den besten Schriften über den Dom beruhende sorgfältige Arbeit.

Mayenburg, Arnold. Die Volkssage vom kölner Dom, poetisch bearbeitet. Mit topographisch-historischen Vorbemerkungen begleitet und herausgegeben von Th. Heinsius. Berlin, in Commission bei Hold, 1842. 8°.

Mertens, Franz. Ueber den Dom zu Köln und die französische Bauschule in Deutschland. Köln, M. DuMont-Schauberg. 1841. 8°.

Mertens und Cohde. Der kölner Dombau und der erste Dombaumeister. In der berliner Zeitschrift für Bauwesen, Bd. XII, 1862, S. 163 bis 198; 339 bis 367.

Moller, Georg. Die Originalzeichnung des Domes zu Köln. 9 Blätter nebst Text. Darmstadt, Leske, vorm. Jonghaus. Gr. Fol. (Aus: Kayser, Bücherlex. IV. 131.) (Preis complet: 16 Thaler 8 Sgr.)

— Facsimile der Originalzeichnung des Domes zu Köln. 7 Blätter auf groß Adler- und 2 Blätter auf groß Colombier-Velin in Kupferstich. 2. Aufl. Nebst Text: Bemerkungen über die aufgefundene Originalzeichnung des Domes zu Köln. Darmstadt, Leske, 1837. Fol. (Aus: Kayser, Bücherlex. VIII, 108.) (Preis u. 12 Thaler).

Neukirchen, Franz Anton. Die [kölner] Dombau-Sache, betrachtet aus dem rein kirchlichen Gesichtspunkte in einer am Jahresfeste der Metropolitan-Kirchweihe gehaltenen Predigt. Aachen, Bernhard Boisserée, 1843. 8°.

Norrenberg, Hubert. Kurze Geschichte des kölner Dombaues von Erfindung des Planes bis zur Gegenwart. Nach seinem Tode herausgeg. durch Hendrik Claaßen jun. Köln, Druck von Carl Rothmann, 1843. 8°.

Prestel und Perrot. Malerische Ansichten des kölner Domes. Frankfurt a. M. 4°.

Pfeilschmidt, E. H. Geschichte des Domes zu Köln, für gebildete Freunde der Kirche, des Vaterlandes und der Kunst. Mit 1 Stahlst. Halle a. S., C. A. Resten, 1842. 8°.

Püttmann, H. Der kölner Dom. Neueste Nachrichten über den Fortbau desselben. Begleitet von einer perspectivischen Ansicht des vollendeten Domes, gez. von A. Wegelin, gestochen von Ronargue. (Ergänzungsheft zu der Schrift: Der kölner Dom, ein Denkmal deutscher Baukunst, in vier Stahlstichen, erläutert von A. v. Binzer.) Köln und Aachen, Ludwig Kohnen, Juli 1842. 4°. (NB. Das Schmutzblatt führt den Titel: Der Fortbau des kölner Domes ic.)

Reichensperger, August. Einige Worte über den Dombau zu Köln, von einem Rheinländer an seine Landsleute gerichtet. Coblenz, J. Hölscher, 1840. 8°.

— Die vierzehn Standbilder im Domchore zu Köln. Köln, in Commission bei F. C. Eisen, 1842. 8°.

Reise, Malerische, am Niederrhein. Merkwürdigkeiten der Natur und Kunst aus den Gegenden des Niederrheins. Irrthümlich dem Freiherrn von Hüpsch zugeschrieben. Köln und Nürnberg, 1784. I. Der hohe Dom zu Köln am Rhein. (S. 5 bis 20.) Mit 2 Kupfertafeln. 4°.

Reith, A., Lehrer an der Industrieschule des Waisenhauses und der Malerschule zu Köln. Das Chorgestühl des Domes zu Köln, zugleich ein Lehrbuch gothischer Ornamentik. Dresden, Georg Gilbers, 1878.

Renaissance, Deutsche. Eine Sammlung von Gegenständen der Architektur, Decoration und Kunstgewerbe in Original-Aufnahmen. Leipzig, E. A. Seemann, 1871 ff. Abth. XXII. Köln, von G. Heuser. 1 bis 10. (In 100 Tafeln.)

Roisin, Baron de, Ferdinand. La cathédrale de Cologne. Notice archéologique sur les restaurations, ensemble des travaux exécutés, en voie d'exécution ou projetés, pour l'achèvement intégral de ce monument. Amiens, Duval et Herment, 1845. 8°. Société des Antiquaires de Picardie, extr. du tome VII. des Mémoires.

[Kloſt, A.] Das Waſſer des Jordan und der Dombau zu Köln. Thorn, gedruckt bei E. N. Foege, 1842. Kl. 8°.

Rouſſeau, J[ohann] B[aptiſt]. Lieder vom kölner Dome. Geſammelt und mit einem Vorworte begleitet. Köln, L. Chr. W. Schmidt, 1823.

Ruinen, Die, am Rhein. Ueber die Alterthümer in Cölln. Im rheiniſchen Archiv für Geſchichte und Literatur für die Jahre 1810 bis 1812, von Vogt und Weitzel. Bd. I, Heft 3, S. 199 ff. Mainz, Kupferberg, 1810. Gr. 8°.

Schmitz, Franz. Der Dom zu Köln, seine Construction und Ausstattung, gezeichnet und herausgegeben. Hiſtoriſcher Text von Dr. L. Ennen. 25 Lieferungen. 150 Blätter gr. Folio.

Schnaaſe. Geſchichte der bildenden Künſte. Bd. V, S. 510 bis 544.

— Zur Geſchichte des kölner Domes. In Freih. von Czörnig, Mittheilungen der k. k. Central-Commiſſion zur Erforſchung und Erhaltung der Baudenkmale. Bd. VI, S. 137 bis 140.

Schneyler, Auguſt. Der Ritz zum kölner Dome. Feſtſpiel in einem Acte. Nebſt einem Prolog von A. Nodnagel. Darmſtadt, C. Pabſt, 1842. 8°.

Schücking, Levin. Der Dom zu Köln und ſeine Vollendung. Köln, J. & W. Boiſſerée. 1842. 12°.

Schulte, Franz. Ein Vorſchlag über Beſchaffung der Mittel zum Ausbaue des kölner Domes. Köln, Joseph Rißefeld, 1841. 8°.

— Ein Vorſchlag über Beſchaffung der Mittel zum Ausbaue des kölner Domes. An alle deutſche Gaue und an den Dombauverein insbeſondere gerichtet. Köln, Joſeph Rißefeld, 1841. 8°.

Schonemann, Peter. Specification deren hh. Reliquien in der hohen Thumb-Kirchen zu Cöllen. [Köln?], 1671. 1 Doppelfolioblatt.

Smets, Wilhelm. Wir bauen mit am kölner Dome. Eine Rede vor der am 6. November 1845 Statt gefundenen Vorſtandswahl des aachener Filial-Dombauvereins, gehalten in der Münſterkirche. Aachen, Bernhard Boiſſerée, 1846. 8°.

Springer. Zur Baugeſchichte des kölner Domes, in den Jahrbüchern des Vereins von Alterthumsfreunden im Rheinlande. Heft 22, S. 102 bis 108.

Thurmbau, Der, zu Köln und was damit zuſammenhängt, von einem Süddeutſchen. Hamburg, Hoffmann & Campe, 1844.

Trendelenburg, Adolf. Der kölner Dom, eine Kunſtbetrachtung. Vortrag, gehalten zur Feier des Geburtstages Sr. Majeſtät des Königs in der Akademie der Wiſſenſchaften zu Berlin. Köln, in Commiſſion bei Franz Carl Eiſen, 1853. 8°.

Verneilh, de. La cathédrale de Cologne. In den Annales archéologiques, IX, 1849, S. 10.

Vogel, Johannes Philippus Nerius Maria. Sammlung der prächtigen Edelgeſteinen, womit der Kaſten der dreyen hh. Weiſen Königen in der hohen Erz-Domkirche zu Köln ausgezieret iſt, nach ihrem ächten Abdrucke in Kupfer geſtochen, nebſt einer vorläufigen geſchichtmäßigen Einleitung. Bonn, kurfürſtl. Hofbuchdruckerey, 1781. 4°.

Franzöſ. Ausg. u. dem Titel: Collection des pierres antiques dont la chasse des Ss. Trois Rois Mages est enrichie dans l'église metropolitaine à Cologne. Gravées après leurs empreintes avec un discours historique analogue. Bonn, imprimerie Électorale de la Cour, 1781. 4°.

Vogl, Joh. Nep. Dom-Sagen. 4. Aufl. 8°. Wien, J. P. Sollinger's Wwe., 1853.

W . . . . r. Der Domkrahne, geziert mit einem neuen Schnabel. Chronologische Denkschrift. Ein patriotisches Geschenke ;Nr (sic!) DoMarChlVe. Köln, ohne Drucker, 1819. 8°.

Waldbrühl, Wilhelm von. Das Dombüchlein. Köln, H. Tonger, 1842.

— Der Führer im Dom zu Köln. Köln, Joh. Baptist Franz Feilner, 1843. 8°.

Wallraf, Ferdinand. Beiträge zur Geschichte der Stadt Köln und ihrer Umgebungen. Mit 5 Abbild. [S. 184 bis 200: Der Dom zu Köln.] Köln, M. DuMont-Schauberg, 1818. 8°. Sammlung von Beiträgen zur Geschichte der Stadt Köln und ihrer Umgebungen. Bd. I.

Weyden, Ernst. Die neuen Glasgemälde im Dome zu Köln, ein Weihe-Geschenk Sr. Majestät des Königs Ludwig I. von Baiern. Köln, 1854, Fr. Carl Eisen.

— Rückblicke auf Kölns Kunstgeschichte. I. Abth. Köln, J. P. Bachem, 1855. 4°. (Programm der höheren Bürgerschule.)

Weingärtner, Wilh. Zur Geschichte des kölner Dombaues, in Freih. von Czörnig, Mittheilungen der k. k. Central-Commission zur Erforschung und Erhaltung der Baudenkmale, Bd. V, S. 84 bis 86.

Wiebeking, (Ritter) Karl. Theoret.-prakt. bürgerl. Baukunde. Mit 169 großen Kpfrn. München, Verfasser (bei Jaquel), 1822 ff. gr. 4°. (Item französisch:) Architecture civile, théoretique et pratique, enrichie d'une histoire descriptive et analytique des édifices anciens et modernes, les plus remarquables. 7 vols. in 4. enrichie de 260 planches. (1. Ausg.: Die großen Kupfertafeln, auf Groß-Jesuspapier, und die kleineren auf grand-raisin: 160 Thaler. — 2. Ausg. auf gr. Colombier und grand-raisin: 224 Thaler — 3. Ausg.: Text auf Velinpapier und Kupfertafeln auf gr. Colombier und grand-raisin: 274 Thaler.) (Aus: Kayser, Bücherlexikon. VI, 228.)

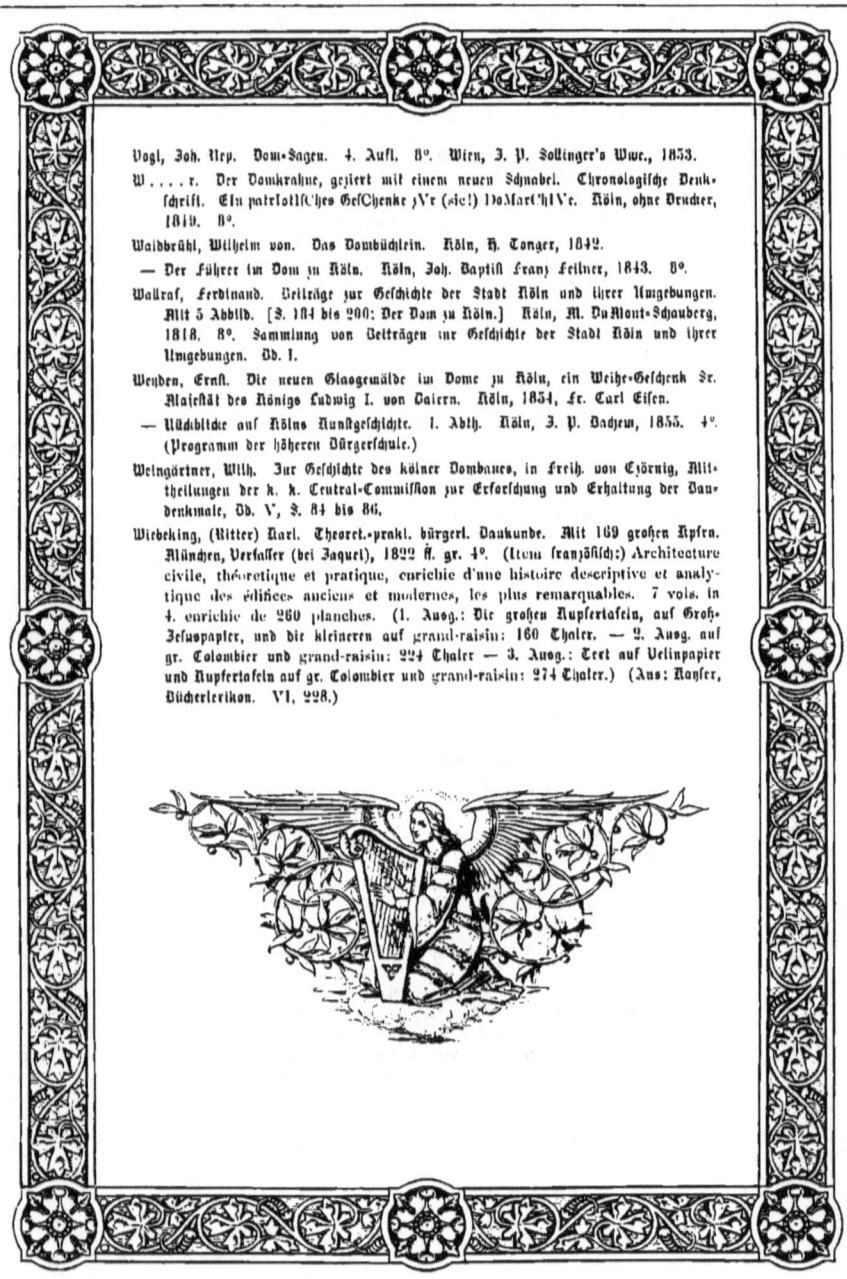

# Anhang.

# I.

## Reden und Anderes.

### Nr. 1.

#### Rede des Vorsitzenden des provisorischen Ausschusses Dr. Eberhard von Groote,
gehalten in einer Versammlung von Dombaufreunden am 14. April 1841.

Nur wenige Jahre noch fehlen, meine Herren, an dem Ablauf des sechsten Säculums, seit in unseren Mauern eine Idee in die Erscheinung getreten ist, deren Größe und Bedeutung nur selten verstanden, deren unendliche Tiefe oft übersehen, deren überschwängliche Majestät aber, wenn auch geahnt, angestaunt und verehrt, doch meistens für zu riesenhaft und unbegränzt gehalten wurde, als daß die Kräfte sterblicher Menschen je zur Verkörperung derselben anzureichen möchten. Am 14. August des Jahres 1248 legte der Erzbischof Konrad von Hochstaden in Anwesenheit des Kaisers Wilhelm und vieler Fürsten, Bischöfe und Herren den Grundstein zu diesem herrlichen Baue, und eine große Menge des gläubigen Volkes erflehte für das beginnende Werk den Segen des Allerhöchsten. — Vielfach hat man sich bemüht, den Namen und die näheren Verhältnisse des Mannes zu ermitteln, in dessen Geiste das Bild jener wunderbaren Schöpfung zuerst aufgegangen, und schon von Alters her war man versucht, es dem wegen seiner zauberhaften Einwirkung auf die Geisterwelt in Sage und Lied berühmten Dominicaner, dem philosophischen Mystiker Albertus Magnus zuzuschreiben. Nur ein einziges Document nennt uns den bescheidenen Taufnamen eines Meisters Gerhard von Steinmetzen, dem das Domcapitel im Jahre 1257 einen Raum schenkte, auf dem er sich auf seine Kosten ein Haus erbaut hatte, und welcher damals als Werkmeister des Domes bezeichnet wurde. Dies ist aber auch die einzige bisher erspähte Kunde von dem muthmaßlichen Erfinder dieses Wunderbaues, den wir zum Gegenstande neuer, großer, ewiger Bestrebungen zu machen beabsichtigen.

So war der Sinn jener gewaltigen Zeit: die Ehre Gottes, der Ruhm der Nation, die Würde der deutschen Kunst, der Ruf des Gewerkes und die Ehrenfestigkeit der Bauhütte der Genossenschaft und Verbrüderung, — das waren die Zielpuncte, auf welche der unverwandte Blick gerichtet und neben welchen der

Name und die zufällige Persönlichkeit des Einzelnen keine Geltung zu fordern versucht war.

Der Dom zu Köln — welche heilige, unergründliche Magie liegt in diesem Bilde, in diesem Worte verborgen! Der Dom zu Köln ist für die deutsche Kunst und Cultur, was der Rhein ist für die Herrlichkeit und Ehre der deutschen Nation. Das Symbol des Rheines ist der Dom zu Köln, wie der Rhein das Symbol des deutschen Vaterlandes. Der deutsche Strom wäre schwer zu bezeichnen unter den übrigen Flüssen Deutschlands; aber als Juwel trägt der Flußgott mit Stolz den Dom zu Köln an seinem Finger, und an diesem Wahrzeichen erkennt und begrüßt ihn ehrfurchtsvoll die Welt! Des Rheines Gaue, wo wären sie nicht bekannt und gepriesen unter allen Landen! Allein, wo man sie nennt, da tritt in das reiche Bild zunächst und obenan der gewaltige Leuchtthurm des Domes zu Köln; ihn zu zeigen, ihn zu nennen, genügt, um mit ihm alle freudigen Erinnerungen an das Leben und Wirken am Rhein und an alle Perioden der deutschen Vorzeit, ihre Größe und Ruhmwürdigkeit neu aufzuwecken und zu beleben.

Schmähen wir nicht die Zeiten, meine Herren, in welchen dies Kleinod, auf welches wir mit so großem Rechte stolz sind, in Vergessenheit gerathen, wo es verödet, verachtet, ja, wohl gar geschändet trauerte. Köln trug nicht die Schuld, daß schon bald nach der Gründung des Werkes die Fehden zwischen den Erzbischöfen und der Reichsstadt ausbrachen und durch die ganze Zeit des großen Interregnums und noch lange darüber hinaus fortdauerten. Wir trugen nicht die Schuld an den Zwistig= keiten des 17. Jahrhunderts, welche das Mark der deutschen Nation 30 Jahre lang verzehrten und ihre Kraft und Blüthe bis in den Keim hinein zerstörten. Wir endlich tragen wenigstens allein auch nicht die Schuld an dem Verderben, welches eine falsche Aufklärung über das 19. Jahrhundert hereinführt, und wo nicht viel fehlte, daß zur Strafe der Gottvergessenheit fast der deutsche Name aus der Reihe der Völker vertilgt worden wäre. Was Wunder aber, daß in solchen Zeiten des Kampfes, der Schmach, des Jammers und der Verwüstung ein Werk nicht gedeihen und fortwachsen konnte, welches in seinen Grundrissen schon den Typus eines deutschen National=Denkmals trug, an dessen Wiegenfeste der Deutsche Kaiser und so viele Fürsten des Reiches und der Kirche gestanden und dessen Vollendung lediglich durch die Eintracht der deutschen Nation und der mit ihr verbündeten Reiche bedingt war! Was Wunder, daß in solchen Zeiten der Verwirrung, wo Keiner mehr die Sprache des Andern zu fassen vermochte, ein Bau still stand und endlich ganz verödete, dessen Gründer sich nicht, wie einst bei Babel, ein Denkmal des Trotzes und der stolzen Empörung gegen die Fügungen der Gottheit stiften, sondern aus den reinsten Elementen des christlich deutschen Wesens in ausdauernder Liebe in Glauben und Vertrauen, in aller Pracht der erfindlichen Kunst ein Gotteshaus erbauen wollten, wie noch keine Zeit ein würdigeres und erhabeneres gekannt, in deſſen Hallen, an deſſen Thürmen, vor deſſen Altären ſich aber auf ewig die Bünde der deutſchen Stämme zu Gottes Ruhme und zur Ehre deutſcher Nation, zu Schutz und Trutz einigen und kräftigen und für alle Zeiten erneuern und zu würdigem, mannhaftem Thun begeiſtern und erheben ſollten!

Die Gegenwart trägt, wie geſagt, nicht die Schuld an den Wirren und Zerwürfniſſen, welche jene ſchöne Abſichten vereitelten; wir wollen die Generation nicht verdammen, die ſie herbeiführte und verſchuldete; denn wie alles Unrecht, hat ſie ihre Strafe in dem Laufe der Begebenheiten gefunden, und die Vorſehung allein kennt das Ziel, zu deſſen Erreichung ſie ſich oft auch feindlicher Mächte bedient.

Allein unſer iſt der Tag, der nun aufgegangen, unſer die Pflicht, in ihm zu wirken, ſo lange er ſcheint, unſer der Beruf, dem Herrn ein Opfer des Dankes zu bringen für all die Gnaden, die er uns hat angedeihen laſſen, indem er die Banden gelöſt, in welchen wir geknechtet waren, indem er die Schmach entfernt, in welcher eigene Schuld und fremder Uebermuth unſer Volk unterdrückt hielt, indem er Deutſchlands Ehre gerächt und die Segnungen des Friedens in unſere Gaue zurückgeführt, und er endlich unſere Stadt und unſer Land unter den Schutz eines frommen, milden, mächtigen und echt deutſchen Regentenhauſes geſtellt hat, deſſen jetziges Oberhaupt uns in Wort und That die Bürgſchaft geleiſtet, uns ein chriſtlicher und barmherziger Herrſcher zu ſein, wie es ſchon ſein Vater uns geweſen, in der Furcht des Herrn und in der Liebe zu den Menſchen, ſo wahr ein Gott helfe.

Und welche Zeit möchte dringender an die Tilgung der großen Schuld mahnen, die wir von den Vätern übernommen, als die gegenwärtige? Welche Periode der deutſchen Geſchichte halte ſich einer längeren Reihe friedlicher Jahre, einer größeren Eintracht der deutſchen Fürſten, eines kräftigeren Aufſchwunges in allen Richtungen der Kunſt, Wiſſenſchaft und der Induſtrie zu erfreuen, als die unſerige? Dankbarkeit gegen die Huld des Himmels auf der einen, edler Stolz auf der anderen Seite verpflichtet uns, den Beweis zu liefern, daß unſer Jahrhundert in Eintracht, Ausdauer und Gottvertrauen weit gegen die drei verfloſſenen vorausſteht, und daß es ihm vorbehalten iſt, in vereintem Streben aller deutſchen Stämme, ja, aller gebildeten Nationen das Monument chriſtlicher Kraft und Kunſt zur Vollendung zu führen, deſſen wunderbares Bild zwar aus den ſinnigen Intuitionen der Vorzeit hervorgegangen, zu deſſen Wachſen und Gedeihen aber die Quellen der Liebe und Eintracht, die Sonnenſtrahlen des echten Patriotismus, die milden Lüfte geläuterten Kunſtſinnes und endlich freilich auch der ſichere Boden materiellen Wohlſtandes durch lange Generationen hindurch ihre pflegende Einwirkung verſagten.

Und zwar bedarf es der gleichzeitigen Regſamkeit aller dieſer Kräfte, wenn ein wahrhaft großes Werk gedeihen soll. Denn so hat es z. B. im 18. und dem Anfange des 19. Jahrhunderts, und namentlich der Kirche von Köln, an materiellen Mitteln nicht gefehlt, aus welchen sie es wohl vermocht hätte, den Bau ihrer Metropolkirche um ein Bedeutendes zu fördern. Allein eben jene schnöde Zeit zog es vor, ihre Schätze an den glatten Marmorprunk französischer Galanteriewaaren zu vergeuden; das deutsche Gotteshaus blieb als eine traurige Ruine des barbarischen Mittelalters vernachlässigt, und noch Glück genug, daß man es nicht in einen Prunksaal der damaligen Renaissance umschuf, wie es leider mit so manchen deutschen Domen geschehen und wie dazu auch in dem unserigen schon die beklagenswerthe Einleitung getroffen war! In dieser Hinsicht möchte man den Umsturz der damaligen Verhältnisse und selbst den Verlust des großen Theils aus dem Testamente des Erzbischofs Konrad herrührenden ungeheueren Kirchenschatzes der kölnischen Kathedrale fast kaum noch bedauern, da er wirklich auf Erbauung weder der Kirche, noch des Volkes mehr verwandt, wohl aber zu anderen unnöthigen, ja, nur zu oft unwürdigen und ärgerlichen Zwecken verschleudert wurde. War es ja doch mit unseren übrigen kirchlichen Baudenkmalen um nicht viel besser beschaffen; denn wer kann es leugnen, daß trotz aller Verluste, welche sie erlitten, für ihre Erhaltung und Illustrirung in unseren Tagen ungleich mehr geschehen, als in jenen Zeiten, wo ihnen doch an reichlicher Dotation nicht fehlte? Dies ist der Gang und das Schicksal aller menschlichen Bestrebungen; nicht der Reichthum allein vermag Großes zu schaffen und zu erhalten, sondern die rege Liebe zur Sache muß hinzutreten, und der Drang des begeisterten Gefühles muß unablässig die Mittel zu finden wissen, um den edlen Anforderungen der Zeit in würdiger Weise zu entsprechen.

Darum aber soll, nachdem wir bisher mehr die ideelle Bedeutsamkeit des Unternehmens nachzuweisen versuchten, doch auch der praktische Werth keineswegs von uns verkannt werden, der in den wunderbaren Verzweigungen dieses Tempelwaldes verborgen liegt.

Niemand wird es in Abrede stellen, daß die Architektur unserer Zeit, nachgebend der Richtung des Tages, überhaupt nur gar zu sehr dem materiellen Bedürfniß fröhnet, und somit, da ihr höhere Motive fehlen, meist dem Dienste der flachen Convenienz und wohlthätiger Eitelkeit hingegeben ist. — Dies kann, dies wird so nicht bleiben; vielmehr wird eine Periode wiederkehren, wo das Gemüth sich weder in den schallenden Räumen des gierigen Erwerbs, noch in den überladenen Prachtsälen der rauschenden Ergötzlichkeiten einzig vergnügt und befriedigt fühlen wird.

Wie aber einst der Gral dies aus dem Alterthum hinübergerettete Heiligthum dem Verderbnisse der Welt entrückt, der Sage nach, unter Titurel's Pflege sich in den wunderbaren Tempel des Berges Montsalvatsch niedergelassen, damit der heilige Funke des Göttlichen dem Menschen nicht verloren gehe, sondern aufbewahrt bleibe, bis ein geläutertes Geschlecht ihn wieder zu fassen und sich in würdigem Dienste um ihn zu versammeln berufen sein würde: so möchten wir in freudigem Vertrauen behaupten, daß eine gleiche Bestimmung auch unserem deutschen Dome vorbehalten sei.

Auch in ihm, in seinen reinen, einfachen Verhältnissen, in seinen Wölbungen und Hallen, in seinen Zahlen und Formen, in seinen Bildwerken und Tabernakeln, in seinen Verzweigungen, Blättern und Blüthen liegt ein heiliger Hort der Kunst und Andacht, ein Talisman gehobener Lebenskraft, ein Segensquell überirdischer Gewalt verborgen, reich genug, daß an ihm der sinnende Geist noch Jahrhunderte lang die Fülle des Stoffes und der Motive zu erhabenen Productionen, wie sie die Zukunft verlangen wird, zu schöpfen vermag. Ist nicht — selbst bloß technisch genommen — die Bauhütte der Domsteinmetzen schon in unseren Tagen wieder die Pflanzschule der Kunstfertigkeit geworden, als welche sie dereinst in der grauen Vorzeit berühmt war, und wird nicht wirklich in ihr der kunstreichen Hand der Arbeiter der Stoff und die Uebung zu Darstellungen geboten, welche aus dem Bereiche der profanen Architektur längst verschwunden sind? Vor Allem müssen wir es hier der Weisheit der Behörden und der glücklichen Fügung der Verhältnisse danken, daß gegenwärtig der Leitung des Baues ein Mann vorgesetzt ist, welcher, völlig vertraut mit den Grundsätzen der Kunst, eine solche Liebe zu dem Werke und eine Pietät gegen denselben zu Grunde liegenden ursprünglichen Plan hegt, daß er in jeder Beziehung das in ihn gesetzte Vertrauen zu rechtfertigen wissen wird. Unter den bekannten Namen der Werkmeister des Domes wird Zwirner in aller Folge mit Auszeichnung genannt werden. — Mit so vereinten Kräften wird fortwährend in der Bauhalle sich eine höhere Kunstschule erhalten, die ihren wohlthätigen Einfluß erst dann wahrhaft bewähren wird, wenn aus dem wohlgepflegten Boden der Gegenwart dereinst wieder eine reichere Vegetation großartiger Erscheinungen in Bild- und Bauwerken aufsprossen wird.

Eines nur dürfen wir nicht vergessen, meine Herren! Groß ist das Werk, welches wir beginnen; denn wir stehen im Begriff, eine Genossenschaft zu gründen, welche zur Erreichung ihres Zweckes viele Tausende der Zeitgenossen, viele Tausende der kommenden Geschlechter für sich gewinnen und in Anspruch nehmen muß. Lassen Sie uns daher redlich diesen großen Zweck im Auge behalten, und mithin im Gefühle der Wichtigkeit unseres Berufes jede Weiterung zurückweisen, welche uns von diesem Ziele ablenken könnte. Im Vertrauen auf Gott und unter dem Schutze des erhabenen Bauherrn wird uns und allen, die sich uns anschließen, Kraft und Muth nicht fehlen, ein Gotteshaus vollenden zu helfen, in welchem unsere Enkel dereinst unser Andenken segnen werden.

Nr. 2.

## Statuten des Dombauvereins.

§. 1. Unter dem Namen „Dombauverein" bildet sich in Köln ein Verein, welcher den Zweck hat, vermittelst Darbringung von Geldbeiträgen und in jeder sonst angemessenen Weise für die würdige Erhaltung und den Fortbau der katholischen Kathedral=Domkirche in Köln nach dem ursprünglichen Plane thätig mitzuwirken.

§. 2. Die Genehmigung des Vereins, so wie die Vergünstigung für denselben, zur Vollendung des großen Bauwerks nach Maßgabe der Statutar=Bestimmungen bereitwillige Mithülfe leisten zu dürfen, soll bei der hohen Landesregierung nach=gesucht, Seiner Majestät dem Könige aber die ehrerbietige Bitte vorgetragen werden, der Genossenschaft ein gnädiger Schutzherr sein zu wollen.

§. 3. Mitglieder des Vereins sind diejenigen, welche jetzt oder künftig, dem gegenwärtigen Statute beitretend, sich zur Zahlung eines Beitrages von mindestens 1 Thaler für ein Jahr verpflichten.

§. 4. Beiträge, welche gezahlt werden ohne ausdrückliche Bestimmung, für welche Zeit sie gelten sollen, werden als für das laufende Jahr geltend angesehen.

§. 5. Die Theilnahme am Vereine kann einmal für allemal durch Einzahlung des Beitrages für zwanzig Jahre erworben werden.

§. 6. Die Beiträge werden alljährlich in Köln und an anderen, von der Verwaltung näher zu bezeichnenden Orten in Empfang genommen und auf Verlangen Empfangs=Bescheinigungen ausgestellt. Zeit und Art der Erhebung werden vorher in geeigneter Weise öffentlich bekannt gemacht.

§. 7. Ein namentliches Verzeichniß sämmtlicher Mitglieder des Vereins, so wie auch derjenigen Personen, welche vermittelst Darbringung geringerer Gaben zu dem Zwecke des Vereins mitgewirkt haben, wird von Zeit zu Zeit durch den Druck veröffentlicht.

§. 8. Die Theilnahme am Vereine erlischt, wenn der Genosse die Zahlung des Beitrages unterläßt oder verweigert.

§. 9. Die Mittel des Vereins bilden nach Abzug der unvermeidlichen Ver=waltungskosten und der Ausgaben für die Vereins=Gedenkzeichen (§. 13) den Vereins=Baufonds. Dieser soll von dem durch die königliche Gnade und die Kathedral=steuer gebildeten Dombaufonds getrennt gehalten, und in Gemäßheit der Allerhöchst festgestellten Baupläne, unter Anordnung und Leitung des Dombaumeisters, wo möglich auf einzelne, aus dem großen Ganzen hervortretende Theile des Bauwerks in der Art verwendet werden, daß dieselben als das Werk des Vereins entstehen und in so fern dessen Mittel dazu ausreichen, auch durch den Verein zur Vollendung gebracht werden.

§. 10. Für die sichere und wo möglich rentbare Unterbringung der Geldbestände, so wie für die unverzügliche Anordnung einer verantwortlichen Cassenverwaltung ist von Seiten des Vorstandes Sorge zu tragen.

§. 11. Die Verwendung von Vereinsgeldern zu solchen Zwecken, wovon indirect eine Vermehrung der Baumittel zu erwarten steht, wird durch die Bestimmungen des §. 9 nicht ausgeschlossen.

§. 12. Die Hauptversammlungen der Vereinsgenossen finden von drei zu drei Jahren in Köln zu dem Zwecke Statt, den Bericht über die Wirksamkeit des Vereins zu erstatten, die Resultate derselben zur unmittelbaren Anschauung der Mitglieder zu bringen, und in dem erhebenden Gefühle des Gelingens, die Kraft und den Muth zur Ausdauer neu zu stärken. Alle Mitglieder des Vereins, und nur sie, sind berechtigt, an dieser Versammlung Theil zu nehmen, welche, mit einer religiösen Feier im Dome beginnend, in jeder Weise zu einem würdigen Feste erhoben werden soll.

§. 13. Zur Erinnerung an diese periodischen Vereinsfeste und an die gemeinschaftlichen Bestrebungen zur Förderung des erhabenen Bauwerks, zur Anregung und Erhaltung einer immer lebendigen Theilnahme an der Sache des Vereins und zur Kräftigung des genossenschaftlichen Verbandes, werden nach jeder Hauptversammlung Vereins-Gedenkzeichen unter die Mitglieder des Vereins vertheilt, und kann für diesen Zweck der zwanzigste Theil der in dem vorhergegangenen Zeitabschnitte von drei Jahren eingenommenen Jahresbeiträge der Mitglieder zurückgelegt und verwendet werden.

§. 14. Ueber die Auswahl der Gegenstände für Gedenkzeichen, welche auch in Nachbildungen vom Dome oder von einzelnen Theilen desselben, so wie in anderen Kunstgegenständen bestehen können, so wie über die Zeit und Weise ihrer Vertheilung, haben die Vorsteher in einer eigens dazu bestimmten Versammlung zu beschließen.

§. 15. Die Vereins-Gedenkzeichen können nur unter die Mitglieder der Genossenschaft vertheilt werden. Dem Vorstande ist jede anderweitige Verwendung, namentlich der Verkauf derselben, untersagt. Die geeigneten Maßregeln zum Schutze des Eigenthumsrechts und zur Sicherstellung gegen unbefugte Vervielfältigung derselben, sind von den hohen Landesregierungen zu erwirken.

§. 16. Jedes Mitglied, welches drei Jahre dem Vereine angehört hat oder den Beitrag dieses Zeitraums beisteuert, erhält ein Vereins-Gedenkzeichen.

§. 17. Alljährlich, und zwar in der Frühlingszeit, treten auf öffentliche Einladung des Vorstandes alle Mitglieder des Vereins zu einer Wahlversammlung in Köln zusammen, um die Vorsteherwahlen vorzunehmen, den Bericht des Vorstandes über die Lage des Vereins zu hören, und von der Rechnung über Einnahme und Ausgabe des vergangenen Jahres Einsicht zu nehmen.

§. 18. Auswärtige Mitglieder können bei den General-Versammlungen durch bevollmächtigte Genossen vertreten werden. Jeder in der Versammlung Anwesende hat nur Eine Stimme; durch Bevollmächtigung von Auswärtigen kann ein Anwesender jedoch außerdem noch zehn Stimmen führen. Nur die von den Vorständen der Hülfsvereine zur General-Versammlung abgesandten Deputirten können mehr als zehn zu dem betreffenden Hülfsvereine gehörende Mitglieder des Centralvereins mittelst Vollmacht derselben vertreten.[1]

§. 19. Der Verein wird durch seinen Vorstand in allen Theilen vollständig vertreten. Der Vorstand besteht aus vierzig Mitgliedern, welche in der ersten, nach Genehmigung des Statuts zusammentretenden Wahlversammlung gewählt werden. Von denselben scheiden alljährlich zehn, zuerst nach dem Loose, später nach der Reihenfolge des Dienstalters, aus; die Erneuerungswahlen werden in den alljährlichen Wahlversammlungen vorgenommen. Jedes Mitglied des Vereins ist wählbar, die Wiedererwählung der ausscheidenden Vorsteher zulässig.

§. 20. Zum Vorstande gehören ferner mit vollständiger Stimmberechtigung: a) ein dazu delegirtes Mitglied des Domcapitels; b) der zeitige Oberbürgermeister von Köln; c) der zeitige Dombaumeister.

§. 21. Diejenigen Mitglieder des Vereins, welche und so lange sie einen Jahresbeitrag von 100 Thalern zahlen, haben die Befugniß, den Vorstandssitzungen als Ehrenmitglieder mit vollständiger Stimmberechtigung beizuwohnen, ohne einer speciellen an sie gerichteten Einberufung zu bedürfen, oder eine solche in Anspruch nehmen zu können. Der zeitige Erzbischof von Köln soll gebeten werden, den Ehrenvorsitz im Vorstande zu führen. — Außer den vorgenannten Ehren-Vorstandsmitgliedern kann der Vorstand diese Ehren-Auszeichnung auch anderen, dem Vereine angehörenden oder noch nicht angehörenden Personen verleihen. Diese Verleihung erfolgt dann, wenn alle Vorstandsmitglieder dazu speciel eingeladen sind, durch drei Viertel der Anwesenden.

§. 22. Der Vorstand leitet alle Angelegenheiten des Vereins nach Beschlüssen, welche durch Stimmenmehrheit gefaßt werden. Er ernennt einen Vorsitzenden und einen Secretär. Der Vorsitzende ladet zu den Versammlungen ein und leitet dieselben. Bei Stimmengleichheit gibt die seinige den Ausschlag.

---

[1] In dieser Abänderung gegen den ursprünglichen Wortlaut beschlossen in der Generalversammlung vom 27. Mai 1845 und landesherrlich genehmigt durch Allerhöchste Cabinets-Ordre vom 26. September 1845.

§. 23. Der Vorstand überträgt die specielle Führung der Geschäfte nach einer von ihm zu entwerfenden Geschäftsordnung einem aus seiner Mitte gewählten Verwaltungs-Ausschusse von sieben in Köln wohnenden Mitgliedern, welcher sonach den Verein und den Vorstand, namentlich gegenüber dritten Personen, zu vertreten hat. Zu den Sitzungen des Verwaltungs-Ausschusses ist der Dombaumeister mit vollständiger Stimmberechtigung zuzuziehen.

Der Verwaltungs-Ausschuß in der Person seines Präsidenten oder Secretärs (cf. §. 22 des Statuts) vertritt den Verein und dessen Vorstand in allen Rechtsstreitigkeiten und gerichtlichen Verhandlungen.[1]

§. 24. Die Feststellung des Ausgabe-Etats und die Abnahme der Rechnungen, resp. die Entlastung des Cassenverwalters bleibt in jedem Falle dem Vorstande vorbehalten. Die Vorschläge zu den Ausgaben müssen drei Monate vor Ablauf des vorhergehenden Jahres von dem Verwaltungs-Ausschusse dem Vorstande zur Feststellung vorgelegt werden. Diese Feststellung kann nur in einer Vorstandsversammlung erfolgen, an welcher wenigstens 20 Vorsteher Theil nehmen.

§. 25. An allen Vorstandsversammlungen nehmen die Mitglieder des Verwaltungs-Ausschusses in ihrer Eigenschaft als Vorsteher mit vollständiger Stimmberechtigung Theil.

§. 26. An allen Orten außerhalb Köln's können Hülfsvereine zur Mitwirkung für die Zwecke des Dombauvereins errichtet werden. Der Vorstand hat die Art und Weise, wie sie sich unter Beachtung des gegenwärtigen Statuts dem Hauptvereine auf eine nützliche Weise anschließen wollen, gemeinschaftlich mit ihnen festzusetzen. Die innere Organisation bleibt ihnen selbst überlassen.

§. 27. Abänderungen des Statuts können mit einfacher Stimmenmehrheit, unter Vorbehalt der landesherrlichen Zustimmung, in jeder Wahlversammlung beschlossen werden, wenn in der Einladung davon Erwähnung geschehen ist. — Wenn 25 Mitglieder eine Veränderung des Statuts vorzuschlagen beabsichtigen, so haben sie sechs Wochen vor der Wahlversammlung dem Vorstande ihre desfallsigen Propositionen vorzulegen, und ist derselbe gehalten, in der Einladung zur Wahlversammlung darauf Rücksicht zu nehmen.

[1] Diese Ergänzung zum §. 23 wurde vom Vorstande beschlossen am 28. Juni 1866 und landesherrlich genehmigt durch Allerhöchste Cabinets-Ordre vom 10. Sept. 1866.

## Nr. 3.

### Worte des Coadjutors Johannes von Geissel,

gesprochen in der dritten Sitzung des Dombauvereins-Vorstandes bei Uebernahme der Stellung eines Ehren-Präsidenten, 16. März 1842.

Sie haben die Güte gehabt, meine verehrten Herren, mich durch eine aus Ihrem Gremium gewählte Deputation zur Theilnahme an Ihren Berathungen über den Ausbau des Domes, und als Stellvertreter des Herrn Erzbischofs, zum Ehrenvorsitze in Ihren Versammlungen einzuladen. Mit Vergnügen gebe ich mir die Ehre, dieser freundlichen Einladung hiermit zu entsprechen. Indem ich daher heute zum ersten Male in Ihrer Mitte erscheine, kann ich mit der Aeußerung meines warmen Dankes für die mir erwiesene Ehre nur die Gefühle wiederholen, welche ich bereits gestern Ihrer verehrlichen Deputation in wenigen Worten angedeutet habe. Diese Gefühle sind die der lebhaftesten Theilnahme an Ihren edeln Bestrebungen. Ich nenne diese Bestrebungen edel, denn sie gelten einem schönen Werke — einem Gotteswerke; und gerne bringe ich hierzu meine persönliche und amtliche Mitwirkung, nach allem Vermögen. Seither ein Deutscher und Rheinländer, bin ich nun auch ein Kölner geworden; Ihre Bemühungen zum Ausbau Ihres altehrwürdigen Münsters müssen daher meine lebendigsten Sympathieen in jeder Richtung rege machen. Was Sie fördern und vollenden wollen, ist ja ein kölnisches Werk, die Zierde Ihrer Stadt, die auch mir fortan, wie Ihnen, lieb und werth ist. Es ist ein rheinländisches Werk, — unter allen Domen, welche von der Quelle des Altvaters Rhein bis zu seiner Mündung, nach dem Ausdruck Ihres Rheinlied-Sängers, in seine Fluthen sehen, der erhabenste und herrlichste. Es ist ein deutsch-vaterländisches Werk, begonnen in jener großartigen, dem Dienste Gottes geweihten Baukunst, welche wir vorzugsweise die deutsche nennen, und nun fortgesetzt und, will's Gott, vollendet durch die milden Gaben brüderlicher Eintracht und christlicher Liebe aus allen deutschen Volksstämmen und Gauen. Aber auch höher noch liegen meine Sympathieen für Ihre Bestrebungen; denn was sie fördern, ist ja zuletzt ein religiöses Werk, ist der Ausbau eines Gotteshauses, die Vollendung der altehrwürdigen Mutterkirche des Rheinlandes, der hohen Kathedrale, welche, wie ihr Name dieses ansagt, den erzbischöflichen Stuhl in ihrem Chore trägt, und in welcher, wie von Alters her, unablässig Gebete geschehen für diese Stadt, den König und das Vaterland. Darum fühle ich die lebhafteste Theilnahme für dieses schöne Werk, wie als Deutscher, Rheinländer und Kölner, so zuletzt in noch höherem Maße als katholischer Bischof, als Stellvertreter des Hohenpriesters in diesem Tempel, als Hüter seines Stuhles im Gotteshause, und Sie, meine verehrten Herren, werden gewiß meine Gefühle verstehen, wenn ich sage, daß ich mich glücklich schätze, mit dem mir gewordenen Berufe der oberhirtlichen Pflege des geistigen Baues der Kirche unter Ihnen, zugleich auch mit Ihnen den leiblichen Ausbau dieses Gotteshauses fördern zu können, damit durch den einen Bau wie durch den anderen der Gottesfriede, die Eintracht und die christlich-brüderliche Liebe verwirklicht werde. — Und so gebe denn Der, Dem Sie das Haus bauen, dem wohlgefälligen Werke Gedeihen! Möge, wie die Mauern emporsteigen in die Wolken, sein Segen in reicher Fülle herabkommen über diese Stadt und dieses Erzbisthum, über den König und sein königliches Haus, über das gesammte deutsche Vaterland, seine Fürsten und sein Volk!

Ja, so möge es werden, — so geschehe es!

---

Nr. 4.

## Rede des Coadjutors Johannes von Geissel,

gehalten beim Feste der Grundsteinlegung zum Fortbaue des kölner Domes bei Anwesenheit des Königs und der Königin von Preußen, der Prinzen des königlichen Hauses und einer großen Anzahl von Fürsten und hervorragenden Männern aus allen deutschen Gauen, am 4. September 1842.

Seid uns gegrüßt auf Thronen und Fürstenstühlen! Seid uns gegrüßt aus Schlössern, Städten und Dörfern! Seid uns gegrüßt, Ihr Alle, von nah und fern, die hier zu Tausenden in weiten Kreisen umherstehen! Wir rufen Euch einen freudigen, herzlichen Willkomm zu und begrüßen Euch an dieser Stätte mit dem Gruße des Heilandes: „Friede sei mit Euch!" — Friede sei mit Euch, denn Ihr seid ja gekommen zu einem Werke des Friedens.

Seit vielen Jahren stand in der alten heiligen Stadt Köln am Rheine ein all=ehrwürdiger Bau, groß und mächtig, mit weiten Schiffen und Hallen, und mit hohen Chören, Säulen und Kuppeln, in stiller, ernster Majestät. Aber es war die Majestät der Trauer, der Ernst der Erstarrung; denn unausgebaut waren die Schiffe und Hallen geblieben, unvollendet die Säulen und Chöre, und nur halb erhoben blickten die Zinnen und Thürme trauernd hinaus ins schöne, lebenskräftige Land. Schon seit vielen Jahren war der Baumeister mit seinen Werkleuten von dannen gegangen, und hinter ihm war die Alles zerstörende Zeit in den hohen Bau eingezogen und hatte ihr stilles, langsames, aber um so tiefer eingreifendes Werk begonnen. Jahr um Jahr folgten sich in dem gesegneten Rheinthale und spendeten erneuertes Leben und Wachsthum. Am Fuße des Baues ging ein verjüngtes Menschengeschlecht um das andere in gesteigerter Geschäftigkeit vorüber. Aber keines derselben hatte ein mitfühlendes Herz für das trauernde, unvollendete Haus, und jedes wiederkehrende Jahr brachte ihm, statt der Vollendung, nur neuen Verfall. Der alte Riesenbau schien dem Verderben der Zeit heimgegeben für immer! — Da erging aus eines hochherzigen Königs Munde das tröstende Wort: „Wie steht doch das allehrwürdige Gotteshaus zu Köln am Rheine so verlassen in zerfallender Majestät! wohlan, so soll's nicht länger mehr sein — wir bauen es aus!" Und das königliche Wort durchdrang alle vaterländischen Gauen, und in allen Herzen hallte es wieder: wir bauen es aus. Dem Worte aber folgte rasch der freudigen That rüstiger Anfang; und heute steht Ihr hier, in weiten Kreisen geschaart, dieses Anfangs Zeugen und Mithelfer. Von nahe und ferne seid Ihr gekommen, um Zeugen zu sein der Wiederherstellung und Ausschmückung, welche der ehrwürdige Bau bereits begonnen, und Zeugen zu sein der Weihe des Grundsteines, auf welchem fortan dessen Fortbau sich erheben und, will's Gott, glücklich vollenden soll. Darum rufen wir Euch aus freudigem Herzen Gruß und Willkomm zu; denn Ihr seid gekommen zu einem Feste der Religion, der Kunst und des Vaterlandes; Ihr seid gekommen zu einem Gotteswerke.

In einem Gotteswerke haben wir hier den ersten Stein gelegt; denn was wir bauen ist ein Haus Gottes. — Zwar wohnt der Unendliche nicht in geschlossenem Raume. Der Himmel ist sein Thronstuhl und die Erde der Schemel seiner Füße. Aller Himmel Himmel vermögen nicht, ihn zu fassen. Darum wissen wir wohl, daß Er keines Hauses bedarf; aber Er hat gewollt, daß wir Seines Hauses bedürfen. Des ewigen Vaters Wort, das im Anfange bei Gott war, Gott von Gott, Licht vom Lichte, ist Fleisch geworden und hat unter uns gewohnt, daß wir seine Herrlichkeit gesehen haben, voll Gnade und Wahrheit. Der Eingeborene des Vaters, in Menschengestalt unter den Menschen wandelnd, hat auf Erden das Gottesreich, Seine h. Kirche, gegründet, daß sie, eine reichgeschmückte Braut des Herrn, eine Spenderin Seiner Gnaden sei bis an der Welt Ende. Alle Völker lehrend, sollte sie alle wiedergebären aus dem Wasser und dem Geiste; sollte die Seinen in Seinem Namen versammeln, damit Er mitten unter ihnen sei, und sollte das Gnadenmahl der Liebe in Brod und Wein, mit Seinem Fleische und Blute sie speisend, mit ihnen feiern, und das blutige Opfer des Hohenpriesters, der, sich selbst zur ewigen Erlösung dargebend, in das Allerheiligste einging, unblutig mit ihnen begehen, und so Seinen Tod verkünden, bis daß er in Verherrlichung wiederkehrt. Er wollte unter den Seinen wohnen, wenn auch dem leiblichen Auge unsichtbar, sichtbar doch dem geistigen Auge des Glaubens in geistiger Nähe. — In solchem begeisternden Glauben erhoben die frommen Vorväter diesen gewaltigen Bau und weihten ihn zu einer Wohnung des Allerhöchsten, zu einem Hause Gottes, damit Er unter ihnen Seine bleibende Rast

nehme, ihnen stets ein schützender Schild sei und ein treuer Hort. Sie bauten ihn zu einem Tempel der christlichen Weisheit und Wahrheit, damit hier Gottes Geist wehe und die Seinen, an dieser Stätte in Seiner Wahrheit unterrichtet und von Seinem Geiste erleuchtet in der Furcht des Herrn wandeln, treu anhangend Dem, Der da ist der Weg, die Wahrheit und das Leben. Sie erhoben diesen Bau weit und groß, als des Landes gemeinsame Erz- und Mutterkirche, in welcher der unversiegbare Born des christlichen Lebens behütet werden, und von welcher auch, durch die Auflegung der Hände in apostolischer Sendung ausgerüstet und begabt, die Diener des Herrn von Geschlecht zu Geschlecht Seine Lehre und Seine Sacramente hinaustragen sollten in Städte und Dörfer zur fortwährenden Pflege des Himmelreiches. — Und was die frommen Väter begonnen, das sollen und wollen wir vollenden. Ein Haus des Herrn wollen wir bauen, damit Er darin wohne in stiller Herrlichkeit. Den Tempel christ=
licher Weisheit und Wahrheit, des Landes Mutterkirche wollen wir vollenden, damit, wie von der Väter Zeit her, der siebenfache Born der Sacramente befruchtend durch das Land sich ergieße, und von hier aus fort und fort die Lehre des Kreuzes durch seine Diener hinausgetragen werde, Frieden, Heil und Segen bringend bis zur letzten Hütte. — Darum gilt des Tages Ehre vor Allem dem Herrn; denn wir feiern Sein Fest, ein Fest der Religion.

Aber auch ein Fest der Kunst begehen wir heute; denn in diesem Baue hat sie zur höchsten Blüthe sich entfaltet, in ihm erscheint sie vorzugsweise als christliche Kunst. Sie hat sich Gott geweiht und feiert darin ihre höchsten Triumphe. — Es war eine wunderbar begabte Zeit, die eine solche Kunst gepflegt. Während sie die menschlichen Wohnungen klein und niedrig an der Erde ließ und selbst die Königs=
paläste und Kaiserburgen nur nothdürftig ausstattete, führte sie die Gotteshäuser in reichem, prachtvollem Baue empor; denn sie fühlte, sie baue für Gott, für dessen Majestät nichts zu groß war, Seiner würdig zu sein. Ein felsenfester Glaube be=
flügelte ihren Hammer und eine tiefsinnige Frömmigkeit gab ihrem Meißel Leben und Seele zum festen, unerschütterlichen Baue und zu sinnvoller Verzierung in be=
deutungsreichen Bildern. So begeistert, erhob sie auch diesen hochgewaltigen Bau und zierte ihn mit dem reichsten Schmucke. Vertrauend auf den Grundstein, der da ist Jesus Christus, und gefestet auf den Felsen, auf den Er Seine Kirche gebaut, lagerte sie in den Tiefen die breiten, gewaltigen Fundamente und baute darauf die stämmigen Mauern. Gleich himmelansteigenden Palmen führte sie die Säulen stark und schlank empor, legte darüber die weiten Kreuzgewölbe und Kuppeln, der Decke des Himmels vergleichbar, goß das Licht, wie aus höheren Räumen verklärend, in die Schiffe und Hallen, pflanzte die strahlende Rose, wie eine Sonne in der Ewigkeit, in die Chöre und trug die Firsten und Thürme hoch in die Luft, als wollte sie an ihnen emporsteigen, um mit ihren Hoffnungen und Wünschen, ihren Freuden und

Leiden, ihren Gefühlen und Gebeten dem Himmel näher zu sein; und zuletzt setzte sie auf die Zinnen der Thürme das Erlösungszeichen, die erblühende Kreuzesblume, als Dornenkrone christlichen Kampfes und als Siegeskranz christlichen Triumphes im christlichen Frieden. So entfaltete sich die christliche Kunst reich und mannigfaltig in diesem alterwürdigen Baue und machte ihn zu einem Wunderbaue, wie die auf- und niedergehende Sonne keinen zweiten sieht in solcher Ausbildung. — Und was die christlich=fromme Kunst unserer Vorväter begonnen, so reich und schön, das sollen und wollen wir vollenden in gleichem Gottvertrauen und gläubig innigem Gemüthe. Wir wollen die unvollendeten Schiffe und Hallen ausbauen, die Säulen, Strebebogen und Firsten emporführen und die Thürme in des Himmels Blau hinauftragen, daß sie, ein Denkmal christlicher Kunst, ein Zeugniß der Frömmigkeit geben allen künftigen Geschlechtern.

Und auch ein Fest des Vaterlandes ist uns dieser hehre Tag. Der alte, gewaltige Dom zu Köln, das Werk der rheinischen Vorfahren, ist ein kostbarer Schatz für alle Stämme deutscher Nation, ein Werk der Ehre und des Ruhmes für das Gesammtvaterland. Begonnen in einer Zeit, in welcher Deutschland, der Erde größtes und mächtigstes Reich, weithin gebot und, unterbrochen in trüben Tagen schmerzlichen Verfalles, kann es nur durch die wieder erwachte und vereinte Kraft vollendet werden. Was das kühne Jahrhundert des Hohenstaufen Friedrich II. mit Begeisterung angefangen, das soll und wird die mit erneuerter Kraft jugendlich emporstrebende Zeit des Hohenzollern Friedrich Wilhelm IV. vollenden. Der Gedanke des größten und prachtvollsten Gotteshauses auf deutscher Erde hat alle deutschen Herzen entzündet, und aus allen Gauen sendet die Liebe ihre Gaben zu dem gemeinsamen Werke. Darum feiern wir heute ein Fest des erstarkten einmüthigen Vaterlandes, ein Fest der Eintracht und Liebe. Darum sehen wir heute einen der glorreichen Tage des alten Deutschland in stärkendem Glanze erneuert, — wir sehen hier, an der Seite des erlauchten Friedensfürsten seiner Zeit, die Edelsten der deutschen Nation, die Blüthe des Vaterlandes zu der Weihe des Grundsteines eines Gotteshauses versammelt, während Andere, ebenfalls die Edelsten und Höchsten der Nation, welche dem gemeinsamen Werke ihre lebendigste Sorgfalt schenken, dieses Fest in geistiger Gegenwart feiern. Darum seid Ihr gekommen zu Tausenden von nah und fern, um Zeugen zu sein der erhebenden Feier; und mit freudigem Herzen haben wir beim Werke des Friedens Euch begrüßt mit dem Gruße des Friedens.

So möge denn das große Werk, wie es heute unter den feierlichen Segenssprüchen der Kirche für Gott begonnen, mit Gott auch wachsen und gedeihen zu einem fröhlichen Ende! Zum Ausbaue eines Gotteshauses haben wir den Grundstein gelegt, — so liege er denn fest zur Ehre Gottes, damit, wie auf ihm der

Dom emporwächst, groß und mächtig, das Reich Gottes auf Erden wachse und ausgebreitet werde. Er liege fest, ein Denkmal deutscher Frömmigkeit, damit deutscher frommer Sinn gepflegt werde auf den Thronen und in den Hütten. Er liege fest, ein Denkmal deutscher Kraft, Eintracht und Liebe. — Dem Herrn erbauen wir das Haus, auf daß Sein Auge offen sei über dieser Stätte Nacht und Tag, auf daß Sein Herz wohne an diesem Orte ewiglich, und Er, wenn auch unsichtbar, sichtbar doch dem geistigen Auge, im Tabernakel thronend, die Gebete erhöre, die wir zu Ihm emporsenden. Möge Sein Segen ein milder Abendregen und gleich dem geweihten Wasser, mit welchem wir den Grundstein begossen haben, in reichster Fülle herabsteigen auf den erlauchten königlichen Protector und Beförderer dieses Baues und sein ganzes königliches Haus. Er steige herab auf diesen Dom, diese Stadt, dieses Land und dieses Reich und das ganze deutsche Vaterland, damit sie wachsen und aufblühen in Macht und Stärke, in Eintracht und Liebe; damit der Name des Herrn groß sei unter allen Stämmen deutscher Nation, und Sein Reich zu uns komme, auf daß Friede sei auf Erden unter den Menschen, die eines guten Willens sind und Ehre dem Gotte der Ehren in der Höhe!

## Nr. 5.

### Ansprache des Vereins-Präsidenten Heinrich von Wittgenstein,

bei Gelegenheit der Grundsteinlegung zum Fortbaue des Domes, 4. September 1842.

Unfähig, den Gefühlen, die mein Inneres in diesem großen Augenblicke durchdringen und Aller Augen mit Wonnethränen erfüllen, eine würdige Sprache zu verleihen, darf ich hoffen, daß Ew. Majestät in dieser allgemeinen Begeisterung den Ausdruck des innigsten Dankes, der unbegränzten Liebe und Verehrung gnädigst aufnehmen werden, welchen dem erhabenen Schutzherrn des Dombauvereins alle Vereinsgenossen, ich darf es sagen, des ganzen deutschen Volkes, darzubringen sich ergriffen fühlen. Denn Ew. Majestät haben den heutigen Tag dem deutschen Volke gegeben, den die Weltgeschichte als dessen Ehrentag bezeichnen wird, von dem eine neue Zeitrechnung für dasselbe beginnt.

Am Fuße des Wunderbaues, den deutsche Frömmigkeit und deutscher Kunstsinn zur Verherrlichung Gottes begonnen, den die in Zwietracht und Zerwürfniß gebrochene deutsche Kraft nicht zu vollenden vermochte, den drei Jahrhunderte aufgegeben zu haben schienen, stehen wir versammelt, Tausende aus allen Gauen unseres Vaterlandes, Alle einstimmig in dem Entschlusse, die Schuld der Jahrhunderte abzutragen und Jeder nach seinen Kräften mitzuwirken, damit von nun an der heilige Bau gefördert werde: wie er begonnen wurde: zur höchsten Ehre Gottes. In brüderlichen Vereinen ist das deutsche Volk zusammengetreten, und Alle wollen zur Hand sein, daß die deutsche Kraft sich bewähre, damit unter dem Schaffen der werkthätigen Hand zugleich mit dem Baue die Liebe zum Vaterlande, die Eintracht im Volke sich erhebe und belebe. Und wir sehen in unserer Mitte Den, Der uns ein sanfter, ein gerechter König ist, von Dem wir wissen, daß Er unseren Sinn versteht und unser Wesen achtet, der das heilige Werk nur mit Seinem Volke zur Vollendung führen will, damit in demselben das Vertrauen wachse und das Band der Liebe sich verstärke; und Ihm zur Seite die milde königliche Frau, die Landesmutter, die heute zum ersten Male, doch bedeutungsvoll bei solchem Feste, die treue Stadt mit Ihrer Gegenwart beglückt; und mit Ihnen die Fürsten und Edelsten des Landes, Alle beseelt von dem großen Gedanken, daß die Zeit der Lösung des Bannes, der auf dem Baue zu ruhen schien, gekommen sei, und von dem schönen Glauben durchdrungen, daß Deutschland zu der Kraft und Gesinnung herangereift sei, das große Werk zur Vollendung zu führen.

Unter den Segnungen der Kirche ward der erste Stein in den Schooß der Erde gesenkt und der Beistand des Himmels erfleht, daß der Keim zu frischem, kräftigem Leben sich entfalten möge.

Der Herr wird Seinen Segen geben, wenn wir mit reinem Herzen in Seinem Geiste bauen und darin beharren bis zur Vollendung.

Daß wir es wollen, geloben wir in dieser großen, feierlichen Stunde!

Ja, wir wollen bauen in Demuth und Gottergebenheit, damit wir dem Herrn eine würdige Wohnung bereiten!

Wir wollen bauen, ein Volk von Brüdern, und die Liebe zum Vaterlande und den Brudersinn in unseren Herzen nähren bis zur Vollendung, damit das Gotteshaus auch ein Tempel deutscher Eintracht sei!

Wir wollen daran bauen mit unserem Könige, damit es ein Denkmal sei des herrlichsten Bandes der Liebe und des Vertrauens, welches jemals Fürst und Volk umschlang!

## Nr. 6.

### Ansprache des Dombaumeisters Zwirner

bei Gelegenheit der Grundsteinlegung zum Fortbaue des Domes, am 4. September 1842.

Gesenkt in den heiligen Boden ist der geweihte Grundstein: auf daß fortan sich erhebe der herrliche Bau bis zu seiner Vollendung. Groß ist das Werk, denn nicht für Menschen, es ist für Gott errichtet! und in diesem Sinne halte auch zweifelsohne der erste Dombaumeister seinen Plan entworfen zu dem erhabenen Tempel, in dessen Angesicht wir uns befinden, der ganz vollendet prangen sollte in dem großen, weiten Dome des Allmächtigen: Ihm allein zur Ehre. Was unsere Vorfahren so mit Frommsinn unternommen, geschah aber auch im Vertrauen auf die ausdauernde Thatkraft der Nachkommen. Aber Kraft und Ausdauer an einem solchen Werke sind nur dann möglich, wenn Eintracht und Friede walten. Daß dem hier nicht so war, zeigt uns die Geschichte, ja, das Bauwerk selbst nur gar zu deutlich, und daher stand es seit dem Anfange des 16. Jahrhunderts unvollendet da, vom Zahne der Zeit dem Verfalle nahe gebracht.

Doch im Freiheitskampfe erstarkte das deutsche Vaterland zur Eintracht und Kraft. Preußens Adler, heimkehrend vom Siegesfluge, senkte den mächtigen Flügelschlag nieder zur Rheinmetropole, um sie und den deutschen Strom, worin sie sich spiegelt, fortan zu schirmen. Unter den Segnungen einer wohlwollenden, weisen Regierung wurde gleichzeitig mit der Wiedererrichtung des kölner Erzbisthums Hand gelegt an die Herstellung des Domes, und schon an dem letzten Strebebogen des verjüngten Hochchors erklangen die Meißel: als sie in dem Trauergeläute verhallten, welches vom hohen Thurme herab den Tod des königlichen Bauherren Friedrich Wilhelm III. verkündete!

Mit dankbarer Verehrung rufen wir aus: Die Erhaltung des Domes ist sein Werk, ein würdiges Denkmal seines frommen Wirkens, und zu größerer That entflammend! Denn was bis dahin geschah, galt nur der Erhaltung des Vorhandenen; wir wagten es kaum, unsere Hoffnungen für die Vollendung des großen Werkes auszusprechen, woran die Kraft der früheren Jahrhunderte gescheitert war. Der alte Krahnen hatte ja zu lange vergebens nach allen Himmelsrichtungen seinen Arm um Hülfe ausgestreckt; heute aber sehen wir ihn zur neuen That gerüstet und festlich geschmückt, der Umgegend das frohe Ereigniß des Fortbaues zu verkünden, indem Ew. Königliche Majestät, umgeben von Ihrer Majestät unserer erhabenen Königin, so wie den Prinzen des königlichen Hauses, im Angesicht deutscher Fürsten und Herrscher freundlicher Nachbarstaaten, durch den Act der feierlichen Grundsteinlegung die frohe Botschaft zur Vollendung des Domes gewähren.

Dies Ereigniß gehört fortan der Geschichte, und daher sei es gestattet, hier öffentlich bekunden zu dürfen, wie die Idee zur Vollendung des Domes von Ew. Majestät selbst gegeben worden ist. Als ich im Jahre 1833 den 27. October die Ehre hatte, Ew. Majestät über den theilweisen Ausbau der vorderen, verwahrlosten Kirchenräume zur würdevollen Verbindung mit dem hohen Chor einen Plan vorzulegen, und bei dieser Gelegenheit mich über den Kostenpunct eines Vollendungsbaues des ganzen Domes ehrerbietigst zu äußern, da geruhten Allerhöchstdieselben, sich mit hoher Begeisterung für diesen auszusprechen, mit dem Wunsche, ihn noch erleben zu können. Unablässig war nun mein Bestreben auf die eventuelle Lösung dieser großen Kunstaufgabe gerichtet; während ich Pläne und Kostenanschläge vorbereitete, schien es mir vor Allem nöthig, die widerstrebende Materie zu besiegen und die neuere Steinmetzkunst in den Geist und Charakter der alten hineinzuführen. Denn damals zweifelte man hier im Allgemeinen noch an der Möglichkeit des glücklichen Gelingens solcher Arbeiten, so wie überhaupt erst mit dem weiteren Fortschreiten des Herstellungsbaues am hohen Chor das allgemeine Interesse für den Dom erwachte und die Idee zu seiner Vollendung nach und nach in den Volksgeist überging.

Mögen die zahlreich versammelten Mitglieder der verschiedenen zu diesem Zwecke gebildeten deutschen Dombauvereine die hohe Bedeutung des Tages erkennen, damit sie in ihrem edlen Vorhaben erstarken und in Eintracht und Ausdauer mit fortbauen helfen an dem schönsten Tempel der Christenheit! Mit den Fortschritten des Domes selbst aber wachse die Liebe, Verehrung und Dankbarkeit des treuen Volkes zu seinem erhabenen Könige!

Von diesen Gefühlen durchdrungen, wünsche ich demnach Ew. Majestät eine lange, glückliche und gesegnete Regierung, zum Wohle aller treuen Unterthanen, so wie auch zum Schirme dieses mir gnädigst vertrauten Baues. Gott wolle es geben, daß Ew. Majestät dereinst noch die Weihe seiner Vollendung erleben und die Krone auf den Riesenthurm errichten sehen, zu dessen Fortbau, auf Ew. Majestät Befehl, der alte Krahnen seine Thätigkeit nach dreihundertjährigem Stillstande hiermit beginnen soll.

Jetzt auf! ihr wackeren Werkmeister und rüstigen Werkleute, da oben wie hier unten, leget kräftig Hand an den zum Himmel strebenden Wunderbau! — Ihr habt euere kunstgeübten Hände erprobt an den kühnen Herstellungs-Arbeiten des Hochchors, und heute, am Tage seiner Weihe, wird euch für euere treue Pflichterfüllung der schönste Lohn zu Theil, indem ihr die Ehre habt, vor des Königs Majestät in euerem Berufe zu erscheinen, und fortzusetzen das von ihm beschirmte Werk. Es ist ein Tag der Freude für uns, und freudig blicken wir in die Zukunft.

Doch der Segen kommt von oben; lasset uns daher flehen zu dem Allmächtigen um Seinen ferneren Beistand, womit Er uns bisheran so gnädig beschützte. Lob, Ehre und Preis sei Ihm; und indem wir jetzt mit einstimmen wollen in den feierlichen Lobgesang, rufe ich noch einmal: „Frisch auf an's große Werk!"

—

### Nr. 7.

### Festrede des Advocat-Anwalts Blömer,

gehalten am 14. Februar 1844, zur Feier der Erinnerung an den 14. Februar 1842.

Die Tage, an denen ein würdiges Vertrauen neuen Samen des Wahren, Schönen und Guten in die Furchen der Zeit streut, sind Feiertage, deren Festgeläute in das vielgetheilte und bewegte Leben leise forttönt, um es zur guten Stunde in hellen Klängen der Erinnerung wieder zu sammeln, zu versöhnen, zu erheben. Ein solcher Tag war für Köln der 14. Februar 1842, eine solche Stunde ist es, die uns, im Angedenken jenes Tages, jetzt zum zweiten Male verbunden hält. Möge diese Stunde, wie sie eine gute Stunde ist, auch eine glückliche, eine gesegnete werden, möge es uns vergönnt sein, durch Wunsch und Willen treulich dazu beizutragen.

Am 14. Februar 1842, heute vor zwei Jahren, feierten wir ein Fest, so wahr und groß, so allgemein und so von Allen empfunden, wie es im gewöhnlichen Laufe der Dinge immer nur selten erscheint. Die altehrwürdige Metropole unseres Landes, das heiligste Ehrendenkmal auf deutscher Erde, die großartigste Kunstschöpfung aller Zeiten, Kölns alter, Jahrhunderte lang vergessener Dom sollte in unseren Tagen durch unsere Mitwirkung fortgebaut und der Vollendung entgegengeführt werden: das war das Wunder, von dem die Glocken Meldung thaten, die uns am Morgen jenes Tages, wie Boten einer besseren Zeit zusammen riefen, das war die Regung, die unter den Baugerüsten des Domes, auf dem Gürzenich und bei dem Zuge dahin jede Brust hob und in manches Auge Thränen rief.

Und, mit freudigem Bewußtsein dürfen wir es sagen, wir sind um die heiligen Eindrücke jenes Tages nicht betrogen worden. Unter dem Protectorate Friedrich Wilhelm's IV. hat sich der Dombauverein in immer weiteren Kreisen ausgedehnt, hat fort und fort an entschiedener Freundschaft, an entschlossener Theilnahme gewonnen; es sind Hemmnisse besiegt worden, die gewöhnlichen Anschauungen unüberfleißiglich schienen, schon findet Bruderfinn und deutsche Treue über fernen Meeren den Weg zu uns, die feindlichen Stimmen verhallen und immer reichlicher und erfreulicher ist die Hülfeleistung, die für das Gedeihen des Vereins sichere Bürgschaft stellt.

Es gehört mit zu den Freuden dieser Stunde, daß sie nicht ausreicht für den Ausdruck des Dankes, den wir seit der vorigjährigen Erinnerungsfeier so mancher unverdroßenen Mühe, so mancher würdigen Entschließung, so mancher schönen That von Neuem schuldig geworden sind; und wir krönen diese Freude, indem wir statt vieler Namen Einen nennen, worin während des letzten Vereinsjahres der schönste neue Hoffnungsstern dem Werke aufgegangen ist: den erlauchten Namen Königs Ludwig von Baiern..... „Großes ist von Preußens hochherzigem Könige für den Ausbau des Domes von Köln geschehen und geschieht fortwährend. Nicht wenige Vereine auch bildeten sich zu diesem Zwecke; einer jedoch wird noch vermißt: ein kölner Dombauverein der teutschen Bundesmitglieder. Daß ein solcher entstehe, dahin geht unser Vorschlag....."; so lauten die ewig denkwürdigen Worte, die unser Dank und unsere Verehrung mit heißen Wünschen begleitet und an denen sich die eigene Pflicht wie an einem leuchtenden Beispiele aufrichtet. Oder welches Opfer sollte im Dienste einer Idee für uns noch zu groß sein, wenn wir die Hoheit einer Königs-Gesinnung für die Verwirklichung derselben Idee nicht bloß eigene Liebe spenden, sondern auch um andere Liebe so edelmüthig werben sehen?

Und wie wir so aus dieser Stunde hinaus in das vergangene Jahr nicht zurückblicken können, ohne für das immer schönere Aufblühen, die immer größere Kräftigung des Vereins freudigen Herzens zu danken, so eröffnet uns dieselbe Stunde zugleich eine Zukunft, aus der uns die Gewährung alles dessen, was dem Werke wirklich frommen, was seine unerreichte Schöne fordern und die Liebe wünschen kann, freundlich entgegen tritt.

Es ist wahr, Fragen neuer Art haben uns in der letzten Zeit vielfach bewegt, und ein neues Leben in der Dombausache hervorgerufen. Aber sollte Leben und Bewegung ein unglückliches Symptom unseres Vereins sein? Da liegt ja der Dom, den wir fortbauen und vollenden wollen, selbst ein Bild des reichsten Lebens, vor uns. Dem Gott der Lebendigen, nicht der Todten, ist er aufgerichtet; das Vaterland, zum lebendigern Bewußtsein seiner Kräfte und Pflichten erwacht, will thätig mitwirken; die Kunst ermüdet nicht, alles Leben der großen Natur hier in tausendfacher Bildung zu vereinen — und wir sollten ängstlich sein, wenn die Liebe zum Werke hier und dort in neuen Formen rege wird? Nein, auch Sorgen und Zweifel sind Zeichen geistigen Lebens; und daß sie gewogen, nach dem Werthe ihrer inneren Begründung gewogen werden, verbürgen uns die schönsten Erinnerungen, die bezüglich der geistigen Wiedererweckung und Förderung des Dombaues in unseren Herzen fortleben. Der König, der in begeisterter Liebe und großartiger Hülfeleistung für diesen Bau Vorbild und Antrieb seiner Zeit geworden ist, der gewollt und in unvergeßlicher Stunde gelobt hat, daß sich an Kölns Dom „die schönsten Thore der ganzen Welt" erheben sollen, den die Geschichte des kölner Dombaues mit immer neuem Danke nennen wird, so oft in künftigen Tagen des glücklichen Ueberganges von der bloßen Erhaltung der theuersten vaterländischen Baureste zu dem heroischen Entschlusse des Fortbaues und der Vollendung im Geiste des großen Meisters gedacht wird, dieser König, der Protector unseres Vereins, wird keiner Bitte und von keiner Seite abhold sein, die, für den Dom von Köln gethan, den entschlossenen Sinn und reinen Willen zu ihren Fürsprechern hat.

Soll aber eine solche Bitte mit dem Anrecht nicht bloß an die Gnade, sondern auch an das Herz unseres Königs mit der ganzen würdigen Zuversicht auf Gewährung laut werden, so muß sie von einer Gesinnung getragen sein, die mit der Liebe verschwistert ist. Eine solche Gesinnung hegt keine Feindschaft, sie ehrt die Aufrichtigkeit in jeder Ueberzeugung, sie hat Alles, nur nicht das Gute und das Streben nach dem Bessern vergessen, sie scheut kein Opfer und keine Ueberwindung, sie macht Getrenntes doppelt stark, sie gibt der Eintracht Werth und Ausdauer.

Wenn wir in thatsächlichen Erweisen solcher Gesinnung uns des Werkes würdig bezeigen, das wir fördern wollen, wenn wir in diese Würdigkeit allein unser Verdienst und unseren Stolz setzen, wenn der ganze Verein sich in demselben Entschlusse, in Worten und Handlungen, treu mit uns verbündet, wenn wir nur uneinig sein können, so lange wir für ein höchstes Schönes das Beste suchen, und einig, sobald wir es gefunden haben: dann sind auch diese Augenblicke der Bewegung gesegnet, denn sie bergen Keime, die sich unter der treuen und gewissenhaften Pflege einer kunstgebildeten Gegenwart und dem Schutze unseres hochherzigen Monarchen zu einer Freude für uns, zu neuem Glück für das Werk entfalten werden.

So, über die Vergangenheit erfreut und über die Zukunft beruhigt, einträchtig in der Wahrheit und ausdauernd in getreuer Pflichterfüllung, treten wir das neue Vereinsjahr festen Muthes an. Was kann uns irren? Wir haben ein stärkendes Bewußtsein zum Geleite und ein herrliches Ziel liegt vor uns. Hoch lebe der König=Protector!

Nr. 8.

## Festrede des Coadjutors Johannes von Geissel,

gehalten bei Gelegenheit der Einweihung des Domes, am 15. August 1848.

Auf des Königs ermunterndes Wort begann das schwierige Werk; aber der Herr war dabei mit Seinem Segen, und gewaltig ist der Bau vorgeschritten. — Heute, am sechsten Säculartage, ist, was wir gebaut, nach der Kirche uralten Gebräuchen eingeweiht dem Herrn zum heiligen Dienst. — Sechs Jahrhunderte waren am gestrigen Tage verflossen, seitdem Erzbischof Konrad von Hochstaden den ersten Stein zum Baue legte. In dieser langen Zeit ging Alles vorüber in der Natur und unter den Menschen, nur der Gottesglaube waltete fort. Schien er auch in den Zeiten des argen Haders des Vaterlandes für immer gestorben, er war nicht todt, er schuf unablässig für den Bau und Schmuck des Gotteshauses und spendete Allen Frieden. — Der Dom, diese Stätte der Herrlichkeit, wird auf deutscher Erde gebaut, erbaut und verherrlicht von den Fürsten und Völkern deutscher Nation. — Möge der gewaltige Bau, wie er in seiner innersten Bedeutung und Bestimmung ein Bau der Ehre Gottes und der Religion ist, auch ein Vorbild und Unterpfand der Größe des Vaterlandes sein.

„Mit Herrlichkeit will Ich dieses Haus erfüllen, und die Herrlichkeit dieses zweiten Hauses wird größer sein, als die des ersten — an dieser Stätte will Ich Frieden spenden (Agg. 2. 8. 10)."

Wer ist unter uns, dessen Gedächtniß ihm nicht heute die Worte zuruft, die wir, noch sind nicht sechs Jahre verflossen, an dieser Stätte aus königlichem Munde vernahmen, und deren inhaltschwere Bedeutung in dem Herzen eines Jeden, dem es sie zu hören gegönnt war, noch heute unvergeßlich wiederklingt? Damals senkten wir dort an unseres Domes südlicher Seite den ersten Stein zum Fortbaue dieses Gotteshauses in die Erde, und über diesem Grundstein, mit dreimaligem Hammerschlage ihn festend und widmend, sprach der König: „Hier, wo der Grundstein liegt, dort mit jenen Thürmen zugleich, sollen sich die schönsten Thore der ganzen Welt erheben. Deutschland baut sie, so mögen sie für Deutschland die Thore einer neuen, guten Zeit werden. Der Dom von Köln, das bitte ich zu Gott, rage über diese Stadt, rage über Deutschland, über Zeiten, reich an Menschenfrieden, reich an Gottesfrieden bis an's Ende der Tage." — Also sprach damals der König. Und warum doch schlugen damals diese Worte, wie Hammerschläge, an jedes Herz? warum zündeten sie, wie Blitzesflammen, in jeder Brust? Sie waren der verkündete Heroldsruf für eine neue Zeit; wahrlich, sie waren prophetische Worte; denn was wir damals kaum geahnt und gehofft, das ist heute schon in seinem größten Theil in Erfüllung gegangen. Von des Königs Wort ermuntert, begannen wir den Bau; mühevoll war das Werk, schwierig und weit ausseheud die Arbeit; aber der Herr, dem wir das Haus erbauen, war dabei mit Segen. Er erhielt uns das Wohlwollen des König=Protectors fortwährend lebendig in alljährlicher Unterstützung; Er gewann uns das Herz mancher edeln Fürsten im deutschen Vaterlande, an ihrer Spitze den erlauchten Erzherzog, den wir als erkorenen Reichsverweser auch heute wieder, wie damals, in unserer Mitte hoch verehren; Er öffnete uns die helfenden Bruderhände, daß sie aus allen Gauen der deutschen Erde und selbst aus fernem Lande, ja, selbst über das Weltmeer herüber uns die Liebesgabe darreichten zum Tempelbaue. Da, durch die helfende Liebe unterstützt, haben wir mit freudigem Muthe gesorgt und gewirkt, da haben wir rüstig gefördert und gebaut; — und siehe, wie fröhlich und gewaltig ist unser Werk vorgeschritten! Dort, wo vor sechs Jahren der Grundstein zum Fortbaue gelegt worden, ist das südliche Portal, vom König=Protector erbaut, mit seinen Bogen und Hallen, seinen Blenden und durchbrochenen Krönungen, hoch in die Luft erhoben, und ihm gegenüber hat sich das von dem Vereine erbaute Nordportal in gleicher Größe und Schönheit angeschlossen. Die vier Abseiten, von den schlanken Säulen getragen, lehnen sich vollendet an das hochgewaltige Mittelschiff, das auf den starken Pilastern mit seinen Gurt= und Spitzbogen, seinen Rosen= und Laubgängen, wenn auch nicht zu seiner dereinstigen First, doch jetzt schon bis zu dem hundert Fuß hohen Basilikadache mächtig emporsteigt. Und was der König=Protector erbaut, das hat eines andern Königs hochherzige Theilnahme in einer Weise geschmückt und verherrlicht, wie sie in unseren Tagen die Kunst nicht wieder aufweist. In den weiten Fensterbogen glänzen die herrlichsten Glasgemälde und zeigen in sinnigem Bilder= cyclus zuerst den Prediger, der eine Stimme des Rufenden in der Wüste sich nennt, den Täufer Johannes, und zu seinen Füßen die h. Helena, den ersten christlichen Kaiser Constantin, den großen Frankenkönig Karl, von den Hohenstaufen Barbarossa; sodann die Verkündigung der Menschwerdung des Herrn und seine Anbetung durch die hh. drei Könige, deren Gebeine in diesem Gotteshause rasten, mit den vier großen Propheten; weiter die Einsetzung des heiligen Abendmahles und des Herrn Grab= legung mit den vier Evangelisten; ferner die Sendung des heiligen Geistes und die Betrauung des Apostelfürsten Petrus mit des Himmelreichs Schlüsseln, sammt den vier großen Kirchenvätern der abendländischen Kirche, und zuletzt die Steinigung des ersten Blutzeugen und Diakons Stephanus, alle in edelster Großartigkeit, strahlend in funkelndem Goldgrunde und im Schmelze glühender Farbenpracht, alle würdig, dieses Gotteshauses leben= und seelenvolles Auge zu sein, aus dem der Himmel mit seinen verklärten Bewohnern auf die unten Wandelnden ermunternd und erhebend niederblickt. — Und so ist dieser vor sechshundert Jahren begonnene und nur in seinem Hochchore vollendete, aber in seinen Haupt- und Querschiffen und Ableiten durch Jahrhunderte, wie ein Riesenrumpf, darniederliegende Bau seit sechs Jahren in diesem Umfange und dieser Vollendung herangewachsen, hoch und fest und großartig und herrlich — und wohl dürfen wir auf diesen Bau die Worte anwenden: „Mit Herrlichkeit will Ich dieses Haus erfüllen, und die Herrlichkeit dieses zweiten Hauses wird größer sein, als die des ersten."

Und was wir gebaut, das haben wir heute nach der Kirche uralten Gebräuchen mit Gebet und Segenssprüchen eingeweiht, dem Herrn zum heiligen Dienst; denn was wir gebaut, ist eine Wohnung des Herrn, eine Stätte des Friedens. Wir haben diesen Bau geweiht am sechsten Säculartage, die Vergangenheit und Gegenwart zusammenfassend, in bedeutungsvoller Doppelfeier. — Sechshundert Jahre waren am gestrigen Tage vorübergegangen, seitdem der Erzbischof von Hochstaden den ersten Stein zu diesem mächtigen Baue gelegt. Sechshundert Jahre! Eine lange Zeit! Und was ist nicht alles in dieser Zeit an dem altehrwürdigen Gotteshause vorübergegangen? Das Haupt, das den frommen Riesengedanken dieses Baues zuerst gedacht, legte sich in ewigen Schlummer, bevor es seinem Auge gegönnt war, ihn verkörpert vor sich zu sehen. Die Hände, welche, den Gedanken des Meisters nachbildend, zu dessen Ausführung den Meißel geführt und den Hammer geschwungen, sind erstarrt. Alles ging vorüber in der Natur und unter den Menschen, flüchtig, wie Wind und Wolke, vergänglich, sterblich, und auch die schaffenden Hände sind längst in Staub und Asche verfallen. Aber Eines blieb unveränderlich: der Gottesglaube, der den Geist mit dem Gedanken eines solchen Baues erfüllte. Eines blieb unsterblich: der Geist, der den Gedanken zu diesem Werk geboren; und Eines unvergänglich: der Gedanke, der den Meißel führte und den Hammer schwang zu seiner Verkörperung. Und ist es nicht wunderbar, wie dieser Gottesglaube und der von ihm gezeugte Gedanke unabläßig lebte, waltete und schuf? Wenn dem einen todesmüden Arme der gestaltende Hammer entfiel, so legte er den entfallenen in eine andere, mit frischer Lebenskraft pulsirende Hand zur Weiterbeförderung des großen Werkes. Und wenn er auch zuletzt, als das Vaterland in argen Hader sich spaltete und der letzte Meister und Werkgeselle, an der Vollendung verzweifelnd, die verödete Baustätte verließ, dem ersten Meister zum Grabe nachgegangen und mit dem alten Geschlechte für immer gestorben schien; siehe da, er war nicht todt, er ist in unseren Tagen neu erwacht; er lebt und wirkt und schafft und baut. Mit erneuerter Kraft schwingt er Hammer und Meißel und vollendet in Zahl und Verhältniß nach Richtscheid und Winkelmaß, ganz, wie der große Meister das Urbild zuerst gedacht. Stets der eine und selbe Gedanke geht er von Meister zu Meister, vom Werkgesellen zum Werkgesellen über und wirkt und schafft für den Bau und Schmuck des Hauses, weil es ein Gotteshaus ist, eine Wohnung des Allerhöchsten.

Er berechnet nicht die Tage und Jahre seiner Mühen; denn der Herr, für den er baut, zählt nicht Tage und Jahre. Er schafft fort, unberührt von dem Wandel der Dinge; weiß er ja doch, daß an dieser Stätte der Ewige wohnt, ohne Wechsel und Wandel; und wenn er die vor und gleichzeitig mit diesem Dome auf den Berghöhen erhobenen stolzen Ritterburgen und Fürstenschlösser sich selbst und dem Zahne der Jahre überließ, daß ihre Mauern und Zinnen längst wieder zu Thale rollten und nur vereinsamte Trümmer noch die Stätte einer untergegangenen Zeit bekunden, so baute er hier am Werke fort, weil er nicht Menschenwohnung baute, sondern Gotteswohnung; und auch jetzt wirkt er, ein unvergänglicher Gottesgedanke, hier fort, weil er für das Unvergängliche wirkt, für Gott. Wenn draußen in der Welt alles wechselt und die umgestaltende Zeit heute erhöht, was nieder ist, und morgen erniedrigt, was hoch ist, so bleibt hier an dieser Stätte alles fest in sich beschlossen in ewiger Ordnung. Draußen kommen die Geschlechter und schwinden, die Reiche entstehen und vergehen; aber hier herrscht stets das eine und selbe Reich ohn' Ende, das Reich des Herrn auf Erden, das Gottesreich, hier stets der eine und selbe Gott und Sein heiliger Dienst, hier stets Sein unwandelbares göttliches Wort, Sein lauterer, unveränderter Glaube. Hier quillt unversiegbar in stets gleicher Fülle der siebenfache Quell Seiner heiligen Sacramente und strömt das geistige Leben durch das Land bis in die kleinste Hütte. Hier wohnt stets, in des Tabernakels Schrein umschlossen, der unumschlossene, in sichtbarer Hülle unsichtbare Gott in stiller Majestät und ist nahe den Seinen. An dieser Stätte spendet Er Frieden.

Ja, an dieser Stätte spendet Er Frieden allen, die Ihn suchen. Er spendet Frieden den Königen und den Völkern, den Hohen und den Niederen, den Reichen und den Armen, den Glücklichen und den Unglücklichen, allen auf Erden, die eines guten Willens sind. Er spendet Frieden den Großen und Mächtigen der Welt; denn an dieser Stätte lernen sie, daß sie nur groß sind, weil der Herr sie erhoben und sie mit Macht bekleidet, damit sie, Seine Stellvertreter, Recht und Gerechtigkeit handhaben und dem Volke, wie ein Hort, so auch ein Vorbild seien in Gottesfurcht, Wahrhaftigkeit und jeder christlichen Herrschertugend. Er spendet Frieden den Völkern; denn hier lernen sie in der wechselnden Ordnung des Staates die nie wechselnde Ordnung Gottes, die da gebietet: „Fürchtet Gott, seid gehorsam der Obrigkeit, ehret den König, liebet die Brüder, seid frei in der Freiheit der Kinder Gottes, in Wahrheit und Gerechtigkeit." Er spendet Frieden den Reichen und Glücklichen; denn hier lernen sie, daß Gott ihnen der Erde Güter verliehen zum Wohlthun, daß sie nicht sich überheben in Stolz und engherziger Härte, sondern ein menschliches Herz haben für ihre nothleidenden Brüder. Er spendet Frieden den Niederen und Armen, den Leidenden und Gedrückten; denn hier lernen sie christliche Demuth und Genügsamkeit, hier finden sie Muth und Ausdauer in Noth und Leid um Gotteswillen, Trost und Entsagung im Aufblicken zu Ihm, Der da ein Tröster ist in jedem Leid und ein Helfer ist in aller Noth. Er spendet Frieden uns Allen; denn hier finden wir uns in Seiner Nähe, von Seinem Geiste angeweht, von Seiner Stimme angesprochen, daß wir, von dem Lichte Seines Evangeliums erleuchtet und in Seinen Sacramenten hoch begnadigt, erhoben im Glauben, befestigt in der Hoffnung und gestärkt in der Liebe, Frieden gewinnen mit Ihm, uns selbst und allen Menschen. Darum ist dieses Sein Haus, ein Haus des Gottesfriedens und des Menschenfriedens; und wohl ist an ihm der Spruch erfüllt: „Mit Herrlichkeit will Ich dieses Haus erfüllen — an dieser Stätte will Ich Frieden spenden."

Und diese Stätte der Herrlichkeit wird auf deutscher Erde erbaut; sie wird erbaut und verherrlicht von den Fürsten und Völkern deutscher Nation. So möge denn dieser so gewaltige und herrliche Bau, wie er in seiner innersten Bedeutung und Bestimmung ein Bau der Ehre Gottes und der Religion ist, auch ein Vorbild und Unterpfand sein der Größe, des Ruhmes und der Herrlichkeit deutscher Nation. Wie diese Säulen, Hallen und Firsten sich heben, weit und mächtig, so erhebe sich das deutsche Vaterland zu den großen Geschicken, welche die Vorsehung ihm unter den Ländern der Erde vorbehalten; wie diese Thürme weit hinausleuchtend emporsteigen, so steige die deutsche Nation durch hochherzigen Willen und mächtige That unter den Völkern empor, eine Trägerin alles Hohen, Wahren, Edeln und Frommen; und wie der Altar in stiller Majestät dort ruht, ein sichtbarer Thron des Herrn auf Erden in Mitte der Seinen, so herrsche still und mächtig die Gottesfurcht und christliche Sitte in Staat und Haus, und jede Tugend der Religion in dauerndem Bestande. Dazu gebe Gott Gedeihen und Vollendung! Sein Beistand sei mit dem Ausbaue des theuern Vaterlandes und mit dem Ausbaue unseres Gotteshauses! Er mache die Herzen geneigt und öffne die Hand der Brüder von nah und fern, daß sie, wie bis heran, fortfahren, uns die Liebesgabe beizusteuern, und wir in dem großen Werke nicht ermatten, sondern, durch sie kräftig unterstützt, fortbauen und immer gewaltiger des Mittelschiffs erhabene First und immer höher der Riesenthürme zum Himmel strebende Zinnen emportragen, bis wir zuletzt das Lilienkreuz auf die höchste Spitze setzen, und so der Dom von Köln eine „deutsche Gottesburg" sei, ein Denkmal der wiedergewonnenen Einheit deutscher Nation, ein Zeugniß ihrer Größe und Ehre, ein Symbol ihrer Macht und Majestät, seine Thürme zu glücklicher Erfüllung des prophetischen Königswortes mit Gottes Gnade für Deutschland die schönsten Thore der Welt, die Leuchtthürme einer neuen und guten Zeit, reich an Menschenfrieden und reich an Gottesfrieden bis ans Ende der Tage.

Lasset daher uns frohlocken und fröhlich sein an dem heutigen Tage! Lasset uns jubiliren und lobsingen; denn das ist der Tag, den der Herr uns gemacht, ein

Doppelfesttag der sechshundertjährigen Grundsteinlegung und der heutigen Weihe, eine Doppelfeier der Religion und des Vaterlandes. Wir haben dem Herrn ein Haus erbaut, damit Er darin wohne unter uns ewiglich, und wir haben es Ihm nach der Kirche heiligen Satzungen und Gebräuchen eingeweiht, damit Sein Dienst fortan darin beginne und fortgesetzt werde nach Priesterordnung zu ewigen Tagen. Wie aber könnten wir diesen Dienst würdiger und bedeutungsreicher beginnen, als daß wir in diesen nunmehr Ihm geheiligten Räumen unsere Erstlingsgebete erschallen lassen, damit Er Heil und Segen herabsende allem, was wir hoch verehren, und was uns theuer und heilig ist! Ja, wir erflehen von dem Allmächtigen aus tiefster Brust Heil und Segen. Heil und Segen dem Oberhaupte der Kirche, dem apostolischen Hirten auf Sanct Peters Stuhl, daß das unsichtbare Haupt, welches ihn an das Steuerruder der Kirche gestellt, ihn stärke und kräftige, mit fester Hand es hindurch zu führen durch Brandung und Klippen unter dem Beistande dessen, der den Winden gebeut und den Wogen! Heil und Segen unserem König-Protector, daß Gottes Gnade groß über ihm sei in weisem Rath und fruchtreicher That, daß er, wie er der prophetische Herold gewesen einer neuen und guten Zeit des Gottesfriedens und des Menschenfriedens, so auch deren glücklicher Begründer und Vollender sei, glücklich und groß durch Königsehre und Volkeswohlfahrt, zu seiner Freude in langem und glorreichem Regimente! Heil und Segen dem erkorenen Reichsverweser, daß ihm Gott, der ihn den Freund und Liebling des Volkes an die Spitze Deutschlands berufen, Weisheit und Kraft verleihe, des Vaterlandes Fürsten und Völker dem ersehnten Ziele eines wohlgegliederten, einträchtigen, den Feinden Ehrfurcht gebietenden Bundesstaates entgegen zu führen! Heil und Segen unserem einigen und unserem großen, gemeinsamen deutschen Vaterlande, daß es aufblühe in wiedererstandener Größe und gedeihe in Eintracht und Kraft in seinem Inneren und in Macht und Ehre nach außen, daß es treu zusammenhalte in Noth und Gefahr, und seine Kinder, die auf seinen Bergen wohnen und in seinen Ebenen, von den Abhängen der Hochalpen bis hinab zu den Dünen und Strandklippen, all' einträchtig und einheitsmächtig zusammenstehen ein großes Volk von Völkern, ein neues Volk Gottes! Heil und Segen auch dir, du alte, heilige Köln du, des Rheines Königin, von seinen Quellen bis zum Meere, um deren Stirn sich das reiche Diadem, das Silberband deines Stromes, schlingt, und deren Haupt die köstlichste Krone, dein Dom, schmückt! Rheinstromskönigin, wie bist du begünstigt vor Tausenden deiner deutschen Schwestern! Dein Dom ist ein deutscher Dom auf deutscher Erde, von deinen Vätern in des Glaubens frommer Kraft gegründet, mit deutschem Fleiße fortgesetzt, mit deutscher Begeisterung von Fürsten und Volk wieder aufgenommen und dereinst, wir weissagen es heute mit erneuerter Zuversicht, mit deutscher Ausdauer vollendet, ein Haus des Friedens, ein Gotteshaus in Herrlichkeit, wie kein Volk auf Erden ein zweites sein nennen kann. Darum Heil und Segen dir, du alte, heilige Köln, daß du dein Kleinod, deinen Dom, treu beschützest, daß du, treu bleibend dem uralten Glauben der Väter, der ihn gegründet, mit allem Volke am Rheine deine deutsche Treue wahrest, damit dir das mit Herrlichkeit erfüllte Haus ein Gotteshaus sei und bleibe, eine „deutsche Gottesburg", eine Stätte des Friedens immerdar! Zuletzt aber und über Allem sei Preis und Dank dem Allmächtigen, der uns diesen Freudentag geschenkt und uns begnadigt hat, Ihm dieses Haus zu erbauen, daß Er darin wohne im Tabernakel, in des Sacramentes stiller Gottes-Majestät! Verherrlicht sei darin Sein Name für und für! Ihm sei Ehre und Anbetung vom Aufgange bis zum Niedergange, jetzt und allezeit und in Ewigkeit! Amen.

## Nr. 9.
### Ansprache des Erzbischofs Cardinals Johannes von Geissel an den König Friedrich Wilhelm IV. von Preußen,

bei der in Gegenwart des Prinzen von Preußen durch den König vollzogenen Einfügung des Schlußsteines in den ersten Bogen des Hauptportals an der Westseite des Domes, 25. Juni 1852.

**Allergnädigster König und Herr!**

Wiederum ist es uns vergönnt, Ew. Königliche Majestät an dieser uns Allen so theuren Stätte ehrfurchtsvoll zu begrüßen. So oft wir Ew. Majestät an der Schwelle dieses Gotteshauses bewillkommen durften, geschah es allezeit mit gesteigerter Freude und erhöhter Dankbarkeit; denn unseres hohen Protectors Gegenwart war für uns stets der bedeutungsvolle Markstein einer glücklich zurückgelegten Bauperiode und die Besiegelung einer neuen, unserem Dome zugewendeten königlichen Huld. So ist es auch dieses Mal wieder.

Seit wir zum letzten Male die Ehre hatten, Ew. Königliche Majestät an dieser Pforte zu empfangen, ist unser Gotteshaus in seinem Baue erfreulich vorangeschritten, seine Hallen und Gewölbe haben sich erweitert und befestigt, und seine Pfeiler, Mauern und Firsten sind höher emporgestiegen. Unser Dom wächst immer mehr seiner raschen Vollendung entgegen, ein immer schöneres, immer prachtvolleres Haus Gottes, immer würdiger des Herrn, zu dessen Ehre es erbaut wird.

Heute stehen wir an einem neuen Bau-Abschnitt; die Gegenwart Ew. Majestät bezeichnet ihn uns mit einem neuen Marksteine, und wir sinnbilden ihn in dem Bogen, welcher, die beiden Thürme verbindend, die Hauptpforte des heiligen Tempels zu überwölben bestimmt ist. Darum dieses Bogens Schlußstein einfügen zu wollen, erlauben wir uns von Ew. Königlichen Majestät ehrfurchtsvoll zu erbitten, damit so dieser Bogen ein Denkmal sei des Dankes, den wir Ew. Königlichen Majestät schulden, ein Ehrenbogen für unseren erhabenen Protector und zugleich ein Friedensbogen, ausgespannt über die Metropole und das ganze Rheinland, unter welchem die kommenden Geschlechter zum Hause des Friedens wallen werden und Frieden finden, geschützt unter dem Scepter Ew. Majestät und Ihrer königlichen Nachfolger, will's Gott, bis in die fernsten Zeiten.

Von diesem Marksteine aber, welcher uns eine zurückgelegte Bauperiode abschließt, wenden wir den Blick mit neuem Muthe der Zukunft zu. Vieles ist noch an dem heiligen Baue zu schaffen, Großes noch zu leisten! Aber wir hegen das Vertrauen, wir werden den Dom vollenden. Wir hoffen das, unter dem Segen Gottes und unter dem Schutze und Beistande unseres erhabenen Protectors. Mögen Ew. Majestät auch ferner uns und unserem Gotteshause Ihre königliche Huld, wie bisher, zuwenden. Das ist unsere innige, ehrfurchtsvolle Bitte. Dafür werden wir fortfahren, in dem Heiligthum zum Allerhöchsten zu flehen, daß er Seines Segens reichste Fülle herabsende auf Ew. Königliche Majestät und Ihr königliches Haus immerdar. Domine, salvum fac regem!

## Nr. 10.

### Ansprache des Erzbischofs Johannes von Geissel an den König Ludwig I. von Baiern

bei dessen Anwesenheit im Dome zu Köln, am 27. Juni 1854.

Zwölf Jahre sind es noch kaum, als der alte, vordem weit berühmte Dom der hh. drei Könige zu Köln am Rhein ein Bild der Trauer darbot. Lange schon, seitdem Erzbischof Konrad und seine Nachfolger den wundervollen Bau des Hochchores aufgeführt, waren mit dem Bauherrn die Werkleute davon gegangen, und hinter ihnen war der Verfall langsam, aber mit fortschreitender Zerstörung eingezogen. Das altehrwürdige Gotteshaus war fast Ruine geworden. Da fiel der landesväterliche Blick eines hochsinnigen Königs auf den Bau; sein Herz ward darüber gerührt und er sprach: „Nicht länger soll der Dom zu Köln dem Verfalle preisgegeben sein; wir bauen ihn aus!" Das königliche Wort fand in allen deutschen Gauen einen beistimmenden Wiederhall. Unter dem Protectorate unseres allergnädigsten Königs und Herrn, der sich mit einem jährlichen königlich reichen Baugeschenke an die Spitze stellte, bildeten sich überall Bauvereine, das Gotteshaus zu fördern; und von nah und fern, in allen deutschen Landen, von den Hochalpen bis zu der Nord- und Ostsee hinab, ja, selbst aus fremden Ländern und sogar von der anderen Halbkugel über das Weltmeer herüber boten uns die Freunde des heiligen Baues ihre Liebesgaben. Aber den stärksten und wirksamsten Wiederhall fand das Wort des königlichen Protectors: „Wir wollen den Dom zu Köln ausbauen," in dem Herzen eines anderen, gleich hochsinnigen Königs. Auch er sprach: „Nicht länger soll der Dom zu Köln dem Verfalle preisgegeben sein, wir bauen mit." Und dieses Wort ist That geworden. Die edeln Dombaufreunde aus dem Baierlande haben uns unter dem Protectorate ihres Königs von Jahr zu Jahr besonders reiche Bausteine zugesandt; sie haben in Wahrheit mitgebaut. So unterstützt, gingen wir rüstig an's Werk, und seit zwölf Jahren haben wir uns wacker daran gehalten. Auf den in mächtiger Tiefe gelegten gewaltigen Fundamenten wuchs der Bau empor, und Jahr um Jahr führte des Meisters kundige Hand die starken Mauern in die Höhe, erhob die schlanken, himmelansteigenden Pfeiler, deckte darüber die kunstreichen Gewölbe und schmückte die Pfeiler und Hallen und Wände mit kunstvollem Kranzgesimse und recht gemeißelten Baldachinen. Also ist uns Vieles, Großes gelungen. Aber noch mehr, Größeres noch ist geschehen. Was unseres Allergnädigsten König-Protectors landesherrliche Hand in den weiten Mauern und Gewölben gebaut, und sein königlicher Bruder mit fürstlicher Freigebigkeit durch einen reichen Kranz von Bildwerken von außen geziert, das hat König Ludwig mit den kunstvollen Glasgemälden erhöht und geschmückt. Seit sechs Jahren prangen diese gemalten Fenster mit ihren edlen, frommen Bildern in den weit gesprengten Steinrahmen in all der großartigen, ihnen eigenthümlichen Farbenpracht, voll Glanz und Gluth und Leben, zur Erbauung der Gläubigen und zur Bewunderung der Kenner, in Wahrheit unseres Domes Schmuck und Krone.

Schon mehrmals ist uns die Freude geworden, hier an der geheiligten Stätte unserem erhabenen König-Protector für die landesväterliche Huld, welche er dem Ausbaue des alten Gotteshauses am Rheine zuwendet, unseren innigsten Dank auszudrücken, und so oft wir das Glück hatten, ihn in unserer Mitte weilen zu sehen, sind wir ihm mit stets freudigerem Danke genaht und haben stets inniger gebetet, daß Gott dafür ihn segnen wolle. Auch seinem königlichen Bruder für die unserem Gotteshause erwiesene fürstliche Freigebigkeit unseren ehrerbietigsten, wärmsten Dank mit unseren innigen Segenswünschen darzubringen, ward uns schon wiederholt an dieser Stätte der Anlaß geboten. Aber noch war es uns bisher nicht gegönnt gewesen, den hohen Protector des baierischen Dombauvereins, den königlichen Schenkgeber unserer herrlichen Domfenster, an dieser geweihten Stätte zu begrüßen. Heute wird uns endlich dieses seit Jahren gehoffte Glück, und wir geben uns ihm mit vollem Herzen hin. Hier nun, im Angesichte des Theiles unseres Domes, der aus den Liebesgaben des baierischen Dombauvereins erbaut und zu dessen Kunde für die Nachwelt mit dem baierischen Wappen bezeichnet ist, und im Angesichte der Prachtfenster, aus denen die Heiligenbilder in reichfarbiger Lichtglorie, wie aus einer höheren Welt verklärt herabblicken, empfangen wir Ew. Königliche Majestät mit ehrfurchtsvollster Freude. Als der von Gott bestellte Hüter des Domes, gebe ich derselben den von uns lang gewünschten Ausdruck und bringe Allerhöchstdenselben, im Namen des Erzbisthums und der Stadt Köln und aller Dombaufreunde, den innigsten Dank für alles das, was Ew. Majestät in so reichem Maße an unserem Dome gethan. Wir begrüßen, auf das freudigste und dankbarste bewegt, in Ew. Majestät den erhabenen Protector des baierischen Dombauvereins, dessen fortdauernder Obsorge und fernerem Wohlwollen wir unser Gotteswerk empfehlen. Wir begrüßen in Allerhöchstdenselben unseren ersten königlichen Dombaufreund, den hohen Schenkgeber und Wohlthäter des Domes der hh. drei Könige zu Köln. Wir vertrauen in gläubigem Sinne, die hh. drei Könige, deren Ruhestätte Ew. Königliche Majestät so wahrhaft königlich begabt und geschmückt haben, sie blicken segnend auf Ew. Königliche Majestät herab und stimmen ein mit uns in die Gebete, die wir von dieser geheiligten Stätte zum Throne Gottes für Ew. Königliche Majestät emporsenden. — Und so fassen wir denn unseren Dank in den alten, frommen Spruch zusammen: „König Ludwig, Gott vergelt's, hier und dort! Gott segne Ew. Majestät jetzt und immerdar!"

## Nr. 11.

### Ansprache des Erzbischofs Johannes von Geissel an den König Friedrich Wilhelm IV. von Preußen

bei der Errichtung der Kreuzblume auf der Spitze des Südportals, am 3. October 1855.

Abermals ist uns die Freude gewährt, Ew. Königliche Majestät an dieser gottgeweihten Stätte ehrfurchtsvoll begrüßen zu können. Unsere Freude ist groß und wird nur durch das innigste Bedauern getrübt, daß leider ein leichtes Unwohlsein uns das Glück vorenthält, zugleich auch Ihre Majestät die allverehrte Königin an diesem für uns bedeutungsvollen Tage mit begrüßen zu dürfen. Abermals ist, wie bisher noch jedesmal, die Gegenwart unseres erhabenen König=Protectors für uns ein Markstein einer glücklich zurückgelegten Bauperiode an unserem lieben herrlichen Dome. — Als wir das letzte Mal, drei Jahre sind es nur, das Glück hatten, Ew. Majestät an dieser Stätte zu bewillkommnen, da geruhten Allerhöchstdieselben den Schlußstein des die beiden Thürme verbindenden großen Bogens am Haupt=

portale einzusehen. Damals sprach ich den Wunsch aus, daß jener Portalbogen, wie er ein Ehrenbogen für unseren König-Protector und ein Denkmal unseres ihm schuldenden Dankes sei, so auch zugleich ein Friedensbogen werden möge, der da, ausgespannt über das Rheinland und seine Metropole und über das ganze Vaterland, uns den Frieden sinnbilde, den theuren, ungetrübten Frieden, verbürgt und gepflegt unter dem Scepter Ew. Majestät. Und fürwahr, mein damaliger Wunsch ist ein prophetischer gewesen, er ist vollkommen in Erfüllung gegangen. Während anderswo der Krieg mit allen seinen Schrecken wüthet, erfreuen wir uns des Friedens, und während dort die Menschenwohnungen und die Gotteshäuser unter dem zermalmenden Geschosse in wüsten Schutt und Trümmer zusammenbrechen, bauen wir auf in Frieden. Und daß wir das können, daß wir in Frieden wohnen und schaffen und bauen und dem Herrn dienen, das verdanken wir nebst Gott zunächst Ew. Königlichen Majestät. Dafür segne Sie auch Gott! Möge es Ew. Majestät gelingen, uns auch ferner den Frieden, die kostbarste Gottesgabe, zu erhalten. Diesen Segenswunsch sprechen Unzählige über Ew. Majestät, und wo könnte er inniger ausgesprochen werden, als hier an dieser Stätte, im Hause des Herrn, der ja vor Allem ein Gott des Friedens ist!

Aber an jenen letzten, schönen Markstein unseres Dombaues reiht heute mit der erneuerten Gegenwart Ew. Königlichen Majestät auch ein neuer, noch schönerer sich an; denn er bezeichnet den Ausbau eines Hauptheiles unseres Domes; er schließt dieses Theiles glückliche Vollendung ab. Seit Ew. Königliche Majestät vor dreizehn Jahren den Grundstein zum Südportale legten und dabei die unvergeßlichen Worte sprachen, daß hier die schönsten Thore der Welt sich erheben sollen, als Eingang zu einer neuen Zeit, reich an Gottesfrieden und reich an Menschenfrieden, ist über dem Grundsteine der Bau dieses Portals von Jahr zu Jahr emporgestiegen. Und nun steht es da auf den stämmigen Grundmauern der Tiefe, stark und gewaltig, und dabei wieder schlank und zierlich, überall Schönheit und Ernst, Anmuth und Kraft vereinend, hoch in die Lüfte ragend bis zur Kreuzblume, die es noch in dieser Stunde zu seiner Krönung erhalten soll, ein vollendeter Prachtbau, errichtet durch die Munificenz Ew. Majestät und geschmückt mit dem reichen Kranze der Heiligenbilder durch die Freigebigkeit Ihres königlichen Herrn Bruders. Das Südportal ist nach dreizehn Jahren, seit dem Wiederbeginn des Fortbaues, vollendet, und indem wir heute diese Vollendung feiern, wird für uns dabei die Gegenwart Ew. Majestät wiederum Vollendung. Möge auch, wie damals der Portalbogen, so jetzt die Kreuzblume, welche zur Krönung des Portals auf seine Zinne gesetzt wird, ebenfalls ein hocherfreulicher Markstein in dem fortschreitenden Gotteswerke, ein zweifaches, vorbedeutendes, glückverheißendes Sinnbild sein! Möge Gott es Ew. Majestät und uns verleihen, daß unser König-Protector in nochmals dreizehn Jahren, die allverehrte Königin zur Seite, recht oft hierher wiederkommen und des Fort- und Ausbaues unseres Domes, den wir neuerdings dem königlichen Herzen empfehlen, sich erfreue, bis zuletzt die Doppel-Kreuzblume auf den Spitzen der Hochthürme dem Lande ringsum es hinaus verkünde: „Der kölner Dom ist vollendet!" Möge dazu der Allmächtige Ew. Majestät und Ihrem treuen Volke auch die Gnade noch gewähren, daß Sie alle die zahlreichen Regentenwerke, zu denen Sie während Ihrer segensvollen Regierungszeit den Grundstein gelegt, in nochmals dreizehn Jahren, und in abermals dreizehn Jahren fort- und ausbauen; daß diese Regentenwerke, wie des Königs fromme Hand auf den Grundstein der Religion sie gesetzt, so unter Ihrer Würde emporwachsen und vollendet werden, und festliegen, dauerhaft und unerschütterlich, wie dieses Domes Portal; und daß zuletzt auf alle diese Regentenwerke dieselbe fromme Königshand die krönende Kreuzblume setzen könne, die da ein Sinnbild ist, das in den Himmel hinaufdeutet, in welchen mit ihren letzten Spitzen alle Menschenwerke auf Erden und vorab alle Regentenwerke gebaut werden sollen, und von wo herab aller Segen strömt für König und Volk! Gebe Gott in Seiner Gnade, daß auch dieser mein Wunsch wieder ein prophetischer sei! Und daß er es werde, daß er in reichstem Maße sich erfülle, werden wir in diesem Gotteshause zum Himmel flehen unablässig, warm und innig. Darauf hin begrüßen wir Ew. Königliche Majestät in diesen gottgeweihten Mauern in freudigem, ehrfurchtsvollem Willkommen mit Herz und Mund. Gott segne den König, die Königin und das königliche Haus!

## Nr. 12.
### Verzeichniß der Hülfs-Dombauvereine.

Aachen. Altenkirchen. Adenau. Altenahr. Adendorf. Andernach. Arnsberg. Ahrweiler. Antwerpen. — Barmen a. d. Roer. Barmen a. d. Wupper. Bergheim. Bonn. Borken. Brand. Brauweiler. Brühl. Burtscheid I. Burtscheid II. Bensberg. Breslau. Beek. Berlin I. Berlin II. — Cleve. Coblenz. Cocsfeld. Cornelimünster. Crefeld. Cuchenheim. Carlsruhe. — Dortmund. Dormagen. Düren I. Düren II. Düsseldorf. — Efferen. Elberfeld. Erkelenz. Erpel. Eschweiler. Essen. Eupen. Euskirchen I. Euskirchen II. Eynatten. Erfurt. Erp. — Freiburg i. Br. Frechen. Frankfurt a. M. — Berg.-Gladbach. M.-Gladbach. Geilenkirchen. St. Goar. Grevenbroich I. Grevenbroich II. Graudenz. — Hamm. Heinsberg. Hersel. Holzweiler. Hürth. Hohenbudberg-Caldenhausen. Heidelberg. Honnef. Hochkeppel. — Jülich. Jüchen. Immendorf.

Junkersdorf. Immerath. — Kerpen. Königswinter. Kreuznach. Keyenberg. Kaiserswerth. — Lechenich. Lehe. Lindlar. Linz. Lennep. Linnich. Lövenich. Longerich. Luxemburg. Lüttich. — Malmedy. Mayen. Mechernich. Merheim. Merzig. Mexico. Münstereifel. Mülheim a. Rh. Montjoie. Münster. Minden. Magdeburg. — Neckarsteinach. Neuwied. Neuß. Niedeggen. — Oldenburg. Ollheim. Overath. Opladen. — Pingsheim. Poulheim. Paderborn. Paris. Pforta. Potsdam. — Recklinghausen. Remagen. Rheinbach. Rodenkirchen. Rom. — Saarbrücken. Saarburg. Sayn. Schleiden. Siegburg. Solingen. Stolberg. Stommeln. Stuttgart. Simmern. Sürth=Weiß. — Trier. — Uerdingen. — Wahn=Hemmar. Warendorf. Werden. Werl. Wetzlar. Willich. Wipperfürth. Worringen. St. Wendel. Wevelinghoven. — Jülpich.

(Außer dem oben aufgeführten Hülfsvereine zu Mexico hat sich ein anderer überseeischer Verein nicht gebildet.)

Baierischer kölner Dombauverein zu München.

Akademische Dombauvereine: Bonn. Berlin. Braunsberg. Breslau. Brixen. Dillingen. Freiburg i. Br. Gießen. Heidelberg. Hildesheim. Innsbruck. Klagenfurt. Kremsmünster. Leitmeritz. Linz. Luxemburg. Mainz. München. Münster. Paderborn. Pelplin. Rostock. Rottenburg. Trier. Tübingen.

Gymnasial=Dombauvereine: Bonn. Düren. Köln. Neuß. Wipperfürth.

Elementarschul=Dombauvereine: Aachen. Coblenz. Düsseldorf. Köln.

## II.
## Gedichte.

### Nr. 1.
### Der Dom zu Köln.
*Von Max von Schenkendorf.*

Es ist ein Wald voll hoher Bäume,
Die Zweige seh' ich fröhlich blüh'n
Und aus den Wipfeln fromme Träume
Zum fernen Reich der Geister flieh'n.

So kühner Sinn und ernstes Streben,
Das aus den Steinen Blumen treibt,
Es ist der Väter Art und Leben,
Das nimmer auf der Erde bleibt.

Das wollen diese Säulen sagen,
Dir himmelwärts die Blicke zieh'n,
Dazwischen, wie in grauen Tagen
Im Eichenhain, die Beter knie'n.

Wo das Geheimniß wird begangen
Im heil'gen, stillen Dunkelklar,
Ist hoch ein Teppich aufgehangen,
Ein Zelt, voll Bilder wunderbar.

Es ist kein eitles Licht der Sonnen,
Was durch die bunten Scheiben fällt,
Ist Wiederschein der ew'gen Wonnen,
Ist Strahl aus einer bessern Welt.

Doch seitwärts winkst du, süße Laube,
Nach der mein Sehnen ewig schaut,
Capelle, wo der alte Glaube,
Die Lieb' und Wehmuth Hütten baut.

Hier dürfen keine Lieder klingen,
Ob auch die Brust von Liedern schwillt,
Nur schweigend, wo die Engel singen,
Grüß ich, Maria, hier dein Bild.

## Nr. 2.

### Vor dem Dom.

Von Max von Schenkendorf.

Seh' ich immer noch erhoben
Auf dem Dach den alten Krahn,
Scheint mir nur das Werk verschoben,
Bis die rechten Künstler nah'n.

Denn ein Sabbath hat begonnen,
Osterabend hehr und still,
Gleich dem Mond der Frühlingswonnen,
Wenn an's Licht die Knospe will.

Hört ihr wohl die Glocken läuten?
Also nah ist Gottes Reich —
Feiertag soll das bedeuten,
Betet und bereitet euch!

Salbet euch mit Oel der Stärke,
Nur auf Eines habet Acht,
Montag naht, ein Tag der Werke,
Und ein Tag der Meisterschlacht.

Kommt, ihr Meister und Gesellen,
In dem Thale Josaphat,
Daß wir Säulen hau'n und Schwellen
Für die neue Bundesstadt.

Auf dem alten Grund erheben,
Neu geweiht von frommer Hand,
Sollt ihr euch zum jungen Leben,
Burgen, Kirch' und Vaterland!

Jeder opfert seine Gabe,
Priester singen in dem Chor,
Und der Bischof mit dem Stabe
Klopfet dreimal an das Thor.

Harret nur noch wenig Stunden,
Wachet, betet und vertraut,
Denn der Jüngling ist gefunden,
Der den Tempel wieder baut.


Nr. 3.

Der deutsche Dombau.

Von Fr. Thiersch.

Baut nur und fügt die Steine wohl den Steinen,
Führt hoch die Pfeiler, sprenget weit die Bogen,
Und laßt zuletzt, am Thurm emporgezogen,
Den Wolken nah das goldne Kreuz erscheinen.

Es gilt nicht todte Massen nur zu einen:
Sie morschten, als der Geist hinweggeflogen.
Ihn gilt es, aus der Zeiten Sturm und Wogen
Zurückzuführen in das Haus der Seinen.

Drum regt und rühret euch weit umher im Lande,
Laßt Art und Hammer überall erschallen
Vom Belt heran bis nach der Isar Strande.

Dem Geist der Eintracht bauen wir die Hallen,
Ein Volk von Werkgesellen und von Meistern,
Deutschland drin zu versammeln, zu begeistern.

## Nr. 4.
### Der hohe Dom zu Köln.
**Von Friedrich Rückert.**

Der hohe Dom zu Köln!
    Ein Denkmal alter Zeit,
    Der deutschen Herrlichkeit,
    Im Alter längst ergraut
    Und noch nicht ausgebaut,
Der hohe Dom zu Köln!

Der hohe Dom zu Köln!
    Der Meister, der's entwarf,
    Baut' es nicht aus und starb;
    Niemand mocht' sich getrau'n
    Seitdem ihn auszubau'n,
Den hohen Dom zu Köln!

Der hohe Dom zu Köln!
    Die deutsche Herrlichkeit
    Ging unter mit der Zeit;
    Wer dacht' in solchem Grau'n
    Daran, ihn auszubau'n,
Den hohen Dom zu Köln!

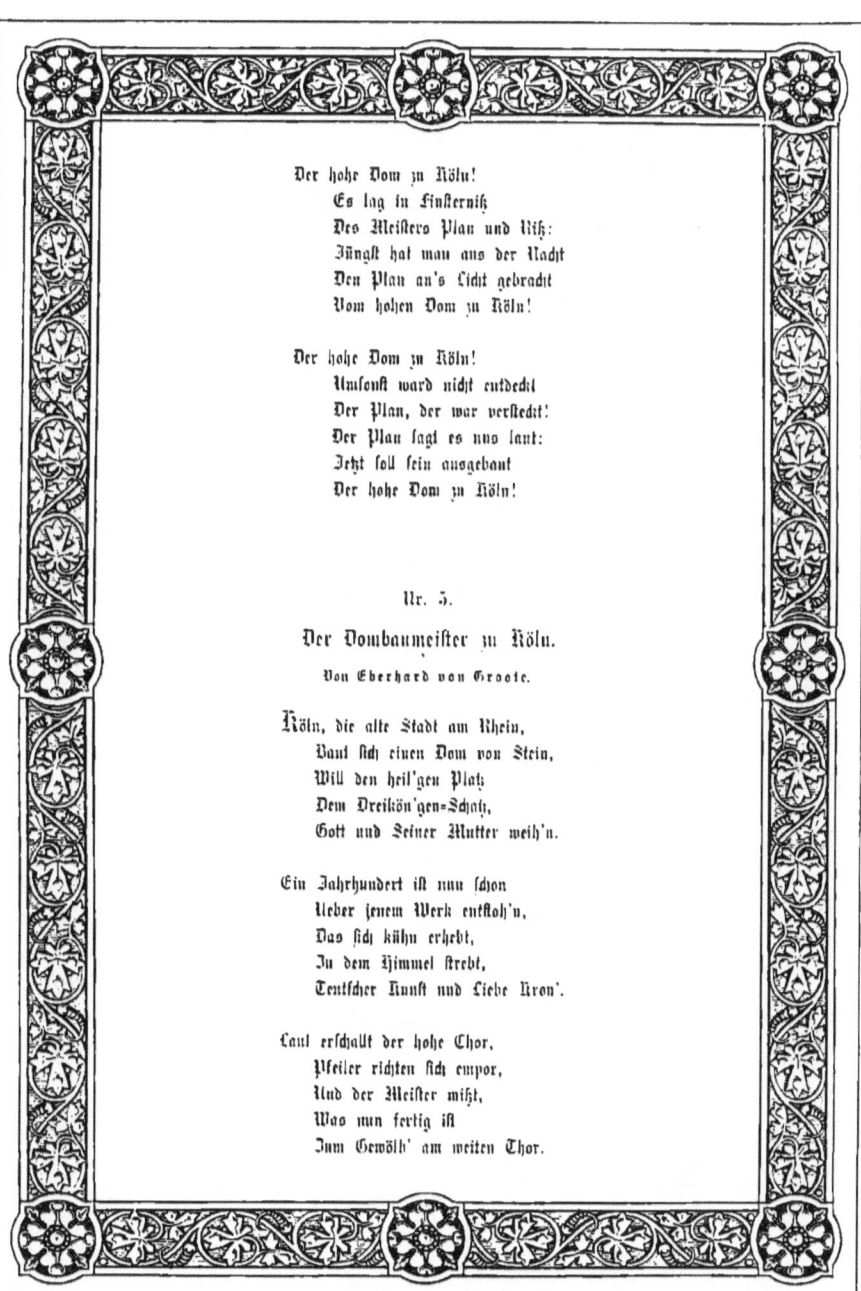

Der hohe Dom zu Köln!
    Es lag in Finsterniß
    Des Meisters Plan und Riß:
    Jüngst hat man aus der Nacht
    Den Plan an's Licht gebracht
    Vom hohen Dom zu Köln!

Der hohe Dom zu Köln!
    Umsonst ward nicht entdeckt
    Der Plan, der war versteckt!
    Der Plan sagt es uns laut:
    Jetzt soll sein ausgebaut
    Der hohe Dom zu Köln!


## Nr. 5.

## Der Dombaumeister zu Köln.

### Von Eberhard von Groote.

Köln, die alte Stadt am Rhein,
    Baut sich einen Dom von Stein,
    Will den heil'gen Platz
    Dem Dreikön'gen=Schatz,
    Gott und Seiner Mutter weih'n.

Ein Jahrhundert ist nun schon
    Ueber jenem Werk entfloh'n,
    Das sich kühn erhebt,
    In dem Himmel strebt,
    Teutscher Kunst und Liebe Kron'.

Laut erschallt der hohe Chor,
    Pfeiler richten sich empor,
    Und der Meister mißt,
    Was nun fertig ist
    Zum Gewölb' am weiten Thor.

Da erhebt ein Lehrling sich:
„Meister! was bemühst du dich?"
Spricht er, „laß es sein,
Nimmer mag's gedeihn,
Bruchstück bleibt es ewiglich!"

Und der Meister zürnend schweigt,
Seinen Lohn dem Lehrling reicht:
„Du hast kein Vertrau'n,
Bist nicht werth, zu bau'n,
Was zu Gottes Himmel steigt."

Aber trotzig grinst der Knecht:
„Weh euch, daß ihr mit mir brecht!
Eher ich euch führ'
Wasser her von Trier,
Als eu'r Thurm die Spitze trägt!"

„Das wird nimmermehr geschehn!" —
Und sie trennen sich und gehn
Jeder an sein Werk:
Der zum Eifelberg,
Dieser zu des Domes Höhn.

Zu dem frechen Lehrling tritt
Schnell der Böse: „nimm mich mit!"
Sagt er, „ich will, traun,
Fleißig mit dir bau'n,
Nur gewähr' mir Eine Bitt':

„Ist erst unser Werk vollbracht,
Sei dein Dienst mir zugesagt!" —
„Topp! das soll geschehn!
Hier mein Blut!" Sie gehn
Und der Anfang wird gemacht.

So vergehet Jahr und Tag,
Und es steiget nach und nach

Schon der Thurm heran,
    Auf ihm steht der Krahn,
    Hell ertönt der Glockenschlag.

Und der wackre Meister schaut,
    Wie ein Bräut'gam zu der Braut,
    Nieder von dem Thurm:
    Sieh, ein böser Wurm
Aus dem Boden kriecht! Ihm graut.

Jener Lehrling trat herfür,
    Sprach: „Ich hab' vollendet hier
    Den Canal!" Es schwamm,
    Als er brach den Damm,
Eine Ente her von Trier.

Und der Meister starrend sprach:
    „Gott, wie rächt sich diese Schmach!"
    In das Wassergrab
    Stürzet er hinab
Und sein treuer Hund ihm nach.

Von dem Thurme fällt er noch
    Mit dem Hund; das Wasserloch
    Ist dort auch zu sehn,
    Und der Dom muß stehn
Seither unvollendet noch.

Doch der Wurm im Augenblick
    Brach dem Lehrling das Genick.
    Nachts kehrt, wie es heißt,
    Oft des Meisters Geist
Messend in den Dom zurück.

Nr. 6.

## Der Künstler vor dem Dome.

(Monolog aus einem größeren Gedichte) von Christian Schier.

Hier will ich weilen, und der Schlummer sei
  Mir fern; er soll die trübe Seele nicht
  Mir überwältigen mit finstern Flügeln,
  Es soll mein Geist durch jene Labyrinthe
  Des kolossalen heil'gen Domes wallen
  Und sich in seinem kühnen Bau verlieren
  Und untergehn im Meere der Gedanken,
  Die hier der Meister aussprach in dem Werke.
  Du seltsam große, wunderbare Zeit,
  Die solche Werke schuf! — Wie aus dem Boden
  Viel tausend Blumen treiben in der Dämm'rung,
  Da sproßten aus dem frommen Grund der Herzen
  Die heil'gen Phantasieen, diese Werke.
  Es mochte gern der allgewalt'ge Geist
  Der Kraft und Würde auch den ew'gen Gott
  In allgewalt'gen großen Bildern ehren.
  Der schlanke Säulenbau, wie er den Römer
  Und wie den feinern Griechen er ergötzt,
  Er sprach des teutschen Geistes Kraft nicht aus,
  Der das Unendliche zum Muster wählt.

Wie er es in sich trug, so wollt' er's schauen —
  Im Riesenwerk den riesigen Gedanken.
  Drum mußte ihren Schooß die Erde öffnen,
  Um einen Felsengrund in ihr zu rüsten;
  Und tief da unten schlugen Säulenwurzeln
  Sich in dem Eingeweid' der Erde fest,
  Um fest wie sie der Zeiten Sturm zu trotzen: —
  Es war und ist zum Theil noch teutsche Art,
  Jedweden Werkes Bau auf festen Grund
  Mit Männerkraft und starkem Sinn zu stützen. —

Und stiegen sie empor, die Cedergänge
Der Säulenordnung; und wie sich des Himmels
Verklärtes Blau mit Waldeswipfeln paart,
So daß das Sternendach auf ihnen scheint
Zu ruhen, so vermählte das Gewölbe
In kühnen Bogen sich mit den Pilastern,
Um die der Schmuck des Blätterwerkes prangt.
So wie der Glaube, liebevoll und mild,
Mit holden Bildern gern das Inn're schmückt,
Um Erd' und Himmel freundlich zu vermählen,
So wurden auch die Heil'genbilder rings
Auf den Piedestalen aufgestellt,
Als Muster für die Pilger auf der Erde.
Und durch die buntgemalten Fenster brach
Ein fromm gedämpftes Licht, daß nichts den Blick
Des Erdensohns verletze; denn der Glaube
Beruhigt, wo die Weisheit Qualen weckt.
In diesem Geiste fühlten sie und schufen.
Und um von außen auch ein Bild der Welt,
In der das Inn're nur voll Harmonie,
Dem Sinne darzustellen, schmückten sie
Die Kuppeln aus mit wunderbaren Thürmen

Und hieroglyphisch bunten Arabesken.
Und wie der Meister namenlos, der Himmel
Und Erde aufgebaut, so hat bescheiden
Auch dieser Meister in demüthigem Gefühl
Den Namen, den er führte, nicht genannt.
So steht des Meisters heiliges Gebet,
Wie er's in seiner großen Seele trug,
Versteinert da in diesen großen Formen
Und betet fort durch eine Ewigkeit.

Du großer Fremdling in der armen Zeit,
Wie stehst du einsam da, wie in dem Meere
Ein Felsenland, das kalte Wogenfluth
Umwirbelt! Das Geschlecht erkennt dich nicht,
Es gafft der kalte Blick gedankenlos

Empor an deinen heil'gen Riesengliedern,
Und senkt sich wieder tief zu dem Gemeinen,
Ach, hätt' ich jene große Zeit gelebt!

## Nr. 7.
## Ruf zum Dome.
### Von W. Smets.

All des heitern Glaubens Jünger,
Kommt zur wunderschönen Halle,
Findet hier des Wahns Bezwinger,
Daß zu Knieen jeder falle,
Bete in dem heil'gen Raume,
Wie im süßen Engeltraume.

Schaut das wunderbare Glänzen,
Das durch Riesenfenster schimmert,
Wie der Sonn' Erstehn im Lenzen
Auf den bunten Wolken flimmert,
Könnet Seel' und Blicke weiden,
Nimmer von dem Wunder scheiden.

Seht in Roth und Gold und Blauen
Ritter stehn mit frommen Wehren,
Schön geschmückte heil'ge Frauen,
Deutsche Wappen hoch in Ehren,
Roth und blau und goldne Farben,
Gleicht mit Feldblum' goldnen Garben.

All' des heitern Glaubens Jünger,
Kommt nach Köln der Stadt am Rheine,
Dort des Zweifelnden Bezwinger
Lacht ein Bild im Himmelscheine,
Wedelt uns, wie die Laub' im Kühlen
In Gebetes Liebgefühlen.

### Nr. 8.
### Vom kölner Dom zu dieser Zeit.
#### Von W. Smets.

Ach, Köln, du Stadt der Treuen
Am sangesreichen Strom,
Gar wilde Wetter dräuen
Jetzt deinem ew'gen Dom:
Drob Jammerseufzer heben
Die Herzen ehrenwerth,
In ihrer Gruft erbeben
Konrad und Engelbert.

Sieh, die Gerüste steigen
Rings um der Säulen Schaft,
Des Laubwerks Kronen neigen
Sich, baar der alten Kraft;
Die Blüthenblume schwindet
Schon von den Zweigen fort,
Und Aerg'res noch verkündet
Der Aufsicht drohend Wort.

Sollst du denn nie mehr prangen,
Wie wir dich einst geschaut,
Vom Eichenkranz umhangen,
Drein klar der Himmel thaut?!
Doch, doch, es kann entkeimen
Auf's Neu' das dürre Laub,
Wollt uns nicht länger säumen
Gen Noth und Nothschrei taub.

O, laßt uns doch nicht werden
Der fernsten Zeit zum Spott,
Daß wir dies Haus auf Erden
Nicht gönnen unserm Gott,
Daß wir nicht hoch geachtet
Der Väter Eichenwald,
Wo demuthsvoll umnachtet
Vor Christ' ihr Herz gelallt.

Drum auf, Herr Kaiser, Kön'ge,
Und schaffet Hülfe her,
Es gibt der Tempel wen'ge
Zu Christi Königsohr';
Ihr Fürsten und ihr Grafen,
Ihr Ritter und ihr Herrn,
Denkt, eure Ahnen schlafen
Beim Hochaltar so gern.

Ihr Frauen, deutsche Frauen,
Legt ab der Steine Glanz,
Laßt d'raus von Neuem bauen
Des Domes Laubwerk Kranz;
Ihr Sänger mit den Harfen,
Ihr Harfner mit dem Sang,
O, stimmet an den scharfen
Bußpredigenden Klang!

Ihr Kunst- und Weisheitschulen,
O, schaffet Hülf' herbei!
Auch regt die Federspulen,
Hebt an ein Nothgeschrei!
Und hör' den Schrei in Nöthen,
Du deutsche Christenheit:
Wenn All' ihr Scherflein böten,
Wär' bald das Werk bereit.

So Großes aufzurichten
Hat Gott der Zeit vergönnt,
Daß unser Thun und Dichten
Das rechte Ziel erkennt;
Und ist's nicht zu vollenden,
Was jene Zeit gewollt —
Herbei mit allen Händen,
Eh's ganz zusammen rollt!

Nr. 9.

### Der Dom zu Köln an Wallraf.

Von Johannes Kreuser.

Eine hohe Felsruine
Leuchtet in den Morgenschein,
Sieht mit frommer treuer Miene,
Wie zu aller Menschen Sühne,
Mit des Thurmes frischem Grüne
In die heil'ge Stadt am Rhein,
Wonnig überschleicht ein Grauen,
Die den Wunderbau beschauen.

Schaut die heiligen Gestalten,
Lehnend an der Felsenwand,
Ruhig in den Säulen walten,
Betend ihre Hände falten,
Um des Herrn Haus Wache halten
In dem grauen Steingewand;
Wie sie uns an Gott und Ahnen,
An die treue Vorzeit mahnen.

Schaut die herrlich hohen Bogen
Und der Rose stolze Zier,
Wie sie kühn dahin gezogen,
Ueber Abgrund hergeflogen,
Freudig ineinanderwogen
Zu des Kreuzes Siegspanier,
Und, gleichwie aus goldnen Branen,
Labung in die Ferne thauen.

Schaut des einz'gen Thurmes Rücken,
Schaut mit weitem Aug' ihn an:
Will es fast mit Pracht erdrücken,
Daß es muß die Wimpern nicken
Und zur Erde niederblicken,
Eh hinauf es wieder kann; —
Schaut mit euerm ganzen Sehen,
Mögt nicht all die Pracht erspähen.

Wie er in die Ferne winket,
Von Spitzsäulen stolz umringt,
Golden in der Sonne blinket,
Freudig an den Himmel winket,
Der auf ihn gern niedersinket;
Festlich in die Feier singt,
Daß man glaubet, Heere Geister
Preisen ihren höchsten Meister.

Doch herab muß ich nun steigen,
Denn so mild der Steingeist schaut
Aus der Säulen Rosenzweigen,
Als wollt' er sich zu mir neigen,
Winket mir mit hehrem Schweigen,
Wo das hohe Thor erbaut,
Einzugehn in Gottes Hallen,
Wo dem Herrn Choräle schallen.

Wie, wer aus des Kerkers Engen
Floh in einen Eichenwald,
Wo sich mächt'ge Riesen drängen,
Tief besummt mit niedern Säugen,
Liebend an dem Himmel hängen,
Stützend ihn mit Hochgewalt,
Lächelnd über ihre Jahre
Schütteln ihre grauen Haare;


So fühl' ich das Herz mir schlagen
In der heil'gen Gottesburg,
Wo die alten Riesen ragen,
Die die hohe Wölbung tragen;
Gottesnähe, schaurig Zagen
Tönet diese Säulen durch,
Die so lieblich sich durchirren,
Süß das fromme Aug' verwirren.


Und der Sonne feurig Hellen
Durch der bunten Fenster Schein,
Darf nicht in das Inn're schnellen;
Heil'ge schirmend es umstellen,
Lassen grellen Lichtes Hellen
In das Heiligthum nicht ein:
Denn den Herrn kann man nicht schauen,
Ahnen nur in Dunkels Grauen.


O, das Hehre all' zu fassen,
Ist das Auge allzu klein!
Wie die grauen jahresblassen,
Stolz gekrönten Felsenmassen
Traut einander sich umfassen,
Kühn sich an einander reih'n,
Alle nach dem Aufgang weisen
In dem Stern der Königsweisen;

Und die heil'gen sieben Chöre
Um das höchste Chor geschaart,
Und die heiligen Altäre
Zeigen all' zu Jesus Ehre,
Wie das Heil nur dorten wäre,
Wo der Herr geboren ward,
In des Lichtes erster Quelle,
In der ros'gen Morgenhelle.


Frommer Väter frommes Denken!
Frommer Väter treuer Muth!
Aus den bunten Blumenzeiten
Süßes, liebes Maienläuten
In die kahlen Winterzeiten,
Heil'ge, frohe Gottesglnth!
O, ich kann jetzt nur noch leise,
Beten nach der Väter Weise!


Denn der Orgel Machtton gleitet
Wie der Weltposaunen Chor,
Brausend durch die Hallen schreitet,
Singend zu dem Herrn sich breitet,
Tausend fromme Stimmen leitet
In dem Ewigen empor,
In dem himmelreinen Aether,
In der Heimath unsrer Väter.

## Nr. 10.
### Der Gruß des Engels.
#### Von H. Heine.

Im Rheine, im heil'gen Strome,
    Da spiegelt sich in den Well'n
    Mit seinem großen Dome
    Das große heilige Kölln.

Im Dome da steht ein Bildniß
    Auf güldenem Leder gemalt;
    In meines Lebens Wildniß
    Hat's freundlich herniedergestrahlt.

Die Lippen, die Aeuglein, die Wänglein,
    Die sah ich schöner nie;
    Es kommt und spricht ein Englein:
    Gegrüßt seyst du, Marie!


## Nr. 11.
### Des Königs Wort.
#### (Erinnerung an den 4. September 1842.)
#### Von Ph. M. Klein.

Ein Wort ist, ein mächt'ges, erklungen
In Deutschlands reich blühenden Gau'n,
In Herzen ist's Vielen gedrungen,
In Herzen den Männern und Frau'n.

Und der es zuerst hat gesprochen,
Er sprach's mit begeisterndem Muth!
Sein Wort hat die Nacht nun gebrochen,
Die lang' auf dem Baue geruht.

Die Herzen geriethen in Feuer,
Als Er sich Protector genannt,
Als Ludwig, der edele Baier,
Ihm reichte die fürstliche Hand.

Da flossen ja reichliche Spenden
Von Fürsten und Volk nah und fern,
Den Dom, ja den Dom zu vollenden,
Den schönsten der Tempel des Herrn.

Und dort an der heiligen Schwelle
Da fanden sich Tausende ein,
Dort auf der geweiheten Stelle,
Da legte der König den Stein.

Und Edle, ja Häupter mit Kronen
Bezeugten, was dort sie gesehn,
Es sprachen davon Millionen
Und freuten sich deß, was geschehn.

O, festlicher Tag ohne Gleichen,
Den Köln, ja, den Deutschland gesehn,
Er wird mit unsterblichen Zeichen
In Deutschlands Geschichtsbüchern stehn!

O, bleibe in Aller Gedanken
Lebendig, du herrlicher Tag!
Und laßt im Entschluß uns nicht wanken,
Denn größer noch wäre die Schmach!

Nein! Er hat gesprochen: „Er werde!"
„Er werde!" so jubelten wir,
Wohlan denn, du Zierde der Erde,
Erstehe, des Vaterlands Zier!

Wir haben's gelobet, wir halten
Als Deutsche gegebenes Wort.
Du sollst bis zum Knauf dich entfalten,
Der schmückt deine Spitze einst dort!

Das Werk wurde muthig begonnen,
Schon strebt mancher Pfeiler empor,
Der Zwiespalt ist gänzlich zerronnen:
Nun wölbe sich Fenster und Thor.

Drum reget, Gesellen, die Hände,
Das Vaterland steuert; auf! schafft
Und meißelt und baut bis zum Ende
Dies Denkmal volksthümlicher Kraft!

Nr. 12.

### Der kölner Domban, 4. September 1842,

vom Fürsten zu Lynar.

Horch, Deutschland, auf den Hammerschlag,
Der heut erschallt am Rhein,
Er läutet einen Feiertag
Für dich, mein Deutschland, ein.

Denn heut setzt die erwachte Zeit,
Die, was ihr frommt, erkennt,
Der großen deutschen Einigkeit
Ein ew'ges Monument.

Die beste Stadt am schönsten Fluß
Nenn' ich: das deutsche Rom,
Und jeder blickt mit stolzem Gruß
Nach Köln mit seinem Dom.

Dort wird der Einheit ein Symbol
Gebaut zum Himmel an,
Das dem Jahrtausend künden soll,
Was Deutschland will und kann.

Das Große kann's vollbringen noch,
Und einig will es sein,
Nicht dulden eines Fremden Joch
An seinem deutschen Rhein.

Drum stellt es einen Riesen auf,
Der wachsam um sich schaut
Und selbstbewußt im Zeitenlauf
Auf deutschen Muth vertraut.

Drum baut's in edler Leidenschaft
Den Dom, mit Stolz erfüllt,
Der deutschen Größe, deutschen Kraft
Versteintes, hehres Bild.

Und von des Domes höchstem Ort
Strahl' um für alle Zeit,
Ein neuer Nibelungenhort:
Der Schild der Einigkeit!

## Nr. 13.

### Dombau-Werkgesellenlied,

von Dusso von Hagen.

Zuerst mitgetheilt in der „Kölnischen Zeitung" vom 29. April 1841.

Wenn am Dom der Chor erglüht,
Frühmeß-Glocken klingen,
Laßt das Werkgesellenlied
Himmelauf sich schwingen.
Forme dich, du fester Stein,
Sollst ein stark Gerüste sein,
Und ein Laubgewinde fein
Soll dich zart umschlingen.

Forme dich zum Baldachin,
Drunter Engel wachen,
Zeige, wie die Laster flieh'n
In Gestalt von Drachen.
Vor den Engeln, sanft und gut,
Schaudert solcher Höllenbrut,
Und sie speiet trübe Flut
Aus gesperrtem Rachen.

Mancher meißelt in der Welt,
Suchet, wie er mehre;
Was uns Brüder hier gesellt,
Ist zu Gottes Ehre.
Darum rüstig dran und drauf,
Immer hoch und höher auf
Bis zum höchsten Blüthenknauf,
Nach des Meisters Lehre!

Was die Alten vorgethan,
Herrlich ist's zu schauen;
Meister Zwirner weiß den Plan
Weiter fort zu bauen:
Er ist unsrer Hütte Zier,
Was er heischt, dem folgen wir,
Fördern dort und schaffen hier,
Schenken ihm Vertrauen.

Achtet hoch die reiche Köln
Alter Zeiten Sitte,
Stehen ja die Werkgesell'n
In der Ehren Mitte;
Jeder Stein am heil'gen Haus,
Jede Schlingung, zart und kraus,
Spricht für alle Zeiten aus:
Preis der Dombau=Hütte!

Geht ein Mädchen, blickgesenkt,
In des Altars Schwelle,
Stolz sie von dem Liebsten denkt —
Der ist Werkgeselle:
Was er pflanzt, verkümmert nicht,
Rankt und strebt zum Sonnenlicht;
Grüßend schaut sein Angesicht
Ueber Stadt und Welle.


Und so oft das Lied erschallt,
Regen wir die Hände,
Daß der Eintracht Allgewalt
Unsern Dom vollende;
In der schlanken Säulen Kreis,
Die der Mann geschafft mit Fleiß,
Betet einst der müde Greis
Um ein selig Ende.


## Nr. 14.

### Der Dombau zu Köln.

**Von Duffo von Hagen.**

Die alte Köln, die rege Köln
Schickt Boten durch die deutschen Gau'n
An alle Meister und Gesell'n:
„Ihr Brüder, helft den Dom mit bau'n!"

Wer sind die Meister und Gesell'n?
Wer reicht den Boten treu die Hand?
All' Männer, die gedrängt sich stell'n
Als Hüter ihrem Vaterland.

„Nehmt, Boten, unser Hülfewort,
Thut's fröhlich euern Bürgern kund!"
So tönt es durch die Gaue fort
Der Deutschen wie aus einem Mund.

Die alte Köln, des Rheines Zier,
Schreibt eine Danversammlung aus;
Wohl tausend Männer nahen ihr,
Herberge wird ein jeglich Haus.

Im Kaufhaus, ernst und selbstbewußt,
Wird Rath gepflogen und getagt;
Es wiederhallt in Aller Brust
Des Hutten Spruch: Ich hab's gewagt. —

Was dort der Männerrath erschafft,
Begeistert hab' ich's vorgesehn,
Das Denkmal der gesammten Kraft
Von Deutschland also wird's erstehn.

Der Dom gehört uns Allen an,
Dem Völkerbund ein Conterfei;
Ein jeder Stamm erkenne dran,
Daß Pfeiler er am Hause sei.

Drum baue auch am deutschen Dom
Jedweder einen Pfeiler auf,
Bezeichne seiner Heimath Strom
Durch eines Bindebogens Lauf.

Wer trägt und stützt das Vaterland?
Die reichen Städte sollen's sein;
Sie mögen ihre Schöpferhand
Den Säulen und der Wölbung weih'n.

Der König wird den einen Thurm
Vollenden zur Erhabenheit,
Die, trotzend jedem Wettersturm,
Unwandelbar für alle Zeit.

Den andern baut mit frischer Kraft
Das Rheinland, an der Spitze Köln:
Was edel will und tüchtig schafft,
Darf nahe sich dem Fürsten stell'n. —

„Auf, Deutschland, komm herbei, es gilt!
Das ist kein babylon'scher Traum,
Zu fördern deiner Würde Bild,
Der Einheit starken Riesenbaum!

„Und setzt du einst dem schönen Dom
Die goldne Flammenkrone auf,
Dann rauscht der freie deutsche Strom
Sein freudig Amen himmelauf."


## Nr. 15.

## Dombaulied.

### Von Conradin Simons.

> Motto: „Die Kerzen flammen, heil'ge
> Hymnen schallen,
> Der Andacht Weihe taucht sich
> in die Lieder;
> In tausend Seelen klingt es
> mächtig wieder,
> Das Herz erhebt sich — und
> die Nebel fallen." —

Auf! Brüder am Rheine,
  Seid munter zur Hand!
  „Der Dom wird vollendet!"
So tönt es durch's Land. —
Es steige gen Himmel
  Am herrlichen Strom
  Ein Denkmal der Eintracht:
Der heilige Dom.

Auf! spendet die Opfer
Mit gläubigem Sinn,
Ihr bringet zur Stunde
Dem Himmel Gewinn!
Gebt freudig und gerne
Am fröhlichen Rhein;
Ihr füget zur Stelle
Die Steine zum Stein.

Es rauschten die Wellen
Der strömenden Zeit,
Und Deutsche begruben
Den Deutschen gar weit.
Es wütheten Feinde,
Es wankte der Dom,
Es bluteten Herzen,
Es weinte der Strom:

Da leuchteten Flammen
Weithin durch die Nacht; —
Es strahlte der Morgen,
Und Deutschland erwacht. —
Der Ewiglich-Eine
Im himmlischen Dom
Erbarmte des Volks sich
Am trauernden Strom.

Und frei ward die Zunge!
Der Deutsche stand auf,
Und frei ward's am Rheine
Und stolzer sein Lauf,
Und Künste und Wissen
Erhoben das Haupt,
Vom schützenden Throne
Des Königs umlaubt.

Nun wandten die Augen
    Zum Dome sich hin;
Gott gab es den Männern
    Zu Herzen und Sinn. —
Drum bauet am Dome,
    Ihr Brüder am Rhein;
Schnell füget die Hände,
    Dann fügt sich der Stein!


Auf! wack're Genossen,
    Berufen zur Stund,
Auf! knüpfet mit Freuden
    Der Einigkeit Bund!
Vollendet in Liebe,
    Was Liebe erdacht,
Nicht ruhend und rastend,
    Bis daß es vollbracht!


Und habt ihr vollendet
    Den Tempel des Herrn,
Und wölbt sich die Kuppel
    Und glänzet der Stern,
Und steigen die Thürme
    In Wolken empor,
Und brauset die Orgel
    Im heiligen Chor,


Dann sinkt auf die Kniee
    Und preiset die Macht,
Durch die ihr das Große
    Gesegnet vollbracht. —
Ob Jahre auch fliehen,
    Geschlechter vergehn,
Die Eintracht der Deutschen
    Bleib' ewiglich stehn!

## Nr. 16.
## Festlied.
### Von Gustav Pfarrius.

Laßt Gesangesjubel, Freud' und Fröhlichkeit
Mit dem Ruf erschallen: Unser Werk gedeiht!
Denn der hohe Meister Seine Hülf' uns schenkt,
Der den Bau der Sonnen und Planeten lenkt.
    Laßt Gesangesjubel, Freud' und Fröhlichkeit
    Mit dem Ruf erschallen: Unser Werk gedeiht!

Nimmt Er unser Streben gnäd'gen Blickes wahr,
Wächst der Stein wie lebend Ihm zum Hochaltar,
Doch wo Seines Auges Huld sich abgewandt,
Muß das Werk zerstieben, wie im Sturm der Sand.
    Nimmt Er unser Streben ic.

Herrscher, der Du thronest über Zeit und Raum,
Dir ein Haus zu bauen, ist's kein Kindertraum?
Schlössen seine Bogen Pol und Pol auch ein,
Wär' für Deine Größe doch der Bau zu klein.
    Herrscher, der Du thronest ic.

Schöpfer eines Weltalls, kann die Creatur
Würd'ges Dir errichten auf der Erdenflur?
Reichten Domesthürme auch in's Sternenlicht,
Herr, an Deine Höhe reichten sie ja nicht.
    Schöpfer eines Weltalls ic.

Doch Du missest anders, was ein frommer Muth,
Ein getreuer Eifer, Dich zu ehren, thut;
Löschest Deines Kleides sengend Feuer aus,
Steigst zu uns hernieder in das kleine Haus.
    Doch Du missest anders ic.

Lässest von der Hallen Dämm'rung Dich umfah'n,
Daß nur Deine Milde schauen, die Dir nah'n,
Daß vor Deinem Hauche Noth und Drangsal flieht,
Und in unsre Herzen sanft Dein Friede zieht.
  Lässest von der Hallen 2c.

Frohen Jubelliedern drum die Stunde weiht,
Und dem Freudenrufe: Unser Werk gedeiht!
Denn der große Meister Rath und Hülfe schenkt,
Wo in Seinem Namen wird ein Bau gelenkt.
  Frohen Jubelliedern drum 2c.


## Nr. 17.
### Der Bettler am Rhein.
**Von Levin Schücking.**

Ein froher Strom! das Leben jauchzt Gesänge
Und schwingt sein farbig Banner über ihn,
Das Dampfboot flaggt, der Traube Goldgehänge
Spiegelt in Silber sein besonntes Glüh'n.

Das wallt und zieht, rheinauf, rheinab die Pfade,
Auf Schiff und Kahn und über Brück' und Steg!
Nur einer blickt verlassen am Gestade
Mit düstrem Auge stumm auf euren Weg.

Grau ist sein Kleid, in dem die Winde wühlen,
Zerfetzt von Sturm und Wetter sein Gewand,
Dran wüste Schau'r und Schloßen niederspülen
O, blickt auf ihn, o, öffnet eure Hand!

Er flehet stumm — ein herzzerreißend Flehen!
Der Bettler ist ein königlicher Greis!
Beugt ihm ein Knie — um diese Scheitel stehen
Die Zacken einer Krone noch im Kreis.

Er ist gesalbt von priesterlichen Händen,
Des Weihrauchs Düfte fluteten um ihn,
Und eine Welt von Völkern müßte senden
Tribut, zu wölben seinen Baldachin.

Jetzt ist er alt — um seine Stirne sanken
Jahrhunderte hinunter in die Nacht;
Jetzt ist die Stirn ein Friedhof der Gedanken,
Sein düst'res Auge ihre Grabeswacht.

Und ihr — ihr laßt den König eurer Ahnen
Um einen Obol fleh'n, wie Belisar?
O, laßt euch rühren, euch erweichen, mahnen,
Die ihr sein Volk, bringt eure Gabe dar! —

Tribut, Tribut! ihr sollt die Steuer zahlen;
Noch ist er Herr! Die Zackenkrone steht!
Die Wolken Gottes und die Blitze rollen
Den Königsmantel um die Majestät.


## Nr. 18.

### Das Dom-Mütterchen.

*Von Nicolaus Decker.*

Es war ein altes Mütterlein,
Das bei des Morgens erstem Schein
Bei Sommer- oder Wintertag
Andächtiglich zu beten pflag
Im Dom zu Köln am Rheine.

Und hatte sie dann Leid und Lust
Gelegt an Gottes Vaterbrust,
Sprach sie noch diese Bitte aus:
„Laß sie vollführen, Herr, Dein Haus,
Den Dom zu Köln am Rheine!"

So war sie worden achtzig Jahr,
Fast blind ihr Auge, grau ihr Haar,
Die Taubheit lag auf ihrem Ohr,
Doch kniete sie noch stets im Chor
Im Dom zu Köln am Rheine.

Und einstmal tritt zu ihr heran
Mit frohem Gruß der Sacristan:
„Allüberall ist's aufgewacht!
Das deutsche Volk, es baut mit Macht
Den Dom zu Köln am Rheine."

Sie lauschte still, wie er es spricht,
Um ihr verwittert Angesicht
Zog sich ein letzter, heller Schein
So sank sie nieder auf den Stein
Im Dom zu Köln am Rheine.


Nr. 19.

### Domlied. (Aus den vierziger Jahren.)

Nach dem Gedächtniß aufgeschrieben.

Drei Zeichen hat uns Gott gestellt,
Für uns, die Herren dieser Welt,
Sie soll'n uns heilig sein.
Des deutschen Weines goldner Saft,
Der Vater Rhein, voll Muth und Kraft,
Der Dom zu Köln am Rhein.

O, Traubenblut, o, adlig Blut,
Wer macht, wie du, so kühnen Muth,
So frisch und froh Gedeih'n?
Der Meister, der den Plan gemacht,
Hat sicher ihn beim Wein erdacht:
Vom Dom zu Köln am Rhein.

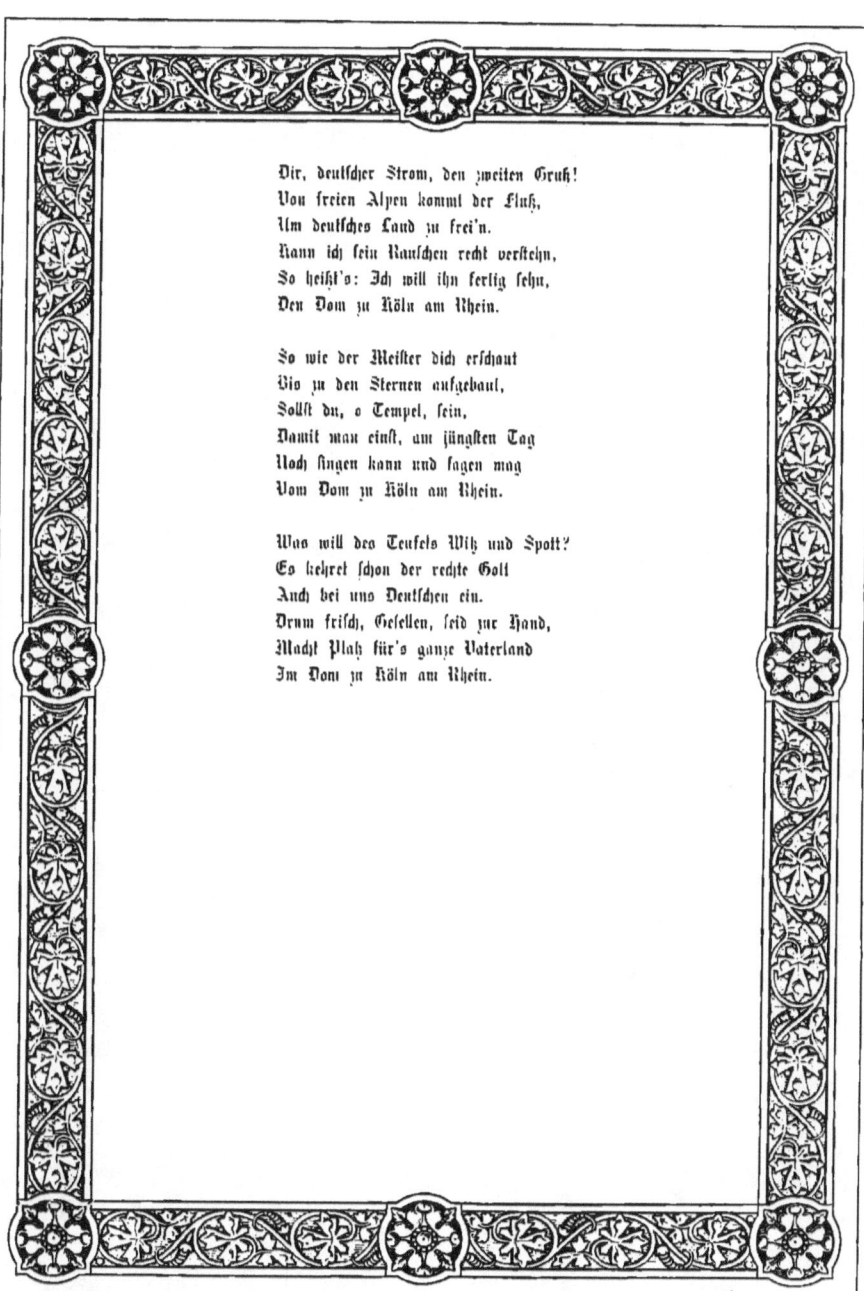

Dir, deutscher Strom, den zweiten Gruß!
Vom freien Alpen kommt der Fluß,
Um deutsches Land zu frei'n.
Kann ich sein Rauschen recht verstehn,
So heißt's: Ich will ihn fertig sehn,
Den Dom zu Köln am Rhein.

So wie der Meister dich erschaut
Bis zu den Sternen aufgebaut,
Sollst du, o Tempel, sein,
Damit man einst, am jüngsten Tag
Noch singen kann und sagen mag
Vom Dom zu Köln am Rhein.

Was will des Teufels Witz und Spott?
Es kehret schon der rechte Gott
Auch bei uns Deutschen ein.
Drum frisch, Gesellen, seid zur Hand,
Macht Platz für's ganze Vaterland
Im Dom zu Köln am Rhein.

www.ingramcontent.com/pod-product-compliance
Lightning Source LLC
Chambersburg PA
CBHW032042220426
43664CB00008B/818